新编21世纪新闻传播学系列教材

传播学系列

U1015754

国际传播

第3版

李智 著

International Communication

中国人民大学出版社
·北京·

新编21世纪新闻传播学系列教材

编委会

内容简介

在日益全球化的现当代，国际传播（信息的跨国界传播）业已成为人类信息传播的一种基本形态，同时也成为传播学中最重要的研究领域之一，由此孕育出国际传播学。

本书从国际传播学的研究对象和内容、学科内涵及发展历程等学科概说出发，对国际传播的理论范式、历史沿革、主体、控制、渠道、内容、受众、效果及效应进行了全方位的透视和深入系统的阐释，从而在勘定学科知识版图的基础上确立了国际传播学的学科自主性和完备性。

第3版在原有框架和体系的基础上，结合近年来国际传播现实和学术层面的新发展做了修订和进一步的充实，其中包括：对人工智能、大数据时代跨国信息传播状况及其多方面的影响做出解释，对相关理论如发展传播学的最新进展予以跟进，对相关数据做了更新和增添，并新增了一些图表和案例等。

本书内容丰富、观点独到、逻辑清晰、体例新颖，是一部时新的国际传播学教材，适合新闻传播学、国际关系学和外交学等相关学科专业本科生和研究生学习参考。

作者简介

李　智　中国传媒大学国际传播研究中心教授、博士生导师。主要的教学和研究领域为国际传播、跨文化传播，出版著作有《全球化时代的国际思潮》《文化外交：一种传播学的解读》《国际政治传播：控制与效果》《全球传播学引论》和《中国国家形象：全球传播时代建构主义的解读》等。

总序

中国人民大学出版社策划出版的“新编 21 世纪新闻传播学系列教材”，是一套在新闻传播学领域内密切联系新闻传播工作的实际，广泛吸收新闻传播学的最新研究成果，高挹遐揽，取精用宏，供 21 世纪的高等院校新闻传播院系教学使用的系列教材。

20 世纪初以来的 120 年，是世界新闻传播事业飞速发展的 120 年。这一百多年来，随着科学技术的不断发展，继报纸、期刊、通讯社之后，广播、电视、网络、自媒体等多种新媒体相继问世，新闻传播的媒介日趋多元化，新闻传播的手段日趋现代化，“地球村”变得越来越小，新闻传播事业对世界政治、经济和文化的影响则变得越来越大。

这 120 年，也是中国新闻事业飞速发展的 120 年。尤其是中国改革开放以来的 45 年，发展进入快车道。

21 世纪以后，中国新闻事业发展的势头更为迅猛。报纸、期刊、通讯社、广播电台、电视台的数量在宏观调控下，虽无大变化，但软硬件的实力都有了很大的提高。进入新时代，媒体融合发展有序进行。据 2022 年 5 月中国记协发布的《中国新闻事业发展报告》和 2023 年 2 月国家新闻出版署发布的《2021 年新闻出版产业分析报告》的最新统计数字，2021 年全国共出版报纸 1 752 种，总印数 283 亿份。共出版期刊 10 185 种，总印数 20.1 亿册。全国共有广播电视播出机构 2 542 家，地市级以上广播电视播出机构开办的广播电视频率频道 2 366 套，其中广播频率 1 166 套、电视频道 1 200 套，另有各级教育电视台开办的 38 套教育教学类频道，中央广播电视总台和全国 25 家省级电视频道基本实现高清化，全国地市级台电视频道已有 73%实现高清化。

另外 2023 年 3 月中国互联网络信息中心（CNNIC）发布的《第 51 次中国互联网络发展状况统计报告》显示，截至 2022 年 12 月，中国网民规模已达到 10.67 亿，互联网普及率达到 75.6%。其中，手机网民数量为 10.65 亿，网民中使用手机上网的比例为 99.8%。网络新闻用户规模达 7.83 亿，占网民整体的 73.4%，短视频、生活平台、“两微一端”成为网民获取新闻信息的重要渠道，抖音、快手、小红书等应用逐渐从娱乐、生活、社交平台转变为具有新闻属性的信息平台，成为网民获取新闻信息的重要渠道。2022 年上半年，新华社、中央广播电视总台、《人民日报》等八家主要央媒机构累计生产 1.5 万篇爆款短视频内容，“央视新闻”微博开设党的二十大相关话题，总阅读量突破 147 亿。网民个人、自媒体等也纷纷利用短视频、生活平台等跟进舆论热点，传播新闻信息，为人民群众及时获取热点资讯创造了条件。

这样大的发展规模，这样快的发展速度，在世界和中国新闻事业史上都是空前的。回顾既往，盱衡未来，新闻传播事业在新时期还将保持旺盛的发展势头。新闻传播，作为上层建筑中意识形态的一个重要组成部分，在全面准确地宣传党的基本理论、基本路线和基本方针以及各项决策，反映人民群众的伟大业绩和精神风貌，以及推动改革开放和社会主义现代化建设等方面，必将继续发挥重要的作用。

与新闻传播事业的发展相配合，这 120 年来，为中国的新闻战线培养和输送人才的中国新闻教育，也有了相应的发展。中国的新闻教育起始于 20 世纪初，迄今有 110 年的历史。中华人民共和国成立前的 30 年，虽然先后在个别院校中设立了新闻系或新闻专科，但规模都不大，设备也不够完善，在校学生人数，最多的时候不超过 400 人，30 年间累计培养出来的毕业生还不到 3 000 人。中华人民共和国成立后，为了给新闻事业培养人才，新闻教育有了新的发展，但到 20 世纪 60 年代中期为止，全国的新闻教育机构也还只有 14 家。当时全国只有 343 家报社、78 座广播电台和 13 家电视台，革命老区来的新闻工作骨干正当盛年，足以支撑大局，新闻系和新闻专业的学生统招统分，基本上能够满足中央和省市以上新闻单位梯队建设方面的需要。“文化大革命”爆发后，新闻事业进入低谷，新闻人才的培养也被迫中辍。拨乱反正之后，新闻事业有了飞速的发展，但新闻工作的人才却出现了断层，明显供不应求，因而极大地推动了新闻教育的发展。中国的新闻教育得以重整旗鼓并得到空前迅猛的发展，主要是改革开放以来的这 40 多年的事情。40 多年来，中国新闻教育和中国新闻事业同步发展。根据教育部数据，截至 2021 年，全国设有新闻传播学类院、系、专业的高校已由改革开放之初的两三所增加到 727 所，本科专业布点在全国共计 1 439 个，覆盖以下 10 个专业：新闻学、广播电视学、广告学、传播学、编辑出版学、网络与新媒体、数字出版、时尚传播、国际新闻与传播、会展（交叉专业）。新闻专业的教学已从单一的大学本科教育，发展到博士生、硕士生、本科生、大专生、成人教育、函授教育等多层次的格局，不少院系还设置了新闻传播学方向的博士后流动站。改革开放之初，全国在校新闻系科学生总共只有500来人，现在仅在校本科生就有14万人左右，硕士和博士研究生4万人左右，办学层次、办学规模、办学水平都有了很大的提升。进入21世纪以后，随着新闻传播事业的加速发展和新闻战线人才需求的不断增加，中国的新闻教育将由规模扩张迈向高质量发展。

一般说来，新闻教育质量的高低，起决定作用的主要是两个因素：一个是师资，一个是教材。两者之间，教材的作用更大。这是因为，师资的多少和良窳，往往受办学主客观条件的限制，而教材一旦完成，就可以直接嘉惠于学子，风行四海，无远弗届。进一步说，一部好的教材，不仅可以满足教学的需要，培养出一大批人才，而且还可以同时拥有一定的学术含量，推动新闻传播学研究的发展。1919年出版的徐宝璜的《新闻学》，1927年出版的戈公振的《中国报学史》，就是这方面的很好的例子。这两本书都是作者在高等学校从事新闻学理论和新闻史教学时作为教材编写出来的，出版之后，立即引起世人的关注和推崇，一再重版，历久不衰，至今仍然是公认的新闻学理论和新闻史方面的传世之作和经典之作。正因为这样，新闻教育的前辈们，历来十分重视教材的建设。中华人民共和国成立初期的十来年，坊间出版的新闻学方面的书籍，绝大部分是教材。改革开放以后，新闻传播学研究空前繁荣，新闻学方面的书籍大量问世，但教材仍然在其中占了很大的比重。这些教材，覆盖了新闻传播学的方方面面，经过出版家和众多作者们的长期努力，门类和品种基本配套齐全，曾经为同时期的新闻教学做出过重要的贡献。但是，随着时间的推移和新闻工作实际的飞速发展，这些教材的体例日显陈旧，观点和内容也亟待调整和更新。一些属于学科前沿和科技含量较高的新开课程的教材尚付阙如，使现有的教材出现了不少缺口。在21世纪已经到来之际，集聚力量，重新编写出一套体系完整，门类齐全，能够为21世纪的新闻教育和新闻人才培养服务的新闻传播学的系列教材，已经成为人们的共识和新闻业界与新闻教育界的迫切需求。

呈现在读者面前的，就是应这样的需求产生的一套系列教材，它将涵盖新闻学、传播学两个二级学科的方方面面内容，满足新闻、广播、电视、广告、媒体经济、新媒体等多个专业的教学需要。负责这些教材编写工作的，是中国人民大学、复旦大学、北京大学、清华大学、中国传媒大学等多所著名院校长期从事新闻传播学方面教学与研究工作的专家学者，其中有相当大的一部分编写者是相关学科的国家级的学术带头人，堪称一时之选。收入本系列的教材中，既有国家级重点教材，也有部级重点教材，其他的也是经过严格筛选的精品，所以，本套系列教材的质量是有保证的，其权威性也将得到社会的认同。

21 世纪是一个高度信息化的时代，是信息经济和知识经济占主导地位的时代。信息经济和知识经济有两大支柱，一是以高科技为代表的传播技术产业，二是从事新闻和信息产品生产的媒体产业。新闻传播学作为将这两大领域有机联结的桥梁，在今后的国家建设和社会发展中必将发挥越来越重要的作用。中国人民大学出版社经过精心策划，隆重推出这套系列教材，是具有高度的前瞻性和战略眼光的。在这里，我谨代表编委会和全体作者向中国人民大学出版社表示由衷的感谢。

这套系列教材开始策划于 20 世纪的最后一年，21 世纪初起陆续问世，迄今已编写出版了 180 余种。在体例和内容的创新和开拓等方面，远远超过同时期出版的同类教材。其中有些教材，还根据整个新闻传播理论与实践的发展和新闻传播学教学与研究的发展，陆续做了必要的补充和修订，重新出版，实现了内容的与时俱进。

这批教材的问世，将会为新闻传播事业和新闻教育事业的发展和繁荣、为 21 世纪新闻传播人才的培养做出它应有的贡献。这是出版者和全体作者共同的一点希望。是为序。

方汉奇

2023 年 7 月

于中国人民大学宜园

第3版前言

伴随着人类社会的信息全球化进程，国际传播研究在全球范围内蔚然成风。在中国，国际传播学日益成为一门显学，为传媒学界、业界、政界等各界人士及广大公众所广泛关注、学习和参考。

知识的生成、累积和扩散既有其内在的学理依据，同时又受到现实政治、经济、社会、历史和文化及物质技术等诸多经验因素的影响。国际传播学之所以在中国蓬勃兴起，除了学科自身衍生、拓展的内在逻辑，更为重要的是，在对内改革和对外开放中和平崛起的当代中国（同时作为世界上最大的发展中国家）自身就为国际传播学的知识增长和学科发展提供了极为丰富而独特的传播实践资源。

从学科建制上讲，国际传播学源于西方世界，或者更准确地说，源起于美国。但国际传播学一经引入中国，便开启了学科本土化即中国化的征程。迄今为止，在国内出版的国际传播学著述（包括教材），一方面不能不持续不断地参照和采用西方的理论，另一方面又几乎无一例外地对当代中国的涉外媒体活动、国际新闻实践和对外交流行为给予特别的观照，从而使国际传播研究不同程度地带有了某种中国特色——“中国视角”“中国取向”或“中国立场”。

当然，如果把学科本土化确立为中国国际传播研究的学术旨趣，那么，国际传播学的中国本土化历程远未完成。因为，要把西方的、异域的国际传播研究理论范式、方法论范式转换为中国的、本土的国际传播研究理论范式、方法论范式，或者说，要以“自我”为本位，调整和改造“他者”既定的国际传播研究视角、框架，尚有很长一段路要走。其中关键在于在不断扩展国际学术视野的同时，始终保持知识生产和思想发明的中国主体性或自主性学术立场。这是一个从在中国的国际传播学到中国的国际传播学的知识转化过程。在国际传播研究和国际传播学（知识体系）不断克服西方化（尤其是美国化）而追求国际化的进程中，对作为社会科学学术后发国家的中国来说，这一国际传播知识的中国化、本土化过程是一个必经阶段。

在国际传播的学术研究上，除了民族国家主体性（自主性）要求，还有一个学科自身的主体性（自主性）问题。在知识渗透、交叉和融合趋势不断加强，传播学“泛化”现象日益凸显的学术生态环境下，国际传播学的安身立命之本在哪里？其学术的相对独立性何以体现？如果国际传播学缺乏某种特定的基本理论预设和一套独有（“独我”“本己”）的概念、范畴体系，那么，它就只能作为一个“知识版图”勘界不清的传播学分支研究领域而存在。这样，它就丧失了作为一门独立学科的品质与资格，也就没法实现从国际传播研究到国际传播学的学科化提升。

显然，从事国际传播研究所要解决的“元问题”不止这两个，但它们确实是两个最基本的问题。在国际传播研究中，只有持守这种基本的学术自觉即学术主体性（自主性）意识，并确立起相应的学术目标，才能构建起中国自主的国际传播学知识体系。自身有了完备的学科知识体系，国际传播学才能参与到社会科学知识的讨论中，贡献出自己的学术资源，同时又为民族国家在世界体系中的符号竞争和信息博弈提供理论参照和学理支持。

国际传播研究之所以具有如此重要的学术应用即实践价值，是因为传播作为技术、资本、政治和文化等多因素共同作用的一种人类行为或活动，其实质是关系——在信息传播日益国际化、全球化的背景下，各地区和民族国家间的社会、文化、经济、政治、法律、伦理等关系因信息跨国界传播而不断更改和重新界定。如果把关系调整看作权力的实现方式，而信息传播的本质是对现实社会关系的调整和建构，进而实现对权力的生产、驱动和配置，那么，国际传播就在于国际关系即国际体系中权力关系的构建，它形塑着各种各样的国际等级秩序，决定着不同实力和身份的民族国家在国际体系中相应的节点位置。于是，通过国际传播的象征力量来塑造国家的国际主体性身份（即国家形象）成为每一个国家必然的国际战略选择，对国际传播的重视和研究自然也成为世界各国尤其是发展中国家的当务之急。

《国际传播》一书力求秉持学术学科和民族国家主体性（自主性）原则。它在全景式地呈现国际传播学知识版图和谱系的基础上，其知识表达更多地观照到当今世界尤其是当代中国的国际传播实践，从而凸显出作为一种知识形态的国际传播学的双重品性——科学性（理性执守、客观中立）与公共性（公共关怀、公义担当）。

为便于知识的传授和普及，本书基本上遵循教材的编写体例，把知识取向和层次定位于新闻传播学、国际关系学等学科的本科高年级和硕士研究生阶段的学生。

自 2013 年推出《国际传播》第 1 版以来，伴随着信息传播技术的日新月异和国际格局的不断演变，国际传播领域也出现了高度媒介化、社会化和人本化与物本化、虚（拟）化与实（物）化或物质化双重变奏等发展趋势。顺应时势，本书修订后再版。这次再版，主要是在原来的框架和体系的基础上，结合近年来现实和学术层面的新发展做了进一步充实和修改，其中包括：对人工智能、大数据时代跨国信息传播状况的叙述，对相关理论如发展传播学的最新进展的跟进，对某些数据的更新等；同时，增添了某些图表、数据和案例；此外，还修正了第 1 版、第 2 版中的某些知识性错误。希望本书的再版能更好地满足新闻传播学、跨文化传播学国际关系学及相关学科学生学习参考之需求。最后，需要指出的是，传播学博士、天津师范大学祁芝红讲师参与了新版的修改工作。

李　智

2023 年 2 月于京东定福庄

目录

第一章

国际传播的学科概说

本章知识结构及要点

◇ 国际传播学的研究对象和内容

- 国际传播的含义
- 国际传播学的研究对象
- 国际传播学的研究内容

◇ 国际传播学的学科内涵和外延

- 国际传播学与跨文化传播学的关系
- 国际传播学与全球传播学的关系
- 国际传播学与国际关系学的关系

◇ 国际传播学的发展历程

- 从古代国际传播研究到现代国际传播研究
- 从国际传播研究到国际传播学
- 从西方国际传播学到中国国际传播研究

任何一门学科都有其独特的学科内涵和外延，以及学科发展史。本章是国际传播作为一门学科的纲要性说明，它主要阐述了国际传播学的研究对象和内容、学科内涵和外延，以及发展历程。

第一节　国际传播的学科界定

面对一门学科，首要的是厘清其研究界限，划定其所属范围，从而明确它的学科内涵和外延。研究国际传播学，首先要明确国际传播学研究的对象和内容，由此确定其作为一门传播学分支学科的内涵和外延。

一、国际传播学的研究对象和内容

国家与国家之间的信息传递活动从国家诞生以来就一直存在，无论是古代的外交活动（如各国互派使节、首领会盟），还是古老的民间往来（如远洋贸易、海外传教、跨境移民、长途旅行、对外战争、航海探险），都是信息跨国流动的形式。到后来，随着各国之间交往的日益频繁和不断深入，信息跨国界交流活动逐渐发展成人类信息传播的一种基本表现形式。

从一般意义上讲，上述信息的跨国传递或跨国交流就是信息的国际传播。在国内外学术界，关于"国际传播"（international communication），普遍地存在广义的和狭义的两种理解。在广义上，国际传播就是指人类信息跨越国家边界的交流和流动，即跨越国界的信息传播。国际传播是"一个国家以上的个人、群体或政府官员的跨越被承认的地理性政治边界的各种传播"①。或者说，国际传播是"通过政府、组织、个人进行的跨越国界的信息传递过程"②。由此，广义的国际传播涉及政府、组织、群体和个人等各种主体的跨国传播活动，囊括了跨越国界的大众传播、组织传播、群体传播和人际传播等诸多传播形态。可以说，一切跨越国界的信息传播活动都是国际传播。正是从广义上说，国际传播即为国际交往或国际互动，它包括世界各国政府之间、人民之间、政府与人民之间的一切相互联系、相互影响和相互作用，即一切跨国的相互关系——国际关系（广义上的）。概而言之，国际传播的首要特性是跨国性，它是一种跨越国界的人类传播的特殊形态。

在狭义上，国际传播是指依靠大众传播媒介进行的跨越国界的信息传播，而不涉及跨国的人际传播或人际交流。③ 国际传播是"以国家社会为基本单位，以大众传播为支柱的国与国之间的传播"④。或者说，国际传播是"指国家与国家之间的信息交流活动，尤指以其他国家为对象的传播活动。可通过人际传播或大众传播形式进行，但以大众传播为主"⑤。国际传播是"特定的国家或社会集团通过大众传播媒介面向其他国家或地区受众所进行的跨国传播或全球范围传播"⑥。也就是说，狭义的国际传播就是指跨越国界的大众传播，即国际大众传播，其传播主体往往局限于国家政府。正是从狭义上说，国际传播的首要特性是目的性，它是以其他国家或地区受众为对象的传播活动，主要表现为主权国家（政府）之间的相互关系，即国际政治关系（狭义上的国际关系）。

---

① MARKHAM J W. International communication as a field of study. Iowa: University of Iowa Press, 1970: preface.

② 关世杰．国际传播学．北京：北京大学出版社，2004：2.

③ 福特纳．国际传播："地球都市"的历史、冲突与控制．北京：华夏出版社，2000：6.

④ 郭庆光．传播学教程．2版．北京：中国人民大学出版社，2011：229.

⑤ 刘建明．宣传舆论学大辞典．北京：经济日报出版社，1992.

⑥ 刘继南，等．国际传播与国家形象：国际关系的新视角．北京：北京广播学院出版社，2002：2.

在国际传播学界，鉴于对国际传播概念持广义和狭义两种不同的理解，学者们分别从广义或狭义的角度来界定作为一门学科的国际传播的研究对象和内容。广义论者如国际传播学者哈米德·莫拉纳（Hamid Mowlana），他把国际传播学定义为“包括通过个人、群体、政府和技术在两国、两种文化或多国、多种文化间传递价值观、态度、看法和信息的学术探索领域，同时也是对促进或抑制这类信息体系结构的研究”①。基于此，他把人际跨国信息交流如国际旅游、国际会议、海外留学等都作为国际传播的内容，统统纳入国际传播的研究对象范围内。与之相对，狭义论者如国际传播学者罗伯特·福特纳（Robert Fortner），他把不同国家之间进行的人际交流如国际信件往来和国际长途电话交谈都排除在国际传播研究的范畴之外，只保留主权国家政府间的大众传播。②

与世界国际传播学界相呼应，国内的国际传播学者同样或宽泛或严格地看待国际传播研究的对象。有学者认为，现今交通发达，各国开放度增大，以旅游、移民、留学、访问、会议等形式过境的人员日益增多，加之因特网的发展使大众传播与人际传播日益融为一体，在国际传播的信息发送者中，跨国公司、国际非政府组织（跨国社会组织）及个人的作用日益增强。无论其传播主体和传播渠道为何者，所有这些跨国信息传播形式都属于国际传播研究的范畴。③ 与之相对，另外有（甚至更多）学者认为，“只有利用广播、电视、报刊以及国际互联网等能量巨大的大众传播媒介进行的国际传播才是国际传播研究的主要内容”④。因为以人际传播方式进行的跨国交流活动的涉及面过于广泛，而大众传播活动才是国际传播的主要部分和主要表现形式，将人际传播囊括于国际传播研究之中，势必会造成研究主体的泛化、研究重心的偏离和研究成果的弱化。基于此，应该把国际传播研究的对象和内容限定在以主权国家政府为根本传播主体、以大众传媒为主要传播手段的跨越国界的信息传播方面，即限定在跨越国界的大众传播方面，或者说，大众传播中跨越国界的那一部分传播现象。国际传播学所研究的正是大众传播中这种特殊的传播现象与活动。⑤

综上所述，我们可以将国际传播学的研究对象和内容概括为表 1－1：

---

① MOWLANA H. International communication research in the 21st century: from functionalism to postmodernism and beyond//CEES J, HAMELINK C J, OLGA L O. Mass communication research: on problems and policies. New Jersey: Ablex Publishing Corporation, 1994: 353－354.

② 福特纳．国际传播：“地球都市”的历史、冲突与控制．北京：华夏出版社，2000：6－10.

③ 关世杰．国际传播学．北京：北京大学出版社，2004：2.

④ 刘继南，等．国际传播与国家形象：国际关系的新视角．北京：北京广播学院出版社，2002：2.

⑤ 程曼丽．国际传播学教程．北京：北京大学出版社，2006：2－4.

表 1-1 国际传播学的研究对象和内容

	定义	传播主体	传播形态	首要特性
广义	一切跨越国界的信息传播	政府 组织 群体 个人	大众传播 组织传播 群体传播 人际传播	跨国性
狭义	主权国家依靠大众传播媒介进行的跨越国界的信息传播	政府	大众传播	（国际）政治性

在人类信息传播的全球化进程中，尤其是近年来在互联网络和个人媒体（媒介①）的数字媒介技术的支持下，信息跨国界传播的多主体、多渠道、多受众等多维度、多层面性日益显著，人际、群际跨国信息传播现象日益普遍。由此，“在用数字化连接的全球，穿越国界的数据流量的增长速度越来越快”，新的信息传播技术“向我们展现了更为广阔的国际传播空间——超越了政府与政府之间的传播，而在全球范围之内融入了商业与商业，以及人与人之间的互动沟通”。② 本书倾向于从广义的角度定义国际传播概念，认定国际传播即为跨国传播（同时包含了大众传播和人际传播），并以此来界定国际传播学的研究对象和内容，即：国际传播学研究的是人类所有的跨国信息传播现象，包括其传播要素（环节）、结构、过程、特征、规律及其作用等诸多方面。鉴于国际传播是一种特殊的人类信息传播现象，国际传播学可以传播学研究为基础，借用传播学的分析框架确定其研究内容。但与此同时，基于国际传播不是人类一般性的传播活动，其传播主体自身复杂多样，加之从宏观上看，整体性（非一次性）的国际传播活动会产生广泛而深刻的社会历史效应（非效果），因此，在考察国际传播现象时，除了一般传播学所规定的经典“5W”（who says what, in which channel, to whom, with what effect）模式即五种研究（或分析）外，我们还要对国际传播主体和国际传播效应进行专门的研究。这就形成了国际传播学七个方面的研究内容，即主体研究、控制研究、渠道研究、内容研究、受众研究、效果研究和效应研究。这七种研究构成了国际传播学的本体部分。

① 新闻传播学中的核心概念“media”（单数是 medium）有三个汉语译名——“媒介”“媒体”和“传媒”与之对应。自新闻传播学引入中国后，就有学者试图分解、离析这个概念，对其三个汉语译名做出区分：“媒介”指运载和传递信息的载道、载体或手段、工具，如符号、报纸、收音机、电视机、互联网等；“媒体”指经营、运作媒介的组织机构，即专业化的媒介组织，如报社、电台、电视台、网站等；“传媒”则所指宽泛，差不多等同于“传播”，涵盖“媒介”和“媒体”两个概念［明安香．关于传播学几个基本概念的界定．新闻界，1994（6）］。但是，这种区分并没有在学界和业界达成共识，三个概念或更准确地说三种说法始终处在一种混用状态。为明晰起见，除直接引文或约定俗成的原因外，本书原则上从上述区分。

② 屠苏．国际传播：延续与变革．北京：新华出版社，2004：4.

二、国际传播学的学科内涵和外延

国际传播研究的对象和内容一旦明确，接下来就可以确定作为一门学科的国际传播学的内涵和外延。

国际传播学首先应当属于传播学的学科范畴。传播学是研究人类信息传播现象的一门社会科学。可以从不同研究角度对传播学进行学科分类。依据传播的方式，可分为自我（人内、内向）传播学、人际传播学、群体传播学、组织传播学与大众传播学等；依据传播的内容，可分为政治传播学、经济传播学、文化传播学、宗教传播学、艺术传播学、科技传播学、军事传播学等；依据传播的渠道，可分为传统传播学与网络传播学；依据传播的范围，可分为国内（域内或境内）传播学与跨国传播学（包括国际传播学和全球传播学）；还可以依据传播的文化属性，分为文化内（同文化）传播学与跨文化（文化间）传播学。在传播学的知识版图上，各学科支系（分支学科）纵横交错，彼此独立而又相互交叉和关联，共同构成传播学的整个学科体系。

从最基本的学科分类的角度看，国际传播学是传播学学科体系中的一个学科支系，是其中的一个有机组成部分。与此同时，国际传播学同传播学的其他分支学科［如人际传播学、政治传播学、网络传播学、跨文化传播学（intercultural communication）等］不是相互并立的，它并不完全独立于其他分支学科，而是与其他分支学科相互渗透。国际传播学几乎介入其他所有的分支学科界域，而其他的分支学科也几乎无一例外地触及国际传播学。譬如，国际传播学中往往包含人际传播学、政治传播学、网络传播学、跨文化传播学等要素，而人际传播学、政治传播学、网络传播学、跨文化传播学中也可能涉及国际传播学的成分。其中，跨文化传播学与国际传播学之间的关系最为紧密，亲缘度最高。虽然两者分别从语言文化边界与政治地理边界来立论，但从现实经验的层面上讲，基于现代民族国家一般都有各自的语言、文化背景，而语言和文化又往往以民族国家为单位载体，即民族国家与民族文化（共同体）一般构成一种你中有我、我中有你的同构关系，跨文化传播活动和国际传播活动往往交织在一起，难以分解。跨文化传播的分析如果不考虑政治、经济因素，是不现实的；而国际传播研究如果不考虑文化和语言背景，也是难以理喻的。① 由此，国际传播学与跨文化传播学之间相互靠拢的情形尤为明显（二者关系如图 1－1 所示）。最终，就学科内涵而言，无论与传播学中的其他分支学科处于何种关系，国际传播学总归是一门特殊形态的传播学科。

---

① MOWLANA H. Global informational and world communication：new frontiers in international relations. 2nd ed. London：Sage Publication Inc.，1997：5－6.

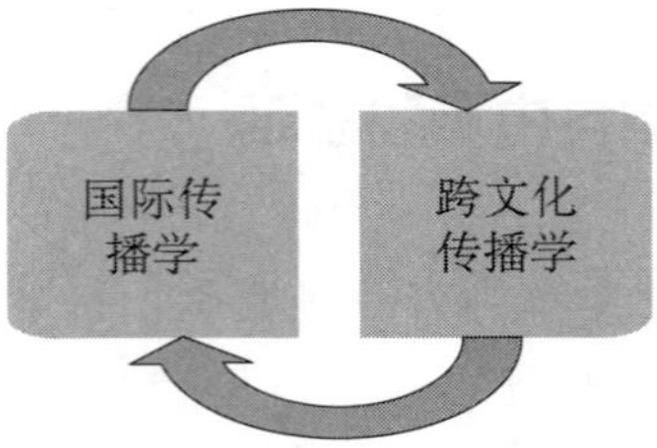

图1-1 国际传播学与跨文化传播学

如果进一步从细分的学科分类上看，国际传播学则属于传播学中的跨国传播学（transnational communication，相对于国内传播学）①，是跨国传播学的一种特殊形态，或者说，它是一门特殊形态的跨国传播学。在跨国传播学中，有两个学科分支即国际传播学和全球传播学（global communication）②，两者分别从主权政治（政治空间）与地理空间（物理空间）的角度来看待信息跨国界传播现象，前者视国界为政治边界，后者视国界为地理边界。由此，前者强化跨国信息传播的政治色彩，强调国内外传播的界限和国际关系中的国家主权概念。在前者看来，在信息跨越国界的传播过程中，无论是信息的发送者还是信息的接收者，都是有国籍的主权国家国民，跨国界的传播行为是一个跨越国家政治因素的传播行为。而后者淡化跨国信息传播的政治色彩，模糊国家主权概念和国内外传播的界限，国内传播与国外传播、对内传播与对外传播融为一体。在后者看来，跨国信息的发送者和接收者都是世界公民，跨国界的传播行为纯粹是一个跨越地理意义上的边界的传播行为。因此，国际传播的首要特征是政治性，"它与政治有着极为密切的关系，它是一种由政治所规定的跨国界传播"③。全球传播的首要特征则是地缘性，全球传播首先关乎人类信息在全球范围内不受国家主权和政治边界的限制而自由地流动。由此，国"内""外"传播无差别地融为一体而以整个地球为范围进行传播。"过去几十年我们一直称谓的'国际传播'，其语义中已含有民族国家的至高无上的地位。而'全球传播'则友好地涵盖了环绕地球的所有信息通道。"④如果说，国际传播所指的信息跨国界传播建立在确认和承认国家政治边界或国际界线的基础之上，它受国界的限制，那么，全球传播所指的信息跨国界传播则建立在对国界的否认之上，它不以国界为界，没有国界限制，或者说，

① 跨国传播学又称跨境（或越境）传播学（transborder communication）。

② 美国传播学者霍华德·弗雷德里克（Howard Frederick）把全球传播学界定为："研究个人、群体、组织、民众、政府以及信息技术机构跨越国界所传递的价值观、态度、意见、信息和数据的各种学问的交叉点。"（FREDERICK H. Global communications and international relations. Beverly MA：Wadsworth Publishing Company，1993：61.）也就是说，全球传播学是一门众多"国际性学科"（如国际金融学、国际贸易学、国际政治学、国际文化学、国际信息情报学等）介入其中的交叉学科。

③ 郭庆光．传播学教程．2版．北京：中国人民大学出版社，2011：230.

④ FREDERICK H. Global communications and international relations. Beverly MA：Wadsworth Publishing Company，1993：270.

它超越了国界。换言之，国际传播“承认民族国家之间的地理边界”，而全球传播“并不承认”[①]。因而，更为准确地说，“国际”传播才是严格意义上的“跨国界”传播，狭义上的跨国传播就是国际传播；全球传播则超越了跨国传播的范畴，实质上是一种“超国界”传播（supranational communication）或“无国界”传播。正是从这种严格的意义上说，跨国传播只包含国际传播，而国际传播就是跨国传播，两者完全重合而可互换。概而言之，一般意义上的国际传播学就是跨国传播学；全球传播学则不属于跨国传播学的范畴。与此同时，鉴于国际传播更多的是国家行为，因而是一个政治传播概念，国际传播学主要属于政治传播学范畴，近似于“国际政治传播学”（international political communication）[②]；全球传播则更具广泛性和包容性，更多地是一个空间传播概念，全球传播学主要属于地理传播学范畴，可谓“全球地理传播学”（global geographical communication）。当然，如前所述，从不太严格的意义上讲，“国际传播学”与“全球传播学”都属于一般意义上的跨国传播学范畴，同为跨国传播学的一种特殊形态，两者相互映照、照应，而在一定程度上可以互换，因为它们的研究对象“所指的都是跨越民族国家的地理界线的信息流”[③]，差别只在于各自观照同一对象的视角不同（前者从政治空间视角，后者从地理空间视角）。换而言之，所谓“国际传播”与“全球传播”，其实是同一个信息跨国传播行为，两者是一种一体两面的同一关系。而且，更为根本的是，在现实经验层面，伴随着人类传播的进程，国际传播确实日益呈现出全球化的发展态势而趋同于全球传播，进而演变为全球传播。由此观之，彼此分离、并立的国际传播学和全球传播学两门学科在未来可能重叠和重合。跨国传播学、国际传播学与全球传播学的关系如图 1-2 所示。

作为一门特殊形态的传播学科，国际传播学无疑属于传播学的学科范畴。但是，如果跳出传播学的视域，从更为宏观的社会科学视角来看，国际传播学实际上同一门特殊形态的政治学科——国际关系学有着天然的学缘关系。鉴于对传播的社会学的理解——传播即为交往（互动），国际传播即为国际交往以及在国际交往中形成的国际关系。国际传播的本质是国际关系，而国际关系的表现是国际传播。在现实世界，两者本是一体，是一体两面的同一关系。同一种跨国界行为或国际行为，从信息流动视角看，是国际传播活动，归属于国际传播学范畴；从社会结构或关系视角看，则是国际交往活动（国际关系现象），归属于国际关系学范畴。二者关系如图 1-3 所示。换而言之，国际传播是信息化的国际交往（国际关系），国际交往（国际关系）则是社会化

---

① 伽摩利珀．全球传播．2 版．北京：清华大学出版社，2008：iv.

② 在国际传播学界，国际传播学往往被等同于国际政治传播学。实际上，狭义的国际传播学就是国际政治传播学。

③ 同①.

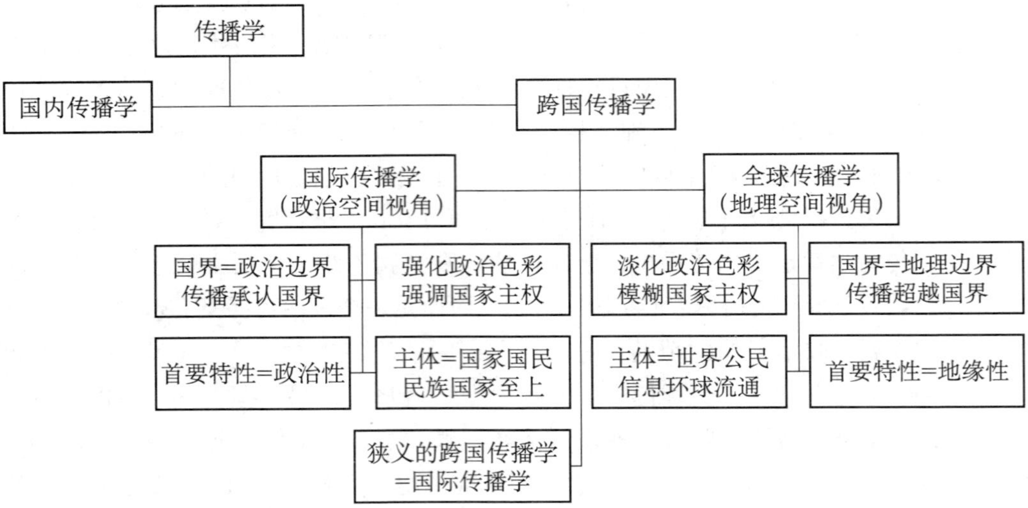

图 1-2　跨国传播学、国际传播学与全球传播学

的国际传播。“国际传播关系”“国际信息体系”和“媒体外交”等国际现象就是两者相互沟通和融合的体现。“国际传播关系实际上是国家关系在传播领域的体现。”[①] 由此可见，“国际传播”与“国际交往（关系）”两个概念是相通的，既可以从国际传播视角看待国际交往或国际关系现象，也可以从国际交往或国际关系视角看待国际传播现象。一部国际传播史就是一部国际交往史或（广义上的）国际关系史。[②] 正是从上述意义上说，分属于不同学科范畴的国际传播学与国际关系学实际上相互沟通、相互趋近，国际传播学是国际关系的信息化分析，国际关系学则是国际传播的社会学分析。因而可以说，国际传播学是一门被重写（改铸）的国际关系学。

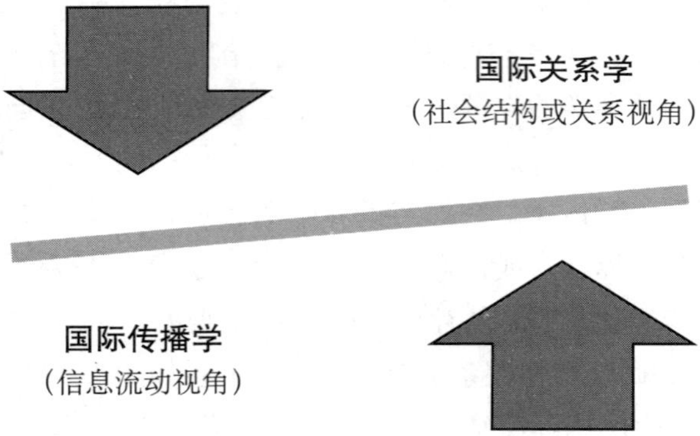

图 1-3　国际传播学与国际关系学

① 杨伟芬．渗透与互动：广播电视与国际关系．北京：北京广播学院出版社，2000：32.

② 相关文献可参见 COHEN B C. The press and foreign policy. New Jersey：Princeton University Press，1963；DEUTSCH K W. The analysis of international relations. New Jersey：Prentice-Hall，1968。

第二节　国际传播学的发展历程

像所有的社会科学一样，国际传播作为一个研究领域进而作为一门学科的发展受到了人类社会历史的深刻影响。国际传播学是国际传播研究进入成熟阶段，能够利用自身特有的核心概念、范畴和理论范式深入、系统地进行科学研究的结果。

一、从古代到现代的国际传播研究

从现实层面上讲，人类信息跨国界流动的国际传播现象古已有之，几乎同国家的历史一样古老。国家赖以持续存在的国际社会便是建立在各国人民利用符号和技术等各种媒介进行跨国界交流的基础上的。自从人类社会出现了信息跨国流动现象，人类就开始关注和思考这种特殊的传播活动，由此开启了国际传播研究的历程。

最早的国际传播研究始于人类早期对跨国界传播现象的认识、反思和记载，在西方可追溯到古希腊罗马时期，在东方可追溯到中国春秋战国时期。有关人类早期的国际传播活动，尤其是关于同一地域内不同国家、地区之间非常时期的交战和平常时期的交往如使节交换、货物交易、文化交流（如传教）及旅行探险等方面的信息流动，东西方的古代文献中均有大量的记载和论述。譬如，古希腊的《伯罗奔尼撒战争史》和古代中国的《战国策》等历史文献中，都有相当多的对跨国信息传播现象的探究和分析，其中还不乏精辟的论断和严密的论证。

在西方，近现代意义上的国际传播研究肇始于15、16世纪。当时，印刷术的发明使书籍流行开来，于是就有了《土耳其侵犯欧洲新闻》《哥伦布发现新大陆记》《卡尔五世侵犯里昂记》《巴西探险记》等涉及国际传播活动的新闻传单（news-sheet）和记事性小册子（pamphlet）的问世。而后，又有了“新闻书”（news-book）和“新闻纸”（报纸，newspaper）对国际传播活动的记载和反观。无疑，书籍、报刊等纸质媒介技术的出现有力地助推了国际传播研究的发展。

近现代意义上的国际传播研究兴起于17、18世纪世界性的资产阶级革命、殖民主义运动时期以及关于全球化的早期探讨。英国资产阶级革命、美国独立战争和法国大革命及大规模殖民化运动期间信息跨地域、跨国界流通的盛况成为国际新闻报道的主题和国际传播研究的对象。到19世纪，伴随着现代民族国家实体的出现和跨国传播系统的发展，现代跨国传播首次明确地被“国际的”修饰，形成了“国际传播”的模糊概念。[①] 在 19 世纪，包括马克思在内的众多西方学者开始有意识地从交往尤其是文化信息交流即精神交往的角度揭示世界的相互依存和高度相关性。“过去那种地方的和民族的自给自足和闭关自守状态，被各民族的各方面的互相往来和各方面的互相依赖所代替了。物质的生产是如此，精神的生产也是如此。各民族的精神产品成了公共的财产。民族的片面性和局限性日益成为不可能，于是由许多种民族的和地方的文学形成了一种世界的文学（‘文学’一词德文是‘Literatur’，这里泛指科学、艺术、哲学、政治等方面的著作。——编者注）。”[②] 在此，共产主义先驱们实际上揭示了国际传播造就人类共同体——共产主义社会的历史真相。

现代国际传播研究兴盛于 20 世纪世界战争的爆发时期。自 19 世纪以来，电报、广播、电视等电子大众传播技术相继问世，为跨国界、远距离、高速度和广覆盖面的信息传播提供了新的可能，这些传播技术在世界大战中得到了广泛运用。1914 年爆发的第一次世界大战，首度开始了以大众传播为形式的较大规模的国际传播活动。一战后，美国的传播学研究形成高潮，心理战在对外战争中的作用以及对外宣传的效力等问题成为早期传播学者关注的焦点。代表性的研究成果包括被称为传播学奠基人之一的哈罗德·拉斯韦尔（Harold Lasswell）于 1927 年出版的《世界大战中的宣传技巧》（*Propaganda Technique in the World War*）。该书对第一次世界大战中各参战国媒体的对外宣传进行了系统的内容分析，为后来的国际传播研究奠定了基础框架。因此，现代传播研究从一开始就与国际传播研究密切相关，甚至从某种意义上说，传播学的发展是以国际传播研究的发展为支撑和表现形式的。现代国际传播研究无疑是早期传播学的重要内容。甚至有学者认为，从出身论或者说从学科发展脉络来说，国际传播学是孕育传播学的元学科（meta-discipline），传播学显然是国际传播研究的支流，而不可以说国际传播是传播学的子领域（sub-field）。[③]

现代国际传播研究主要探讨战争期间主权国家之间的对外宣传（战时宣传）策略，操纵性、劝服性的心理战，国际传播流通的信息控制及国际传播系统的建构与瓦解，从而形成了一种国际宣传研究范式。这一阶段正是国际宣传的辉煌期（1933—1945 年），其间最突出的是 20 世纪 30 年代的“广播

---

① 19 世纪是与“国际的”紧密关联的一个世纪。“国际的”一词大约在 1780 年由功利主义者边沁提出，并被看作 19 世纪的奠基性概念。

② 马克思恩格斯选集：第 1 卷．2 版．北京：人民出版社，1995：276.

③ SEMATI M. New frontiers in international communication theory. Lanham Maryland：Rowma & Littlefield，2004：12.

大战”。[①] 现代国际传播研究的中心在美国。这是因为，出于国际战略的考虑，在战争中迅速崛起的美国尤为重视对外宣传（从两次世界大战期间的战争宣传转向冷战时期的政治意识形态宣传）并关注对对外宣传的研究。在第二次世界大战后，美国政府加大了对对外宣传研究的资助。借助福特基金会（Ford Foundation）等非政府组织之手，美国军方、外交和情报部门资助了几乎所有的国际传播与对外宣传的研究项目，譬如，20 世纪 50 年代美国国际传播研究重镇——麻省理工学院国际研究中心（CIS）就是由政府出资成立的。1952 年夏，美国中央情报局（CIA）和美国空军（Air Force）通过福特基金会一次性拨给这个研究中心 87 万多美元专门用于国际传播研究。该研究中心采用社会学方法，研究如何控制大规模人群的态度和行为，尤其是如何运用大众传媒去影响第三世界国家的社会发展。在美国国家战略需求和国家权力的倾力支持之下，配合着对外传播实践的开展，聚焦于冷战宣传和文化殖民的国际传播研究成果急剧增多，呈井喷之势。据统计，国际传播研究在二战后十年（1945—1955 年）所做的比前 30 年还要多。[②] 1850—1970 年 120 年间关于国际传播的研究，一半以上是在 20 世纪 60 年代完成的。[③]

这一时期的国际传播研究，其突出特点是高度政治化和泛意识形态化，它从属于政治，服务于国家，与国家的国际战略、外交决策及国际关系（国际政治）密切相关。从价值取向上讲，其研究框架或范式（paradigm of study）完全是国家主义[④]/民族国家中心论（nationalism/statism），或者说是国家中心主义（state-centralism）或国家本位主义（state-departmentalism）的，即以国家为基本单位、为本位（中心、基础或出发点）展开研究，其研究对象局限于主权国家政府的跨国界大众传播活动。在此，国际传播研究被“窄化”为国际政治传播研究。这种狭义上的国际传播研究即国际政治传播研究极易演变为体现国家意志、服从和服务于国家利益、实现国家战略和执行对外政策的工具，乃至于自身就沦为一种国家行动。美国在这一阶段的国际传播研究就是以心理战、国际劝服和美国对外政策（“国际一体化”）的名义进行的，其宗旨在于说服国外特定的受众群，从而以较低的成本去扩大美国在海外的影响力。这一时期美国国际传播研究所关注的国际区域，恰好也是

---

① 福特纳．国际传播：“地球都市”的历史、冲突与控制．北京：华夏出版社，2000：121－147.

② 关世杰．国际传播学．北京：北京大学出版社，2004：14.

③ 同②.

④ 此处的“国家主义”，是“方法论上的国家主义”（methodological nationalism），而非价值观意义上的国家主义。方法论意义上的国家主义特指以主权国家为（唯一）研究对象和主题的研究视角和研究方式。它区别于政治学中主张国家权力至上的“国家主义”（其价值取向近似于“极权主义”，而与自由主义、社团主义和“社会主义”相对）。

美国军事、政治和文化介入最深的地区。[①] 这是一种典型的国际政治传播研究。由于受到二战后和冷战时期政治气候和环境的影响，美国学者从事的早期国际传播研究为未来的研究和教学指明了方向，为美国的国际传播政策确定了基调。[②] 对于 20 世纪 50 年代中期之前的国际传播研究，西方有学者总结道：（1）研究重点在于强调国际传播在国家对外战略方面的巨大作用，而很少触及如何利用国际传播来促进世界和平；（2）极少学者关心如何改进国际组织（如世界卫生组织、联合国儿童基金会等）运作中的信息流通过程；（3）完全没有学者研究非政府主导的传播方式（如电影、书籍）在国际传播中的作用。[③]

二、国际传播学的诞生和发展

在人类历史逐渐步入全球化的时代，信息跨国界流动日益成为信息传播的一种最为突出的表现形式，人类信息的跨国界传播日益成为一种常态。在信息全球化进程中，国际传播现象不断被主题化或专题化，国际传播研究日益成为传播学研究中的重要组成部分，以至于在传播研究中逐渐形成一门获得学科自主性的独立学科——国际传播学。

20 世纪 50 年代中期，国际传播在美国首次作为一个专门的研究领域被正式提出来。在此期间，麻省理工学院国际研究中心的研究报告专门给“国际传播”下了一个定义：“国际传播，不是指用机械、电子和其他物理的手段来向国外传送信息，而是指通过言词（words）、印象（impressions）和观念（ideas）的交换，去影响不同民族国家之间相互的态度和行为。”[④] 也就是说，国际传播不仅仅涉及跨国传播的技术层面，更重要的是关涉跨国传播的内容、受众和效果方面。对“国际传播”概念的界定，是国际传播走向学科独立迈出的重要的一步。此后，在政府的大力资助下，伯纳德·贝雷尔森（Bernard Berelson，行为科学家）、阿奇博尔德·克罗斯利（Archibald Crossley，舆论学家）、哈罗德·拉斯韦尔（政治学家）、保罗·拉扎斯菲尔德（Paul Lazarsfeld，社会学家）、菲利普·塞尔兹尼克（Philip Selznick，传播学家）、威尔

---

① MOWLANA H. The communication dimension of international studies in the United States：a quantitative assesment. International Journal of Communication Research，Vol. 1，No. 1，2007：3－22.

② MOWLANA H. Global communication in transition：the end of diversity? London：Sage Publications Inc.，1996：1－6.

③ 陈开和．国际传播的研究历程及其与国际关系的理论联系//关世杰．跨文化交流与国际传播研究（第一辑）．北京：中国社会科学出版社，2011：29－30.

④ MOWLANA H. Global communication in transition：the end of diversity? London：Sage Publications Inc.，1996：9.

伯·施拉姆（Wilbur Schramm，传播学家）、塞缪尔·斯托夫（Samuel Stouffer，社会统计学家）、戴维·杜鲁门（David Truman，政治学家）、埃尔莫·威尔逊（Elmo Wilson，心理学家）等一大批知名的美国社会科学家集结到国际传播这一研究领域之下，其研究工作深刻地影响乃至规范了后来国际传播学者的研究取向。其中，施拉姆等人于1956年出版的《传媒的四种理论》一书最有影响力，它对世界范围内跨国信息传播的控制模式进行了国家间和地区间的整体性把握和分析。其他的社会科学家也发表或出版了大量关于国际传播的著述。1952年，美国的《舆论季刊》（*Public Opinion Quarterly*）（冬季号）开辟了“国际传播”专刊，在该专刊中，有学者声称，国际传播研究虽然尚在起步阶段，在概念、方法和数据方面均有待完善，但它“终将成长为一门独立的学科，立足于人文社会科学之林”①。1956年，《民意研究季刊》（春季号）推出了“政治传播”专刊，其中包含五个专题：（1）对决策者的传播——吁求与施压；（2）国际传播——媒体及其流向；（3）国际传播中的意象（images）、定义（definitions）及受众反应；（4）未工业化国家和地区的传播与政治；（5）传播与全球冲突。② 五大主题都涉及国际传播，并且基本上框定了国际传播的研究范围，同时也大致廓清了国际传播的学科内涵。

此后，伴随着国际传播核心概念的逐渐确定、研究范围的日益明晰，到20世纪60年代末，其作为一个独立研究的学术领域进而作为一门相对独立的学科的合法性在美国最终获得承认。首先，美国的新闻与大众传播教育协会（Association for Education in Journalism and Mass Communication，AEJMC）设立了国际传播分会，并且在1969年举办了国际传播专题研讨会，次年出版了题为《国际传播：一个研究领域》（*International Communication as a Field of Study*）的论文集，内容涉及国际传播课程设置方案、教学方法、理论与应用等方面的探讨。之后，美国两大社会科学研究团体——美国政治学会（American Political Science Association）和国际问题研究会（International Studies Association）分别在它们的年会上开设了国际传播专题。1970年，由海因茨-迪里希·费希尔（Heinz-Dierich Fisher）等学者共同主编的另一本题为《国际传播》（*International Communication*）的专题论文集面世。1974年，全美传播学会（National Communication Association，NCA）出版了国际传播专题研究成果——《国际与跨文化传播年鉴》（*International and*

① LOWENTHAL L. Introduction. Public Opinion Quarterly，Vol. 16，No. 4. Winter，1952—1953：vii.

② 陈开和．国际传播的研究历程及其与国际关系的理论联系//关世杰．跨文化交流与国际传播研究（第一辑）．北京：中国社会科学出版社，2011：27－28.

Intercultural Communication Annual）。1978 年，成立于 1957 年的联合国教科文组织国际大众传播研究协会（International Association for Mass Communication Research，IAMCR）设立国际传播分会（International Communication Division），作为其 12 个分会之一。这标志着国际传播在美国作为一个独立的学科领域的地位获得了国际社会的承认。

国际传播，从一个研究领域（a field of inquiry and research）发展成一门相对独立的学科（discipline）或科学（science），其中的关键除了核心概念的确立，就是相对稳定的研究范式的形成。从 20 世纪 50 年代到 70 年代，在二十多年以美国为主体的国际传播研究过程中，逐渐形成了一套注重传播控制和效果、以效率为导向、“（国家）主权至上”的国家主义研究范式。从方法论上讲，该国际传播研究范式是一般传播学研究中的经验功能主义或行政/管理（administrative）范式在跨国传播研究领域的延伸和贯彻，它带有浓厚的实证主义、功能主义和科学行为主义色彩，具有强烈的实用主义、功利主义[①]和工具主义倾向。这是因为，传播学正统学派——传统经验学派（由美国奠基）持有一种保守主义的价值立场（取向），其客观、中立、中性、实证、量化的信息论路径及其所表征的“媒介中心论”和“传播本质主义”，看似“科学”“去政治化”和“权力缺席”，实际上却深陷于现实的政治意识形态框架，沦为一种政治服务工具论。正是这种派生于传统经验学派的国际传播研究范式，从美国蔓延开来，迅速流行于当时整个西方国际传播学界。在这种研究范式的支配下，大量的国际传播研究极少或根本就不去关注国际传播中媒体的所有权、媒介的主导权和控制权问题，而都是依据传播学的“5W”模式和“传者”“受者”“信息”“渠道”“反馈”等概念元素，聚焦于对外传播活动中的刺激-反应（stimulus - response）关系，并最终把研究落实到传播效果上。[②] 很自然地，这种以传播（信息）控制为核心、以传播效率为导向的国际传播研究范式主张，理想的国际传播模式应该是信息跨国界自由流通模式。通过这种模式传播美国式的民主，世界就会变得更加美好。显然，国际传播的学科发生和发展始终服从和服务于美国国家发展的国际战略。

在 20 世纪 60 年代末和 70 年代，作为一门学科的国际传播学从美国传播和扩展到全世界。在此学科扩散的过程中，首先欧美地区出现了一群属于批判学派的国际传播学者，包括美国的赫伯特·席勒（Herbert Schiller）、乔治·格伯

① 此处的功利主义是指对国际传播功能的一种实用化理解。功利主义的国际传播观认为，国际传播是国家为了达到自身目的（国家利益）而传播意识形态的一种跨国宣传和劝服手段。

② LUTHER S F. The U. S. and the direct broadcast satellite, the politics of international broadcasting in space. New York: Oxford University Press, 1988: 34 - 62.

纳（George Gerbner），英国的西斯·哈梅林克（Cees Hamelink）、奥利弗·博伊德-巴雷特（Oliver Boyd-Barrett）和芬兰的卡尔·诺登斯特朗（Kaarle Nordenstreng）等。他们采用了一种与经验功能主义相对立的批判主义研究方法，对国际传播现状持反思和批判立场，质疑国家间不均衡、不对等的信息传播秩序，强烈反对所谓的跨国“信息自由流通”原则，并提出了“文化帝国主义”（cultural imperialism）、“文化霸权”（cultural domination）和“媒介帝国主义”（media imperialism）等概念。他们致力于在批判中构建一个人类传播的理想家园，并在信息自由而均衡的跨国传播中确立起公正、合理的国际关系。一大批学术研究成果聚焦于西方（以美国为首）政治经济霸权主导下的跨国信息传播活动对发展中国家的国家主权尤其是文化自主权所带来的冲击。①

西方批判学派的国际传播研究契合了当时国际政治格局的变迁和发展态势。在20世纪六七十年代，广大的亚非拉地区越来越多的发展中国家（所谓“第三世界”）摆脱了殖民统治，获得民族独立，成为一股新兴的国际政治力量。正是在发展中国家的推动下，国际传播不平衡的问题被提到了包括联合国在内的一些重要国际组织的议事日程上，成为国际讨论的焦点。围绕世界信息与传播新秩序的论战成为“面对不平等的影像和信息交流现状发出的第一声惊呼”[阿芒·马特拉（Armand Mattelart）语]。联合国教科文组织成为讨论国际传播秩序问题的主要讲坛。1969年，该组织在加拿大蒙特利尔就大众传播对当代世界的影响召开专家会议，高度关注跨国“信息自由流通”所带来的世界范围内由北向南的信息单向流动（one-way flow）现象及其国际效应，即“信息穷国”（information-poor）对“信息富国”（information-rich）的依赖不断加剧。1976年，在第19届联合国教科文组织大会上，世界不结盟国家提交了旨在建立世界信息与传播新秩序（New World Information and Communication Order，NWICO）的议案，正式提出争取国际传播和全球传播的媒介接近权或近用权（right of access to media）问题。由此，世界信息与传播新秩序观成为国际信息自由流通理论的反命题。大会结束后，联合国教科文组织组建了一个由来自不同国家的各方人士所组成的“国际传播问题研究委员会”，负责提出国际传播问题的研究报告。从20世纪60年代末

① 相关文献可参见 SCHILLER H. Mass communication and American empire. New York：Augustus M. Kelley Publishers，1969；SCHILLER H. Communication and cultural domination. New York：International Arts and Science Press，1976；BOYD-BARRETT O. Media imperialism：towards an international framework for the analysis of media system//CURRAN J，GUREVITCH M，WOOLLACOTT J. Mass communication and society. London：Arnold，1977；NORDENSTRENG K. SCHILLER H. National sovereignty and international communication. Norwood，New Jersey：Ablex Publishing Corporation，1979；HAMELINK C J. Cultural autonomy in global communication：planning national information policy. New York：Longman Inc.，1983。

到80年代中期，联合国教科文组织几乎每年都通过关于建立国际传播新秩序的决议或声明，要求发达国家更多地重视跨国媒体的国际责任，帮助发展中国家建设传播基础设施，同时尊重所有民族在平等、正义、互利基础上获取信息、传播信息和参与国际信息流通的权利，以促进国际新闻和其他信息更加公正和平衡的流动。正是在此期间，包括诺登斯特朗、哈梅林克在内的不少欧美批判学派的国际传播学者，都曾直接参与联合国教科文组织的国际传播研究项目（“传播研究国际项目”），投身于推动建立国际传播新秩序的事业中。

进入20世纪80年代，随着美国、英国先后于1985年、1986年退出联合国教科文组织，该组织作为国际传播论坛的作用逐渐淡化，世界信息传播新秩序问题随之被边缘化，新秩序运动也日渐式微。由此，批判学派的国际传播研究陷入低潮。①

冷战结束后，伴随着新媒体的涌现和全球化进程的加速发展，跨国界、去行政规制化的商业化和社会化浪潮风起云涌，国际传播领域出现了一股各种传播主体蓬勃兴起、信息全球扩散的新动向。这使得以国家为分析单位的传统国际传播研究越来越无法全面地涵盖和解释全球范围内出现的各种传播现象。于是，一些国际传播学者纷纷调整他们的研究视角，从全球和平和发展的角度重新审视跨国信息传播现象和国际传播秩序问题，逐渐形成了一种新的国际传播研究范式——以全球整体为分析对象、为出发点和中心（本位）的全球主义（globalism）范式或世界主义（cosmopolitanism）范式。作为新的分析框架或解释模式，全球主义范式意味着一场超越传统研究范式的方法论革命，它试图超越国家主义或国家中心论取向②，不再以主权国家作为唯一的分析单位（“单元”）和出发点，而把囊括了各种超国家或非国家行为体的全球传播网络体系纳入观照、分析和解释的视域之内。在方法论上，全球主义范式一般以批判学派作为理论支撑，以传播（信息）共享为核心，以传播公平为研究导向，注重对传播体制、秩序及其效应的反思，讲究传播的公正性。相对于国家主义范式，全球主义范式更多地带有思辨、诠释乃至浪漫主义的理想色彩，其价值立场是相对中性、自由主义或多元主义的，或者说，力求不带有价值偏向（当然，价值介入和参与实际上也是难免的，对国际传播现实的批判本身就是一种价值取向的表达）。国际传播学者哈米德·莫拉纳于1996年出版的《变迁中的全球传播：多样性的终结?》(*Global Communication in Transition: The End of Diversity*?）是全球主义研究范式的代表作。该书主张在认识论层面上调整取

① 陈开和．国际传播的研究历程及其与国际关系的理论联系//关世杰．跨文化交流与国际传播研究（第一辑）．北京：中国社会科学出版社，2011：32.

② CHALABY J K. Beyond nation-centrism: thinking international communication from a cosmopolitan perspective. Studies in Communication Sciences, June, 2007: 61-83.

向，在政治、经济等传统领域之外，更多地关注传播政治经济学以及国际文化关系，从而使国际传播学者能够以开阔的视域、开放的心态，努力超越本土语言文化和民族国家个体利益的局限，真正从“人的维度”（human dimension）以“全球主义的方式”（global approach）来研究国际传播问题。基于此，该书用了大量篇幅探讨了全球信息传播对本土社区、民族国家以及整个世界的发展所带来的冲击和影响。与此同时，另一位批判学派的学者西斯·哈梅林克也从国家间的冲突和对抗中抽拔出来，更为普遍地从人的角度来进行国际传播研究，因为“所有的人都是重要的”（all people matter），而世界上现存的、规范信息跨国传播活动的种种国家政治机构并不都符合尊重和回归到人性和人本身的人本主义原则。因此，在他看来，人（而非主权国家）及人权（而非国家主权）应该成为国际传播研究的新的、最重要的出发点和关切点。[①] 自由派学者、国际传播学家罗伯特·福特纳则从国际传播效果评估的角度提出了国际传播研究的人类中心主义的立场。他指出，国际传播中存在着另一个中心方面——人（除了国家）。“首先是人的作用：人使用传播设备，人构成国际传播内容的受众。”作为国际传播的受众，人不仅仅是国际政治和商业宣传的对象，而且是拥有传播权利的主体——世界公民。与此同时，人权即人的传播权（right to communicate，寻求信息和自由表达思想的权利）也是国际关系中主宰信息流通的基本原则（除了国家政治主权）。[②] 基于传播主体和渠道的日益多元化，其他许多的批判学派学者大都力图矫正传统的国家主义方法论范式，超越单一国家和国家主权，从更广阔、更多维的视角超拔地看待国际传播现象及其中的不平衡不公正问题，并提出各种理想的国际传播（更准确地说，全球传播或世界传播）图景及诸多替代性的国际传播策略。[③] 全球主义（姑且称之为“球本主义”）范式同时也是一种人本主义范式，它具有强烈的人文主义或人道主义倾向[④]。

进入 21 世纪，一方面，伴随着互联网和跨国网络媒体的不断发展，“电子殖民主义”（electronic colonialism）、“数字帝国主义”（cyber imperial-

① HAMELINK C J. The politics of world communication，London：Sage Publications Inc.，1994.

② 福特纳．国际传播：“地球都市”的历史、冲突与控制．北京：华夏出版社，2000：32，37－38.

③ 相关文献可参见 NORDENSTRENG K，SCHILLER H. Beyond national sovereignty：international communication in the 1990s. Norwood，New Jersey：Ablex Publishing Corporation，1993；BRAMAN S，SREBERNY-MOHAMMADI A. Globalization，communication and transnational civil society. New York：Hampton Press，Inc.，1996；MOHAMMAD A. International communication and globalization：a critical introduction. London：Sage Publications Inc.，1997；GOLDING P. HARRIS P. Beyond cultural imperialism：globalization，communication & the new international order. London：Sage Publications Inc.，1997。

④ 此处的人文主义或人道主义是指对国际传播功能的一种非实用化理解。人文主义的国际传播观认为，国际传播是人类为了促成来自不同文化背景的各国人民之间的相互同情和理解，促进世界和平、友爱而开拓的一种跨国信息交流途径。

ism)、全球媒介文化及认同等跨国信息传播现象持续成为在全球共同体（global community）中追求传播公正性的批判学者们进行权力和意识形态批判的对象。[①] 另一方面，伴随跨国新社会运动的兴起[②]，各种社会性力量与传统的国家力量在国际体系内展开了激烈的符号竞争和信息博弈，“跨国公共领域”（transnational public sphere）、“全球公民网络”[③]（global civic network）等全球性媒介新景观成为国际传播研究领域中新的关注焦点。由此，国际传播的公正性开始以传播的公共性的名义来主张。[④]

20世纪20年代以来西方国际传播学的发展历程如图1-4所示：

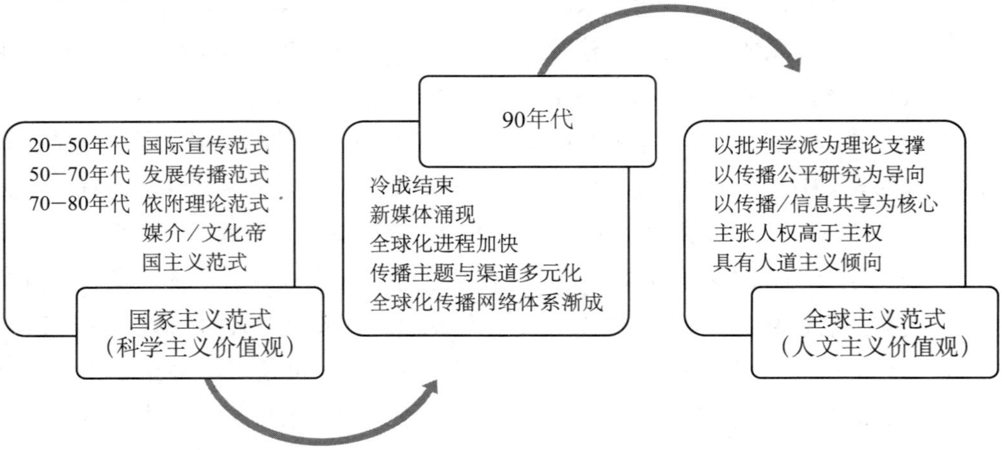

图1-4 20世纪20年代以来西方国际传播学的发展历程

---

① 相关文献可参见 MCPHAIL T L. Global communication: theories, stakeholders and trends. Boston: BAllyn and Bacon, 2002; MOSCO V. The digital sublime: myth, power and cyberspace. Cambridge and London: The MIT Press, 2004; CHOPRA R, GAJIALA R. Global media, culture, and identity: theory, cases, and approaches. New York: Routeledge, 2011。

② 所谓新社会运动，是指一种超越国家政府的全球性力量，是20世纪60年代发源于欧美的、针对一系列全球性问题寻求社会变革的社会抗议活动。与传统的社会运动相比，新社会运动之“新”在于其诉求的议题、组织管理方式以及行动范围等方面。在诉求议题上，新社会运动的诉求对象是反战、民权、环保、另类生活方式、少数族群语言保护、原住民土地及权益等涉及社会制度、文化观念和生活方式变革的长期、根本、宏大议题。在组织管理方式上，新社会运动主要不是依靠政党或正规的代议制民主机构等体制内组织机构，而是更多地借助互联网、移动通信等新媒介作为沟通意见、交换信息、汇聚舆论、建构共识、协调集体行动的中介，因而其管理方式更加平等、民主和开放。在行动范围上，因其诉求议题的全球性，新社会运动超越了传统的民族国家边界，其运动成员的构成，抗争的行动场域和运动的影响、效应都是超国家、超地域的。因此，新社会运动是跨国性或全球性社会运动。

③ “全球公民网络”是指不同国家和地区的公民通过互联网等现代通信方式结成的各种非正式的社会性网络，它包括就单一问题形成的议题网络（issued network），也包括各种综合性的政策协调网络（policy network）等多种形式，如禁止地雷各国监督员网络、全球政策论坛等。参见李惠斌，薛晓源．全球化与公民社会．桂林：广西师范大学出版社，2003：124。

④ 相关文献可参见 CORNER E. The role of communication in global civil society: forces, processes, prospects. International Studies Quarterly, 2001 (45); CRACK A M. Global communication and transnational public spheres. New York: Palgrave Macmillan, 2008。

纵观西方国际传播研究半个多世纪以来的学科化发展历程，可以发现，这是一个从国际传播研究向国际传播学转化的过程。从学术研究的独立性、学术范畴的明确性、研究方法的科学性和研究成果的系统性等方面来看，这个转化的过程尚未终结。但无疑，作为一门学科或科学的国际传播学在传播学科体系内业已确立，而不再如某些国际传播学者所认为的，仅仅是一个“仍在发展变化的‘研究领域’”①。

三、中国国际传播研究

对改革开放的中国来说，传播的国际化和全球化不仅是一种客观发展趋势，同时也是一种自觉选择、接受和实践的过程。中国越来越深地融入国际社会和全球化浪潮中，成为世界的中国。正是在中国日益国际化和全球化的进程中，国际传播研究于 20 世纪 90 年代中后期传入内地（经由我国台湾、香港地区）②，首先在北京大学和北京广播学院（现为中国传媒大学）等北京高校启动③，并迅速向全国推广开来。相比于西方国家，中国较为系统的国际传播研究要晚得多，但迄今也有二十多年的历史。

在中国国际传播研究之初，除了从事对外传播（对外宣传）工作的个别专家有自创性研究成果面世④，大多数的国际传播学者都侧重于将国外有关国际传播的研究成果引介到国内，在消化吸收的基础上开展自主性的研究，并发表和出版学术成果。其中，最具规模和影响力的是北京广播学院自 1999 年起推出的国际传播研究书系，它标志着中国国际传播研究的兴起。该书系包括刘继南主编的《大众传播与国际关系》（1999）、《国际传播：现代传播文集》（2000）和《国际传播与国家形象：国际关系的新视角》（2002），蔡帼芬主编的《国际传播与对外宣传》（2000）、《国际传播与媒体研究》（2002）和《国际新闻与跨文化传播》（2003），张桂珍主编的《国际关系中的传媒透视》（2000），杨伟芬主编的《渗透与互动：广播电视与国际关系》（2000），陈卫星主编的《国际关系与全球传播》（2003）等著作，当时在中国掀起了一股国

---

① MOWLANA H. Global communication in transition：the end of diversity? London：Sage Publications Inc.，1996：x.

② 相比于内地，台湾和香港地区较早于 20 世纪八九十年代就开始了国际传播研究，譬如台湾李金铨教授的《国际传播的挑战与展望》、李瞻教授的《国际传播》分别于 1983 年、1986 年出版，香港李少南教授的《国际传播》也于 1994 年出版。

③ 1996 年，北京大学成立国际传播与文化交流系，1999 年，北京广播学院成立国际传播学院。两校最先举办以国际传播为主题的国际会议，专门从事国际传播方面的教学和研究活动。

④ 譬如，段连城著《对外传播学初探》（中国建设出版社，1988）、黄泽存主编《对外宣传的理论与实践》（山东友谊书社，1992）、沈苏儒著《对外传播学概要》（今日中国出版社，1999）等。

际传播研究的热潮。此后，在进一步总结和提炼国内外学术研究成果的基础上，多部国际传播教材相继面世，譬如，关世杰所著的《国际传播学》（2004）、郭可所著的《国际传播学导论》（2004）、程曼丽所著的《国际传播学教程》（2006）等。最近几年来，在中国对外传播的网络化、全球化新语境之下，不断有国际传播研究的专著问世，譬如《软力量与全球传播》（李希光、周庆安等，2005）、《中国政府形象传播》（刘小燕，2005）、《国家形象传播》（张昆，2005）、《中国形象：中国国家形象的国际传播现状与对策》（刘继南、何辉等，2006）、《国际政治传播：控制与效果》（李智，2007）、《当代中国国家形象定位与传播》（刘明，2007）、《新传媒环境中国家形象的构建与传播》（何辉、刘朋等，2008）、《权力与博弈：信息时代的国际政治传播》（周宇豪，2008）、《超越非洲范式：新形势下中国对非传播战略研究》（龙小农，2009）、《国际传播：探索与构建》（王庚年，2009）、《全球传播》（陈阳，2009）、《新媒体环境下的国际传播》（田智辉，2010）、《中国国家形象：全球传播时代建构主义的解读》（李智，2011）、《对外传播及其效果研究》（程曼丽、王维佳，2011）、《新媒体国际传播研究》（王庚年等，2012）、《国际传播的理论、现状和发展趋势研究》（吴飞等，2017）、《全媒体国际传播：理论创新与实践转向》（刘滢等，2021）和《国际传播概论：理论与思考》（郜书锴，2022）等。

从学术研究的基础性建制来看，自 20 世纪 90 年代末以来，一些高校纷纷成立国际传播的专门研究机构。1999 年，清华大学成立国际传播研究中心（TICC）；2008 年，中国传媒大学成立国际传播研究中心（ICSC）；2009 年，北京外国语大学成立国际传播研究中心（CICS）；2010 年，北京师范大学联合美国国际数据集团（IDG）成立中国文化国际传播研究院（AICCC）；2012 年，中国传媒大学与中国人民外交学会合作创办中国国际传播战略与发展研究中心（CIICS）。这些研究机构从事国际传播理论和学科体系研究，承担各级各类的国际传播课题；开展国际舆情跨国调查、分析、监测及国际传播效果评估，为政府、媒介机构和企业提供智力支持；举办国际传播全球论坛及各种规格的研讨会，为传媒业界、学界与政界搭建三方互动的交流平台；面向社会开设国际传播、对外报道等方面的课程，实施国际传播人才培养和培训项目等。这些研究机构正在形成各自的学术研究共同体，共同建构具有中国特色的国际传播研究和应用体系。目前，国际传播的学科建制基本完成，“国际传播”已经独立成一个专门的专业方向。可以预期，随着中国的日益国际化和全球化及其对外传播事业的不断发展，越来越多的政府的和非政府的学术资源将投入国际传播研究领域。

反观中国二十多年来国际传播研究的历程，首先，从研究方法上看，大多数学者基本上遵循"西方理论，中国经验"的二元研究框架，即用西方的理论话语来解释中国的传媒实践。显然，这种研究套路尚缺乏对国际传播现象的知识化把握和对中国对外传播实践提出问题和回应问题的理论自觉。其次，从研究主题上看，通过对所取得的研究成果的文献调查发现，中国学者的国际传播研究主要集中于三大主题：媒介帝国主义批判、国际传播能力建设和国家形象建构。所有这些研究几乎都遵循着这样一套逻辑，即：在批判媒介帝国主义的基础上提出中国对外传播的战略策略，从而改善中国的国家形象。显然，在学缘上本来就脱胎于国际关系（国际政治）的大多数中国国际传播学者，其学术旨趣基本上投注、聚焦于政府决策解读及政策建议，而不在于纯粹的学理探究和知识生产。正如多数学者所认可的，国际传播的主要功能在于"服务本国意识形态"，是"主权国家实施国际战略、外交政策的重要手段"。①

迄今，中国国际传播研究实践所贯彻并折射出的是一套国家（中心）主义的研究范式。在国家主义的规范下，这些国际传播研究"把国家当作核心的乃至唯一的分析单位，把政府的对外传播行为当作主要的乃至唯一的研究对象，进而专注于或最终归结、落实于国家信息控制、国家传播力的提升和国家形象的建构"②。无疑，中国国际传播学者更多地承袭了美国前期国家主义的国际传播研究立场和范式，从而拘囿于国际政治传播的研究范畴之内。因此，从总体上说，中国迄今为止的国际传播研究基本上是一种狭义的国际传播研究。

作为一个后发国家，尤其是在学科研究的初期，中国的国际传播研究具有较强的国家主义取向，这在所难免，也是必要的。近年来，随着国际传播全球化的不断推进和国际传播研究的逐渐深入，中国的国际传播研究正从国家主义范式向全球（世界）主义范式过渡。另有学者基于中国传统的"天下"理想重建全球想象，以探索发展中国学派的世界主义理论。③事实上，今天中国已经开始关注国家以外的传播主体（包括政府间国际组织、社会组织、公司企业和个人等国际行为主体）在国际传播中的作用及其所产生的全球效应，以及以非大众传媒（即手机、网络等个人媒体）为传播渠道的国际传播现象。④ 与此同时，在方法论上，中国国际传播研究

---

① 刘继南，等．国际传播与国家形象：国际关系的新视角．北京：北京广播学院出版社，2002：14，16.

② 李智．全球传播学引论．北京：新华出版社，2010：12.

③ 刘擎．重建全球想象：从"天下"理想走向新世界主义．学术月刊，2015，47（8）：5－15；李智．新世界主义：人类命运共同体的世界观基础．北京行政学院学报，2018（6）：108－113.

④ 郑维东，左翰颖．全球化与媒体利益：跨国公司对本土电视传媒的影响．新闻大学，2008（1）：129－136；韩鸿．全球传播与公民媒介监督．郑州大学学报（哲学社会科学版），2009，42（1）：172－176.

正从经验功能主义的单一范式走向技术主义、政治经济学、文化研究等思辨、诠释性的多元范式。这种研究范式的转换与积极创新，不仅有助于全面而深刻地分析和把握国际传播发展趋势，而且能够为中国在世界体系中的信息博弈提供更有效力的理论参照。这种实践反思与理论创新能力的提高既是捍卫中国主体性学术立场的需要，同时也是促进中国国际传播研究学科化（科学化）发展的需要，更是立足中国文化传统与国际传播现实，丰富世界国际传播理论与实践，并最终使国际传播（学术）研究回归人本身的需要。

深入阅读

- 陈卫星．传播的观念．北京：人民出版社，2004.
- 胡翼青．传播学科的奠定 1922—1949. 北京：中国大百科全书出版社，2012.
- 殷晓蓉．战后美国传播学的理论发展：经验主义与批判学派的视域及其比较. 上海：复旦大学出版社，2000.

思考题

第一节

1. 什么是国际传播？如何广义和狭义地理解国际传播？
2. 国际传播学与跨文化传播学、全球传播学、国际关系学有什么关系？

第二节

1. 简述国际传播研究在美国的发展历程。
2. 如何评价二十多年来中国的国际传播研究？

第二章

国际传播的理论范式

本章知识结构及要点

◇ 什么是理论范式

◇ 什么是国际传播的理论范式

◇ 国际传播三个层级的理论范式

1. 宏观

• 经验功能主义范式

• 批判主义范式

2. 中观

• 技术主义范式

• 政治经济学范式

• 文化研究范式

3. 微观

• 技术主义范式（信息自由流通理论、发展传播理论）

• 政治经济学范式（传媒依附理论、媒介/文化帝国主义理论、传播世界化理论、数字/网络神话理论、跨国公共领域理论）

• 文化研究范式（文化研究理论、文本研究理论、受众研究理论）

作为一门相对独立的学科，国际传播学拥有一套较为完备的理论范式体系。本章解析了国际传播学的三大理论范式，即：技术主义范式、政治经济学范式和文化研究范式，并对分别归属于这三大理论范式的各种具体理论形态逐一加以介绍。

第一节　国际传播的理论范式概述

一种知识形态成为一门学科的标志是知识的学理化即理论化。知识学理化的标志性成果就是理论范式。任何学科都有其自身独特的理论范式，国际传播学也不例外。

一、从理论范式到国际传播的理论范式

何谓理论？理论即范式（paradigm），即为理论范式（theoretical paradigm），又称研究范式。理论范式是什么？是观照视角，是分析框架，或是解释模式，就是人们用以看待、描述、分析、解释（explain）、阐释（interpret）、预测乃至于规范（范导）世界的视域、框架或模式（“理论框架”，theoretic framework），因而属于方法论范畴。理论往往表现为一套建构社会现实的（权力）话语系统，即所谓“理论话语”。从这个意义上说，理论范式是世界观、价值观和方法论的统一，也就是说，一种理论范式既是一种世界观或现实观，同时蕴含着关于对象世界和人类社会现实的价值预设（取向）和研究方法论，其价值偏向或中立或保守或激进，其研究方法论或实证或诠释或思辨。①

理论范式的确立是学科形成的必要条件和学科成熟的重要标志。对任何一门学科来说，其学科主体性（自主性）、独立自觉性和成熟度在很大程度上都有赖于完备、稳定而有效的理论范式的支撑和维系。在半个多世纪的国际传播研究历程中，作为一门学科的国际传播学逐渐形成和确立起了自身的理论范式。事实上，自国际传播成为人们的研究对象以来，学界就一直在寻求恰当的分析框架或解释范式来解读这一特殊的信息传播现象，对之做出深度分析和精准说明。

此外，作为潜在的知识假设，理论范式既是学术研究所遵循的价值原则和基本方法，同时也是相关理论研究者共享的研究信念、意向旨趣和思维方式。不同学科及其不同的学术发展阶段或不同的学术研究群体遵循不同的理论范式。基于此，对任何一门学科来说，其学术研究的演进和变革在很大程度上都取决于理论范式的转换，或者说，学科的断裂式或跨越式发展是通过理论范式的成功转换来实现的。一门学科在其发展历程中，当某种既有的理论范式产生危机后，新的理论范式就会应运而生，由此，该学科跃迁入新的历史阶段，并呈现出崭新的面貌。历史地看，近百年来，现当代国际传播研究大致经历了20世纪20—50年代的国际宣传范式、50—70年代的发展/现

---

① 根据研究方法的三分法，实证是典型的科学（包括自然科学和社会科学）研究方法，它基于外在经验即观察，其核心是解释和说明；诠释是人文学科（包括部分社会科学）的研究方法，它基于内在经验即体验，其核心是阐释和理解；思辨是哲学的研究方法，它基于概念推导，其核心是逻辑论证。基于此，传播学者波特等人借助尤尔根·哈贝马斯（Jürgen Habermas）对知识的分类传统，将传播学理论知识划分为社会科学范式（the social science paradigm）、诠释范式（the interpretive paradigm）和批判范式（the critical paradigm）三类。参见 POTTER W J，COOPER R，DUPAGNE M. The three paradigms of mass media research in mainstream communication journals. Communication Theory，1993，3（4）：317－335。

代化传播范式、70—80年代的传媒依附理论与媒介/文化帝国主义范式以及90年代以来的全球主义或世界主义范式，由此，国际传播学不断得到发展。

作为人类观照世界相对定型的思考模式，理论范式是分层次、层级的，有宏观、中观和微观之分，既有最为抽象、普适的宏观范式，又有相对抽象、普遍的中观范式，还有相对具体、特殊的微观范式，它们分别代表对世界不同的分析、研究层面或层次。就国际或全球研究而言，首先从最抽象的分析层面讲，基于研究的视域及方法论的分别，国际传播研究有两种宏观的理论范式，即国家主义和全球主义，两者分别以国家和全球（全人类）为本位（出发点、中心或基本分析单位），各自对应于科学主义和人文主义的方法论。基于研究方法论上的差异，作为社会科学，国际传播研究同样可分为两种宏观的理论范式，即经验功能主义和批判主义，两者分别以肯定性的实证主义与否定性的马克思主义作为思维的基础，以自然主义与人道主义作为价值观。前者在研究方法上倾向于实证，属于工具性知识范畴，带有科学实证和工具理性精神；后者在研究方法上倾向于思辨和诠释，属于反思性知识范畴，带有人文反思和价值理性精神。进一步从相对抽象的分析层面上讲，国际传播研究主要有三种中观的理论范式，即技术主义范式、政治经济学范式和文化研究范式，三者分别从物质技术、资本和政治、文化三个维度观照和解析跨国界信息传播现象，相应地，分别以技术（器物）、权力（体制）和文化（精神）为本体、为本位。其中，技术主义范式倾向于经验功能主义方法论（同时融合了批判主义方法论），政治经济学范式完全归属于批判主义方法论，文化研究范式则倾向于批判主义方法论（同时融合了经验功能主义方法论）。再进一步从相对具体的分析层面上讲，在中观的理论范式之下，往往并存着多种微观理论范式即理论形态，形成各具特色的理论群落。譬如，对应于技术主义范式的有信息自由流通理论、发展传播理论等理论范式；对应于政治经济学范式的有传媒依附理论、媒介/文化帝国主义理论、传播世界化理论、数字/网络神话理论和跨国公共领域理论等理论范式；对应于文化研究范式的主要有文化研究理论、文本研究理论和受众研究理论等理论范式（见表2-1）。

表2-1　国际传播学研究的宏观、中观和微观理论范式

<table>
<tr><th>宏观</th><th>中观</th><th>微观</th></tr>
<tr><td rowspan="2">经验功能主义范式</td><td rowspan="2">技术主义范式</td><td>信息自由流通理论</td></tr>
<tr><td>发展传播理论</td></tr>
<tr><td rowspan="5">批判主义范式</td><td rowspan="5">政治经济学范式</td><td>传媒依附理论</td></tr>
<tr><td>媒介/文化帝国主义理论</td></tr>
<tr><td>传播世界化理论</td></tr>
<tr><td>数字/网络神话理论</td></tr>
<tr><td>跨国公共领域理论</td></tr>
</table>

续表

宏观	中观	微观
批判主义范式	文化研究范式	文化研究理论
		文本研究理论
		受众研究理论

二、国际传播理论范式的适用度

与理论范式相关联的是理论流派或学派。理论范式是理论流派存在的重要验证标识之一，一种理论范式往往对应着一个理论流派（学派）。[①] 理论范式是内容、是实质，而理论流派是外在形式、是表征，因此，从理论范式的角度来探讨理论，要比从理论流派的角度来探讨理论，更能深入理论谱系的内质及学科生长的机理之中。基于此，本书从理论范式入手来分析国际传播学的理论。

当然，从“元理论”（meta-theory，有关理论的理论，关于理论本质的反思）的高度看，任何理论范式都是有局限的，国际传播学的理论范式也不例外。首先，从本体论上说，就理论范式本身而言，范式即为分类，是划界。理论范式人为地把一个混沌的、绵延不绝的世界整体划分成一块块边界清晰乃至断裂的论域。基于理论范式的条块分割性，任何一套国际传播理论范式对作为一个整体的国际传播世界的观照都是偏狭、有限的。其次，从方法论上说，范式即框架。框架既是选择又是拘囿、阈限。鉴于理论范式都是供研究使用而从一定视角设定的，任何一套国际传播学的理论范式对复杂而多样的国际传播现象的分析和解释都是有局限的，其解释力是相对的。这就决定了这些理论范式是多元并存的，它们在相互交流、参照、质疑和批判中，不断自我调适或修正。正如美国社会学家乔纳森·特纳（Jonathan Turner）所言：“必须意识到理论是有局限性的，传播互动行为由许多角度构成，而理论最多只是对多元社会生活的一部分所做出的解释。”[②] 最后，在价值观上从知识发生学和知识社会学的角度来看，国际传播学的理论范式（无论是国家主义的，还是全球主义的；无论是经验性的、批判性的，还是自由派的）基本上都是西方学者自觉或不自觉地以自己的问题意识观察和处理西方世界在全球信息传播的国际竞争中的利益诉求所做的理性思考的产物，其价值预设是为适应西方世界的社会历史情境（context）、

---

① 魏格豪斯．法兰克福学派：历史、理论及政治影响．上海：上海人民出版社，2010：5.

② 特纳．社会学理论的结构（上）．北京：华夏出版社，2001：2.

文化经验和战略意识而采取的。因此，对这些理论范式的适用度保持足够的认知觉悟是必要的。

第二节 技术主义范式

技术主义范式是指从技术的角度看待世界和社会现象的世界观及其研究方法。技术主义范式的核心思想是：人类社会的进步根源于技术的进步，人类社会的历史就是一部技术进步史。其理论预设是：人置身于其所使用的媒介之中（而不是之外），不同的媒介形式会以不同的方式影响人们如何感知、认识、思考、理解和表征外在于人的世界。在此基础上，它把媒介看作人类事务中发挥能动作用的中心要素和导致社会历史变化发展的重要动因，或者说，将社会变迁的潜力归于特定的媒介技术，从而在核心媒介的主流传播与当时社会的主要特征之间确立起一种规律性的、必然的关系。由此，该理论往往用某种新传播技术的发明来区分不同的历史阶段，称谓不同的时代。国际传播或者说传播全球化的发展历程凸显了传播技术越来越快、越来越广地超越时空的能力，人类社会的历史因而表现为信息技术不断革新的历程。具体到传播领域，传播的技术主义范式用信息传播技术本身来分析人类的信息传播活动及其社会历史影响，把人类传播的历史归结为信息传播技术的历史，把人类文明（文化或意义）史等同于传播技术的发展史。进一步具体到国际传播领域，在技术主义范式的支配下，人们侧重于从科学技术的视角来看待国际传播现象，进而预测国际传播的发展趋势。其基本观点是：（传播）全球化主要得益于不断更新的信息技术与传播手段。技术主义范式所表现出来的具体的国际传播理论（形态）主要有两种：信息自由流通理论和发展传播理论。

一、信息自由流通理论

自第二次世界大战结束以后，伴随着信息传播全球化程度的不断加深，以美国为首的西方国家一直主张信息跨国界的“自由流通”（free flow of information），反对主权国家对媒介渠道和内容的跨国管制（规制）、审查和对跨国信息流动态势的宏观管控。它们认为，基于“自由市场”（free market）理念，凡是信息都应当在全球范围内无障碍地自由流动。这种主张被称为信息自由流通理论。信息自由流通理论所主张的跨国“信息自由流通”原则很快就被联合国教科文组织所接受，并写入 1948 年联合国发表的《世界人权宣言》中。[①]

信息自由流通理论的核心在于把信息看作一种以媒介（技术）为载体和流通渠道的普通商品。既然是商品，信息就应当不受限制地跨界流动和在全球市场上公开竞争，以便信息的拥有者赢取利润的最大化。因此，信息社会所关切和维护的应当是信息的自由创制、传播和利用。信息自由流通理论为西方世界的媒介组织劝服发展中国家取消贸易壁垒、促进媒介产品的自由贸易以及放开对媒介产品的跨国制作管制做出了辩护，为之提供了合法性。据此，西方世界可以“合理地”使自己的信息产品自由流通于非西方世界，或使自己在非西方世界自由地采集新闻和制作节目，进而达到在政治、经济和文化上对非西方世界的控制。譬如，1994 年美国向全球发出建设全球信息高速公路的倡议，其行动原则和学理基础就是信息自由流通理论。世界贸易组织建立后，美国信息的全球传播和自由流通日益演变成自由贸易的典范。此后，信息自由流通理论被落实为一项为主权国家（尤其是西方国家）和国际组织（如世界贸易组织）所倡导和推行的国际传播政策。

在信息社会，（拥有）信息意味着权力。由于大部分世界媒介资源及与媒介相关的资本都集中在西方，西方世界自然拥有对全球信息绝对的创制权、发布权和处置权。信息“自由流动”自然有助于确保西方国家的媒体对全球信息市场产生持续而显著的影响。事实证明，在“进步主义”的现代化话语和媒介作为“公共监督者”（public watchdog）这一话语的鼓动下，以美国为代表的西方国家所竭力主张的跨国信息“自由流通”（flow，flux）[②] 和“自由循环”带来的却是世界传播格局和态势日益加剧的不均衡、不对等，它并没有弥合和消除第三世界同西方世界的二元对立，反而强化了这种二元对立，扩大了南北之间的“数字鸿沟”。其明显的表征是，国际信息垄断日益深化和世界文化生产模式日益单一化。正如美国传播政治经济学者赫伯特·席勒反思后提出的，信息自由流通过去是、现在还是一个“荒诞的神话”。信息跨国流通不是在真空中进行的，而是在早已被权力关系占据的国际政治空间中展开的。在跨国传播过程中实际上存在着“选择者”和“控制者”，其中，既有跨国公司的积极作为，又有相关国家政府的强力介入和干预。而所谓的跨国“信息自由流通”无非是信息由强势国家和地区向弱势国家和地区单向流通的

---

① 《世界人权宣言》第十九条是这样表述的：人人有权享有主张和发表意见的自由；此项权利包括持有主张而不受干涉的自由，和通过任何媒介和不论国界寻求、接受和传递消息和思想的自由。联合国的其他文件如《联合国宪章》也表达了类似的思想。

② 西方传播学学者常用“flow”或“flux”以表达信息传播的现状，即指信息传播的生产方式和影响方式完全处于一种流动状态：信息不断地被生产出来，不断地循环，又不断地被再生产出来。在此过程中，传播以一种工业化的生产方式完成对现代社会的全面渗透。参见马特拉．世界传播与文化霸权．北京：中央编译出版社，2001：译序。

自由。从本质上说，信息自由流通理论是所谓西方“新自由主义”（neo-liberalism）话语的一部分。这套话语体现的是全球化所倡导的自由市场意识形态，维护的是西方媒介所有者和关联者（包括西方国家、跨国公司、媒体业主和从业者等）的政治和经济利益。

二、发展传播理论

发展传播理论（development communication theory，theory of communication for development）又称传播加速现代化理论或传播促进现代化理论，简称为传播现代化理论。它是西方“现代化”理论中一个不可或缺的分支。发展传播理论强调文化与传播在社会发展和变革中的重要作用，其核心观点是：国际传播是现代化即“第三世界”发展的关键所在。完整地说，国际传播可以向第三世界国家和地区尤其是贫困地区传达关于西方发达国家现代性的信息（包括其先进的经济和政治模式），从而促进第三世界改造传统社会的现代化进程。该理论在其创立之初（20 世纪六七十年代）就获得了国际社会的广泛认同，并受到联合国教科文组织的支持。

发展传播理论的代表人物有丹尼尔·勒纳（Daniel Lerner）、威尔伯·施拉姆、埃弗里特·罗杰斯（Everett Rogers）、丹尼斯·麦奎尔（Danis McQuail）和马吉德·特拉尼安（Majid Tehranian）等。在发展传播理论经典著作《传统社会的消逝：中东的现代化》（*The Passing of Traditional Society：Modernizing of the Middle East*，1958）中，勒纳通过对土耳其和中东地区的媒介（尤其是国际广播）受众调查，提出了发展传播理论的基本观点：大众媒介是现代个人主义文化价值观的传播者，是社会的“流动加速器”（mobility multiplier）和社会变迁的催化剂（既加速了传统社会元素的消解、解构，又为现代化进程提供了有利的文化环境），因而，媒介传播在社会动员和社会发展中具有“神奇倍增器”（magic multiplier）的巨大功效。之所以如此，是因为与大众媒介的接触有助于一个传统社会向现代社会的现代化转型，因为受众接触到新信息可以改变个人的意志、态度和行为，从而利于经济和社会发展。受众与媒介接触越多，越是了解外面的世界，就越能反观和重新评估自身的生存方式，从而受传统的束缚越少，越能趋近新的现代生活方式。在这个过程中，存在这样一种良性循环的逻辑：都市化程度越高、识字率越高，媒介接触率就越高；而媒介接触率越高，民众的经济参与和政治参与度就越高，整个社会就越进步。基于其大众传播观，勒纳进一步提出了一个全世界流行甚广的现代化理论命题：含有全球性发展要素和发展顺序的西方现代化模式是一个可以且应当供广大后发展地区参照、仿效和共历（共同经历）

的模式。[①]

另外两位重要的发展传播理论家罗杰斯和施拉姆在各自出版的著作《创新的扩散》（*Diffusion of Innovation*，1962）与《大众媒介与国家发展》（*Mass Media and National Development*，1964）（受联合国教科文组织委托撰写，并与之联合出版）中，分别从新技术传播和大众传媒的社会功能的角度论述了国内和跨国信息传播活动可以加速后发展国家和地区的现代化进程。在详尽讨论在发展中国家推广和普及广播等现代媒介的作用、机制和过程时，施拉姆特别强调指出：现代大众传媒可以培育“现代（理性）人”（现代人格、心智特征），是“社会变革（包括观念信仰变革、技术规范变革、行为变革——引者注）的代言人”，是“通往更广阔世界的桥梁”，是从发达国家和地区向发展中国家和地区、从发展中国家市区向郊区传递新思想和新模式的工具。特拉尼安则是发展传播理论最新发展的代表人物。他从国际传播对发展中国家和地区的人的发展的影响这一角度进一步揭示了媒介传播活动对现代化进程的推进作用。

发展传播理论虽然呼应了广大非西方世界谋求发展的现实，但也遭到了学界的诸多质疑。作为一种认同媒介技术必然带来社会进步这一线性逻辑的技术决定论（即媒介决定论），该理论“把大众传媒假设为发展进程中的中立力量，忽视了媒介本身就是社会、政治、经济、文化环境的产物”[②]。显然，该理论所持的是媒介中心主义立场，它一味地遵循探求大众传媒“内部”抽象规律的“去政治化”取向，而放弃了对传媒景观背后的、外在的宏大社会权力结构（关系）的剖析。在对国家、社会发展的探讨上，它片面强调了大众传媒在影响社会发展方向上的决定性作用，而忽略了政治、经济和文化等因素的中介作用，也忽略了大众媒介与社会变迁之间相互规定和相互塑造的关系。实际上，“大众传播媒介并不是完全自主的，而是一个制度性的操作机构，要服从于各种规则、惯例，受到政治和经济的影响、正式和非正式的控制。媒介提供了一个信息传播的技术条件，但不能决定什么信息是应该被传播的。媒介本身并不能禁锢人的思想或者使社会文化自动走向民主，它只是整个社会、政治和经济生态中的一部分。从信息传播技术的发展史可以看出，技术工具和社会应用的关系是一个适用关系，体现了社会和政治的选择”[③]。从根本上说，“技术进步的方向在很大程度上依然是那些从社会生活的强制性的、在生产中自发产生出来的社会利益决定的”[④]。因此，在技术创新与社会

① 屠苏．国际传播：延续与变革．北京：新华出版社，2004：68－69.

② 同①70.

③ 陈卫星．传播的观念．北京：人民出版社，2004：266.

④ 哈贝马斯．作为“意识形态”的技术与科学．上海：学林出版社，1999：108.

进步之间并不存在一种必然的因果关联。在一些非西方国家，大众媒介被掌控在并不代表大多数的少数精英群体手中，这导致了经济和政治权力在社会分配上的严重不均；更为致命的是，持续接近统治精英的大众媒介偏向于不断论证既存统治（秩序）的政治合法性和统治者所要求的发展观。

更深入地看，发展传播理论在学理上还存在一个根本性的缺陷。"发展"是发展传播理论的核心关键词，它被看成一种单一线性的、普遍的现代化过程，是西方"开发""教授"非西方的单向信息传播过程。最终，世界各地的所有文化都将先后抵达一个共通的、以西方文明为模板的现代文化。其理论假设——现代化理论主要于1945—1965年在北美被构思出来，它试图生产一种从传统社会（"欠发达"）到现代社会（"发达"）过渡的普遍理论。这套现代化话语其实是美国发展模式的自我合法化，美国认为自己应该把这种范式扩散到全世界，使全世界人民享受"美国梦带来的好处"。由此可见，现代化理论隐含的根本性逻辑是"现代化"即"美国化"。作为发展传播理论的根基，现代化理论话语在价值观上带有明显的"西方中心主义"色彩，在认识论/方法论上，基本上沿袭了西方社会学的知识传统——二元对立的二分法，即传统（社会）-现代（社会）、落后-发展、野蛮-文明、农业文明-工业文明、非西方-西方。于是乎，现代化就成了传统与现代之间无延续的断裂，非西方世界传统社会的现代化就是西方化，就是西化。换而言之，在没有外力（外来的改造性力量）作用的情况下，非西方世界多元、多样的传统文化因不具有独特的内在价值而不可能实现主体（自主）性自我更新和发展。

其实，发展传播理论并不是一种完全中立的理论和实证性研究。从理论发生的角度看，发展传播理论本身就是国际权力政治的产物，它被称为冷战期间传播学对美国和国际发展机构的国际政策在理念和策略层面最重要的学术贡献。无论是勒纳的"美国之音"（VOA）国际受众研究，还是其他主张发展传播理论的学者的媒介研究都获得过美国政府和国际发展机构秘密的或公开的资助，成为以美国为首的西方发达国家对外传播战略即"通过管理大众媒体的力量去'现代化'第三世界新兴国家"的重要组成部分。对此，国际传播学者达雅·屠苏（Daya Thussu）认为：西方借发展传播理论来"将新独立的亚、非、中东国家引入资本主义的体系"[①]。传播政治经济学者文森特·莫斯可（Vincent Mosco）更是一针见血地指出，发展传播理论无非是一套把非西方世界纳入以西方世界为主导的世界等级体系中去的权力话语。[②]

---

① 屠苏．国际传播：延续与变革．北京：新华出版社，2004：71.

② MOSCO V. The political economy of communication：rethinking and renewal. Sage publications，1996：121.

早在 1969 年就质疑发展传播理论的批判学者詹姆斯·哈罗兰（James Halloran）甚至认为，“向发展中国家兜售传播加速现代化理论可以说就是犯罪”[①]。

就最终的理论实践而言，一些发展中国家和地区特别是拉丁美洲的学者发现，发展传播理论所强调的西方对欠发达国家的大众传媒建设提供援助，实际上加深了两者之间的依附关系。从发展传播理论项目中获益的并不是发展中世界的人，而是打着现代化和发展旗号扩张到第三世界、为其媒介产品寻找到新消费者的西方媒体和传媒公司。譬如，当第三世界国家出于国家发展与社会转型的目的引入西方电视后，其结果往往是电视很快成为上演好莱坞节目的娱乐媒体而不是成为提高教育和发展水平的媒体——娱乐（或广告）超过了启蒙。[②] 传播政治经济学者阿芒·马特拉在考察了卫星电视时代拉丁美洲国家的跨国传播实践后就指出，新的信息传播技术的应用并非通向文化商品的民主化途径，而是强化了隔离政策，巩固了等级制度，使过去的垂直结构的权力概念借助传播网络变得更加复杂。[③] 要知道，即便国际互联网也并非是一片远离权力主导和控制的净土，真实世界里的权力结构会嵌入虚拟世界，影响技术发展的前景。到 21 世纪初，另一位传播学者在谈及发展传播理论在非洲的实践时说，“虽然发展学派和传播学理论家认为大众传播或大众媒介在不断发展，但（发展的）结果多数令人失望”[④]。

20 世纪 70 年代中期后，在质疑之下，发展传播理论得到了部分的修正，形成了新发展主义观点，从对大众媒体的支持转变成对新的信息与传播技术的潜力的盲目信仰。更为根本的是，继 1975 年檀香山发展传播会议的召开以及罗杰斯的论文《主导范式的消逝》（1976）和拉美学者贝尔特兰（L. R. Beltrán）的论文《告别亚里士多德》（1979）发表后，当代发展传播理论出现了主导范式的转型，呈现出以下基本走向：从信息传播促进个体变革转向促进社会变革，从自上而下散播信息和知识的扩散模式向横向生产信息和知识的参与模式转换，从信息问题的中性化转向权力问题的政治化，传播视域从国家转向社区。但无论如何，关于西方传媒技术对非西方世界发展至关重要的核心观点依然保留下来了，“依据这种观点，现代化要求先进的电信传播和电脑设施，更可取的是通过‘有效率的’私人公司，从而将第三世

① HALLORAN J. International communication research：opportunities and obstacles//MOHAMMADI A. International communication and globalization，Sage Publications，1997：28.

② 麦卡纳尼．全球化与卫星电视：新技术与文化统治权//陈卫星．国际关系与全球传播．北京：北京广播学院出版社，2003：159.

③ 马特拉．世界传播与文化霸权．北京：中央编译出版社，2001：译序 8.

④ HENER W W. Development communication in Africa//ANOKWA K，et al. International communication：concepts and cases. Beverly MA：Wadsworth Publishing Company，2003：150.

界国家整合入全球信息经济的体系中”[①]。

第三节　政治经济学范式

政治经济学范式是指从政治、经济即权力和资本关系的角度来看待社会现象的世界观及其研究方法。它被定义为并聚焦于对社会关系尤其是权力关系的研究。政治经济学范式源于19世纪马克思对资本主义的政治经济学批判，其核心的学理依据是经济基础决定上层建筑，即：一个拥有社会物质生产手段的阶级或集团同时支配着社会精神生产的手段。具体到传播学领域，传播的政治经济学范式将信息传播现象置于一个更广泛的历史、经济和社会背景之下。它认为媒介及其传播活动是社会权力运作和社会控制的一部分，把媒介的整个传播过程（包括受众方的阅听和观看行为）看作一种包括传播资源生产、分配、流通、交换、消费各环节以及宏观决策的经济活动。在这一视角下，媒介产业、媒介产品（包括媒介内容与媒介受众）、阅听/收视率等都是“商品”，从而揭示出资本主义社会大众媒介及其信息传播与更广泛的阶级、阶层等社会权力关系之间的互动，并落实到大众传媒支配和控制的权力结构关系即传播体制和传播生态上。归根结底，传播的政治经济学范式关注大众媒介的所有制关系（所有权结构）及其控制。换言之，如果将信息的“传播者-生产”和信息的“受众-消费”置于传播活动的两端，那么传播的政治经济学范式侧重于研究前端即信息的生产、传播者及其所处的经济政治结构，探讨政治经济制度、体制对信息生产和流通的结构性制约和支配性作用。当然，后来，人的能动性权力对抗（也即受众及信息的消费）也进入了传播政治经济学的研究视野。再后来，随着媒介产业的融合、媒介产品和阅听/收视率的集中、媒介所能影响的范围日益扩大，逐渐形成了跨界、跨国的权力空间，进而引发全球范围的社会结构性压力及权力博弈。到21世纪，跨国传媒集团对世界各国尤其是发展中国家和地区的信息垄断或渗透成为传播的政治经济学范式的重点批评指向。传播的政治经济学范式是由北美传播政治经济学派和英国莱斯特大学大众传播研究中心共同确立起来的，其共享的学术旨趣在于对不断加剧的媒介私有化现象以及世界范围内媒介所有权的集中化和垄断现象进行批判。进一步具体到国际传播领域，在传播的政治经济学范式的规范下，人们侧重于从权力或资本的角度来看待国际传播的不均衡现象，分析国际传播的发展态势。该范式的基本观点是：传播全球化在根本上归因

① 屠苏．国际传播：延续与变革．北京：新华出版社，2004：72－73.

于资本主义经济利益最大化的市场法则。概括起来，属于政治经济学范式的具体的国际传播理论（形态）主要有以下五种：传媒依附理论、媒介/文化帝国主义理论、传播世界化理论、数字/网络神话理论和跨国公共领域理论。

一、传媒依附理论

传媒依附理论（communication dependency theory）是发展传播理论的反命题，其核心观点是：国际传播即媒介信息的跨国传播不仅不能促进后发展国家的社会发展，反而会阻碍其社会的现代化进程。传媒依附理论是依附理论（又称“依赖理论”“附属理论”“附庸理论”）在传媒领域的应用和延伸，或者说，是从大众媒介及其信息跨国界传播的角度来理解世界发达国家和地区与欠发达国家和地区之间交往、“沟通”的作用和效应。

依附理论（dependency theory）是一种“新现代化理论”，它从经济和社会结构出发分析不发达国家或者说“后发现代化”[①] 国家的贫困和发展问题及其国际关系（更准确地说，是全球关系或世界关系）。该理论诞生于 20 世纪 70 年代的拉丁美洲，是对西方经典现代化理论及其实践反思的产物。当时，作为发展/现代化理论试验地的拉美地区并没达到预期的目标，从而引发了人们对该理论的质疑和批判。以马克思主义政治经济学家萨米尔·阿明（Samir Amin）和冈德·弗兰克（Gunder Frank）、特奥托尼奥·多斯桑托斯（Theotonio Dos Santos）为代表的依附理论学派持有这样一个关于全球化的基本判定——资本主义及其全球扩张不仅将世界连为一体，而且导致了全球范围内“中心-边缘”二元对立的不均衡发展态势和格局。中心区呈现的发达状态与边缘区的不发达或欠发达状态紧密相关，是同一个历史进程的相反相成的两个方面。基于此，作为全球化批判理论的依附理论提出了解释“欠发达”的两个著名假设：(1) 世界性的“都会或宗主（中心，core）-卫星（边缘或外围，periphery）”结构关系密切，卫星国家依附于都会国家，都会国家得以发展，卫星国家也得以（也只能）低速度发展；(2)“都会-卫星”结构关系松弛，卫星国家减弱同中心都会国家的联系，其经济发展反而能够加速。基于上述假设，依附学派认为，正是在西方世界与第三世界之间的接触、“交往”与“沟通”中，才同时有了前者的高度发达（发展）与后者的低度发展，这两者是互为条件的。既然第三世界国家与西方国家之间的关联是不对

① “后发现代化”（later-generating modernization）是指 20 世纪中期以来第三世界发展中或者说后发展国家和地区所开启的现代化实践，是相对于文艺复兴尤其是近代启蒙运动以来西方发达资本主义国家所经历的所谓“经典现代化”（或“先发现代化”）而言的。

等的、剥夺性的，是外部强加的，是与经济和社会发展不相容的，既然第三世界国家已经不可能在同样的初始条件下重演西方国家的现代化道路，那么，这些国家就应该同西方国家“分离”“脱钩”“断链”，摆脱依附发展状态，走一条独立自主的新型现代化发展道路。

“依附理论”揭示了世界经济体系中存在“中心”（都会）与“边缘”（卫星）二元对立的依附型结构及其所导致的世界上发展中国家和地区的欠发展、不发达（underdevelopment）现象，从而打破了西方经典现代化理论关于西方施恩于非西方的“恩惠论”神话。这无疑对有关资本主义世界的对外扩展有助于第三世界的现代化转型的传统解释提出了挑战。

在依附理论的基础之上，传媒依附理论主要从跨国传媒集团的海外传播活动来考察国际传播的过程、功能和效应。通过对信息跨国传播的分析，传媒依附理论揭示了国际传播领域的不平等结构和不均衡秩序（即现代传播技术、传播机构、传播能力、传播规范及传播理念在全球范围内极不平衡的分配格局）及其对发展中国家和地区的社会发展的消极影响——发展中国家对发达国家的媒介依附状态会加深发展中国家在经济和政治上的依附性。传媒依附理论家们批评道：“被置入发展中国家和地区内部用于促进现代化的广播和其他大众媒介系统实际上削弱了确立公平发展的可能性。”“这些广播系统是反发展的，因为它们往往推动的是政治精英们的议程并依赖于外来的节目编排资源。况且，这些广播系统往往还把本土的表达模式边缘化，因而削弱了民族文化和身份认同的发展。此外，它们还刺激了那些能为自身经济状况所满足的生活方式的需求。”对这种置入式广播系统削弱发展的现象，国际传播学者霍华德·弗雷德里克称之为“破坏发展的传播（学）”（development-sabotage communication）。①

对西方现代化持批判立场的传媒依附理论认为，当前世界各国之间的传媒和信息发展的不平衡根源于一个“中心-边缘”的传播循环体系，处于边缘的发展中国家和地区其传媒发展以加强处于中心的发达国家和地区的主导地位与维持发展中国家和地区的从属地位的方式进行，形成了边缘只有依赖中心才能发展的状况。也就是说，“边缘”国家传媒体系之所以欠发达，是其对发达国家发达的传媒体系的依附所致，而发达国家掌控着国际传播中的绝大多数媒介资源，从而主导着国际传播的过程。

基于跨国传播断裂性双轴模式——纵向传播轴（从信息生产到传送和接收阶段）与横向技术轴（从传播硬件到传播软件），国际传播学者哈米德·莫

---

① KAMALIPOUR Y R. Global communication. 2nd ed. Belmont：Thomson Wadsworth，2007：193-194.

拉纳提出：在较发达国家向欠发达国家的信息传播流中存在国际性的多重媒介依附关系，即：依附从信息生产阶段延伸到传送和接收阶段，从传播硬件延伸到传播软件。[①] 概而言之，传媒依附理论所论及的发达国家与发展中国家传媒体系间的“依附”关系主要表现在四个方面：

其一，传媒体制、结构和媒介规范的依附。西方“中心”国家和地区把商业化的传媒公关、管理和运营模式复制或移植到非西方国家和地区——无论这些模式是否适用于后者，从而从根本上规定了“边缘”区的整个传播态势。

其二，传媒技术的依附（即所谓“技术殖民化”）。由于发展中国家进入信息全球化进程是以发达国家先行制定传播规则、提供传播技术为前提的，因此，不依赖于发达国家所掌握和垄断的核心或关键性传播技术，发展中国家就不可能进入全球信息传播系统。[②] 事实上，第三世界国家和地区大量进口（或购买或租用）来自“中心”区的传媒技术、设备和工具（“硬件”）或与之合作生产——甚至无论是否必要、是否与本土传播“软件”相配套。而传媒技术的引入有可能导致第三世界不得不融入由媒介技术所规定的西方专业化的信息创制和传播规范、标准、程序、机制及日常操作规则中，从而派生出新的依附关系。

其三，传播内容（包括内容生产的模式）的依附。媒介技术手段是为传播内容服务的。既然发达国家在传播技术的软硬件上对大部分发展中国家形成了控制，它们也就基本上控制了国际传播的信息内容及其内容生产的模式（如电视节目模式的创制）。由此，发达国家成为绝对的消息来源或发布国，发展中国家成为绝对的消息接收国。早在20世纪70年代，芬兰国际传播学者卡尔·诺登斯特朗的研究就发现，亚洲、非洲、拉丁美洲的国家和地区分别有50%～60%、2/3、1/3的影视节目接收自美国。媒介内容的单向依附使“边缘”区的媒介文化产品与西方日益趋同而被西方化。

其四，传媒资金和机构的依附。由于与外商合资乃至外商独资，“边缘”区对“中心”区资金上的依附导致传媒所有权让渡、转移并集中到“中心”区的手中，由此，对国际传媒流向的经营、处置基本上掌控在西方主要媒体系统内，进而从根本上导致第三世界国家信息主权（文化和传播自主权）和信息安全的丧失。

传媒依附理论表达了传播学者对国际传播境遇下第三世界国家和地区传播主体地位和发展命运的深度关切，也揭露了隐藏在发达国家媒介操控手段

---

① MOWLANA H. International flow of information：a global report and analysis. UNESCO，1985.

② 譬如，日本等国控制了录像机、摄像机和其他复制设备的专利权，美国控制了网络核心技术，如中央处理器（CPU）、操作系统 Windows、基本浏览器 IE 和 Netscape 等。又如，发达国家拥有发射卫星和生产空间设备等基础性传播工具的能力。参见程曼丽．国际传播学教程．北京：北京大学出版社，2006：113。

背后的对发展中国家的剥削和压迫关系。但是，作为一种激进形态的新现代化学说，该理论确认中心国家、地区-边缘国家、地区之间关系是不可逆转、地位不可移换的二元对立，恰恰以消极逃脱的否定性方式肯定和“固化”了世界传媒体系中主体、中心的唯一性。这等于默认了极其不均衡的世界传播体系的存在以及西方传媒发达国家和地区在既定世界传播体系中不可撼动的中心地位和第三世界的边缘地位，而忽视了一些发展中国家已经开始摆脱对发达国家的媒介依附状态而在各方面实现“脱钩”的现实，也忽视了世界信息体系日益“去中心化”的趋势。因此，它对国际传播前景的展望必然沦为悲观主义的宿命论。①

二、媒介/文化帝国主义理论②

媒介帝国主义（传媒帝国主义，media imperialism）③ 理论是帝国主义理论在传媒领域的应用和延伸，也是对传媒依附理论的一种继承和发展。如果说帝国主义理论是一种经典性的国际政治理论，媒介帝国主义理论则是信息时代的新帝国主义理论。该理论为西方国家左翼传播学者所提出，因其同情弱势传播者的立场而广受第三世界国家的欢迎。

“媒介帝国主义”一词最早出现在 1977 年奥利弗·博伊德-巴雷特（Oliver Boyd-Barrett）所撰写的论文《媒介帝国主义：媒介体系分析的一种国际性框架》中。作者在该论文中分析了以美国为首的西方世界统治全球新闻社、报刊、电影、广播和电视等大众媒介及其所展开的跨国传播和文化扩张的情形，并揭示了国与国之间媒体与信息的不平等会扩大发展中国家对发达国家依赖的趋势。在此基础上，他提出了媒介帝国主义理论。博伊德-巴雷特把媒介帝国主义定义为一个制约过程：“在此过程中，某一国媒体的所有权、结构和信息的内容及其分发，要根本上屈从于某个或某几个相关国家的媒体的外来压力。双方之间的相互影响是不完全对等的，该国受到他国的影响要超过

① 正因为如此，后来，依附理论被伊曼纽尔·沃勒斯坦（Immanuel Wallerstein）的世界体系理论（world system perspective）所修正和发展。世界体系理论用三维互动模式系统（核心-半边缘-边缘）取代依附理论的二维单向结构（核心-边缘），以此来解释世界经济体系中新近发生的走向多主体、多中心化的情况（譬如亚洲“四小龙”和日本的崛起、欧美经济的衰退等）。世界体系理论实际上为第三世界国家积极摆脱（而非消极逃脱）依附地位、成为独立发展的主体的努力提示和提供了某种契机方面的信息。

② 在西方，众多学者把文化与媒介紧密联系起来，认为在文化扩张/传播过程中，跨国媒介公司、大众媒介生产的含有文化价值的产品的传播与销售是对受众文化最强有力的“制度化”手段，文化支配问题就是媒介支配问题，因而把“文化帝国主义”等同于“媒介帝国主义”，将二者等量齐观。为方便起见，本书把这两种帝国主义理论合并探讨。

③ 与“媒介帝国主义”最切近的词是“传播帝国主义”（communication imperialism）。在汉语语境里，二者可统称为“传媒帝国主义”。

它对他国的影响。”[①] 也就是说，发展中国家的大众媒介并无自主权，而是受制于世界政治经济等霸权体系，所有的传播资讯及信息流通均以霸权利益为主导。在此，“媒介帝国主义”是用于分析国际传播语境下媒介信息流动的不平衡、单向性及其所导致的跨国性、全球性文化霸权（cultural hegemony）[②]的一套批评性话语。它意在表明：在传播国际化、全球化的过程中，强势国家的媒介虽然在表面上不受政府的直接控制，但实际上发挥着西方支配性意识形态合法化的全球代理人的作用。也就是说，它揭示了媒介与帝国的关系即现代传播媒介进行帝国权力实践、成为传媒帝国实施全球战略和政策的工具的跨国垄断媒介——“帝国媒介”的实质。

与“媒介帝国主义”密切相关的理论形态是“文化帝国主义”（cultural imperialism）。两者一体两面，分别从经验层面和文本层面揭示现代帝国主义的一体化现象和逻辑，从而构成一种相辅相成的互补关系。从现实层面上讲，文化帝国主义是媒介帝国主义的必然产物，是从传播内容的角度来理解的媒介帝国主义；反过来，媒介帝国主义是文化帝国主义的表现形式，是从传播渠道的角度来理解的文化帝国主义。事实上，媒介是人们接受和体验文化的主要载具，一国媒介在全球范围内的统治必然带来作为媒介产品的该国（媒介）文化的全球流行，而一国文化在全球的流行通常是通过各种媒介形式尤其是大众媒介表现出来的。西方就是利用媒介霸权大量输出西方文化产品，把西方的现代主义价值观和消费主义生活方式强加给其他国家和地区。从学术历史的角度上讲，文化帝国主义理论早于媒介帝国主义理论获得阐发。[③]在传播学的语境下，“文化帝国主义”被用来表述全球文化传播领域的不平衡、压迫性现象，其批评矛头所指的是发达国家与不发达国家之间在文化上的控制与依附关系，以及西方国家的文化和意识形态控制及其所产生的政治效应即文化权力关系后果。1969 年，北美传播政治经济学派的代表人物、美国传播学者赫伯特·席勒在《大众传播与美利坚帝国》（*Mass Communica-*

① BOYD-BARRETT O. Media imperialism：towards an international framework for the analysis of media systems//CURRAN J，GUREVITCH M，WOOLLACOTT J. Mass communication and society，London：Arnold，1977：117.

② “文化霸权”一词是由意大利新马克思主义思想家安东尼奥·葛兰西（Antonio Gramsci）提出的，是指一个社会的统治阶级通过诱导、劝服而非暴力强制的方式将对自己有利的价值观和信仰普遍推行给社会各个阶级，形成“共识”。这种霸权依赖大多数社会成员的自愿接受、认同来实现。文化霸权不止存在于社会内部各阶层、性别之间，同样也存在于种族与民族国家之间。

③ “文化帝国主义”概念最早是由美国国际政治学者汉斯·摩根索（Hans J. Morgenthau）从国际政治的角度提出来的。在 20 世纪四五十年代，“文化帝国主义”被当成国家靠征服和控制人心来寻求权力的一项帝国主义政策（与军事帝国主义、经济帝国主义并立）加以探讨。参见 MORGENTHAU H J. Politics among nations：the struggle for power and peace. The McGraw-Hill Companies，Inc.，2006：71－74。

tion and American Empire）中，基于对国际传播产业链中全球权力结构的沃勒斯坦世界体系式分析，参照美国媒体与政、军、商界强大的传播系统所构筑的凌驾于全球的“帝国网络”，初步阐述了文化帝国主义理论。其后，席勒明确提出，美国对外文化入侵已经导致了全球文化的“美国化”。他把“文化帝国主义”描述为把大众媒介文化传播、播撒到世界各个角落的景观，把它界定为“一个一体化的整合进程”“一系列过程的总和”：是一个社会“在外部压力作用下被迫接受现代世界系统中的核心价值，并使其社会制度与该世界系统相适应的过程”。“通过这个进程（过程），把一个社会卷入现代世界体系内，即：通过引诱、压迫、强制——有时是贿赂手段，使该社会的主导阶层塑造出一种与现代世界体系中占统治地位的价值观和社会结构相适应的社会体制，从而进一步强化现代世界体系的统治结构。”① 文化帝国主义的实质是“意识形态的（跨国）垄断”，是“对（世界）公众想象力的殖民化”。席勒指出，美国大型跨国传媒公司（暗中）配合政府意志输出含有支配性意识形态的娱乐、新闻等媒介产品，正在摧毁南方发展中国家的文化认同、文化主权和自治，造成了这些国家在传播硬件、软件上对美国的依赖，并在媒介的多米诺效应下导致了世界文化的“同质化”。这就表明，文化帝国主义是西方大国政府（政治权力）和跨国公司（商业资本）“合谋”（“共谋”，共同战略决策）的产物。冷战结束后，文化帝国主义日益表现为“跨国公司的（全球）联合文化统治”。②

除了“文化帝国主义”，“电子殖民主义”是“媒介帝国主义”的另一种理论表现形式。“电子殖民主义”（electronic colonialism）概念是由美国国际传播学者托马斯·麦克费尔（Thomas McPhail）提出来的。他指出，伴随着高度发达的通信和计算机技术，传统意义上的国界和信息传播的技术障碍日益过时、失效，出现了电子殖民主义。（当今和未来的）电子殖民主义是继历史上军事殖民、宗教殖民和商业殖民之后的第四种殖民主义，它开启了帝国扩张的第四个时代，即非领土性文化扩张时代。“电子殖民主义反映了发展中国家和地区对西方世界的依附关系，这种依附关系是通过进口传播硬件、外国生产的软件，连同工程技术人员和相关的信息解决方案确立起来的。而这些信息解决方案确定了一整套外国的标准、价值观和预期（期望），它们不同

---

① SCHILLER H. Communication and cultural domination. New York：International Arts and Science Press，1976：9.

② SCHILLER H. Mass communication and American empire. 2nd ed. Boulder，Colorado：Westview Press，1992：39.

程度地改变了本土的文化、习俗、价值观和社会化进程本身。”[①] 可以说，电子殖民主义是信息时代的文化帝国主义。借助信息技术跨时空、可视化、可复制、虚拟化、大容量、自主性、可开发等特点，文化帝国主义形式更加隐秘，影响潜移默化，成效更为显著。电子殖民主义也可称为“赛博殖民主义”（cyber colonialism）。它指的是互联网的兴起进一步强化了西方在国际新闻与信息流动中的主导地位，加剧了信息富有国与信息贫穷国之间的不平等关系。另外，与媒介帝国主义相通的，还有描述美国处在全球传媒潮流中心或源头地位的“电视帝国主义”、“电子帝国主义”（electronic imperialism）[②]、“数字帝国主义”（cyber imperialism）、“网络帝国主义”（internet imperialism）等提法。

媒介/文化帝国主义理论一出炉，就遭到了各方的挑战和批评。首先，譬如英国文化学者约翰·汤姆林森（John Tomlinson，又译“汤林森”）就站在西方中心论立场提出，在经济全球化背景下，全球所有的文化差异都将被“自然地”抹去，文化“同质化”是历史自然发展的必然，因而并不存在人为意志（战略、策略）的介入和所谓“阴谋”的策划、实施，它并非文化帝国主义使然。[③] 无疑，他以文化全球化为自然历程的自然主义立场和以文化全球化为“现代性”（modernity）时代宿命的“文化宿命论”（cultural fate）观点，宣判了“文化帝国主义”是一个伪命题、一套伪话语。其次，有学者指出，带有“阴谋论”意味和色彩的“媒介帝国主义”或“文化帝国主义”是一套危险的、易于沦为一种充斥极端种族主义与排外主义的民族主义话语（这套话语批评西方文化的“入侵”破坏了后发展国家的文化传统，削弱了这些国家的国民对本土文化的认同），从而成为民族国家国内垄断媒介和政府抗拒正常的媒介文化国际交流、剥夺民众信息传播（接触或接收）自由的借口。况且，媒介/文化帝国主义理论犯了技术决定论的错误，它没有看到媒体只是传播工具，本身是中性的，媒体充其量是帝国主义的“帮凶”，而不是主谋。同时，媒介/文化帝国主义理论还犯了经济决定论的错误，它误把文化认同视为对物质社会结构的直接反映，简单地认为世界范围内经济支配的程度决定文化支配的程度。[④] 再次，有学者指出，媒介/文化帝国主义的提法是不准确的，“帝国主义”之类的概念“缺乏清晰的界定，几乎没有任何经验性的证据

---

① MCPHAIL T L. Global communication：theories，stakeholders and trends. Boston：Allyn and Bacon，2002：13－14.

② KAMALIPOUR Y R. Global communication. 2nd ed. Belmont：Thomson Wadsworth，2007：46－51.

③ 汤林森．文化帝国主义．上海：上海人民出版社，1999：324－335.

④ 史蒂文森．媒介的转型：全球化、道德和伦理．北京：北京大学出版社，2006：127.

来支持这样的观点”[①]。一方面，从宏观上传媒产品的数量和流向的角度看，在世界范围内并不存在媒介/文化帝国主义理论所认定的媒介产品从美国向世界其他地方的“单向流动”，以及国外资本、媒介内容对地方性、民族性媒体体系的绝对支配和影响。相反，许多本土商业传媒文化充满了活力，民族、地方性媒介产品向发达国家“反向流动”（如墨西哥的电视故事长片向世界其他国家的出口），或展开“区域流动”（如韩国出口电视节目到中国）。另一方面，媒介/文化帝国主义不具有跨文化接受上的事实依据。用文化研究理论分析国际传播的学者认为，媒介/文化帝国主义理论缺乏足够的文本研究和受众研究，忽视了跨国媒介“原文”的开放性、多义性和接收国“生产性受众”在文本解读中的自主能动性、抵抗性和反省批判力，从而夸大了媒介/文化帝国主义的文化传播和接受（认同、同化或殖民）效果。有学者认为，问题的关键在于，媒介/文化帝国主义理论没有论证清楚全球化媒介的“原文”到底是如何在发展中国家和地区的语境中运作的，它忽略了第三世界本土文化的复杂多样性及本土特殊的媒介消费模式。[②] 譬如，汤姆林森认为媒介/文化帝国主义理论忽视了受众的主动性和本土传播环境的复杂性，他以阅读帝国主义文本的反应作为判定文化帝国主义现象是否存在的依据，通过有说服力的经验证据表明，“认为文本能够穿越各个文化疆界而仍然分毫无差的说法，并不可信”[③]。可以说，文化帝国主义实际上是不存在的现象，其战略决策在现实的传媒内容（文本）跨文化解读中难以实施、贯彻和实现。因为处于不同文化环境中的受众会根据自身文化的认知框架和价值观来理解西方传媒所描绘的内容，并且对其中所传达的文化观念进行批判性阐释。譬如，本土文化会影响不同的文化群体对美国流行电视剧的解码，甚至不同文化背景的受众（像日本和俄罗斯人）还会抵制该节目。[④] 举例说，作为“美国文化帝国主义的象征”的电视连续剧《达拉斯》（*Dallas*，又译《豪门恩怨》《朱门恩怨》）在不同国家的受众当中就反应不一，其文本被做出了不同的理解（“误读”，包括对抗性解读）。退一步说，如果弱势媒介国家或弱势文化国家的民众真如媒介帝国主义或文化帝国主义理论所假定的具有绝对的被动性（不加思考全盘接受帝国主义文化，所谓“照单全收”），那么怎能寄希望于作为民众共同体的国家对外来强势媒介内容和文化做出积极

---

① STEVENSON Y R. Communication, development, and the third world: the global political of information. New York: Longman, Inc., 1988: 38.

② 屠苏．国际传播：延续与变革．北京：新华出版社，2004：76.

③ 汤林森．文化帝国主义．上海：上海人民出版社，1999：83-95.

④ 利贝斯，卡茨．意义的输出：《达拉斯》的跨文化解读．北京：华夏出版社，2003.

的、抵抗性的整体反应呢？最后，媒介帝国主义或文化帝国主义理论的研究范式——国家主义也遭到了学界的质疑。该理论只将主权国家列为分析单元和批判对象，而忽视了非国家行为体因素在媒介/文化帝国主义现象中所发挥的作用。虽然在后期的发展中，该理论拓展了新的分析层面，而不再拘囿于民族国家中心论分析框架，开始从全球资本主义体系出发，突出全球化时代凌驾于国家之上的跨国公司尤其是全球传媒帝国（集团）在媒介/文化帝国主义现实中所扮演的角色①，以揭示资本逻辑和资本主义意识形态话语在全球范围内扩张的胜利，但总的说来，它并没有完全突破国家（中心）主义乃至“美国主义”（“美帝国主义”，以美国为唯一的批判靶子）的分析传统及其研究取向。

然而，不管存在多少学理上、逻辑上或经验事实上的缺陷，媒介/文化帝国主义理论并没有完全丧失其存在的合理性，它依然是一种“活着的”和“未被终结的”理论。其缺陷在于一方面，过分强调传播者（发达国家及其跨国媒介公司与大众媒介等）的绝对主动地位与隐性意识形态输出的必然性，而忽视了某些国际文化交流并没有国家行为介入和国家权力的在场（只是单纯的经济贸易），这固然有失全面；另一方面，弱化政治、经济力量对媒介及其产品内容的支配效应，转而夸大文化及其文本的作用，而同时又忽视了文本的开放性、受众的主观能动性产生的内容多义性阐释，这同样有失客观。尽管如此，媒介/文化帝国主义对当今传播全球化时代文化跨国“流动”现实的解释效力仍是毋庸置疑的。首先，如果从全球主义的宏观分析框架看，众多民族的、地方性的商业媒介文化的活跃及其向发达国家的成功输出和“逆向流动”，意味着第三世界的商业（非公共）媒体“自愿”（往往还获得民族国家政府的支持）且被有效地整合到全球媒体体系当中，它“恰恰印证了资本在全球范围内的胜利，以及资本主义意识形态话语在全球取得的霸权地位”②。这同时也印证了获得独立的第三世界国家被“成功地”卷入了世界资本主义体系内。其实，文化全盘同化（或西化）本来并不是媒介帝国主义（或文化帝国主义）所热衷的优先战略，相反，针对重新出现的种族和民族国家文化认同之间的差异，“帝国”（媒介/文化帝国主义——引者注）的“解决方案”不是否定或减弱、削平这些文化差异，而是识别出已经存在的或潜在

① SCHILLER H. Mass communication and American empire. 2nd ed. Westview Press，1992；GOLDING P，HARRIES P. Beyond cultural imperialism：globalization，communication and the new international order. London：Sage Publications，1997；麦克切斯尼．富媒体、穷民主：不确定时代的政治传播．北京：新华出版社，2004.

② 赵月枝．传播与社会：政治经济与文化分析．北京：中国传媒大学出版社，2011：138.

的差异，并赞同这些差异，继而通过一套有效的调控机制来控制差异，最终通过扩大和细（分）化传播渠道来利用（“寄生于”）差异牟利。[①] 况且，鉴于全球信息流动的不均衡、不对等态势，全球媒介文化的推广即媒介帝国主义或文化帝国主义所导致的文化效应——世界文化多样性和创造性不断减少，使得具有民族特色的本土文化不再那么至关重要，确实是显而易见的。其次，针对文化研究学者对“文化帝国主义”理论的批判，席勒曾回应指出，应该从更宏观的立场上把文本及其解读行为放置到巨大的全球文化市场体系内，以此去衡量全球媒介体系中“整个文化包裹”的综合影响和持久效应，而不应该基于受众的个体体验和对单个文本的一次性解读行为来检视文化帝国主义的效果。[②] 再次，如同众多国际传播学者所认为的，从国际关系、结构和格局上看，物理上或地理空间上的帝国（体系）虽已解体，“但帝国主义时代中所造成的全球政治结构依然存在”。“这些（权力）结构在富国与穷国之间造成了一种依赖关系。”同传统的帝国主义相比，新帝国主义同样“显示出强烈的中心-边缘关系”，“中心几乎完全控制着边缘”。即便是全球互联网所构成的新兴网络结构也没有从根本上改变中心-边缘二元对立的世界体系。差异只在于“今天，中心更多地采用比较巧妙的手段（如经济手段、文化手段）来控制边缘，而不像过去那样使用蛮力”[③]。正如东方主义（orientalism）[④] / 后殖民主义研究者爱德华·萨义德（Edward Said）通过文本分析所言，“帝国主义是建立与维持一个帝国的过程或策略。在我们的时代，直接的殖民主义已在很大程度上终结；然而我们还会看到，帝国主义仍在以其在政治、思想、经济与社会实践中的特有形式，在大众（通俗）文化领域中徘徊”[⑤]。也就是说，殖民地与宗主国之间依存关系的丧失，并没有改变东西方之间根深蒂固的等级差序关系。在东西方文化的对话中，现代与传统、发达与落后、先进与后进、文明与野蛮、科学与蒙昧、理性与非理性、民主与专制、自由与极权等含有明显价值评判和政治斗争色彩的权力话语（如“主人叙事”或

① 赵月枝．传播与社会：政治经济与文化分析．北京：中国传媒大学出版社，2011：137.

② 席勒在1991年发表的一篇名为《还没到后帝国主义的时代》的文章中指出：“怎么能从当代这个开放的媒介文化环境中，只取出一个电视节目、一本书或一个团体来检视其效果呢?”

③ KAMALIPOUR Y R. Global communication. 2nd ed. Belmont：Thomson Wadsworth，2007：46，51，52-53.

④ “东方主义”又称“东方学”，是后殖民主义的最典型的表现形态。按其提出者萨义德的理解，它包含由外显到内隐的三重含义：其一，一门以东方（the Orient）作为学术研究对象的学科；其二，一种观照和思考东方的思维方式；其三，一套处理东方权力话语的运作机制，即“西方用以控制、重建和君临东方的一种方式”。参见萨义德．东方学．北京：生活·读书·新知三联书店，1999：3-4。

⑤ SAID E. Culture and imperialism. New York：Vintage，1994：9.

"书写"）模式依旧存在，显现着浓厚的殖民主义意识形态和西方中心主义情结①。因此，在跨国传播、传播全球化日盛的时代，作为一种帝国主义学说的媒介/文化帝国主义理论，无疑仍是一套具有一定解释力和说服力的批评性话语。对此，博伊德-巴雷特认为，尽管媒介帝国主义理论在其基本框架内没有考虑到发展中国家内部的媒介关系、性别和民族问题，但依然是一柄理解"传播空间殖民化"（colonization of communications space）问题的利器。② 就连对媒介帝国主义和文化帝国主义理论持批评态度的英国媒介社会学学者约翰·汤普森（John Thompson）也不得不承认，这类帝国主义研究"可能是唯一系统的、似乎比较合理而可信地去试图思考传播全球化及其对现代世界影响的观点"③。最后，正如美国著名的国际传播学者哈米德·莫拉纳所指出的："信息与传播在文化上实际是中性的，这一观念是我们这个时代最大的神话。"④ 冷战结束以来，倡导全球贸易自由化的"新自由主义"话语甚嚣尘上，帝国主义话语似乎不再时兴，媒介/文化帝国主义理论变得低调了。还是批评文化帝国主义话语的汤姆林森从反面点出了这套话语的当代意义："虽然我们身处的世界已经改变，我们不再认为各个文化国度的差别可以简单地划分为'帝国主义'文化与'被支配、臣服'的文化，但是，以批判的角度论述文化帝国主义，仍然不失为正当的抗议之声。"⑤ 因此，持续不断地关注传播资源和传播内容的全球分配，调动全球各种社会力量努力争取平等、公正的传播权利，应该是媒介/文化帝国主义这套批评性理论话语最有价值的思想贡献。

三、传播世界化理论

传播世界化理论是对法国著名的信息传播学者、左翼批判理论家阿芒·马特拉关于世界传播思想的一种理论指称。传播世界化理论是相对于以信息传播全球一体化或所谓"地球村"为旨归的盎格鲁-撒克逊话语中的传播全球化理论而言的。该理论与同一种传播政治经济学范式下的其他大多数理

---

① 据此，基于学术研究中的后殖民主义实践，有学者提出有必要复兴"文化帝国主义"概念。所谓"文化帝国主义"，不是指赫伯特·席勒及其追随者所论述的把意义和文化产品输出国外，而是指采用西方的阐释框架或范畴去观照、审视西方之外的现实。这实际上是一种输出认知模式而规范"他者"行为的文化帝国主义行径——一种更深刻的文化帝国主义，即"阐释的帝国主义"（interpretive imperialism），或者说"学术帝国主义"。参见李金铨．"国际传播"国际化．北京：中国传媒大学出版社，2022：97。

② BOYD-BARRETT O. Media imperialism reformulated//THUSSU D K. Electronic empires：global media and local resistance. London：Arnold，1998：157.

③ THOMPSON J B. The media and modernity：a social theory of media. Cambridge：Polity Press，1995：173.

④ MOWLANA H. Global communication in transition：the end of diversity? London：Sage Publications，Inc.，1996：179.

⑤ 汤林森．文化帝国主义．上海：上海人民出版社，1999：333.

论形态（如传媒依附理论、媒介帝国主义理论、文化帝国主义理论等）都属于传播学的批判理论，都反对跨国性、全球性的文化“霸权”和西方世界的文化主导权，都主张世界不同文化/文明背景的民族国家在信息传播上的共同参与性，而且其理论工具结构都归属于中心-边缘二元对立的世界体系理论的概念框架（对此，马特拉有着明确的理论自觉）。[①] 但是，它们又有着各自的立论支点。如果说其他传播政治经济学理论形态是从批判信息传播组织化、一体化、一元（西方）主导和文化传播同一化、同质化的全球化（globalization）角度来立论的，那么，传播世界化理论则是站在既非西方中心主义亦非第三世界主义的立场，从捍卫文化价值观的独立自主、多元并存和信息传播的共同参与（共享）性、多样性和差异性的世界化角度来立论的。

在《跨国公司和传播体系》（1976）、《技术、文化与传播》（1982）、《计算机与第三世界》（1983）、《文化反对民主：跨国时代的视听》（1984）、《全球化乌托邦的历史》（1999）、《信息社会的历史》（2001）、《世界传播与文化霸权：思想与战略的历史》（2005）和《传播的世界化》（2007）等一系列学术著作中，马特拉表达了一以贯之的思想，那就是：传播的全球化不仅是一个纯技术推广的“物”的过程，同时也是一个资本和权力深度介入其中的“词”的过程——一部充斥着“思想和战略的历史”。在这个历史过程中，技术逻辑要服从于社会和历史逻辑。“技术创造一个允许做事情的条件，但不能决定做什么事情。换言之，技术本身并不能改变历史逻辑。”[②] 决定和改变历史逻辑的是资本，是资本争夺世界空间的经济战争。在这场经济战争中，“金融资本按照真实时间流动的全球化模糊了民族国家的边界，最终是跨国的信息传播新网络按照经济资本和文化资本的生产和分配重新分割世界空间”[③]。在全球资本主义体系中，资本增殖逻辑成了全球传媒系统的一致性原则。正是在统一的资本或市场逻辑支配下，跨国公司生产的文化产品借着国际营销和广告的助力在不同的国家和地区通行无阻（所谓的“达拉斯现象”）。同时，跨国信息传播生产机制使得信息接受活动化约成一种消费行为。这些跨国文化产品在目标国家和地区的不同社会群体和文化层次的接受范围内统一成为一种消费品，进而成为一种“政治机器”。“因为大众文化，或者说是工业化的文化生产机器将和信息生产的主要机器相互交叉，这是一个政治机器，即它的一个主要功能是保证一个社会的不同社会群体和阶级的内部聚合，因而是一种‘社会水泥’。换句话说，

① 马特拉．世界传播与文化霸权．北京：中央编译出版社，2001：译序 10.

② 同①译序 4.

③ 同①译序 4－5.

大众文化不仅仅是一个工业产品，也是一个政治系统不可缺少的部分。”① 这就是大众文化全球传播过程中所发生的“文化入侵”或“文化殖民”效应。

无疑，在文化工业产品的生产制作和市场推广的全球化过程中，起决定作用的不是文化概念本身，而是商业利润驱动和主导的商品（商业）或经济的逻辑。与此同时，文化产品在跨国传播的过程中，必然要遭遇政治主权（直接表现为文化主权）的障碍。因此，全球传播时代的文化问题成为一个经济问题，也可以说是一个政治问题。

如同有学者所指出的，美国的强大力量正在席卷整个世界——市场中的最强者将会构成一种全球标准，形成一种“世界上的任何人都只能顺其而行的秩序”②。基于文化信息跨国传播的政治性，马特拉提出，20 世纪 80 年代出现的“全球化”一词其实是一个极其复杂的概念，它提示出一种重新组织和整合世界的构想和愿景，其实质是西方意识形态（“同质化的商业意识形态”，其核心是“商业表达的自由”）传播的全球化，是西方同化非西方的全球化。全球化的目标在于在“商业表达的自由”下，让全球经济的施动者（即西方资本主义国家）更多地渗透到世界范围内可能存在的任何空隙当中。因此，全球化概念既不是地缘政治学（政治地理学）的延伸，也不是社会学家或政治学家语义思辨的结果，而是商品实用主义的地缘经济学（经济地理学）的产物。③

针对超国家主体（传播强国的跨国媒体集团）在强制性传播过程中掀起的、企图宰制民族（地方或群体）文化的文化全球化运动，马特拉提出的应对策略是：返回文化的主体性、自主性以及主体间性——在独立自主和平等协商中，创造出一种新的本土的文化。

除了对传播全球化历史事实的探讨和揭示，更为深刻的是，马特拉还从思想意识和精神层面展开了对西方一元化的传播观念和文化的整体性批判，以此来捍卫文化传播的多元性，即不仅仅是让西方那套商业逻辑和市场文化“传播”（通行）于全世界。他认为，西方世界不仅仅是把传播当作信息传递，更多的是把传播作为一种意识形态概念提出来的。传播的意识形态性最突出的表征是对世界整合使命的担当。自哥伦布发现新大陆以来，西方史学上第一次出现了通过一种文明来对世界进行整合的观念即所谓“西方中心论”。自此，西方世界的国际传播活动都是在“传播的权利”（或“交换的权利”）这

① MATTELART A，MATTELART M，DELCOURT X. La culture contre la democratie? L'audiovisuel a l'heure transnationale. La Découverte，Paris，1984：56；马特拉．世界传播与文化霸权．北京：中央编译出版社，2001：译序 8.

② 桂敬一．多媒体时代与大众传播．北京：新华出版社，2000：297.

③ 马特拉．世界传播与文化霸权．北京：中央编译出版社，2001：译序 8.

一基本“人权”“宣言”下或明或暗地宣扬“西方中心论”，为西方的一切对外整合行动（包括扩张行为或殖民行为）辩护。概而言之，传播意味着扩张，传播思想始终同殖民主义思想联系在一起。这就是“传播”概念的普遍化的意识形态本质。由此，所谓“传播的全球化”，无非是西方世界通过“传播”来同化非西方世界而实现的全球一体化。事实上，当前的“传播世界”是等级差别的世界。“全球传播绝不是普世传播（或普遍/普泛传播，universal communication）”[①]，“传播着人类和平与契合的话语（‘四海皆兄弟’）”，“终结不同阶级、群体和国家间不平等”的所谓“普遍传播”（万国博览会即是一典型案例）只是“乌托邦”或者说“神话”而已。因为，西方传播的历史业已表明，“通过（传播）技术来实现美好社会的乌托邦话语与为控制传播工具和实行规范与体制霸权而争斗的现实之间的反差是明显的”[②]。在传播全球化进程中，传播不只是信息和知识的传递，更多地是意识形态的扩张，它承担着对世界的整合使命，即用西方世界的价值观同化整个世界。由此可以预期，传播与世界在一起宣告的不会是一种整齐均匀的“世界文化”的来临，而是全球文化处于碎片化的前奏。

在“世界化”逻辑观照下，全球性的或全球范围内的传播并不等于全球化，更不等于普遍主义的自由、平等的全球化。对此，马特拉提出用“传播的世界化”（la mondialisation de la communcation）取代传播的“全球化”，以“世界传播”（la communcation-monde）概念取代“全球传播”概念。相对于“全球传播”，“世界传播”超拔而无偏向性，它剥离掉蕴含政治权力的意识形态内涵，脱离了任何国家利益及国际战略，剩下纯粹地理空间上的信息跨国自由扩散之义，由此而更加彰显出世界范围内特殊的、个体的、独立自主的、民族的、本土的等诸多多样性的尊严和价值。在此，日常传播发挥着反制度性功效和去中心化作用。由此，世界文化不随商业逻辑而统一，而是在各国不同社会主体的消费中实现去地域化和再地域化。这是世界文化（不限于西方那一种商业或市场文化）传播多元性和民主化的必然结果。而要实现传播民主化，必须重构国际传播等级体系。

反对保守的全球化意识形态的传播世界化理论在广大传播政治经济学者当中引起了强烈反响。加拿大华人学者赵月枝就成为这种理论的代表人物之一。她撰文表达了反对传播“帝国”主义的学术立场。赵月枝站在《帝国：

① MOWLANA H. Global communication in transition：the end of diversity? London：Sage Publications，Inc.，1996：195.

② 马特拉．传播的世界化．北京：中国传媒大学出版社，2007：31.

全球化的政治秩序》（*Empire*，2000）[①] 一书的理论逻辑平台上指出，冷战结束后，跨国公司（资本）和超国家机构如世界贸易组织、国际货币基金组织、世界银行的力量增长，以及市场关系在全球范围内的胜利导致了民族国家统治权力的削弱，传播的全球化进程进入一个“帝国时代”。在世界传播舞台上，上述传播主体连同某些非政府非商业传播组织（如 Internews[②]）与主权国家“合谋”达成传播联盟，不断地贯彻全球主流的帝国传播逻辑，强化帝国传播结构，构建起帝国传播系统和秩序。虽然有大量真正意义上的非政府传媒组织以其独立的操作原则和做法对帝国传播运作逻辑进行了抵制和斗争，对全球主流传播系统进行了补充、调节、修正并提出挑战，但是，在这场信息传播的博弈中，现行世界传播秩序中矛盾和张力作用的结果却是，等级制的帝国传播秩序被一而再，再而三地巩固。“9・11”事件之后，美国对自己作为帝国的首要传播者地位的强化以及国家与资本间更加紧密的关系导致了后“9・11”世界帝国传播的强化，这就是明证。传播“帝国化”使得众多民族国家深陷在渴望市场又害怕市场化的矛盾当中——市场化既是民族国家被纳入全球秩序中的途径，又是使它丧失掉本国控制和公共服务原则的诱因。“用一种价值体系征服全世界的人心”，这样的传播“帝国化”是不可能的，应该被真正多元、平等、民主的传播“世界化”所取代。人类（“人民”“民众”）应当努力去践行一种新的、超越资本增殖逻辑的传播运作逻辑，有信心去迎接全球范围内新的民主化的选择和表达时代的来临。[③]

四、数字/网络神话理论

数字神话理论或网络神话理论是 21 世纪初由数字媒介技术所催生出来的一种最新的传播政治经济学理论形态。该理论以批判数字或网络技术关于超越权力、终结政治的神话为学术旨趣。该理论的代表人物是加拿大传播政治经济学者文森特・莫斯可。在《数字化崇拜：迷思、权力与赛博空间》（*The*

---

① 在《帝国：全球化的政治秩序》一书中，作者迈克尔・哈特（Michael Hardt）和安东尼奥・奈格里（Antonio Negri）用“帝国”这一概念来描述一种在全球范围内操作的新的统治形式。这种全球统治形式由一系列国家和超国家机构在一个单一的逻辑规则下联合组成。与帝国主义相反，帝国并不建立地域权力中心，也不依赖固定的边界和障碍，它是一个分权和去地域化的统治机器，不断地将整个全球领域包括在其开放和扩展的前沿。“帝国”更多地是指一种趋势，而非现实。参见 HARDT M，NEGRI A. Empire. Cambridge，MA：Harvard University Press，2000：Ⅻ；陈卫星．国际关系与全球传播．北京：北京广播学院出版社，2003：3。

② Internews（“互联新闻”）是一个致力于培训全球媒体从业人员的国际非政府传媒组织。该组织总部设在美国，从美国政府、荷兰政府、欧洲委员会以及一些美国大公司和基金会获得资助。它在世界各地设有分支机构，关注和支持非西方世界传媒的发展。

③ 赵月枝．帝国时代的世界传播：国家、资本和非政府组织力量的重新布局//陈卫星．国际关系与全球传播．北京：北京广播学院出版社，2003：1-28.

Digital Sublime：*Myth*，*Power and Cyberspace*）一书中，莫斯可在数字神话的政治经济学批判中对这一理论进行了详尽的阐发。[①]

在电脑网络时代，电脑传播建构和制造着当代的神话。这些神话通过对崇高的允诺，激发个人升腾到一个“超越平凡的日常生活”的超验境界。“根据这些神话，电脑传播的力量将使得我们经历人类经验中划时代的转变，这种转变将超越时间（历史的终结）、空间（地理的终结）和权力（政治的终结）。”[②] 强大的信息和传播新技术赋予人们这样的信念：我们已经迈进了一个时间、空间和社会关系均发生了根本性改变即断裂的新时代。或者说，神话通过对历史的否定创造了一个新的历史、新的时代。信息时代之所以超越了政治，“是因为它使得每个人都可以得到极大丰富的权力。政治的界定特性和对稀缺权力资源的争夺都被消除了”[③]。也就是说，权力在整个社会范围内因普施、泛化、平均化而稀薄化、去稀缺性，从而丧失其垄断性。由于技术功效的卓著和超乎所有人的想象，技术性能上升为文明神话。上述关于“政治（权力）的终结”的技术神话普泛成一种集体信仰进而转化为社会性的公共神话。

技术神话的产生有着深刻的社会根源和心理根源。在西方，诺伯特·维纳（Norbert Wiener）的控制论首次提出了信息传播技术的神话模型，包括：信息的自由表达、传播的公平公正和信息传播的社会责任。[④] 这其实是一个充满人道主义色彩的传播乌托邦，因为它实际地提出了后来公认的三大乌托邦指标：透明、拒绝社会排斥和质询市场逻辑。而资本主义的传播现实又是如此绝对地被市场所垄断，于是，就产生了传播理想与现实之间的深刻矛盾及其对人类心理的巨大冲击。神话以其象征作用恰好利用或者说满足了人们恐惧和欲望的双重诉求而应运而生，反过来推动社会心理的整合。“大众传播的技术神话，多多少少是在现实层面难以实现乌托邦的困境下对虚拟社会的神话化，从而希望线上乌托邦能够和线下乌托邦形成真实有效的互动。”[⑤] 试想，假设电脑传播能够在瞬间让全球各地的信息在“非物质化”的赛博空间中自由流动起来，从而逃离商业利润和政治审查机制的束缚，自然会把个体的主体性存在提升到前所未有的境界。不能不说，“空间的非物质化”——赛博空间本身就是“崇高”（令人惊异、敬畏）的。

然而，面对“政治的终结”的数字技术神话，作为北美传播政治经济学

① 陈卫星．数字神话的传播想象．中国图书评论，2009（5）：78－84.
② MOSCO V. The digital sublime. Cambridge and London：The MIT Press，2004：2.
③ 同②35.
④ 同①82.
⑤ 同①83.

派的代表人物，莫斯可的学术使命就是揭露神话，揭示被神话所遮蔽的真相。他认为，“从本质上讲，神话能够取消政治，能够将话语去政治化；但它们也能够打开通向修复政治和深化政治理解的大门”[①]。换句话说，“从文化或神话性的角度看，赛博空间也许会被看作是历史、地理和政治的终结。但是，从政治经济学的角度看，赛博空间则是数字化和商品化相互建构的结果”[②]。因此，莫斯可所要做的不仅仅是对赛博空间进行文化分析，解释其中的神话含义，而且要进行政治经济学分析，揭示其背后的政治经济力量及其政治的、经济的和社会的意义，从而确立起传播学批判学派当今的学术选择——从文化研究性质的路径依赖还原为政治经济分析的话语通道。[③]

自 20 世纪 80 年代以来，在以自由竞争为导向的企业重组政策的指引下，美国的跨国公司展开了新一轮的全球市场扩张。这同时也是宏观的信息传播技术系统参与全球竞争的过程，于是就形成了一种新的意识形态：技术全球主义（techno-globalism）。在传播技术全球化的征服过程中，技术（即电脑传播）与资本（尤其是金融资本[④]）相结合修饰（限定）着“数字资本主义”的状貌。

如同当今西方其他的左翼学者，莫斯可在反思启蒙思想、批判技术神话的过程中持反对工具理性的基本原则。他重新考察了技术与政治（权力）的关系，揭示出信息传播技术不能被简单地还原为一种中性的工具，因为技术的性能本身被带入社会语境后，就有可能参与社会（权力关系即压迫性的关系）的建构。作为一套框定人认知和改造世界的环境框架，技术确实是一种意识形态。正如加拿大传播学者塞尔日·普鲁（Serge Proulx）所证实的：“通过传播技术配置所产生的对我们思考世界的方式的影响，不能仅仅还原到作为文化内容传递者这样一个唯一的角色。技术工艺就其物质性层面而言，不是一个‘中立’的媒介。看来，这些技术配置招致了我们建构现实的方式的‘环境’。”[⑤] 基于此，针对 20 世纪 90 年代初冷战结束后弗朗西斯·福山（Francis Fukuyama）所提出的“历史的终结”［作为 60 年代初贝尔的“（政治）意识形态的终结”的延续］的神话，莫斯可就批判地指出，由新的信息传播技术所赞助的、终结一切极权和专制的“自由民主的理念（乌托邦）”“同权力集中的商业巨头对世界政治经济日益增长的控制之间存在着潜在的深

① MOSCO V. The digital sublime. Cambridge and London：The MIT Press，2004：16.

② 同①157.

③ 陈卫星．数字神话的传播想象．中国图书评论，2009（5）：81.

④ 按照法国传播政治经济学者阿芒·马特拉的理解，技术乌托邦的真正推动力源于金融领域的全球化，因为金融领域是“国际经济当中唯一一个愿意在真实时间中把自身的活动同信息传播网络进行普遍连通的部门”。参见陈卫星．数字神话的传播想象．中国图书评论，2009（5）：80。

⑤ 同③84.

刻冲突。重要的经济、政治和文化决策都是由全球性的公司网络来决定的，其中许多（全球性的）公司在财富和权力方面令世界上多数的（主权）国家都相形见绌。这样的一个世界损害了自由主义的自由和民主中所包含的平等参与”①。新传播科技实际上是全球资本主义的主要产品和根本属性。它大大加深了社会的不公。那些预言媒体巨头们将会被网络这座冰山撞得粉碎的人夸大了技术的力量，并且没有看到市场在其中所起的不可忽视的作用。② 其实，传播技术应用的社会可能性不仅仅限于国家权力的政治需求和商业公司的市场扩张，还包括不同形式的社会力量组合（如各种新社会运动、非政府组织乃至个人）也可能把新的信息传播技术如另类媒体或所谓的“公民媒体”作为权利主张的工具，呈现主流媒体所不接受和容纳的信息，从而参与到社会与技术的博弈中来。

在传播技术不断更新的信息时代，一方面，传播技术持续地受制于社会权力关系、对之加以再现，并积极地参与社会关系的建构；另一方面，任何政治或社会性质的权力关系又都不得不依赖传播的网络来建构并展开。譬如，从罗斯福的广播谈话到肯尼迪的电视演说，再到奥巴马的政治博客、特朗普的“推特（Twitter）治国”，贯穿的就是政治权力关系建构对传播技术的依赖。

那么，新的信息传播技术促进政治权力关系发生改变的趋势是什么呢？莫斯可认为，通过赛博空间产生的政治权力是基于网络化节点的相互依赖。新的信息传播技术在虚拟空间中可对公民政治身份产生分解、叠加和组合功能，公民不再拥有相对固定的阶级地位，相反，他们对民主活动的直接参与所依赖的身份，在本质上也许只是一种相连的临时性位置的副产品。这使得政治竞争的权力关系变得更为灵活、丰富和多样化，从而可能弥补现实层面的政治竞争中的权力关系的僵化和单一化。

赛博空间这一新的物理空间对传统的政治空间产生强大的吸纳和缓解功能，从而有可能规避传统政治的风险，改变传统政治生活的对抗模式。那种不同阶级之间争夺国家权力的斗争政治，似正在被一种为个体提供安全保障、个体之间相互依赖和融合的新政治所取代。在一个后传统的世界里，阶级纽带和经济组织体制及其科层等级，让位于一种界限模糊的、变化的、交互影响的人际关系。

伴随着传播网络的不断扩展和新的以网络为基础的社会网络化进程，阶

---

① MOSCO V. The digital sublime. Cambridge and London：The MIT Press，2004：59 - 60.

② MCCHESNEY R W. The Titanic sails on：why the internet won't sink the media giant. Extra!. March/April. Retrieved Sep. 15，2000.

级斗争走向终结。何以如此？正如美国著名左翼社会学家托德·吉特林（Tod Gitlin）所认为的："横向关系发展的趋势是一切相互竞争着的意识形态中最强大的意识形态。"① "如果说赛博空间的兴起会产生'政治终结'的幻觉，本质原因在于把政治传播的流程从纵向转换为横向成为可能，传统性质的权力关系的纽带因此而改变。……新媒介始终是在信息源的多样化方面打开缺口，从而成为'民主的技术'。"②

然而"幻觉"毕竟是幻觉，技术到底是压迫性的，是"专制的技术"。技术的任何一种可能性都不能担保技术决定论的普遍有效性。而借助传播技术工具而产生的神话终究难以逃离意识形态的扭曲。正如英国网络传播学者斯蒂芬·拉克斯（Stephen Lacus）所指出的："媒体传播研究成功地证明，政治信息的传递方式和政治讨论的方式，是按照权力的意志设定的。"③

其实，网络传播技术终结的只是传统的政治，而不是政治本身。相反，它开启了新的政治。新的信息传播技术突破了传统的政治空间的封闭系统，在赛博空间中聚合新的政治动力元素，从而实现开放的流动空间、信息分配的正义、平等的身份及民主的参与等方面的诉求。

莫斯可的数字神话理论终结了宣称"政治的终结"的数字神话，把人类的目光引向超脱阶级斗争的、真正"崇高的政治"上。不同于传播政治经济学范式下的其他批判理论形态，数字神话理论是纵向地从人类信息传播的历程上来立论的，而不是基于某一特定的国家、地区或全球的传播实践，因而没有理论上的国界分别。不过，在以国际互联网为代表的新的信息传播技术的强力赞助下，人类当下或未来的传播必然日益显示出全球空间性。数字神话理论对终结政治的数字神话的批判显然适用于关于全球政治终结的神话。无疑，数字神话理论属于全球传播的理论范式。

五、跨国公共领域理论

跨国公共领域理论是公共领域理论在全球范围内的应用和扩展，同时是对公共领域理论的引申和超越。跨国公共领域理论始于 20 世纪 90 年代中期传播全球化背景下关于跨国社会组织的探讨④，而最终成型于新近全球传播

① GITLIN T. We're all authority. New York Times book Review, May 23, 1999.

② 陈卫星．数字神话的传播想象．中国图书评论，2009（5）：81.

③ 冈特利特．网络研究：数字化时代媒介研究的重新定向．北京：新华出版社，2004：281.

④ BRAMAN S, SREBERNY-MOHAMMADI A. Globalization, communication and transnational civil society. New York: Hampton Press, Inc., 1996.

语境下跨国性公共领域的主题化研究[①]。跨国公共领域理论是传播政治经济学范式下的最新理论形态。

作为跨国公共领域理论的母体和雏形，公共领域理论是法兰克福学派（西方马克思主义的主要流派之一）的末代传人——哈贝马斯提出的一种批判理论形态。在《公共领域的结构转型》（*Strukturwandel der Öeffentlichkeit*，1962）一书中，哈贝马斯提出了“公共领域”（Öeffentlichkeit，public sphere）概念，并阐发了公共领域理论。所谓“公共领域”，是一个既不由市场也不由国家政府所限定或规范的社会生活公共空间，在这个公共空间里，公民个体以平等主体的私人身份通过公开（“不伪装”）、自由（“不受利益驱使”和“不被外力操纵”）的论辩达成和不断再达成“公众意见”（舆论，public opinion）。换言之，它是一个以公民自由参与为前提、独立于政治（权力）和经济（资本）力量而致力于理性讨论和达成共识的自治性、民间性领域。概括起来，公共领域具有五个基本特征：其一，推理性和讨论性，即公共领域是人们特别是有知识、受教育的公众进行理智的推理和讨论的空间，而不必受制于政治权力、习惯势力和传统观念；其二，批评性和批判性，即批评或批判是公共领域的基本机制，公共领域始终将矛头指向以上层阶级为代表的公共权力领域，反对其干预和介入，从而保护自身的私人利益不受侵犯；其三，平等性和开放性，即公共领域遵循普遍平等和普遍开放原则，它将所有的人——不论贫富和贵贱——都视为平等的，因而向所有公民开放；其四，强调公众意见和舆论的形成，即公共领域只有借助于公众意见和舆论才能形成批评和批判力量，才能发挥其应有职能；其五，强调理性的守护和展示，即公共领域是一个捍卫理性的场所，它展示在公众共同使用知性合理交往的过程当中，同时也引导公众运用自己的理性。[②]

哈贝马斯认为，公共领域的最初表现形态是资本主义的公共领域，它产生于以18世纪的英国为代表的贸易扩张的资本主义社会中。[③] 当时，资产阶级因不断膨胀的经济实力而获得了独立于国家和教会的经济自主权，并进一步要求拥有广泛的文化自治权（如出版自由权）和政治参与权、监督权。于是，在独立于政治力量也游离于商业利益的私人当中出现了一个个开放、松散而有弹性的交往网络。他们通过非官方组织、机构，或通过文学会、读书会、共济会、俱乐部等私人社团，或通过剧院、音乐厅、咖啡馆、沙龙等娱乐场所自发聚集在一起，就共同关注的文学和政治问题展开对话和辩论，相

---

① CRACK A M. Global communication and transnational public spheres. New York：Palgrave Macmillan，2008.

② 李佃来．公共领域与生活世界：哈贝马斯市民社会理论研究．北京：人民出版社，2006：96－98.

③ 在哈贝马斯那里，“公共领域”既普泛地是一种社会（理想）范式，又特指历史上的资本主义社会领域。

继形成了由私人个体所构成的、不受官方干预的公共沟通场所——文学公共领域和政治公共领域。这些“真正意义上的”公共领域是“由私人组成的公共领域”，是私人自主领域即广义的私人领域中的一部分，它构成了广义的“市民社会”[①] 的“基本要素”和主体。作为“市民社会”中的重要组成部分乃至“全权代表”，公共领域介入、参与到公共权力领域（有时也被不太严格地称为“公共领域”[②]）内，与其中以公共权力机关为主体的政治性国家发生对抗性的关系，从而成为介于（市民）社会（私人领域）与国家（公共权力领域）之间的张力区域和互动地带。概而言之，公共领域“以舆论为媒介，对国家和社会的需求加以调节”[③]。无疑，在公共领域的形成过程中，印刷媒介的普及和报纸生产成本的下降使得信息输入、输出和传播发挥了极为重要的作用。

19世纪中期以后，随着资本的集中和垄断的出现，资本主义国家对私人领域（包含公共领域）采取了一系列干预措施，由此，私人劳动和商品交换的市场（贸易）领域以及资产阶级公众的自律生活开始受到政治权力的控制——私人领域变得越来越“公共化”，即公共权力化。国家（干预）主义的盛行及其所导致的国家蚕食社会、社会国家化、国家和社会重新走向融合，动摇了资本主义公共领域赖以存在的社会基础，从而不可避免地使公共领域的社会结构及政治功能发生转型。在公共权力的干预、操控和宰制下，“从具有公共性质的‘市民社会’私人领域中，形成了一个再政治化的社会领域。在这个领域中，国家机构和社会机构在功能上融为一体，无法再用‘公’和‘私’的标准来加以区分”[④]。这个再政治化的社会领域的出现使得“市民社会”似乎又回到了中世纪的状态——展示权力和权威的名利场，因此，哈贝马斯将这个过程称为“再封建化过程”。“再封建化”还发生在私人资本逐渐介入和渗透到具有私人性质的公共领域的过程中。在商业利益的驱使下，公共领域平台如大众媒体上充斥着大量无关乎公共利益和公共福祉的“私人

---

① 狭义的（黑格尔、马克思意义上的）“市民社会”是指狭义的或纯粹的私人领域，即商品交换和社会劳动领域，家庭以及其中的私生活也包括在其中；而广义的“市民社会”则是哈贝马斯所谓的“市民社会”，即随资本主义市场经济发展起来的、独立于政治力量的“私人的自治领域”，或者说广义的私人领域，它同时包含私人领域和公共领域。参见哈贝马斯．公共领域的结构转型．上海：学林出版社，1999：35。

② 在哈贝马斯那里，就内涵而言，“公共领域”与“私人领域”这两个概念之间有着较为严格的区分，但在用法上，“公”与“私”之间的区分有时又是相对的。文学或政治“公共领域”，是相对于家庭和私人商品生产、交换和消费活动领域（狭义的私人领域）而言的，它是一种社会性的公共领域；而相对于（政治）公共权力领域即政治性公共领域而言，它无疑又属于“私人所有的天地”，属于（广义的）私人领域的一部分。正是从这个意义上说，政治性公共领域才是彻底的公共领域，哈贝马斯所谓的社会性“公共领域”，介于公共领域和私人领域之间。

③ 哈贝马斯．公共领域的结构转型．上海：学林出版社，1999：35.

④ 同③176.

性”话语。公众则更多地沉湎于被动的个人消费和对私人事务如明星八卦的集体“围观”，而放弃了对公共事务的关注和关切。由此，公共领域变得越来越“私人化”了。可见，双重“再封建化”同时意味着公共领域的“私人性”和“公共性”被摧毁，从根本上也就意味着其真正的“公共性”和“私人性”的双重沦丧，而徒具“伪公共性”和“伪私人性”。这其实是公共领域自我否定、沦为“伪公共领域”的一个异化过程。

哈贝马斯认为，公共领域的结构转型、演变是公共领域衰退、式微或崩溃的过程。文学和政治公共领域崩溃的迹象不仅体现在文学、文化产品的商品化上，还体现在作为其重要载体的大众传媒的功能转变上，即从本应有的批判和制衡的公共（服务）性功能转为广告和同化的非公共性功能，由批判和权力制衡的力量转变为展示和受操纵的力量。过去，像报刊这样的传统媒介一直控制在公众手中，作为公众平等理性交流、讨论和批判的媒介或工具；但自19世纪晚期以来，在文化工业或产业的侵蚀下，包括电影、电视以及广播等新兴媒体在内的大众传媒逐渐被政治权力（如公共权力机关、政党等）和资本（某些特定的资本家或利益群体、集团）所操控，被国家化和商业化了，沦为国家意识形态的工具和现实资本自我增殖的手段。它们竭力普及一种镶嵌有广告因素和娱乐因素的整合文化，从而将文化批评和政治批判的公众驯化为文化消费和政治顺从的公众——公众从积极的批判者变成了被动的消费者。于是，在公共领域即“市民社会”内出现了著名的西方马克思主义思想家、意大利共产主义者安东尼·葛兰西所谓的霸权（hegemony）[①] 统治现象。在此，作为信息和娱乐工具的大众媒介其实是充当操纵和灌输力量的大众媒介。因此，在公共领域的结构和功能发生消极转型的整个过程中，内蕴着大众传媒从社会公器（以公共利益即“公益”为导向）堕落成利益集团或个人的工具（以市场、政策为导向）的发展逻辑。从工具论的意义上说，公共领域成于大众传媒，也败于大众传媒。

哈贝马斯认为，在公共领域被侵蚀、消解的过程中，公共关系发挥了特别的作用。20世纪40年代以来，西方资本主义世界出现了针对“舆论”或所谓“共识”而非直接针对消费者个人的公共关系实践。在公共领域中，通过精心策划，公共关系信息的发出者把自己的商业和政治意图隐藏在一种关心公共利益和公众福利的名义背后，把特殊的私人利益自我宣传为“普遍利益”，从而“合法地”赢得共识（“合意”）和制造舆论——一种虚假的共识或所谓“伪舆论”。因为，真正（非人为造成）的共识是经过长期相互启蒙而

① “霸权”（可更为准确地被称为“文化领导权”，leadership）是相对于公共权力领域即政治社会（国家）内的政治专政（dictatorship）而言的。

最终达成的，“普遍利益”才是公开竞争的舆论据以理性地达成一致的唯一基础。公共领域的政治功能转型不仅体现在伪舆论的塑造上，还具体地表现在立法、选举等民主政治活动中。公共领域已经不能再为议会立法提供理性讨论、论辩的源泉，而成为受利益主体直接操控，并在其中达成妥协从而服务于特殊利益的空间；原本是在资产阶级公共领域中成长起来的政党与公共领域的关系发生错位，它反过来成为动用手中掌握的大众传媒的公共领域操纵者。

“与自由主义时代的报刊业相比，现在（社会福利国家时代）的大众传媒虽然其影响范围和影响力度达到了前所未有的程度，从而使公共领域本身得到相应扩展，但它们表现得越来越远离于公共领域。它们的传播效率越高，它们也就越容易受到某些个人或集体利益的影响。”① 这就是在大众传媒日益发达的条件下受政治（权力）和经济（资本）势力双重夹击的公共领域发展的必然趋势。

美国社会批判理论的重要代表人物南茜·弗雷泽（Nangcy Fraser）认为，上述哈贝马斯的公共领域理论模型预设在威斯特伐利亚框架之上，将公众舆论局限在某一主权国家之内，因而只适用于一国社会内部的公共领域。②而进入全球化时代，当公共领域超越国界而扩展到国际社会时，一种新的公共领域理论——跨国公共领域理论应运而生。

在信息传播全球化的时代，伴随着以国际互联网为代表的信息传播技术的迅猛发展，以及最主要的跨国行为体——国际非政府组织（international non-governmental organization，INGO）的形成，公共领域不再局限于一国社会范围之内，而在国际乃至全球范围内扩散，出现了跨越国界的公共领域——“跨国公共领域”（transnational public sphere）。所谓“跨国公共领域”，是指个人或集体活动于其中的全球公共空间，人们通过报刊、会议和网站等多种形式，就共同关心的全球性问题或全球政策展开自由理性的对话，寻求共识，形成全球性的价值观念和舆论。跨国公共领域是国内社会的公共领域国际化、全球化的产物。在这个更大范围和规模的公共空间内，诸多的全球性重大问题——环保、人权、跨国犯罪、社会性别和种族平等等——都可以通过大众媒介尤其是国际互联网得到充分的讨论和商谈，进而影响全球舆论场。③

跨国公共领域理论的建立始于20世纪90年代中期传播全球化背景下关于跨国性公共领域的主题化研究，是传播政治经济学范式下的最新理论形态。跨国公共领域理论的倡导者安杰拉·克拉克（Angela Crack）认为，在全球

① 李佃来．公共领域与生活世界：哈贝马斯市民社会理论研究．北京：人民出版社，2006：150－151.

② FRASER N. Transnationalizing the public sphere：on the legitimacy and efficacy of public opinion in a post-Westphalian world. Theory，Culture & Society，2007，24（4）：7－30.

③ SPARKS C. Is there a global public sphere? //THUSSU D. Electronic empires：global media and local resistance. London：Arnold，Inc.，1998.

化的时代，当一国公共领域扩展到国界以外时，有必要重新审视和修正“公共领域”概念，重建哈贝马斯的公共领域理论。克拉克指出，哈贝马斯过分理想化或纯化了“公共领域”概念，同时又过于悲观地预言了公共领域衰落的前景。不同于一国社会之内的公共领域，跨国公共领域具有多样性、非对等性、公私界线模糊性和对民族国家中心主义的超越性。[①]

一方面，由于地理距离、语言文化差异、政治限制、技术取向等因素，传统大众传播渠道无力承担平等对话的重任，而互联网提供了这种可能。另一方面，由于要超越物理时间和空间的限制，跨国公共领域更多地是在虚拟空间内展开，因而具有更大的开放性、多样性和自由性。跨国公共领域把传播技术的本质——网络性展示和发挥到了极致。在传播全球化的现实语境下，跨国倡议网络（transnational advocacy network）成为国际非政府组织自身成长、发展、全球扩散和使其所关注的社会性问题全球化和公共议题（议程）化而得以倡议实行的基本方式。跨国倡议网络建立在各国、各地区非政府组织之间信息交换、共享和服务的互联网平台之上，其主要目的是通过信息的传播、公布（publicity）提升对全球性议题的公众意识，促成积极的舆论。或者说，它旨在帮助网络内部的相关行为者对相关议题内容形成认知和理解，对国际组织和各国政府进行政治游说，从而说服决策者和社会公众寻求恰当的问题解决方案，并即时了解和协调各方在倡导和执行目标时的进度。跨国倡议网络的最终目标是借由信息交流与合作，整合各方资源，运用其嵌入模式，对全球治理的政策议程设置施加影响，以发挥自身最大的全球影响力。[②]

如同“公共领域”不能被局限于特定的历史形态上，而同时应被看作一个“理想模型”即乌托邦理想，“跨国公共领域”亦是如此。“跨国公共领域”不仅仅是对全球传播现实的描述和概括，同时也是对社会理想追求的一种价值规范。事实上，出现跨国公共领域所必需的三大结构性先决条件——强大的跨界传播力、政治权威场域的转移和跨国亲缘网络（跨国相互吸引网络，transnational networks of mutual affinity）都是现实中不可能完全实现的理想；相反，它们只是充当着批判性评估现实的指引。[③] 无疑，作为评判和指导现存国际社会规则设计和制度安排的一个概念，“跨国公共领域”是一个比一般意义上的“公共领域”概念更为理想化的“理想模型”。不过，在跨国媒体组织和互联网的技术支持下，它所勾画的全球民主

---

① CRACK A M. Global communication and transnational public spheres. New York: Palgrave Macmillan, 2008: 45-46.

② TRUBEK D M, MOSHER J, ROTHSTEIN J R. Transnationalism in the regulation of labor relation: international regimes and transnational advocacy networks. Law & Social Inquiry, Vol. 25, No. 4, 2000.

③ 同①188.

社会这一政治目标正吸引着世界各地越来越多的社会组织和个人参与到全球倡议网络当中。

第四节　文化研究范式

文化研究（cultural studies）范式是指从文化生产、在场和接受（消费）的角度看待社会现象的世界观及其研究方法。[①] 不同于政治经济学范式，文化研究范式认为不同生活层面的内容相互影响，不是决定与被决定的关系。在人的整个生活世界内，“感知结构”[structure of feeling，生活共同体成员所共享的一套思想、感觉或意义系统（meaning system）] 即文化是最核心的要素。在传播学领域，传播的文化研究范式强调作为感知主体或者说作为意义系统载体的受众（包括读者、听众和观众）的文化接受或消费行为及其方式，并着力聚焦于媒介及其传播在创造和保持共享的意义和价值观的过程中所发挥的作用。概而言之，传播的文化研究范式关注媒介传播的文化意识形态本质及其文化效应。文化研究范式与政治经济学范式同属非经验实证性的批判研究范式，如果说传播的政治经济学范式侧重于对信息传播的前端即信息的生产和流通的批判性分析，那么传播的文化研究范式则侧重于对信息传播的后端即信息的消费的批判性分析；如果说传播的政治经济学范式侧重于从体制、制度角度对媒介生产和传播形态的思辨性推导和结构性批判，那么传播的文化研究范式则侧重于从意识形态、文化观念的角度对媒介传播内容及其消费的诠释性理解和符号批判。从受众的角度讲，如果说传播的政治经济学范式将信息传播过程推导为一个媒介操控受众、将受众去主体化（商品化）的过程，那么传播的文化研究范式则将信息传播过程理解为一个媒介内容唤醒受众、释放受众主体能量的过程。如果说传播的政治经济学范式聚焦于经济基础与上层建筑之二元框架，那么文化研究范式则将受众对传媒内容的多向解读所蕴含的“反抗”纳入研究范围，从而游离于经济基础与上层建筑之二元框架之外。流行于法国、英国的文化批评创立了传播的文化研究范式。进一步具体到国际传播领域，在文化研究范式的范导下，人们侧重于从文化或符号的视域来看待国际传播的不均衡现象及其中所发生的跨国符号竞

---

① “文化研究”范式是文化理论家斯图亚特·霍尔（Stuart Hall）对以理查德·霍加特（Richard Hoggart）、雷蒙德·威廉斯（Raymond Williams）和爱德华·汤普森（Edward Thompson）为代表的文化研究奠基者所规定和塑造的早期文化研究路径及理论基调、特色的一种称谓，即以经验性、社会性文化为中心的整体把握，其理论定位界于宏观、整体、普遍、抽象的批判（思辨）性范式与微观、个体、特殊、具体的实证性范式之间。

争和叙事博弈，解释国际传播的发展态势。概括起来，属于文化研究范式的具体的国际传播理论（形态）主要有文化研究理论、文本研究理论和受众研究理论。

正如国际传播学者达雅·屠苏所指出的，二战后及冷战期间，对国际传播的研究侧重于媒介传播在国际政治经济关系中所饰角色的体制性分析；但在20世纪90年代，随着政治向传播媒介的文化性靠拢而变得“非政治化”，国际传播的研究重点也转向了传播的文化分析。[①] 全球化的本质是传播全球化，更准确地说，是文化传播的全球化。20世纪90年代冷战结束后国际政治的非政治化或“文化化”（即从主权、军事等高级政治走向环保、文化等低级政治）趋势推动了大众文化的全球传播或者说文化全球化和跨国符号竞争等议题的研究，传播的文化研究范式在全球范围内方兴未艾。

一、文化研究理论：文化的再定义

文化研究理论是传播的文化研究范式中最典型的理论形态。它从相对微观的角度对人类文化传播现象做出批判性的理论反思。文化研究理论诞生于20世纪60年代以英国伯明翰大学当代文化研究中心为根据地的“伯明翰学派”（Birmingham School）。早期的文化研究先驱霍加特、威廉斯和汤普森等人从多元主义的视角、以开放包容的大众心态和现实主义的态度看待社会文化现象，主张把文化看成一种生活经验或社会实践（所谓“文化即生活”），把整个人类生活方式都纳入对文化的考察中。他们认为，“文化是普通日常生活的产物，由全体社会角色共同创造，而不是只由特权精英们创造”[②]。由此，文化是处在冲突和流变中的复数的“文化”（cultures），而非统一的大写的“文化”（Culture）。进而，他们优先关注曾经被忽视却又代表“当代文化的重点和方向”、来自通俗文化和大众媒体的内容。[③] 也就是说，他们把关注的焦点从传统的精英文化转向了通俗文化（popular culture，也称流行文化，主要是大众媒介所制造和传播的媒介文化）[④]。因为他们认为，通俗文化才是

---

① 屠苏．国际传播：延续与变革．北京：新华出版社，2004：85.

② 莫斯可．传播政治经济学．北京：华夏出版社，2000：242.

③ HALL S. Cultural studies and the centre：some problematics and problems//HALL S，HOBSON D. et al. Culture，media，language：working papers in culture studies，1972—1979. London：Hutchinson & Co.，1980.

④ 文化研究学派用“通俗文化”来取代“大众文化”（mass culture）。这种替代不仅仅是称谓上的改变，更是概念和内涵上的转换。过去文化学者和法兰克福学派常用的“大众文化”是文化精英们蔑视地指称中下层民众文化时使用的概念，它充斥着精英主义意识形态，具有明显的贬义色彩。而文化研究学派认为，大众文化理论中被动、粗俗的消费者只是精英们的想象，其实大众文化的消费者具有相当大的自主选择性和创造（意义）性。为淡化、回避敌意和贬义色彩，表明中立乃至同情的立场，文化研究理论更多地使用“通俗文化”这一说法。

未来社会、文化“变化得以发生的基地”。与此同时，他们倡导人文主义的学术取向，并相应地提出了非科学（中立）主义、非实证主义和非功能主义的文化研究方法——体验式的经验主义，即：主观地理解和阐释，通过民族志式的考察或者说参与式观察整体性地再现“鲜活的文化”。

进入20世纪70年代之后，文化研究理论有了重大的发展，实现了文化研究从审美分析向政治分析的转向。学派的第二代舵手斯图亚特·霍尔接受了结构主义的思想，从而突破了对（文化）经验本身的专注，转而援引概念、范畴（“结构”）来观照、阐释经验。在此，具有关键性意义的是，文化研究学派吸收了被法国结构主义马克思主义者路易斯·阿尔都塞（Louis Althusser）重新定义（即结构化）后的意识形态概念。阿尔都塞认为：意识形态是“个人对于他所处的现实环境的想象性关系的再现”。它并不是人为制造出来、用于阶级统治（为之辩护而论证其正当性和合法性）的所谓错误的或虚假的意识，而是任何个体在其中赖以解释生活经验和周遭物质条件的、必需的解释框架，是一种下意识结构。因而，作为结构，它具有相对于个体生存的绝对的先在性和永恒性（“意识形态没有历史”），或者说，它与社会中个人的存在是同一的。意识形态不仅仅是一套观念系统，更是一种实践。作为主体的人其实就是为意识形态所建构（“结构”）出来的。据此，霍尔重新定义了文化，他提出：文化不仅仅是一种生活经验的再现，同时也是一种意识形态（即“提供框架让我们再现、解释、理解和澄清社会现实的图像、概念和前提”），更准确地说，是意识形态争斗的场域，它关乎对个人和群体的无形控制。正是结构主义让文化研究发现并关注起了语言符号和文化再现（即表征，representation）系统中的意识形态，使之从早期纯粹的文化经验考察，转向了对文化再现与政治权力的运作和权力关系的“结构”（建构）之间关系的研究。与此同时，文化研究理论继承了阿尔都塞关于大众传媒是从事“（社会）合意”的生产和再生产的“国家意识形态装置（或机制、设施）”的思想，它认为，大众传播包括文化产品的生产和消费两个过程。其中，大众传媒生产文化的过程就是一个编码（encoding）过程，即：媒介将社会事物加以“符号化”并“赋予意义”从而创制出文本（表现为对新闻和信息的选择、加工和结构化等活动）的过程。而这个过程并不是客观中立的，而是受意识形态支配和驱使的。据此，霍尔明确地指出，作为符号再现或表意（signification）工具的媒介，在建构（而非反映）现实、界定形势（definition of situation）从而为受众提供一个世界图景的过程中，一方面要受社会“合意”或“共识”的支配（对社会上公认的东西即共识的边界或框架非常敏感并予以遵从，而并非直接从权力机构那里获得指令或有意识地对世界进行歪曲的解释从而去迎合优势定义），另一方面又在生产新的“共识”[①]：“媒介一方面用‘共识’来引导自己，同时又以一种建构的方式试着塑造共识”，“这使得媒介总是代表着国家中优势的社会利益”。[②] 正因为如此，媒介成为意识形态争斗的载体，谁拥有和控制了媒介，谁就掌握了对世界的优势定义权和对社会结构的塑造权。

文化研究理论不仅有选择地参照了结构主义的意识形态结构思想，把它作为新的学术资源；更为重要的是，它吸收葛兰西的文化霸权思想而发生了所谓的“葛兰西转向”。不同于阿尔都塞那种超越历史和文化、普遍抽象的意识形态理论，葛兰西的文化霸权思想同社会历史的具体经验相“接合”（conjuncture）。葛兰西认为，一个社会中的支配性群体即统治集团有能力对整个社会实施智力和道德的引导作用。对他们来说，维护权力最有效的办法不是暴力或强制力，而是“文化领导权”（culture hegemony，又译“文化霸权”），即：通过文化产品的生产、分配和消费所做的意识形态的控制，它旨在在全社会范围内制造世界观和社会观上的（自愿）认同（赞同、同意）和共识（所谓的“合意”或“集体意志”）。这是一个“同意的生产”（production of consent）过程，一个使支配阶级的意识形态“自然化”（普适化、规范化、合法化和理所当然化）的过程，一个通过精神结盟实现霸权的过程。意识形态控制是文化霸权的实质所在。概而言之，基于文化表征（对现实世界的再现）的结构促进了权力的日常运行，不断地制造着不平等和压迫，葛兰西由此展开了对文化的批判。

正是在葛兰西的文化霸权理论的影响下，20 世纪 70 年代的文化研究提出反文化霸权的文化战略策略，它主张通过既斗争、对抗又谈判、妥协的方式展开话语霸权的争夺。文化研究开始关注社会边缘或弱势群体（所谓的“被压抑者”）如何通过自己对某种文化产品的解读和使用来反抗话语霸权，对权力压迫进行抵抗，并建立起自身独立的身份。由此，文化研究理论从对文化本身的研究转向了对文化的产品或载体——文本以及受众的研究。

二、从文本研究理论到受众研究理论

从方法论上讲，文化研究范式归属于批评性话语分析传统，它把话语或文本都看作符号操作和修辞术的操控，倾向于用话语分析或文本分析等定性研究方法来解读话语和文本，由此，叙事学和修辞学兴盛于文化研究理论中。

---

① 杨击．传播·文化·社会：英国大众传播理论透视．上海：复旦大学出版社，2006：57－58.

② 同①58.

无论是话语分析还是文本分析，无论是叙事学还是修辞学，都无一例外地把话语和文本视为一个社会权力关系呈现（再现）、建构和意识形态争斗的场域。其用意都在于通过考察话语和文本的符号和语义结构与社会支配结构之间的关系，揭示话语和文本的意识形态本质，解构其中所蕴含的社会权力关系。正如俄国文艺批评家米哈伊尔·巴赫金（Mikhail Bakhtin）所言："意识形态领域与符号领域相一致。哪里有符号，哪里就有意识形态。符号的意义属于整个意识形态……"①

在文化研究范式的诸多理论形态中，文本研究理论和受众研究理论最为典型。文本研究理论和受众研究理论关注的是文本分析和受众分析，它们集中探讨的是文本如何向受众开放、受众如何对文本进行解读（或者说，接受、消费），解析文本的开放性和受众的主动性。文本研究理论和受众研究理论是从文化研究理论中发展而来的理论衍生物。从大的范畴上讲，它们都属于文化研究范式。

在文本研究中，符号学发挥了重要作用。符号学为文本分析提供了非常有效的政治分析手段，它揭示了文本意义生成机制即"文本"的文化意义是如何生产和再生产出来的。符号的解读或阐释过程即为意义的建构过程。符号学即为表征理论。所谓"表征"，就是用象征符号（主要是语言符号）替代和再现事物。符号学关注的是对事物"赋义"（赋予意义，signification）的行为，即：人们如何赋予本无意义的事物以某种意义，从而达到再现事物的目的。用霍尔的话说，"表征是通过语言生产意义"②。因而，符号学被人们称为"关乎意义的学问"。符号学理论是从语言学发展而来的。瑞士语言学家费尔迪南·德·索绪尔（Ferdinand de Saussure）认为，语言是一套产制意义的"意指系统"（signifying system）。语言要素是符号（sign），符号由能指（signifiant/signifier）和所指（signifié/signified）结合而成。能指是符号的物理形式或所留下的"心理印迹"，所指是符号的意义、观念或概念。能指与所指之间联结的过程被称为表意或意指（signification）。这个意指过程是任意的，也就是说，能指与所指间的关系并非自然的、必然的，而是人为构建的。因而，符号或表征的意义并不是固定的，而是待建构的、可转换的。

法国符号学家罗兰·巴尔特（Roland Barthes）将索绪尔关于符号所指意义的可转换性的语言学理论应用于社会领域。首先，他认同索绪尔的语言观，即：语言的功能不是去固定对象物的内在意义，而是去定义人们想象中

---

① 巴赫金．巴赫金全集：第2卷．石家庄：河北教育出版社，1998：350.

② 霍尔．表征：文化表象与意指实践．北京：商务印书馆，2003：16.

所应当有的意义。在此基础上，他提出社会事物的“神话学”（mythologies）分析[①]，从而把符号意指活动的社会性、人为性推到极致。神话式的表征或者说意指运作的特征在于将某个能指符号同某种意义（所指）强制性地联系在一起，并将这种关联自然化为理所当然的常识。这一所谓的“常识”成为我们理解世界不可或缺的框架，成为意识形态的一部分。在神话学的支配下，后期的巴尔特从结构主义转向后结构主义（解构主义），其符号意义观也相应地从结构化走向相对化。在对文本阅读的研究中，他首次提出读者在阅读过程中拥有生产和创造意义的自由。读者的每一次阅读就是对文本所进行的一次游戏、一次生产、一次再创造，读者在这个文本意义生产过程中获得了不受制于原初意义的、近乎狂喜的无限快感。而意义在读者的阅读过程中不断游移、撒播、“爆炸”和自相倾覆。可见，不同于一般意义上的作品，文本是复数、多元（plurality）的，是开放的，是一种无穷无尽的象征活动。在此基础上，巴尔特将文本区分为意义遵循和受制于作者（意旨）的、封闭的“可读性文本”与意义具有不确定性的、向读者开放的“可写性文本”。

巴尔特的意义相对主义或建构主义的文本观深刻地影响了文化研究理论的后期发展走向。基于“文化本身就是一种表意的实践，其决定性的产品就是：意义”[②]，而“文本的意义是在传播系统中被决定的，而不是由文本本身决定的”[③]，也就是说，文本的意义不是传者“传递”的，而是接受者（受众）“生产”的，文化研究理论日益聚焦于对产制文本意义的受众的分析上。在关注大众传播的组成部分——文化产品的消费过程中，霍尔集中考察了受众对文本（主要是媒介文本）的解读过程即解码（decoding，受众接触文本信息，进行符号解读，解释其意义）过程，对之做出了独特的文本分析和受众分析。霍尔提出，受众的文本解读过程并不是完全被动的，由于符号本身的多义性和受众本身社会背景的多样性，受众可以对文本信息做出多种多样的理解和解释。归纳起来，受众对文本信息（主要是媒介信息）有三种解读（或解码）立场和策略：其一是“主导-霸权式解读”（dominant-hegemonic reading）或“偏好式解读”（preferred reading，又译“可取式解读”或“趋近式解读”），即完全顺从编码者在文本中赋予的主导意义，“同向”地来解读

---

① 巴尔特认为，社会中的每一事物都不是自然存在的，其意义不在于自然属性，而在于符号化后的象征意义或社会文化特征。对事物的象征意义的解释就是“神话学”。每一事物背后都有一个乃至多个赋予该事物以特殊魅力（glamour）的“神话学”（解释）。譬如“牛排的神话学”，“牛排”象征着美味、气力等。参见BARTHES R. Mythologies. St. Albans：Granada，1973：62－64。

② HALL S. Cultural studies and the centre：some problematics and problems//HALL S，HOBSON D，et al. Culture，media and language：working papers in culture studies，1972—1979. London：Hutchinson & co.，1980：30.

③ 达恩顿．拉莫莱特之吻：有关文化史的思考．上海：华东师范大学出版社，2011：107.

信息，编码与解码之间存在意义上的一致性；其二是“协商式解读”（negotiated reading），即部分地基于编码者在文本中赋予的主导意义，部分地基于自身的社会背景、阶级位置和当地情形，折中、调和地（“讨价还价”）来解释信息，编码与解码之间存在意义上的争斗性和差异性；其三是“对抗式解读”（oppositional reading），即对编码者在文本信息中提示的主导意义逆向地（“背道而驰”）做出理解而赋予文本以全新的意义。[①] 霍尔认为，如同（单个）文本生产要受制于更为宏大的“文本”——所谓“文化语境”即意识形态结构，受众对文本的不同解读方式同样是其阶级立场及其所营造的文化语境界定的结果。在大众传媒对社会事物的符号化与受众的符号解读过程即编码与解码过程中，传受双方展开了“意识形态的角斗”和“符号或意义空间中的阶级斗争”，体现了社会中占统治地位的文化与各种从属性文化之间的控制、妥协和对抗关系。由此，媒介所创制的文本世界取代了现实的生活世界，成为“意识形态的角斗场”，成为人们生存斗争的主战场。霍尔为媒介话语（media discourse）所确立的这套编码和解码模式被持有大众（文化）传播意识形态观的文化研究学派成员广为接受。

无疑，霍尔终结了“大众传播”时代被批量复制的“被动和无差别的‘受众’”概念，取而代之的是编码—文本—解码这一意义生产和消费链中积极的、“活跃的”（active）和相对个性化的受众概念。继霍尔之后，戴维·莫利（David Morley）基于对电视受众的调查分析指出：电视受众在收视过程中并非完全被动地接受影响，而是在解码的同时进行多方面的参与和有选择的接受，其中最重要的就是对电视节目中编码者有意预设的意识形态信息或隐含的主流文化价值观进行协商式或对抗式的解读，或者索性做出颠覆性的理解。由此，他进一步验证和完善了霍尔的“编码/解码”模式，形成了受众研究的两个基本假设，即：受众具有主动性、媒介内容（文本）及其诠释具有多义性。文本的多义性来自读者的诠释过程及其语境。[②] 由此可见，从媒介权力的建构过程来讲，媒介文本所携带的社会政治权力不是既定和既有的，而是通过受众的无数个微观个体解读行为逐步建构起来、被概念化的。在后起的文本和受众研究中，当代美国文化研究理论家约翰·费斯克（John Fiske）利用“多义性”（polysemy）概念，进一步提升了受众在文本意义生产中的主体性地位，将受众的能动作用发挥到无以复加的地步。基于“大众传播是一个复杂微妙的过程，就像两人对话一样，是一种协商、互动、交换

---

① HALL S. Encoding / Decoding//HALL S，HOBSON D，et al. Culture，media and language：working papers in culture studies，1972—1979. London：Hutchinson & co.，1980：128－138.

② 莫利．电视、受众与文化研究．北京：新华出版社，2005：132.

的活动”[1]，费斯克提出，任何文本都是开放的文本，文本的意义是开放多元的，允许处于不同社会地位、持有不同身份的受众生产出满足自身亚文化身份认同需求的多重意义。显然，文本的意义和乐趣是在受众的阅读中产生的。在《理解大众文化》（*Understanding Popular Culture*，1989）一书中，费斯克延伸了英国文化研究学派的思路，提出“文化（文本）消费即为文化（文本）生产”的观念和“生产性文本”（productive text）、“生产性受众”（productive audience）概念，从而彻底转变了受众的身份——从“意义的接受者”变为“意义的生产者”。作为意义的生产者，受众有能力根据自己的文化背景和社会经验对文本进行解读，从而生产出属于他们自己的文化。在此，费斯克用他的“两种经济”[2] 理论说明了媒介文本解读中的受众拥有一种通过“异常（对抗性）解码实践”而自主生产、建构并享用意义、快感（“解放的、创造性的、游牧式的快感”，如幻想）和社会自我（身份）的“符号权力”（semiotic power）——象征权力或文化权力（不同于现实社会中的政治权力）；而且，通过对通俗文化产品的创造性使用和通过情感介入、积极投身于对世界意义的理解、解构和重构当中，他们争取到了以“各种更加微观的方式参与符号民主（semiotic democracy）”的机会。[3] 受众正是靠符号权力这一武器以符号民主的方式来从事政治斗争和反抗主流意识形态，颠覆统治阶级的文化领导权，建立合意的社会心理秩序，进而达到“人的全面而自由的发展”的。

三、文化研究范式：对全球文化传播的解读

20 世纪 70 年代以来，随着信息传播全球化的加剧，文化产品的生产、分配、交换和消费日益被卷入全球化过程中。跨国传媒集团的兴起造成了现代媒介的高度集中和垄断，垄断资本控制着全球文化的生产和流通；与此同时，环球广播、卫星电视、电影，尤其是互联网等新的信息传播技术不断制造新的全球受众，使跨文化冲击和冲突席卷全球。正是在这一文化传播全球化背景下，文化研究理论从一般意义上的大众文化研究扩展为全球传播语境下的大众文化研究。对大众文化全球传播及“全球大众文化”（更准确地

① 费斯克，哈特利．解读电视．台北：远流出版事业公司，1993：57.

② 费斯克认为，在一个社会中并存着两种经济——财政经济（financial economy）和文化经济（cultural economy），前者由通俗文化产品的物质性生产、交换和消费过程所构成，其中流通的是金钱和财富，满足的是相关阶级、阶层、群体的经济利益；后者是由通俗文化产品的精神性生产和消费所构成，其中流通的是“意义、快感和社会身份”，满足的是受众的文化利益。

③ 史蒂文森．认识媒介文化：社会理论与大众传播．北京：商务印书馆，2001：148－149.

说是“全球通俗文化”，global popular culture）的研究形成了全球性文化研究理论。

全球性文化研究理论认为，大众文化的全球传播不仅是文化霸权全球化的过程，更是发生在全球各地的受众或认同或反抗文化霸权的意识形态博弈过程中。文化研究学者伊恩·昂（Ien Ang，又译“洪美恩”）的著作《观看〈达拉斯〉》（*Watching Dallas*，1985）极具代表性地阐发了全球性文化研究理论。1982年，通过受众调查，伊恩·昂归纳了厌恶与喜欢风靡全球的美国电视连续剧《达拉斯》的两类荷兰观众，从中分别感受到了两种截然不同且完全对立的意识形态：一种是“大众文化意识形态”（或者说，以精英立场把某种文化形态鄙视、否弃为“‘大众’文化”的“精英主义意识形态”）；另一种是“民粹主义（大众主义，populism）意识形态”。前者是由众多以自身高雅的民族文化传统为荣而对美国文化产品心怀戒备的欧洲国家所制造，并在专业知识分子那里得到制度化。这种意识形态或理论刚好为他们对美国电视连续剧的敌意态度“披上一件‘科学的’外衣”①。该意识形态自然也给憎恨《达拉斯》的受众提供了一套表达他们担忧和不满的可信而便当的分析框架和阐释模式。在这种意识形态的支配下，许多文化形式都被简单地贴上“坏的大众文化”的标签，而以《达拉斯》为代表的美国文化产品和实践似乎天然地都是这种“坏的大众文化”的等同物。与之相对，那些真心喜欢《达拉斯》的观众手中却缺乏一套可以用来对抗大众文化意识形态的完备而有效的话语，来确定自身的意识形态立场和身份，来解释喜欢《达拉斯》的原因。这其实是一种典型的民粹主义意识形态——无意识形态（反学理）的“意识形态”。它不对文化产品的品质做出任何“绝对公正的判断”，不对人们的审美趣味设定“完全掏空了主体激情和快感的极端形式化和普遍化的标准”，而只是由人们日常生活中几乎是“自发地”和无意识地、自然而朴素地持有的常识性观念所组成（归结为一句简短的口号：“人各有所好”）。因为，民粹主义意识形态的基础是“对文化形式与日常生活之间的连续性和接合的肯定、根深蒂固的参与欲望，以及情感的投入”，说到底，它只承认快感，而快感纯粹是个人的事情。②

伊恩·昂认为，在这场处于全球文化消费之下的意识形态博弈中，大众文化意识形态无疑占据上风，人们在全球文化接受过程中难以避开这种意识形态话语力量的支配；不过，民粹主义意识形态在文化实践中却出人意料地获得了胜利——受众天然地亲近它，从而尽享文化消费所带来的快感。难怪那些被大众文化意识形态支配的观众也不得不用嘲讽的方式来调解这种意识形态的道义感与他们在观看《达拉斯》这种显而易见的“坏的大众

① 昂．观看《达拉斯》//罗钢，刘象愚．文化研究读本．北京：中国社会科学出版社，2000：378.
② 同①395.

文化”时体验到的快感之间的矛盾：“我之所以觉得它有趣，恰恰是因为它糟透了。”在此，“大众文化意识形态的鄙视性的规范与讽刺性的观看态度得到很好的统一”[①]。显然，嘲讽策略使他们在以蔑视的心态观看《达拉斯》而获得优越感的满足的同时，能够心安理得地欣赏它、不受压制地享受观看所引发的快感。

在全球性或跨国性文化研究中，人们集中批判了“文化帝国主义”命题。莫利把文本和受众研究引入全球性文化研究中，他展开了对席勒“文化帝国主义”理论模式的批判，他指出：北美头脑简单的“文化帝国主义”（媒介帝国主义）概念是基于媒介效应“皮下注射”（hypodermic）模式做出的，它简单地认定了媒介产品对其国际消费者会产生直接、必然的文化“效应”。其实，受众的能动性和文本的多义性使得不同文化语境中的人会运用自己的文化知识背景来对外来节目进行多样化的解读。那些在跨文化背景下进行的所有《达拉斯》受众收视调查，非但没有证明任何必然的“媒介效应”，反而表明不同文化背景的观众是依据各自的文化背景，以截然不同的方式对这部电视剧进行解读的——比如荷兰妇女透过自身追求男女平等的议程的坐标，以讽刺的态度解读该剧，澳大利亚原住民以其独有的亲缘概念重新解读该剧而为该剧建构起新的诠释文本。[②] 事实上，世界各国的受众在面对外来文化时，在频繁地根据“本地文化坐标”进行解码和再诠释。此外，塔马·利贝斯（Tamar Liebes）和伊莱休·卡茨（Elihu Katz）通过对《达拉斯》的全球电视受众的抽样调查，同样得出结论：世界各地受众的个体经验、文化背景及其身处的社会环境和地位，对同一部剧的解读都产生着重要影响。由此，不同族群观众在复述剧情的时候，无论他们的复述方式还是视角，都体现出其自身因文化背景、意识形态传统、社会地位导致的明显差异。这就表明：流行于世界各地的文化产品的内容并没有被不同国籍、种族、文化差异和接受程度的受众不加任何批判地接受，并且渗入其自身的文化中。[③] 这一结论无疑是对“文化帝国主义”的又一次质疑。

后殖民（文化殖民）理论（“东方学”是其典型的理论形态）研究者爱德华·萨义德曾言：“文化是一个舞台，上面有各种各样的政治意识形态势力彼此交锋。”伴随着大众文化的全球传播和文化领域内的交锋日益跨国化、全球化，全球传播语境下的文化研究理论不断拓展其研究对象，既探讨西方白种人对东方世界文本的神话式创制（如撰写“香格里拉”式的游记和文学作品、

---

① 昂．观看《达拉斯》//罗钢，刘象愚．文化研究读本．北京：中国社会科学出版社，2000：381－383.

② 莫利，罗宾斯．认同的空间：全球媒介、电子世界景观与文化边界．南京：南京大学出版社，2001：171.

③ 利贝斯，卡茨．意义的输出：《达拉斯》的跨文化解读．北京：华夏出版社，2003.

拍摄东方民族文化题材的电影）中所折射出的东方主义意识形态，又讨论移民和少数族群对西方世界文本的多样化解读（如收看美国的电视节目、消费西方音乐制品等娱乐活动）中所蕴含的诸种意识形态。

应该指出的是，从方法论上讲，文化研究范式并没有像政治经济学所批评的那样，拒绝以历史实践和社会整体作为思考的依据。① 无论是话语分析，还是文本分析，都是以"一滴水见太阳"的全息方式观照整个社会历史，而且，它并不止于阶级分析，而是更为全面地指涉性别分析、种族分析等一切社会权力关系。就理论品质而言，文化研究范式所从事的文化研究事业绝不是一种轻松愉快的学术游戏和仅仅停留在话语、文本读解上的符号狂欢，它也并未沉湎于"主体的自恋"而不可自拔。如同文化（生活）本身是一种实践和政治选择，文化研究同样是一种实践，一种严肃的理论话语实践形式——"文化批评"的批评式实践，它同样是一种政治斗争（权力争夺）的路径和策略。它具有解放和重构世界的"现实世界性"："批评必须把自身设想成是为改善人的生活的。批评的本质就是抗议各种形式的暴政、统治和滥用权力。"②

无论文化研究呈现出何种取向，基于"多元文化共存"即"文化多元主义"（multiculturalism）的世界各民族文化身份（认同）的建构和重构都是文化研究范式的终极旨趣。跨国性的文化研究的目的是通过对具体的、特殊的、历史化的全球文化或跨文化传播现象进行批判性的解读，达到人类尤其是第三世界弱势民族解放的目的。在此，同时适用于文化内与跨文化传播实践的文化研究理论，对日益不均衡的文化传播国际化、全球化现象无疑具有极为重要的阐释作用和解放功能。

深入阅读

- 贝利．现代社会研究方法．上海：上海人民出版社，1986.
- 库恩．科学革命的结构．北京：北京大学出版社，2003.
- 胡翼青．学科危机与范式革命．北京：首都师范大学出版社，2004.
- 刘海龙．大众传播理论：范式与流派．北京：中国人民大学出版社，2008.
- 林文刚．媒介环境学：思想沿革与多维视野．北京：北京大学出版社，2007.

① 莫斯可．传播政治经济学．北京：华夏出版社，2000：242.

② SAID E. The world, the text, and the critic. Cambridge, MA: Harvard University Press, 1983: 28-29.

思考题

第一节

1. 什么是理论范式?

2. 国际传播研究有哪些基本的理论范式?

第二节

1. 简述发展传播理论，并加以评价。

第三节

1. 简述媒介/文化帝国主义理论，并加以评析。

2. 简述阿芒·马特拉的传播世界化思想。

第四节

1. 通过具体案例，从文本研究和受众研究的角度解析大众文化的全球传播现象。

2. 如何理解文化研究范式的现实意义?

第三章

国际传播的历史沿革

本章知识结构及要点

◇ 古代国际传播
- 国际传播的发生
- 国际传播的早期发展

◇ 近现代国际传播
- 书籍出现后的国际传播
- 报刊出现后的国际传播
- 电报、电话出现后的国际传播
- 广播出现后的国际传播
- 电视出现后的国际传播

◇ 当代国际传播
- 互联网、手机等新媒介出现后的国际传播

从广义上说，国际传播古已有之，源远流长，绵延至今。在不断发达的符号媒介和技术媒介的支持下，国际交流或跨国互动的空间和规模日益扩大，成就了人类信息的跨国传播即国际传播的发展历程。这是一个不断延续而又持续变革的漫长历程。本章以时间为线索，以传播媒介及其所促成的国际传播体系的扩散为脉络，概述了国际传播的整个发展历程。

第一节　古代国际传播

在人类信息传播史上，信息的跨国界传播源于古代，几乎同国家的诞生同时发生。国家出现以后，国家与国家之间交往互动，诸如互派使节、货物交换、奴隶贸易、交战及民间往来等，这些都是人类信息跨国流动现象。人类初期的这种跨国信息传播行为就是最早的国际传播。随后，在以国际交往

扩大化为重要表征的信息传播全球化发展进程中，国际传播逐渐演变成国家生存和发展的一种基本方式，同时成为国际社会中的一种基本现象。从历史上看，国际传播总是同国际交往或跨国互动交织在一起，标示着民族国家和国际社会的发展历程。从这个意义上说，一部国际传播史就是一部国际交流（关系）史。从物理上看，传播的跨国界扩展离不开技术的支撑，不断发达的媒介技术为跨国界传播提供了坚实的物质基础。从这个意义上说，一部国际传播史同时也是一部传播媒介史。

一、国际传播的发生

从超越欧洲中心论的历史地理学和文化史学的角度讲，大约是在公元前四五千年之间，世界上并存着两大互相隔绝的文化区域——中南美洲和欧亚大陆，一个在西半球，一个在东半球。中南美洲的玛雅、印加和阿兹特克等属于印第安文明的原生型文化。在 15 世纪末哥伦布发现新大陆以前，这一区域一直处于与东半球诸文明彼此隔绝的状态下。欧亚大陆则有埃及、巴比伦、印度和中国四大文明发源地，或称“四大文明古国”。当古老的埃及、巴比伦王国走向衰落的时候，希腊文化、希伯来文化和波斯文化等渐次兴起，而后出现了希腊、罗马帝国。之后，亚洲、欧洲、非洲更广大的地区又相继出现了一些国家。①

在人类社会的古代时期，早期的国家尚未出现完整的国家形态，政权也极不稳定。这些国家有的实行城邦制，比如希腊的斯巴达、雅典；有的实行诸侯制，比如中国春秋战国时期的各诸侯国。大小城邦国家之间或各诸侯国之间的商贸、战争和文化往来，是国际传播的最早形态。当时的几大文化区域之间也有一些往来，比如埃及和美索不达米亚（巴比伦）相距不过 1 000 千米，它们在农业、手工业、数学、天文、历法知识等方面互有交汇；相距不近但有交通往来的印度与美索不达米亚和埃及之间也有物资和文化往来。而在希腊城邦时期，随着海外殖民的拓展，它向东连接埃及、叙利亚、巴比伦等东方文明地区，南通非洲，北出黑海，西及中欧西欧内陆，构成了一个海洋与大陆交错、东方与西方连接的地中海最大的商贸圈和文化圈。据史书记载，当时印度商品的出口就是先经由波斯湾，然后转道陆地，经过美索不达米亚平原，到达地中海沿岸。在那里，商品被转运到西欧各国。那时的中国因地理屏障而远离其他文明中心，局限于内部各诸侯国之间相互交往，与其他文化区域少有联系。概而言之，一个广大的、横跨整个亚洲的贸易网络

① 程曼丽．国际传播学教程．北京：北京大学出版社，2006：17.

兴盛起来，它将中国和印度及阿拉伯半岛连在一起。至于美洲地区，在被欧洲殖民者“发现”之前，印第安文明内部各大帝国之间或许有交往，但与其他大陆地区之间相距遥远，绝无往来，处于“与世隔绝”的状态。

有国际交往（或者说，跨国互动）就有国际传播。国际传播就发生在人类早期的这些国际交往活动之中（除了官方正式的交往，更多的是由商人和旅行者构成的非正式交往）。“如今国际传播和全球传播的先进技术可以说是当代独有的现象，但实际上，国际贸易和文化交流业已持续了两千多年，最早从希腊、罗马到阿拉伯半岛、印度和中国。”① 不过，在国际传播的早期或发生期阶段，由于国家之间的交往大多是偶然发生和局部出现的，是小规模、小范围展开的，人类信息的跨国传播尚未成为常态，其流量不大，流向范围不广，流动频次不高，流动的稳定性、持续性也不强。譬如，前述三大文明古国（埃及、巴比伦和印度）之间有一些信息的交流，国际信息交流如涓涓细流的季节河，时断时续。但毕竟，国际传播从此开始。

国际传播是以传播媒介的发展为依托的，媒介的发展水平在很大程度上决定了国际传播的发展水平。人类最早的国际传播所采用的传播手段主要是符号媒介，包括非语言符号和语言符号，即各种声、光信号、图画和实物标识、口语及文字（较少使用）。譬如，希腊历史学家希罗多德在其名著《历史》中记载了这样一个故事：波斯国王大流士在黑海北岸与西徐亚人交战，西徐亚人派使者送来礼物，其中有一只鸟、一只老鼠、一只青蛙和五支箭。这其实是靠非语言符号——标识来传递一种信息：如果你们不像鸟一样飞走、鼠一样钻地、蛙一样跳到水里，我们将万箭齐发。② 在古希腊，游吟诗人、水手、商人和各种旅行者在各城邦国家之间穿梭，传递异域信息，靠的就是口语，以至于加拿大著名传播学者哈罗德·伊尼斯（Harold Innis）认为整个希腊文明的基础就是口语传播，“希腊文明是口语词力量的反映”③。至于中国，在春秋战国期间，各诸侯国交战时使用旗帜、烽火和狼烟等信号作为传递战争信息的通信工具。孔子周游列国传播治国平天下之道，则属于口语传播。

二、国际传播的早期发展

从历史上看，公元前3世纪前后，在西方形成罗马帝国和东方的秦始皇

① 屠苏．国际传播：延续与变革．北京：新华出版社，2004：18.
② 刘笑盈，何兰．国际传播史．北京：中国传媒大学出版社，2011：6.
③ 伊尼斯．帝国与传播．北京：中国人民大学出版社，2003：56.

统一中国之后，世界历史才进入真正的帝国时期。与早期国家不同，这一时期的帝国不仅领土面积更大，统治的人口更多，而且进行行政管辖和治理的方式也更为完备。譬如，在欧洲，强大的罗马帝国曾经把地中海变成了自己的内湖，统治人口超过了1亿；在亚洲，强大的汉帝国，把东亚的内陆和沿海连成一体，统治的人口也超过了6 000万。在这些帝国在广阔空间上建立、保持和扩张权力的过程中，信息传播（包括传播技术和传播网络）发挥了至关重要的作用，以至于帝国的疆土范围成为一个衡量传播效果的指标。①

由于水陆交通和通信手段的不断发展，帝国与帝国之间的交往和信息交流越来越多，交流的形式与手段也开始发生变化，规模、范围由小到大，层次不断提升。中国大规模的对外交流始于西汉时期。在陆路方面，公元前2世纪张骞通使西域，自此逐步开辟了直通中亚、南亚、西亚和欧洲的陆上"丝绸之路"，它成为物资、信息、思想在大陆间传播和交流的通道；在海路方面，自汉代以后，中国将航线延伸到印度洋，直到非洲东海岸，开辟了海上"丝绸之路"，从而构建起一张连接中国、印度、波斯、欧洲和非洲的庞大交通网络。汉王朝在向国外派遣使节的同时，还接待来自许多国家的使节，大力加强人员往来。中外人员往来又带动了货物和文化产品的交流。中外交流在唐代达到了一个高潮。鉴真六次东渡日本、玄奘西游中亚南亚诸国以及众多的"遣唐使"来朝拜会，盛况空前。当时的都城长安是世界性的大都市和中外文化交流的中心，中华文化广受海外认同。各国庞大的外交使团出入长安，成千上万的外国留学生来此学习中国典籍和生活方式，他们深受中华文明的影响，并受其同化。在元代，意大利人马可·波罗（Marco Polo）历经数载完成当时在文化地域上最大的一次跨越，来到中国旅游和经商。明朝在实行海禁的同时大力发展官方外交，鼓励海外诸国入明进行朝贡贸易。为了进一步扩大对外联系，明成祖派郑和七下西洋，行踪远达阿拉伯地区和东非海岸，中国的对外信息传播活动达到鼎盛。

在以欧洲为代表的西方世界，从高卢帝国到神圣罗马帝国，从阿拉伯帝国到奥斯曼土耳其帝国，帝国的一次次兴衰和更替都伴随着大量信息的跨国界传递。就陆路而言，早在古巴比伦和古埃及时期，帝国之内就出现了通过信差传递政府公文及其他信息的通信系统。这是世界上邮政系统的雏形。更专业、更完善的邮政系统则出现在公元前6世纪的波斯和后来的罗马帝国期间。据记载，罗马的恺撒大帝在47年完成对小亚细亚的一次征服后写下的一封简短的新闻信"我到、我见、我胜"（拉丁文为"Veni，Vidi，Vici"），就是由信

---

① 伊尼斯．帝国与传播．北京：中国人民大学出版社，2003：4-5.

差传送的。[①] 当时，四通八达的公路和驿站编织出一张蛛网般的交通网络，各国的信差往返穿梭于各大帝国之间。宋元时期，中国发明的指南针传到欧洲，大大促进了欧洲海上交通的发展以及欧洲同世界其他各国之间的信息交流。15 世纪末至 16 世纪初期，迪亚士、达·伽马开辟从欧洲直通东方的欧印新航路，哥伦布发现美洲新大陆，麦哲伦船队实现环球航行，这些地理上的发现为西方殖民者开辟了海外活动场所，也将自古以来彼此隔绝的世界几大部分沟通、联系了起来，为国与国之间的交往提供了更加广阔的舞台。由此，国际交往的规模和范围成倍地扩大，几乎遍及全世界，从而把人类早期的国际传播推向一个新的阶段。

从传播媒介或渠道的角度讲，如果说，古代前期的国际传播以信号传播、标识传播和口语传播为主，那么，古代后期的国际传播则发展成以文字传播和口语传播为主。如果说语言（狭义上的，即口语）的出现是人类传播手段的第一次革命性突破，那么，作为语言再现的文字的发明则是人类传播手段的第二次革命。在人类历史上，先后出现了图画文字（大约出现于公元前 4000 年的美索不达米亚）、象形文字（大约出现于公元前 3200 年的埃及、两河流域和中国）和拼音文字（大约出现于公元前 1500 年的西亚）。随着文字的出现，人类进入文明时代，国家出现。在国际交往和国际传播的发生期，文字已有少量使用。但早期的文字载体（如岩壁、石头、黏土、陶器、兽骨、纸草、竹简、印章等）或极其沉重，不易移动；或数量稀少，不可能大量流传，在国内传递信息已属不易，何况传播到国外。所以，在早期国家的对外交流中，文字尚不足以作为交流的主要载体。公元以后，一些重要文件改用羊皮、兔皮制成的纸书写，但是由于成本太高，也不适合作为对外传播的载体。[②] 105 年（东汉）中国人蔡伦制造出成本低廉、质地良好、便于书写和携带的纸张。作为一种理想的文字载体，纸张后来由中国传入伊斯兰国家和中世纪的欧洲。造纸术的发明和纸质媒介的出现成为人类传播手段的第三次革命，纸张大大解放了文字这一信息传播载体，从而满足了人类信息的横向跨域/越境传播，成为国际传播的重要媒介。譬如，纸张的出现就为印度佛教在中国的广泛传播提供了便利的条件，并通过中国开始传入中国周边的东北亚国家。唐代雕版印刷的出现则使中国文化得以随日本遣唐使和留学生大量传到日本，从而影响其社会变革（如大化改新）。

从总体上看，古代的国际传播主要是通过人际交流的形式进行的，其所采取的基本上是一对一的线性传播模式。因此，人类信息尚未呈网状扩散而

---

① 刘笑盈，何兰．国际传播史．北京：中国传媒大学出版社，2011：7.

② 程曼丽．国际传播学教程．北京：北京大学出版社，2006：19.

构成一张遍及世界各地的、较为稳定的传播网络。这就不难理解，即便到 15 世纪初，欧洲人的世界地理知识依然相当贫乏。他们对这个世界的认识仍然建立在《圣经》的基础之上，并不比千余年前的罗马人甚至希腊人对世界的认识多多少。他们根本不知道有美洲、大洋洲和南极洲的存在，虽然知道有印度、中国，但是所知甚少。[①]

第二节　近现代国际传播（上）

进入近现代[②]以来，在印刷媒介和电子媒介等媒介技术的支持下，国际交往及国际信息交流的规模和范围不断扩大，国际传播日益呈现出全球网状扩散态势。近现代是国际传播从传播国际化发展为传播全球化的一个持续过渡期。

在近现代前期，伴随着书籍、报刊等印刷媒介的大规模出现和交通运输工具的不断改进，国际交往日趋活跃，跨国界的信息传播活动兴盛起来，国际传播从此进入一个快速发展期。

一、书籍出现后的国际传播

继造纸术发明之后，中国人在 8 世纪、11 世纪又相继发明了雕版印刷术和泥活字、木活字印刷术。中国的造纸和印刷技术大约在 12 世纪经阿拉伯人传到阿拉伯帝国治下的北非和西班牙。而后，它们以西班牙为中心逐渐向欧洲各地扩散，先后在意大利、德国、荷兰等地得到推广和应用。在 14 世纪末 15 世纪初，中国发明的纸张最终取代了欧洲沿用近千年的羊皮纸。1440—1450 年间，德国人约翰内斯·古登堡（Johannes Gutenberg，又译“古腾堡”）发明了（西文）金属活字印刷法和活字印刷机。[③] 古登堡印刷术被称为现代印刷术。现代印刷术的发明使文字信息的批量复制成为可能，书籍成为最早的印刷媒介形式，也是最早的大众传播媒介。现代印刷术的发明及印本书籍的大量出现预示着大众传播时代的来临，它成就了人类传播史上的大众

① 刘笑盈，何兰．国际传播史．北京：中国传媒大学出版社，2011：9.

② 此处的“近现代”对应于英语语境下的“modern”，是世界历史而非中国历史意义上的，它涵盖了中国历史意义上的近代和现代两个时代。这种对时代的界定和划分契合于本书对国际传播研究的世界（全球）本位性立场。

③ 按照《不列颠百科全书》的说法，印刷术是德国人的发明，是德国对人类文明的伟大贡献（CF. The new encyclopedia Britannica. 15th ed.，Vol. 26，1986：462）。公允地说，作为一项单纯技艺的活字印刷术最早是由中国的毕昇发明的，但被广泛应用并真正影响欧洲现代文明发展的现代印刷体系应当归功于德国人古登堡。

传播事业，直接推动了现代文明的发展。“世人的知识生活进入了一个新的和远为活泼有力的时期。它不再是从一个头脑到另一个头脑的涓涓细流；它变成了一股滔滔洪流，不久就有数以千万计的头脑加入了这一洪流。”① 其最直接的社会后果是，造成了知识和信息的急剧增长，“促成了普通人当中阅读的习惯和中世纪欧洲的制度与机构、宗教和政府的变革”②。譬如，现代印刷术方便了德国马丁·路德（Martin Luther）的宗教改革和新教在北欧的传播。路德所写的著名的《九十五条论纲》被大量翻印，传到整个欧洲。印刷术的大量使用同时也促进了欧洲的文艺复兴。现代印刷术在德国诞生后不到半个世纪，就相继传入罗马、匈牙利、英国和美洲新大陆，几乎传遍整个西方世界。当时，欧洲许多地方先后出现了出版书籍的印刷所，印刷出版了《哥伦布发现新大陆》《巴西探险记》等记事性的小册子。据可靠估计，“在古登堡之前，欧洲的手抄本书籍仍可以千计。当时欧洲的人口大概不满 1 亿，大多数人不识字。到 1500 年，除了还在增多的手抄本书籍之外，印本书籍大概有 1 000 万本左右在流通”③。

现代印刷术的发明和书籍的出现使人类信息的跨国传播变得简便，它为国际传播提供了广阔的空间和无限的发展前景，大大促进了信息的全球化：“自从机械印刷术引入欧洲以来，通信方面的机械化技术剧烈地影响着全球化的所有方面……如果不是铺天盖地而来的由‘新闻’所传达的共享知识的话，现代性制度的全球化扩张本来是不可能的。”④ 首先，地理大发现的开启在很大程度上就得益于印刷媒介的流通。1477 年，《马可·波罗游记》的第一个印刷本风行于欧洲后，极大地刺激和拓展了无数欧洲人对东方世界的无限想象，进而激发起冒险家们去开拓海外探险和扩张事业，完成了把世界各地联系起来的地理大发现。而后，欧洲列强在获得从亚非拉各国带来的信息后，纷纷以武力在广大的亚非拉地区建立起各自的殖民地，依靠航行和移民在世界各国之间进行信息的交流。在此过程中，欧洲列强在全世界范围内移植欧洲的传播体系，以此削弱被殖民化国家的本土语言和文化。当时，西方殖民者、旅行者和传教士携带书籍在世界各地活动，同时把西方的宗教信仰和文化价值观带到了当地。譬如，“葡萄牙王国是最早意识到利用媒介巩固殖民地统治的重要性的国家之一，它在出口货物的轮船上装载大量书籍运往各地。葡萄牙还在所属殖民地自办印刷，最早的实践就是 1557 年在印度的果阿和

---

① 李彬．全球新闻传播史：公元 1500—2000 年．北京：清华大学出版社，2005：64-65.
② KAMALIPOUR Y R. Global communication. 2nd. ed. Belmont：Thomson Wadsworth，2007：13.
③ 同①65.
④ 吉登斯．现代性的后果．南京：译林出版社，2000：28.

1588年在中国澳门所创办的印刷媒体”[①]。最为显著的是，由金属活字印刷术所印制的《圣经》伴随着欧洲人在世界各地的传教活动流通到广大的亚洲、非洲和美洲地区。由此，神的信仰及基督教文化在全球范围内传播开来，塑造和影响了世界上各个角落数以百万计的信徒。

二、报刊出现后的国际传播

如果说书籍是最早的印刷媒介，那么，报刊则是真正现代意义上的印刷媒介。相比于书籍，报刊出版周期短，发行范围广。报刊源自流行于欧洲各国的一种叫“Gazette”的手抄小报。到17世纪初期，蓬勃兴起的资本主义因素冲破出版管制，使得报纸终于以印刷的形式出现。定期印刷、出版的报刊最先出现于荷兰（1605年的《新闻报》）和德国（1609年的《观察周刊》），随后，瑞士、奥地利、英国、法国、丹麦、意大利、西班牙、瑞典、波兰等国也相继出版、发行了定期报刊，从而取代了当时大行其道的新闻书。在定期报刊的基础上，到17世纪末，欧洲乃至世界各国先后出现了日报（一般由周报发展而来），近代报业由此诞生。

18世纪后期至19世纪中期，欧美主要国家先后发生了工业革命。这场革命给印刷媒介带来了技术上的革新。蒸汽滚筒印刷机、轮转印刷机和卷筒两面印刷机的相继采用使报纸可以大批量复制（每小时印制报纸的份数由一千余份提高到一万余份），加之纸张价格越来越低廉[②]，印数大增，发行量扩大，报纸从而广为流传。基于此，工业革命带来的最突出的媒介后果是，报纸呈现出面向大众（mass）读者（即普通民众，而非特定的精英群体）的大众化发展势头。大众化报纸典型地表现为，在19世纪前半叶，英国、美国、法国等主要资本主义国家相继出现了廉价报纸（cheap newspaper）。在19世纪30年代，美国还掀起了一股廉价报纸（所谓“便士报”，penny press）的风潮，涌现出众多具有世界影响的廉价报纸，如《纽约太阳报》（1833年）[③]、《纽约先驱报》（1835年）、《纽约论坛报》（1841年）和《纽约时报》（1851年）等。所有这些廉价报纸是商业报刊（区别于政党报刊）的最早代表。相比于读者对象局限于政界、工商界或知识界人士的“上层报纸”或“高级报

① 屠苏．国际传播：延续与变革．北京：新华出版社，2004：19.

② 在19世纪中叶，印刷工艺的另一场变革就是低廉的木浆纸取代了昂贵的碎布纸。纸张的生产成本大大降低，产量也显著提高，使报纸的大批量印刷、发行成为可能。

③ 基于《纽约太阳报》报道内容大众化，而且售价低廉得全体人民都能购买，传播学者赫伯特·阿特休尔甚至把它创刊的日期——1833年9月3日确定为大众媒介的创始之日：“它预示着‘大众媒介’时代的诞生，并使有关新闻媒介的信念遍布世界天涯海角。”参见阿特休尔．权力的媒介．北京：华夏出版社，1989：40-41。

纸”（像《泰晤士报》），商业报刊把报道重心由政论转向新闻和娱乐，信息量大、报道面广、可读性强，因而赢得了更为广泛的读者群，从而逐渐向大众报刊的方向发展。到19世纪末，商业报刊最终孕育出了发行量达数百万并逐渐在世界范围内广为流行的大众报业。[①] 大众报纸是真正现代意义上的大众媒介，它的出现标志着人类社会已深处于大众传播时代。大众报纸的发行极大地刺激了知识和信息（包括新闻[②]）的生产和扩散，并制造出了第一批本地的（local）“大众”，而后又把“大众”的范围从一个城市或地区扩大到整个国家及周边国家乃至全世界。大众报纸同时也培育了大众或公众的公共意识和舆论，并不断地扩大舆论和大众文化的海外传播范围。从17世纪中期到19世纪初，从促成近现代民族国家产生和近现代国际关系确立的三十年战争到英法战争，从英国革命到美国和法国革命期间，有关战争和革命的信息及其评论就是通过报刊以国际新闻报道的形式传遍欧洲和美洲。这些报刊新闻的报道恰好提供了西方各国维持其政治结盟和军事安全所需的持续的信息源。

早期的欧洲殖民者在进行海上贸易时，除了携带各色货品外，还经常携带的一样东西就是报纸。在资本主义海外殖民的推动下，以报刊为代表的印刷媒介借助包括蒸汽发动的轮船、火车等新的现代交通运输工具迅速在全球范围内传递。从17世纪到19世纪，西欧各国的殖民者源源不断地将本土的资产阶级报纸带往世界各处的殖民地。这些报纸从欧洲大陆出发，或穿越大西洋、绕过好望角到达印度，再经马六甲海峡抵达菲律宾、中国和日本等国；或经英伦三岛传到北美的加拿大、美国和拉美的墨西哥、巴西等国。西方殖民者不断携带报纸漂洋过海，还在他们所驻足的殖民地创办本地的报刊，并传回宗主国。

综上所述，书籍、报刊等印刷媒介的出现为人类知识、信息的生产和传播提供了一种崭新而高效的媒介形式，它使国际交往变得更加容易，使信息的跨国界交流更为便捷，从而加速了人类信息在全球范围内的流动和扩散。从此，国际传播进入一个快速发展期。

三、印刷媒介时代国际传播体系的萌发

无论是古代中国、埃及以及罗马所采用的精致的信使和信差系统，还是

---

① 大众报业诞生的标志是报业的专业化程度和职业化水平达到了相当的行业标准。与报业发展密切相关的一些专门性机构（如排版、印刷、发行、投递等公司）、职业化群体（如采、写、编、评等专业人员）及规范信息创制的机制和程序的出现共同维系着整个报业系统的正常运行。大众报业的核心是包括一系列专业理念、职业操守、行业技能及专业化操作等的所谓“新闻专业主义”（professionalism）。

② 据新闻史考证，是报刊大规模地带出了“新闻”（news）一词，所谓报纸就是“新闻纸”（news-paper）。可见，报纸是新闻的天然载体。

中世纪欧洲所建立的四通八达且快捷、可靠的邮政网络，基本上都是区域性的，尚未形成真正世界性的信息传播网络。

国际传播体系肇始于印刷媒介时代。作为人类传播史上最早的大众媒介形式，印刷媒介开启了一对多的网络传播模式，由此构建起跨国界的、世界范围内的信息传播网络。印刷媒介造就了大众传播，把人类首次引入大众传播时代。在印刷媒介时代，大众传播的高效率为印刷媒介开展世界性传播活动、开启世界历史阶段提供了强大的技术支持。伴随着印刷媒介的跨国、跨地区传递，印刷媒介所承载的信息在世界范围内由近及远渐次传播开来，把世界各地越来越多的普通民众纳入读者群中。由此，一张以欧洲为起点，将欧、亚、非、南北美洲连接起来的世界性信息传播网络初步显露出来，国际传播体系初见雏形。

印刷媒介对信息传播国际化的推动首先归因于资本主义生产方式的确立。现代资本主义是一种以追逐利润最大化为导向的、开放的社会形态。在资本增殖的商业逻辑的支配下，不断突破地域界线，在海外争夺原料产地、廉价劳动力和产品市场的对外殖民成为资本主义自我发展的必然选择。经济上的资本逻辑决定着文化上的信息逻辑。“国际贸易的发展需要关于国际贸易和经济事务方面持续而可靠的信息和数据。”① 为攫取高额乃至超额垄断利润而向海外获取信息和传播信息的双重需求大大促进了跨国信息的快速流通，并逐渐从信息的频繁交流中拓展出稳定的定期传播渠道，以确保对外传播畅通无阻且持续不断地进行下去。资本的海外殖民催生了定期报刊的全球发行。由报刊所交织的世界性传播交换网络成为世界性商品交换网络的有机组成部分。

印刷媒介对信息传播国际化的推动同时得益于地理大发现、工业革命及远洋航运和邮政系统的改进。作为大众传媒的印刷媒介要在全球范围内实现大众传播，需依靠现代交通运输技术进行全球传递。在19世纪，经过工业革命，交通运输条件大为改善，陆路运输开始使用蒸汽机车，火车取代了马车，远洋航运由帆船时代进入汽轮时代，横越大西洋的定期航线已经开通（1840年），协调国际邮政事务的专门机构——“万国邮政联盟”（Universal Postal Union）也已成立（1875年）。而新的交通工具是伴随着新航线的开辟和新大陆的发现而在世界范围内运行的。新航线开辟到哪里，新大陆拓展到哪里，新的交通工具就通行到哪里，印刷媒介随之就被带到哪里。由此，信息随着不断流动的印刷媒介在全球范围内传播。

印刷媒介对信息传播国际化的推动还要归功于报业经营本身的国际化。

---

① 屠苏．国际传播：延续与变革．北京：新华出版社，2004：19.

自近代报业开启以来，尤其是进入19世纪，作为早期的大众传播媒介，众多报纸为了“顺应关注国际的大气候”，满足读者对境外信息的需求，纷纷开辟了国际新闻栏目或版面，专门报道国际新闻事件。[①] 对国际新闻的报道激发了报纸的自我扩张，它们向世界各地派出驻外记者——奔赴热点地区采访，从而获得独家新闻（scoop）。而那些尚无外派记者的报纸则向外报采集国际新闻。于是，世界各地的报纸之间出现了彼此摘译、相互转载的风气。报纸间这种报道议程互设现象大大促进了国际新闻信息在全球范围内的扩散。与此同时，正是在以新闻为主要内容的商业报刊对国际新闻（尤其是商业新闻）及相关信息的需求量大增的形势下，19世纪中叶出现了专门批量生产（采集）和批量供应（售卖）新闻信息以及相关信息的媒介机构——通讯社。通讯社的成立是19世纪报纸产业中最重大的事件，它彻底改变了国内和国际新闻传递的过程。[②] 这些通讯社因面向世界各地传播各种信息（包括商业信息、金融信息、科技信息、政治信息、军事信息和文化信息等）而被称为国际通讯社，如法国的哈瓦斯社（Agence Havas，法新社的前身，1835年）、美国的港口新闻联合社（Harbour News Association，美联社的前身，1848年）、德国的沃尔夫通讯社（Wolff's Telegraphisches Bureau，1849年）和英国的路透社（Reuters Ltd.，1851年）等。国际通讯社的建立和全球拓展以及世界各地报纸对这些通讯社的信息依赖，大大提高了信息的复制和传递能力，加快了国际新闻的流通步伐，开始形成信息在全球范围内传播的格局。

以报刊为代表的印刷媒介对信息传播国际化的推动，构筑起了一张世界性的信息传播网络。这是人类传播史上第一个国际传播体系。不过，这张由印刷媒介所支撑的国际传播网络并不完整，也不紧密、不牢靠，不仅覆盖面和开放度有限，而且具有很大的偶发性、脆弱性和松散性，随时面临残破和解体的风险。因为印刷媒介（无论是书籍还是报刊）对信息的传递在很大程度上乃至完全受制于物理条件，时空局限性很大。这是由两方面因素决定的：一方面，印刷媒介对作为其载体的其他媒介的依赖性很强，它必须借助交通运输工具和人来进行信息传递，因而深受人力和物力的局限，并高度受制于物理交通技术。没有其他媒介的参与，印刷媒介实现不了自身的位移或空间转换，也就完不成信息的传递。而且，印刷媒介的信息传播方向、速度、节奏和行期完全取决于负载它的人或物行进的方向、速度、节奏和行期。如果

---

① 报刊是新闻的天然载体，更是国际新闻的天然载体。早期的新闻报道主要以国外战争、革命等国际新闻事件为题材。也就是说，最早的报刊新闻基本上是以国际新闻的形式出现的。参见埃默里，等．美国新闻史：大众传播媒介解释史．北京：新华出版社，2001：12，69。

② 屠苏．国际传播：延续与变革．北京：新华出版社，2004：26－27.

遇到自然灾害、战争或政变等特殊情况，印刷媒介的传播还很有可能中断。另外，由于地理空间上的距离，印刷媒介承载和运载信息有一个过程，因而与信息的发生不可能同步，其信息传递也就具有时间上的局限性从而有可能导致信息失效。譬如，在印刷媒介时代（17、18 世纪），一张报纸从葡萄牙首都里斯本随船出发到达中国澳门，就需要 5～7 个月的时间（报纸上所登载的一条欧洲新闻抵达目的地时早已成为“旧闻”了）。正是从这个意义上说，在印刷媒介时代，“‘通信’问题基本上等同于交通问题”[①]。另一方面，基于自身的物理特性和技术特性，作为信息载体的印刷媒介与其所负载、传递的信息是一体的，没有实现空间上的有效分离。因此，印刷媒介的信息传播范围完全受制于且基本上等同于印刷媒介本身遍及的范围。这同时也决定了，信息更新的速度取决于媒介本身更新的速度。显然，无论负载印刷媒介的传输手段多么先进，印刷媒介本身的扩展范围和更新速度总是有限的，其所承载的信息的扩散范围和更新速度自然也是有限的。

最后要指出的是，书籍、报纸、杂志等印刷媒介的传播范围更多地受到受众接受水平的影响。由于对读者识读方面的要求较高，书籍、报刊的受众群总是有限的，这在一定程度上也制约了印刷媒介传播信息的广度。

概而言之，在印刷媒介时代，由近代民族国家所构成的国际社会及整个世界因大众传播方式而彼此连接起来，首次呈现出一种全球一体性，国际传播体系得以大体形成。但是，以印刷媒介为传播媒介的国际传播是有很大局限性的。由于印刷媒介对其他媒介的依赖，国际传播体系的结合方式仍然是松散和脆弱的，其所形成的还只是一个国际传播体系的雏形。

第三节 近现代国际传播（中）

自 19 世纪中叶以来，人类历史进入近现代中期，人类相继开发了有线电报、有线电话、无线电报、无线电广播等一系列电子通信与传播技术，由此进入电子媒介时代。[②] 随着电报、电话和广播等电子通信手段的推广，国际交往日益频繁并不断深入，跨国界的信息传播活动蓬勃发展，国际传播达到一个新的高度。

---

① 吴伯凡．孤独的狂欢：数字时代的交往．北京：中国人民大学出版社，1998：212.

② 所谓电子媒介，是指以电子通信技术为基础的传播媒介，如有线电报、有线电话、留声机、电影、无线电广播、电视等。传播学中所说的电子媒介即为狭义的电子媒介，它通常是指属于大众传播媒介的电子媒介，主要包括无线电广播和电视。电报、电话本身则不属于大众传媒，只是为大众传播提供了快速而有效的通信手段。因此，从严格意义上说，电报、电话并不是真正的电子媒介。

一、电报、电话出现后的国际传播

电子媒介时代的前奏是电报的发明及其广泛运用。1837年，美国人塞缪尔·莫尔斯（Samuel Morse）的有线电报机电码传递试验成功，其“嘀嗒”声叩启了通向未来信息时代的大门。1843年，他在政府资助下建起了从华盛顿到巴尔的摩之间长达64千米的电报线路，并于第二年在这条线路上发送了世界上的第一封电报（其电文内容是：“上帝啊，你创造了何等奇迹！”）。由此，人类传播史首次实现了信息在瞬间的远距离传播。相比于印刷媒介，作为一种全新的信息传播方式，“电报则一笔勾销了人类交流过程中时间和空间之间的障碍，使信息从时空中脱离出来，远远超过了书写和印刷文字的传播能力。因为电子的速度并不是人类感官的延伸，而是完全脱离了人类的感官。它把我们带入一个同时性和瞬间性的世界，这是人类历史上从没有经历过的”[①]。从此以后，这条“闪电式的传播线路”迅速延伸，构成了一张张巨大的国内、跨国通信网络。19世纪50年代初，英国构建了一个以伦敦为中心、向四周扩展而长达6 500千米的国内电报网络；1851年，英法之间穿越多佛海峡的海底电报电缆铺设成功；1866年，跨越大西洋、连通英美的海底电缆铺设成功，成为朝着使世界各国汇聚在一个全球传播网络中迈进的划时代的一步；1870年，连接欧洲（英国）和印度（孟买）的第一条电报电缆连通；1871年，连接印度和中国香港的电报电缆连通；1872年，英国通过印度连接澳大利亚的电报电缆铺设完毕；1873年，印度与中国上海和日本东京（后两者早在1871年已实现海底电报电缆相通）相连；1874年，英国开始兴建横跨南大西洋、环绕南美洲的线路。在19世纪70年代，英国用电报将整个帝国分布在世界四大洲的部分紧密地联系起来。除了英国，法国和德国也都积极规划和实施本国的帝国电报系统，以便将本土和它们的殖民地连接起来。1879年，法国修建了一条穿越北大西洋、连接巴西的电报线路。在整个19世纪80年代，法国沿着印度支那和非洲海岸线兴修了一系列连接线路。德国则早在1874修建了一条从本土通往非洲海岸线的线路。到1914年，用于连接帝国首都和它们遥远的殖民地的海底电缆总长达到350 000英里[②]。[③]

电报的出现对于国际传播具有革命性的意义，它为信息在世界范围内的快速跨国传递奠定了强有力的技术基础。此后，伴随电报的迅猛发展和广泛

---

① 波兹曼．童年的消逝．桂林：广西师范大学出版社，2004：101.

② 1英里≈1.609千米。

③ 福特纳．国际传播：“地球都市”的历史、冲突与控制．北京：华夏出版社，2000：77-78；屠苏．国际传播：延续与变革．北京：新华出版社，2004：21.

运用，国际政治、经济和军事及新闻传播受到了极为深刻的影响。电报的跨国传播极大地促进了资本主义帝国的发展和变迁。“历史上第一次，宗主国的首都能够通过一种方式几乎于瞬间与它哪怕最遥远的殖民地取得联系……世界在 19 世纪所经历的变化比它以前任何一个世纪都要深远得多。……没有什么变化能同传播和通信网络的出现而连接欧洲和世界其他国家这一事件媲美。”①

在大英帝国的统一过程中，电报传播发挥了极为重要的维系作用。它在数分钟内快速地实现了宗主国和殖民地的通信联系，同时，电报所提供的远距离商业信息（如异地商品的现货价格）使英国在海外贸易中占据先机，从而轻易地击败竞争对手。电报这种新技术对军事也有着重大意义。譬如，1842 年架设在阿尔及利亚上空的电报线路，为法国成功地占领阿尔及利亚并将其变成殖民地起了至关重要的作用。在 1854—1856 年的克里米亚战争中，原本作为战争对手的英法两国利用英国铺设在黑海海底的电报线路交换军事情报以阻止俄国向西扩张。②

电报的发明也大大加速了国际新闻在全球范围内的传播，国际新闻报道兴盛起来。一开始就带有国际性的世界各大通讯社纷纷利用电报这种新型的通信工具采集、接收和发布信息，拓展国际业务，争夺世界新闻市场。直到 1870 年，欧洲三大通讯社才通过谈判以签订协定（“连环同盟”，ring combination）的方式划分完各社采访和发布新闻的“领地”。而后，在 1890 年，三大通讯社又续签了一个十年新协议，重新划定向世界各地提供新闻的“势力范围”。“欧洲主要的通讯社都坐落在帝国的首都，它们向欧洲以外的领土扩张与 19 世纪后期的殖民扩张密切相关。”③ 国际殖民行为被高度地信息化。正是从这个意义上说，一部国际新闻传播史就是一部国际行为（国际交往）史。

电子媒介时代的另一个前奏是电话的出现。1876 年，美国人亚历山大·贝尔（Alexander Bell）发明了电话。电话实现了声音（而不仅仅是嘀嘀嗒嗒的电码）的远距离传递。第二年，在美国取得发明专利的贝尔电话公司开始了商业开发。到 1881 年，美国拥有了一张连接 123 000 部电话的电话网络。1885 年，贝尔电话系统组建了美国电报电话公司（AT&T），开始了对美国电信传播网络的百年垄断；1887 年，世界上第一条国际电话线在巴黎与布鲁塞尔之间开通；1891 年，伦敦与巴黎之间的跨海峡电话线开通；1892 年，巴

① HEADRICK D. The tools of empire：technology and European imperialism in the nineteenth century. New York：Oxford University Press，1981：129－130.

② 屠苏．国际传播：延续与变革．北京：新华出版社，2004：20.

③ 同②28.

黎与瑞士之间的电话线开通。[①]

如同电报，电话的出现同样为信息传播的国际化奠定了坚实的技术基础。电话的发明、扩散和广泛应用大大拓展了人们的工作场域和社会关系网络，同时也使商业公司的跨区域化、跨国化运作成为可能（因为电话的使用使得工厂和办公地点可以分离，为公司的扩展创造了基本条件）。[②] 电话实现的是人类言语本身的远距离传递，远距离通话更为真切地拉近了人们日常生活和工作的距离，人们首次获得了一种天涯若比邻的世界感，在通向远程信息的直接性（直观性、即时性，immediacy）、真实性（实感性）和互动性传播的道路上迈出了重要的一步。与此同时，电话尤其是跨境电话和越洋电话的应用进一步促进了人类信息的跨国传播。

二、广播出现后的国际传播

完全意义上的电子媒介时代是由广播开启的。1894 年，意大利人古列尔莫·马可尼（Guglielmo Marconi）用无线电波打响了 10 米以外的电铃，并首次成功地将无线电信号传出 1 英里，他因此而被称为“无线电之父”。而后，马可尼又开始了无线电波的远距离通信实验。1896 年，马可尼来到了对无线电通信充满渴求的英国继续从事其无线电通信实验，并获得了无线电的第一项专利——无线电报机，还在伦敦成立了一家经营无线电通信业务的公司（即后来闻名全球的马可尼公司）。1899 年，马可尼成功地通过无线电进行了横跨英吉利海峡的信号传送，使通信距离增加到 45 千米。1902 年，他又成功地实现了跨越大西洋的无线电通信。[③] 在 1904—1905 年的日俄战争中，交战国双方就使用了无线电报。无线电波突破国界跨越大洋，不受政治

---

① 到 20 世纪 50 年代，电话从越境电话阶段发展到越洋电话阶段。1956 年，第一条跨越大西洋、连接欧洲和北美的海底电话电缆铺设成功；1961 年，伦敦和温哥华之间实现了电话直通；1963 年，一条跨太平洋的电话通信电缆经过温哥华将伦敦同澳大利亚、新西兰、苏瓦和夏威夷连接起来。在此期间，具有革命性意义的是通信卫星的发射大大拓展了电话通信的范围。1962 年 7 月，美国国家航空航天局和美国电报电话公司合作发射了世界上第一颗通信卫星“电星 1 号”，它将欧洲的 23 个城市同美国的 23 个城市相连接，并且可以承载 80 次同时进行的通话。1963 年，美国又成功发射第一颗同步通信卫星“辛康 1 号”，使美国、欧洲和非洲之间可以通过卫星电话相连。由此，电话从区域覆盖走向全球覆盖。参见福特纳．国际传播：“地球都市”的历史、冲突与控制．北京：华夏出版社，2000：153。

② FISCHER C. American calling：a social history of the telephone to 1940. University of California Press，1992；杨伯溆．因特网与社会：论网络对当代西方社会及国际传播的影响．武汉：华中科技大学出版社，2002：12-13.

③ 不同于有线电报、电话，早期的无线电通信技术首先且主要运用于海上，而非陆地。譬如，许多国家在海岸建起电台，在军用和民用船只上则装上无线电接收机，以便实现同海上的联系。这是因为在无线电技术挤入通信领域时，有线通信正处于一统天下的鼎盛期，陆地上遍布的是蛛网般的四通八达的有线电报电话网络，只有在海上还有广阔的通信空白供无线电技术去填补。

和地理环境的制约，可以传送到世界上任何地方。由此，无线电通信技术的发明彻底克服了电线、电缆等物质形态设备受天气、地理、政治和战争等外在条件制约的局限，使远程信息传播活动进一步从时空的物理控制中摆脱出来。这是人类传播史上继莫尔斯实现有线通信之后的又一次历史性飞跃，从此，人类开始进入无线通信时代。

无线电通信技术的发明直接促成了广播的诞生。广播的诞生标志着无线电通信进入实用阶段。如同有线电报必将被无线电报取代，一种新的声音远距离传播媒介也将在有线电话的基础上出现。人们期待着不用电线（或电缆）就直接传递电话上的人声，由此促成无线电广播的问世。如何将声音转换成电信号并通过无线电波传送来实现远距离传播、如何用无线电波负载声波即所谓的声电转换及传递是无线电广播的核心技术。这项技术主要是由两位美国人完成的。1906 年，“广播之父”——美国人李·德福雷斯特（Lee De Forest）研制出被称为“无线电的心脏”的三极管，使微弱的电信号放大声音并传到远方。同一年圣诞前夜，广播的先驱——美国人雷金纳德·费森登（Reginald A. Fessenden）在实验室对外播放了一节“福音”和一段音乐，完成了世界上第一次声音广播。这次声音信号的远距离传播开辟了无线电广播的历史纪元。而后，作为一项传播技术的无线电广播初具形态，但只限于小规模、小范围的试验性广播。譬如，1914 年，比利时开始通过无线电转播音乐会。在 1914—1918 年第一次世界大战期间，无线电广播的威力逐渐发挥出来，无论是盟国还是敌对国都开始利用无线电广播展开控制国内外舆论的对外宣传。由此，无线电广播这种新型的大众媒介，很快成为世界强国实施国际传播的主要载体。到 1920 年，美国西屋电气公司建立了美国第一家也是世界上第一家办理了商业执照并每天定时播出节目的正式的广播电台——KDKA 电台。1920 年也因此被认作无线电广播事业的元年。继美国之后，英国、苏联、德国、意大利、日本等也纷纷建立了广播电台。到 1925 年，广播电台遍及全世界 20 多个国家。

广播为人类信息传播的国际化奠定了强大的技术基础。在无线电广播技术的发展过程中，短波广播对世界性传播具有特殊的意义，它开辟了国际广播的新时代。短波广播通过使用定向性强的天线并调整天线的发射方向和角度，可以将信息传播到地球上任何地区（包括最边远的地区），因此适于用作跨国界的广播。基于短波广播的远距离传播特点，许多国家利用短波波段开办了面向其他国家听众的国际广播。由此，人类开辟了一条新的跨界信息传播渠道。苏联是世界上最早开启国际短波广播的国家。它是“最早利用这种新媒介突破大陆和国家的边界，来争取国际受众的国家之一。世界上最早的短波广播是 1925 年从莫斯科发出的。在其后五年里，所有苏联广播都有规律地向德国、法国、荷兰和英国进行共产主义的宣传”①。紧随其后，荷兰从1927年开始用荷兰语、英语和印尼语向其海外殖民地东印度等地广播。英国广播公司（BBC）从1932年起对包括英联邦在内的广大海外国家和地区进行广播，提供帝国服务节目。到二战前的1939年，苏联、德国、意大利、法国、日本等27个国家相继开办了国际广播，进行对外宣传。② 战争催发了广播这种“可以逾越大部分战役战术障碍”③、不受国界限制的媒体，使其功能发挥到极致。战争期间，开办国际广播的国家越来越多，广播语种不断增加，广播对象地区也不断扩大。为适应当时抗日战争的需要，延安新华广播电台于1941年12月3日首先开办了日语广播，开始了中国的对外广播事业。到1945年战争结束时，已有55个国家开办了国际广播，广播的受众遍及欧洲战场、亚洲战场和非洲战场，成为除海陆空之外对敌斗争的“第四战线”。第二次世界大战结束后，虽然电视迅速崛起而抢占了广播的媒介垄断地位，但国际短波广播在整个冷战期间（从20世纪40年代末到80年代末）依然发挥着不可替代的国际政治传播作用。譬如，“美国之音”（VOA）、自由广播电台（RL）、英国广播公司、法国国际广播电台（RFI）、苏联的莫斯科广播电台（Radio Moscow）、日本广播协会（又称“日本放送协会”，NHK）、中国国际广播电台等，都程度不一地参与了冷战期间的广播宣传战即所谓“电波之战”。即便是在卫星电视、国际互联网盛行的后冷战时期，国际广播在国际传播领域依然有其用武之地。由于其收发费用低廉，在许多发展中国家，如坦桑尼亚、埃塞俄比亚等非洲国家，收音机仍旧是当地接收外界信息的主要大众媒介。因此，迄今对这些国家的信息传播主要是通过广播展开的。

在电报和电话的基础上，无线电广播这一电子媒介的出现进一步拓展了人类跨国传播活动的范围。广播尤其是短波广播以其“无线”传播的特性开辟了国际传播的新时代，它使跨国界传播的障碍更小、速度更快、范围更广、接收更加便捷。随着无线电短波的发展，美国和欧洲各大国的国内广播纷纷扩展为国际广播，一张相互交织的国际广播网络随即形成。但是，国际短波广播依然受到物质技术和政治权力（制度）的双重制约。一方面，短波的接收质量受制于技术、权力等诸多因素，如易受日光和气候变化的影响，而跨国界租用发射台、兴建转播站等改进传播质量之举，则牵涉到有关复杂而敏感的国家主权等国际关系问题。另一方面，短波广播在技术和权力层面上都

---

① 屠苏．国际传播：延续与变革．北京：新华出版社，2004：35.

② 美国原本是无线电广播的创始国，但由于其私有商业型广播体制，加之孤立主义的外交政策，美国的国际广播直到在二战中参战时才开播，其标志是：1942年，美国第一座对外广播电台（亦为官方电台）——“美国之音”开播。

③ 程曼丽．外国新闻传播史导论．上海：复旦大学出版社，2004：143.

无法摆脱或消除频率资源短缺、频率拥挤及频率相同或相近的信号干扰（所谓“同频干扰”），这又导致了国家间对广播信号干扰与抗干扰的斗争。譬如，冷战期间，西方国家对苏联发起广播（宣传）攻势，苏联、东欧国家则对西方国家的广播信号予以干扰，而西方国家对信号干扰又做出反干扰的努力。

三、电子媒介时代前期国际传播体系的形成

在印刷媒介时代，刚刚萌发的国际传播体系还只是一个雏形。进入电子媒介时代，国际传播体系得到了很大的发展，基本上变成了一种完全的现实。电子媒介时代的国际传播体系大体由全球性电报电话网和全球性广播电视网两大网络所构成。

电报实现了人类通信技术发展史上的第一次飞跃。电报凭借电波传递电信号，为人类传播提供了高速度、远距离、保密性强的信息通道，将远程信息传输过程从以年月计缩短为以分秒计，把人类带入高速（有线）通信时代。19 世纪中叶，国际电报成为国际信息交流的新渠道之后，欧洲各国利用海底电缆扩大各自在全球的殖民势力范围。在 70 年代初，大英帝国的海底及陆地的电报电缆已经把欧、亚、非、北美世界四大洲连接起来，其电报网络成就了第一张全球性的通信网络。这个庞大的帝国传播体系不仅把英国同海外殖民地牢牢地维系在一起，而且在全世界范围内不断延伸。在短短 30 年内，伴随着电报在世界各洲、各国和各地区的开通，一个以英国为主导的国际信息传播网络得以形成。与此同时，西方世界的几大新闻通讯社凭借这张发达的电报网络传递消息，构建起覆盖全球的新闻网络。电报不仅首次快速“消除了距离”①，而且，电报的信息传递不再依靠其他媒介——交通运输工具，也不再需要人际中转（尤其是，莫尔斯的自动电报机发明后，收发电报的人工部分也全部被机器取代，人的参与度就更低了），从而在很大程度上摆脱了物理控制②，同时也大大减弱了对人作为传播中介的依赖。

电话尤其是跨境电话、越洋电话的广泛利用，大大突破了信息传播的区域局限，进一步建构起全球性的信息传播网络。1962 年 7 月，美国所发射的世界上第一颗通信卫星“电星 1 号”首次突破国界跨越大洋，在美国与欧洲之间同时提供电话通信，从而将欧洲和美国的数十个城市连接起来。由此，电话实现了从区域覆盖到全球覆盖的飞跃，全球性的电话网络终于建立起来。

① 当然，早期电报传输信息的效能并不佳，信息传送常常中断，以至于记者们不得不将最重要的信息放在文稿的头段，于是就形成了倒金字塔结构的新闻稿书写模式。

② 当然，这种直接而有效的信息输送渠道仍然要靠电线、电缆等物资设备来支撑，而这些物资设备容易遭到自然和人为的破坏，从而影响其效能的发挥。

到 20 世纪 80 年代，无线移动通信即移动电话的发明和使用在跨国信息传播中发挥了尤为重要的作用。[①] 移动通信能够使用户完全摆脱电话线的限制，实现在任何时间、任何地点同任何人通话的需要。特别是在发展中国家和地区，尤其是经济贫困和人口稀少的地区，移动电话还是克服传统电信基础设施缺乏难题的一个极好的办法。实际上，电话以一种更为直接、即时而互动的方式加固和加密了人类信息的国际传播体系。

作为第一种真正意义上的电子媒介，无线电广播天生就是跨国界的。而战争又催发了广播这种“可以逾越大部分战役战术障碍”、不受国界限制的媒体，使它的“广覆盖（面）”“强渗透（力）”“无距离”传播功能发挥到了极致。在第二次世界大战期间和冷战期间，广播在国际宣传中显示出巨大的威力。在各国的对外广播过程中，包括政治、经济、军事和文化等各方面的信息不断向世界各地“外溢”和扩散，形成了信息传播全球化的态势。进入后冷战时期，继短波广播之后，环球广播的蓬勃发展进一步推进了国际广播传播范围的全球化。英国 BBC、“美国之音”、法国 RFI、俄罗斯 VOR（The Voice of Russia，俄罗斯之声）、日本 NHK 等国际媒体都已创办了环球广播，尤其是“美国之音”还开办了两套环球英语广播，实现 24 小时不间断播出。开办环球广播的国家已经从 60 年代的几个发展为现在的几十个。[②] 环球广播通过不分时间、不分地域的连续广播，传播范围几乎覆盖全球。由此，国际广播成为名副其实的全球广播，在真正意义上编织出了一张信息传播的全球性网络。

电报、电话和广播所代表的早期电子媒介开启了电子国际传播时代，同时也开启了一个国际传播战略时代。伴随着以电报为先驱的电子媒介技术的发展，世界各国开始真正自觉地把国际传播提升到国家对外战略的高度，当作对外政策的重要组成部分。于是，它们开始重视对外新闻宣传，以控制国际舆论。“19 世纪中叶，许多国家开始讨论建立国际传播体系，各国领袖们认识到传播的重要性，认识到科技必须发展。科技及其带来的后果，为宣传提供了制造大量受众的动力，并使新闻成为国际政治中重要的考虑因素。”[③] 由此，国际传播体系从自发（自然）形成状态进入自觉建构的阶段。

由早期电子通信和传播技术媒介所建构的国际传播网络，在一定程度上实现了世界范围内的信息即时共享，极大地“增强了人们在世界上的共同生

① 据国际电信联盟的统计，2018 年全球移动蜂窝电话持有量为 107 亿，超过了全球人口总量。

② 张勉之．世界广播趋势．北京：中国广播电视出版社，2005：31.

③ 福特纳．国际传播：“地球都市”的历史、冲突与控制．北京：华夏出版社，2000：11.

活感”，从而形成了较为完整而稳定的国际传播体系。正是这种走向世界一体化的国际传播体系及其所产生的人类“通感”最终导致了“地球村”设想的产生。

第四节 近现代国际传播（下）

第二次世界大战结束后，人类历史进入近现代后期。伴随着电视、卫星电视的出现和推广，国际交往和跨国界信息传播活动不断调整并呈现出加速发展的态势，国际传播进入一个相对成熟、完备的阶段。

一、电视出现后的国际传播

电子媒介时代最典型的时代特征无疑是电视的盛行。① 电视是现代电子通信技术高度发展的产物，也是20世纪人类传播史上最伟大的技术发明之一。正如广播是从无线电波的发现及声电转换的实现中孕育出来的，电视则诞生于光电转换现象的发现和研究中。19世纪发现的有关化学元素（比如硒）的光电效应成为电视的基本原理。所谓光电效应，就是指某种物质一旦受光线照射，便会产生电流现象。而且，电流的强弱与光线的强弱成正比关系。而电视传播就在于把各种图像或影像（当然，现实的电视传播还包括声音）转换成电信号，然后用无线电波传送出去。对方接收到电信号后，再经过“由电到光”的还原，就可以呈现原来的图像。因此，电视技术的关键在于如何运用光电效应把图像转换成电信号——这就是扫描技术。1884年，电视的先驱——德国人保罗·尼普科夫（Paul Nipkow）发明了机械扫描盘[1934年被电子扫描取代，电子扫描装置由被誉为“现代电视之父”的俄裔美国工程师弗拉基米尔·兹沃尔金（Vladimir Zworykin）发明]，初步解决了图像转换问题。1926年，电视之父——英国人约翰·贝尔德（John Baird）运用机械扫描装置转播图像获得成功。1929年，英国广播公司与贝尔德签订协议，采用他在图像传播上的发明进行电视节目的试验性播出，从而成为最早的电视广播。法国、德国分别于1932年、1935年开始试验性电视广播。1936年，英国广播公司创建了全球第一座电视台，开辟了第一个高清晰度的电视广播，定时播送电视节目。这标志着电视广播正式诞生，世

① 当年（1962年）麦克卢汉提出“地球村”概念时，其所指的主要媒介技术力量就是电视，他确认的是电视使地球变成“地球村”的威力。

界电视事业从此开始。1938年，苏联创建电视台；1939年，美国无线电公司的子公司——全国广播公司（NBC）开始了电视广播。到20世纪50年代末，电视广播遍及50个国家，全世界的电视机总数已超过7 000万台，看电视的人数已经大大超过了听广播的人数。到60年代，电视技术逐步走向成熟，电视开始占据第一媒体的位置。根据联合国教科文组织的统计，截至2000年底，全球平均每四人就有近一台电视机。

在电视的信息传播发展历程中，卫星电视的出现对国际传播的发展具有划时代的革命性意义。卫星电视先后经历了卫星转播（传送）电视和卫星直播电视两个发展阶段。其中，“卫星直播电视”（又被称为“卫星直播”或“直播到家”，direct-to-home，DTH）被称为“拥有了图像的短波广播”[①]，它开辟了电视的跨国界信息传播时代，即所谓“跨国电视时代”。在这个发展阶段，全世界范围内实现了直接、同步（实时，real time，即消除了时间差）和无障碍地接收电视节目。

卫星电视诞生于20世纪60年代，其出现首先要归功于通信卫星的发射——人类通信技术发展史上的第二次飞跃。[②] 它是在太空技术和卫星通信技术的基础上产生和发展起来的。从1962年到1964年，美国先后发射了世界上第一颗通信卫星（“电星1号”）和同步通信卫星“辛康1号”“辛康2号”和“辛康3号”，这些通信卫星的发射在人类传播史上首次实现了电视节目的跨国传播。其中，“电星1号”使北美与欧洲国家之间相互传送反映本地居民生活的电视节目得以实现——这是最早的跨界或越境电视传播；同步通信卫星“辛康3号”将东京奥运会的实况传送到了美国、加拿大、墨西哥和欧洲。从此，电视进入卫星转播电视阶段。此后，苏联、英国、法国、联邦德国、日本、加拿大等国的同步卫星相继升空，完善了各自的电视转播系统。1964年8月20日，美国、加拿大、法国、联邦德国、澳大利亚、日本等14个国家联合组成国际通信卫星组织（INTELSAT，中国于1977年加入该组织），该组织负责向各成员国提供全球卫星线路的承运工作。自1965年以来，国际通信卫星组织先后发射了几十颗商用同步通信卫星，分别放置在大西洋、印度洋和太平洋上空。这些通信卫星除承担全球通信任务外，还用于电视节目的同步传输。世界从此进入使用通信卫星传送电视节目的卫星传送电视时代。1969年7月19日，美国宇航员乘“阿波罗11号”宇宙飞船登上月球的实况就是通过通信卫星向全世界播放的。据悉，全球共有47个国家的7.23

① KAMALIPOUR Y R. Global communication. 2nd ed. Belmont：Thomson Wadsworth，2007：145.

② 未来学家约翰·奈斯比特（John Naisbitt）把人造通信卫星誉为促成“地球村”降临的“技术催化剂”，它标志着全球信息革命的开始和全球通信时代的到来。参见奈斯比特．大趋势：改变我们生活的十个新方向．北京：中国社会科学出版社，1984：11。

亿观众“共时”收看了这次全球电视转播。这一“天下同观”的卫星电视跨国大传播现象被未来学家约翰·奈斯比特视为“地球村”的落成典礼和信息时代的降临仪式。[①] 在这个刚落成的“地球村”里，人们开始对周围或遥远的地方发生的重大事件形成全球性的关注。

不过，传送电视节目起初只是通信卫星的功能之一，由此可知，其可供传送电视节目的信道有限，加之发射功率又小，因而对地面接收设备的要求较高；同时，还需要地面传输系统将接收到的电视信号以电视画面的形式转送到各地的用户。为解决上述两大问题，20 世纪 70 年代出现了专门用来传输电视广播信号的广播卫星。广播卫星又称为直播卫星。1974 年，首颗直播卫星 ATS-6 号发射成功，有力地促进了卫星直播电视的发展。广播卫星优于一般通信卫星的地方在于，它主要用作点到面的通信（而非点到点的通信），其转发器的输出功率也更大；从接收的角度看，借助直播卫星技术，普通的电视用户只要安装相应的、简单的接收装置（包括小型碟式天线等），就能在卫星轨迹覆盖的范围内直接收看卫星传送来的节目，而不必经过地面站和当地电视台的中转。相比于由一般通信卫星所支持的卫星转播电视，由广播卫星或直播卫星所支撑的卫星直播电视具有地面电波强度大、电视信号覆盖面广、抗干扰性能强和音像清晰度高等特点。卫星直播电视既有利于边远地区和人烟稀少地区低成本、便捷地接收电视节目，也便于都市地区增加电视频道和实现节目接收的多样性。更为根本的是，它使世界各国的电视用户可以通过安装卫星电视接收设备直接接收到外国播送的电视节目。卫星直播电视一诞生，就广泛运用于跨越国界的电视传播，成为国际传播最重要的传输和接收方式之一。

1977 年，以色列总理贝京邀请埃及总统萨达特的耶路撒冷之行，世界多家电视机构进行了 48 小时的直播，吸引了 97%的以色列观众、5 000 万的阿拉伯观众、58%的法国观众以及 3 000 万的美国观众观看，造成了世人围观中东局势的传播效应。1978 年，全世界 42 个国家的 10 亿人通过卫星直播观看了世界杯足球赛。到 1980 年，美国亚特兰大市特纳广播公司创立的有线电视新闻网（CNN）通过直播卫星直接向邻近国家的电缆电视系统播送新闻，这标志着卫星直播电视的正式诞生。从此，电视时代进入卫星直播电视的新阶段。卫星直播电视的出现大大促进了跨国卫星电视频道的产生。在海湾战争期间，CNN 连续 17 个昼夜面向全球直播，全世界数十亿人同时观看了此次媒介景观（这是人类传播史上第一次利用卫星电视直播战争。此后，直播战争的新闻传播模式成为冷战之后大规模战争传播的标准模式，这使得跨国

---

① 张政，罗振宇．理解电视的一个角度．北京：中国青年出版社，2000：83.

界的战争与跨国界的战争传播同步进行）。1990 年 9 月 22 日至 10 月 7 日，第十一届亚运会在北京成功举办。“亚洲一号”卫星为第十一届亚运会提供了卫星转播服务。中国的广播电视业从此进入卫星电视时代。[①] 1991 年，英国 BBC 也开始了面向世界的跨国卫星电视的播放。1992 年，欧洲各国之间实现了卫星电视自由传播，并开始向亚洲和美洲展开全球电视活动。譬如，1996 年法国的“TV5”、德国的“DW-TV”及西班牙的国际卫星频道使用了“亚洲二号”卫星向亚太地区播出节目。1995 年，日本的 NHK 电视频道开始了对欧洲和北美地区的播放。到 1995 年，美国已经有多家卫星直播电视公司进入拉丁美洲和亚洲等地区。譬如，1995 年美国广播电视公司开办西班牙语电视频道，对拉丁美洲广播，并在日本“超鸟”卫星上租用转发器，节目进入 25 个亚太国家和地区。到 20 世纪末，世界上已有几十个国家开办了官方、半官方的跨国卫星电视台（亦称“国际电视台”[②]），商业性的跨国电视台更有上百家之多。

进入 20 世纪 90 年代，卫星电视的发展出现了数字化趋势，诞生了卫星数字直播电视。卫星电视传输技术利用数字视频压缩技术，实现节目传递的集束化，从而可以同时传输播放上百套节目，使节目的数量和频道实现了规模性增长。而且，卫星数字直播电视具有清晰度高、覆盖范围广、投资成本低、建设速度快、抗灾害能力强、信号质量高和维护工作量小等特点。1996 年起，欧洲通信卫星组织开始发射专供传输数字电视的卫星。而后，美国、加拿大、德国、法国、英国、澳大利亚、日本都开办了专门的数字卫星电视频道。原有的国际电视机构也争相采用数字技术，以增加频道数量，提高节目质量，增强传播效果。譬如，“德国之声”（DW）电视台联合西欧 6 家电视台、11 家电台共同组成“欧洲广播电视集束”，采用数字技术，通过亚洲卫星向亚洲、澳大利亚地区传送电视节目，扩大在这些地区的影响。[③] 在跨国电视的发展过程中，各跨国电视台采用多信道复用技术，使各个国家和地区的电视观众可以从几种语言信道中选择自己熟悉的语言，从而克服了语言障碍，提高了受众的全球覆盖率。

相对于广播，电视以其声形兼备、生动直观的特点迅速成为信息传播的强势媒介。尤其是，卫星电视同时还解决了信息跨国、远程传播过程中的两大问题。其一，借助卫星把电视信号传输通道由地面转向太空，克服了地面

---

① “亚洲一号”卫星成功发射．(2021－04－07)［2023－08－23］．https：//baijiahao. baidu. com/s? id＝1696367859124983323&wfr＝spider&for＝pc.

② 人们往往把跨国电视台说成国际电视台。严格意义上讲，跨国电视台不等于国际电视台。国际电视台只限于由一国政府开办、以目标国（或者说对象国）观众作为目标受众且定时播放节目的电视台，而跨国电视台除了国际电视台，还包括更大数量的跨国性商业电视台。

③ 张允若．外国新闻事业史教程．北京：高等教育出版社，2003.

微波传送系统中间环节多、覆盖面有限而建设费用又高的缺陷，使电视信号在同一时间内跨国界、大范围、远距离传播成为可能[①]；其二，通过国际协定将各国互不相容的电视传输和接收系统（制式）标准协调起来，保证了技术上的兼容性，使得用于传输、接收、变频、放大和转发电视信号的空中电子设备以及上行（从地面到卫星，所谓“上星”）、下行（从卫星到地面，所谓“落地”）系统在同一个体系中发挥作用。[②] 上述传播技术和制度问题的解决使电视实现了信息在世界范围内的无障碍传播。

当然，电视传播的无障碍是相对于卫星传播以前的时代而言的。实际上，即便最便捷的卫星直播电视，即便克服了物质技术和制式（标准）上的障碍，也不可能完全克服国家制度上的障碍。卫星电视利用太空技术和通过国际合作，突破了空间地理和空间资源上的空间局限，实现了跨国信息传播的高度远程化、同步化（实时化）和无障碍化，但与此同时，卫星电视的越境仍然面临国家间权力政治（主要表现为国家主权）问题。具体地说，就是针对卫星电视节目信号的“外溢”现象而对传播通道进行的国家控制和管制问题。一方面，非直播卫星传输系统仍有赖于地面站和当地电视台的“落地”支持；另一方面，卫星直播电视节目在世界范围内传送的实现与否归结于地面是否允许安装相应的卫星电视接收器。而这两方面都取决于各国政府的意愿和努力。譬如，1972 年，联合国大会在和平利用外层空间委员会（COPUOS）工作组的建议下就对卫星直播做出限制性规定：“只有在得到接收国的准许之后，一个国家或驻该国的公司才可以向另一个国家广播。”其实，早在卫星直播电视实际启动之前（20 世纪 60—70 年代），面对卫星直播服务有可能不受国际法约束而泛滥的趋势，“除美国之外几乎所有国家的决策者们对来自跨境电视广播、以新闻和娱乐为导向的宣传所产生的潜在影响忧心忡忡”，“起码直到最近，他们都不愿意让国境之外的一方决定用电视向他们国家播送什么”[③]。

二、电子媒介时代后期国际传播体系的拓展

电视是迄今为止全球普及率最高、覆盖面最广的电子媒介，也是影响力

① 卫星电视出现之前，电视信号都是靠地面微波传送，受地球形状（表面为曲面）的影响，其直接直线传播距离只有几十千米。若要延长传播距离、扩大传播范围，就得在两个终端之间设置许多的中继站（所谓“接力站”），将信号一站站传递下去。而这些中继站及连接中继站的微波线路网络建设规模庞大、费用昂贵。卫星电视则通过在卫星上安置的转发器（相当于空间中继站）接收地面传送的微波信号，将它变频放大后再发射到预定区域的地面站和电视台。

② 在卫星传播时代，所有国家都要直接接收来自卫星传输的电视节目信号（而非转播），而各国采用的电视传收系统（制式）又互不相容。由于卫星轨道所提供的空间资源有限，不可能存在几大传输系统并存的情形，因此，有必要制定统一的规范和标准，以协调各国的卫星传播系统。

③ KAMALIPOUR Y R. Global communication. 2nd ed. Belmont：Thomson Wadsworth，2007：145.

最大的大众媒介。而“卫星电视是国际传播在全球范围内展开的一个必要条件”[①]。卫星（直播）电视越过各个国家和地区的当地电视台、转播台等中间环节，直接向全球受众传送电视节目；同时，卫星电视使世界各国、各地区的观众可以在同一时间收看同一个电视节目，并使国家之间、地区之间的节目可即时相互传送。欧洲首先实现了电视区域间无疆界传播，随后，亚洲也初步建立了区域性电视传播网络。在不久的将来，世界各大洲有望彼此连接起各区域性的电视网络，最终融成一个全球性的电视网络。世界由此如同一个真正意义上的“信息即时共享”的“村落”，从而使麦克卢汉的“地球村”假设逐渐变成现实。

在全球性电视网络的形成过程中，跨国传媒公司发挥了重要作用。在卫星直播电视技术的支撑下，众多非政府的跨国传媒公司构建起了一张张彼此叠合的全球电视网络。譬如，美国时代华纳公司（Time Warner Inc.）旗下的 CNN 覆盖了世界六大洲，将信息传递给全球各个地区的众多观众，成为一个真正意义上的全球电视网。美国新闻集团（News Corporation，前身为澳大利亚新闻有限公司）则编织了一张全球覆盖面最大的电视网络，成为名副其实的“全球电视帝国”。新闻集团的电视节目覆盖全球 1/3 的面积、2/3 的人口和 70 多个国家和地区，地跨北美、欧洲大陆、英国、澳大利亚、拉美和太平洋等区域，并逐渐将战略性投资聚焦于亚洲，将其视为最有潜力的媒体市场。现在，“已经完成了构筑全球卫星电视王国的壮举”的新闻集团仅在亚洲的观众就多达数亿，分布在 50 多个国家和地区。[②] 美国第三大传媒公司维亚康姆（Viacom）集团编织了另一张全球电视网。为覆盖资讯相对落后的非洲受众，维亚康姆建立了专门服务于非洲人的娱乐电视爵士乐频道、娱乐电视影片公司、娱乐电视图书、娱乐电视在线等。美国第二大传媒娱乐巨头迪士尼公司（The Walt Disney Company）同样搭建了一张巨大的全球电视网。在其全球电视网上，迪士尼建立了以经营娱乐和体育节目为主的电视频道，每天 24 小时用 21 种语言向全球播出。迪士尼旗下的国际体育频道已经覆盖 200 个左右国家的受众。[③]

在电子媒介时代，尤其是电子媒介时代的后期，所展开的卫星传播利用的是外层空间，而外层空间是不受国家领土主权限制的公共空间，这就使卫星传播一开始就超越了国家界限而具有国际化的特点。可以说，卫星传播在很大程度上打破了国家对信息传播的控制，基本上消除了世界范围内的传播

---

① 程曼丽．国际传播学教程．北京：北京大学出版社，2006：33.
② 张勉之．世界广播趋势．北京：中国广播电视出版社，2005：31.
③ 王庚年．国际传播：探索与构建．北京：中国国际广播出版社，2009：20 - 21.

障碍，甚至在某种程度上模糊和瓦解了信息传播的国界概念。相比于印刷媒介时代和电子媒介时代的前期，在卫星传播信息的时代，卫星传播所构建的电视媒介世界无疑更加紧密和牢靠，由此，全球或全世界开始被视为一个整体。不过，即便如此，国际卫星电视传播体系仍并不完整，并未包罗全球各个角落，也并非牢不可破，它距走向传播全球一体化和真正的全球信息统一体还有一段距离。

第五节　当代国际传播

冷战的结束标志着人类历史进入当代。伴随互联网、手机等新媒介[①]技术的推广和普及，国际交往和跨国信息传播活动被推向高潮，不同国家、地区、组织机构和个人之间的跨国界信息交流日益普遍化和日常化，跨国传播基本上实现了全球化。从此，国际传播进入一个鼎盛期。

一、互联网、手机等新媒介出现后的国际传播

在20世纪下半叶，人类开发了计算机网络，建立了国际互联网（Internet，又译“因特网”）[②]。互联网以地空合一的快速通信通道作为信息传输渠道，是一种大容量、高速度、开放式、无障碍的传播媒介。信息一旦进入互联网，就会超越国界在全球范围内快速传递。

从某种意义上说，互联网是冷战时期国际政治的产物。20世纪60年代（1969年），在美、苏为首的两大政治军事集团对峙之时，为了避免集中式的命令控制网络（“中央控制式网络”）遭到敌方的攻击，美国国防部高级研究计划署（Advanced Research Projects Agency，ARPA）研制出了一个新的实验性计算机网络——“阿帕网”（ARPANET）。该网络属于“分布式网络”[③]，它可以把信息分解为不同的部分，每一部分经不同路径发送，最后

---

① “新媒介”是相对于旧的传统媒介而言的，它是一个比较笼统的概念，其内涵和外延始终处在流动之中。譬如互联网，相对于报刊、广播、电视，它本身就是新媒介；但相对于各种新兴的网络媒介形态如无线网络媒介或者说移动互联网，它又是旧媒介。一般而论，互联网、手机及各种新兴网络媒介形态都被称为新媒介。

② 互联网又往往被人说成“网络”（network）。严格地说，二者是两个不同的概念：网络是一个含义极为宽泛的概念，它可以指各种各样的网状系统，如通信网、电网、广播网、电视网等；互联网则专指国际互联网络。

③ “分布式网络”（distributed networks）是与“中央控制式网络”（centralized networks）相对应的网络系统。其基本构成是，每台电脑都是网络上的一个“节点”（node），每个节点都彼此连接，形成纵横交错、四通八达的无中心网状结构。“中央控制式网络”像太阳系（太阳系中的其他行星都围绕太阳运行），“分布式网络”则像蜘蛛网（蜘蛛可以选择任何一条便捷的途径在各节点间爬行）。

在终点组合成完整的信息。阿帕网是互联网的雏形或前身。

进入 70 年代，阿帕网问世后不久，因开发出发送电子邮件的功能而导致“分布式网络”的扩张与连接，这使得一个用于保护军事通信系统的网络变成日常使用的交互式通信网络。1972 年，阿帕网已经连接了 40 多个节点计算机；1973 年，英国、挪威的计算机接入阿帕网；1976 年，阿帕网上的节点计算机已经发展到 57 个，连接 100 多台不同的计算机，网络用户 2 000 多人。

为了解决网络与网络、电脑与电脑由于硬件、软件和型号不同造成的互不兼容的问题，使阿帕网真正成为数据资源共享的电脑网络，1974 年，“互联网之父”——文顿·瑟夫（Vinton Cerf）成功设计出 TCP/IP（传输控制协议/网络间协议）①。1982 年，美国军方宣布将 TCP/IP 作为标准，要求所有接入阿帕网的其他计算机网络及其电脑（它们采用其他的通信协议）必须采用这一协议。1983 年 1 月 1 日，TCP/IP 被所有的计算机网络所接受，成为国际互联网络上的标准通信协议。由此，世界范围内各大网络首次无障碍地进入了互联状态，实现了通信和资源共享。这是全球网际互联的网络——互联网正式诞生的标志。作为网际网络，互联网成为世界上最大的、最流行的网络。

1985 年，美国国家科学基金会（NSF）在全美建立了五大超级计算机中心，后来，又将连接大学和科研单位的中等计算机中心连接起来，并向全社会开放，首次形成全国性的广域网络。随后，众多政府部门、商业性机构和民间组织也纷纷接入这一网络。

到 20 世纪 90 年代，随着互联网技术的日益成熟，互联网的使用范围不断扩大，网络用户迅速增加，各国也纷纷掀起了建设网络的高潮。在此过程中，1992 年推广的万维网发挥了关键性的作用。万维网（World Wide Web，WWW，又译“环球网”）不是指在互联网之外独立存在的一种网络，而是在互联网之中的一种多媒体（multi-media）信息服务系统或扩增功能（即扩增互联网的力量）。它能以“超文本”（hypertext）链接的方式存取信息文档，提供多媒体信息，即在字符信息或数值型数据之外，还支持文本（文）、图片（图）、声音（声）、视频（像）、动画等，能把多种类型的信息混合在一起进行交流和传播。同时，这种超链接功能可以无障碍地将不同地点的信息联系起来，信息可在文件间迅速转移。1992 年，美国国家超级计算机应用中心进一步开发了基于万维网技术的多媒体网络浏览

① TCP 主要是为数据传输过程设定一种共同的标准，以检测网络传输的差错。如果在传输过程中发现问题，该标准就会发出信号要求重新传输，直到所有数据都安全到达对方的电脑。IP 是为互联网上的每台电脑设定唯一的地址，通过这个 IP 地址，其他电脑就能在庞大的网络中将该电脑准确地“找”出来。

器软件——“马赛克”（Mosaic）。互联网浏览器的诞生使网络数据传输量数以千万倍地增长，同时也大大方便了网上浏览，使网上漫游成为普通人的生存方式。① 由此，互联网进入“信息爆炸”时期，其用户也出现爆炸性增长。至此，互联网成为真正意义上的信息传播媒介②：“到了 90 年代初，万维网技术的发明给 Internet 注入了极大的活力，作为一种信息处理工具的电脑才是真正意义上的传播媒介。”③

互联网成为真正意义上的信息传播媒介后，各国政府、企业、社会组织和出版教育行业等纷纷上网，竞相在网络平台上推出电子政务、电子商务、电子事务、远程教育等项目。人们可以在网上阅读电子报刊和电子图书、收听广播、收看电视节目和电影、传递电子邮件、聊天、玩游戏、转账、炒股、访亲会友、祭奠、零售、购物、授课、办公、会诊、召开会议和组织讨论等。互联网以其超强的信息传播广度和深度，比报刊、广播、电视等传统媒介更深刻地卷入人的生存状态中，上网正逐渐内化为人们不可或缺的生活方式。由此，人类开始步入所谓的“数字化生存”（being digital）时代。

基于互联网的信息传播功能不断显现和增强，为充分地挖掘互联网的潜力，1993 年，美国政府提出并开始实施建设信息高速公路的计划。1994 年 3 月 2 日，美国副总统戈尔在国际电信联盟的世界电信发展大会上首次提出建设全球信息高速公路的设想。1996 年，发达国家和发展中国家的代表共同参加的信息社会与发展大会再次提出了建设全球信息高速公路的计划，得到与会者的积极响应。1998 年，联合国正式确认互联网这一新型的数字媒介为“第四媒体”。此后，世界各国纷纷掀起建设数字化网络的高潮。越来越多的国家和地区接入国际端口，国际互联网的规模迅速扩大，逐渐成为一个超越“物理国界”和“政治限制”、连接世界各国的、最大的高速率通信网络——一个真正的全球性传播网络。2000 年，已有 1 亿台计算机和近 1 000 万个网络与互联网相连。根据互联网软件联盟的调查，到 2003 年 1 月，全球的互联网主机总数已超过 1.71 亿，全球网站数量已超过 1 亿。联合国互联网治理论坛 2007 年 11 月中旬公布的统计数据则显示，截至 2007 年，全球接入互联网的国家和地区有 220 多个，全球上网的人数达 12 亿。据 2012 年 10 月 12 日国际电信联盟发布的统计数据，全球互联网用户数超过 23 亿，大约占到全球人口总数的1/3；

---

① 其实，在方便用户上网浏览信息方面，除了万维网、浏览器，还有一项重要的技术——“搜索引擎”(search engine)。为解决在海量的信息库中精准地检索到所需信息的问题，需要编出一个软件用于搜索预先存放在数据库中的各种网站或网页地址，这个软件就是所谓的“搜索引擎”。有了这个搜索引擎，上网浏览信息就等于有了地图与向导。世界上最早的搜索引擎是雅虎(Yahoo!)，最大的搜索引擎是谷歌(Google)。

② 正因为如此，1998 年，联合国新闻委员会正式宣布互联网为“第四媒体”，与报刊和广播和电视等媒体相提并论。

③ 吴伯凡．孤独的狂欢：数字时代的交往．北京：中国人民大学出版社，1998：15.

在全球范围内，70%的互联网用户生活在富裕的工业化发达国家，24%的互联网用户则在相对落后的发展中国家。国际电信联盟 2017 年 7 月发布的数据[①]显示，移动宽带订户持续高速增长。2012—2017 年间，移动宽带订户的年增长率超过了 20%，到 2017 年底，全球移动宽带接入人口约为 43 亿。发展中国家和欠发达国家发展势头强劲，但与发达国家的差距仍然显著：发达国家每百人中接入移动宽带的数量是发展中国家的 2 倍，是欠发达国家的 4 倍。事实上，21 世纪以来，全球互联网用户数持续稳步增长（如图 3 - 1 所示），截至 2022 年，全球上网人数达到了 53 亿，占全球人口总数的 66%，而另外大约 1/3 的世界人口仍然徘徊在互联网大门之外。具体而言，欧洲独联体国家、美洲国家约有 80%到 90%的人口使用互联网，阿拉伯国家、亚太国家、非洲国家使用互联网的人口比例分别为 70%、64%、40%，而在最不发达国家和内陆发展中国家，这一数据仅为 36%。[②]

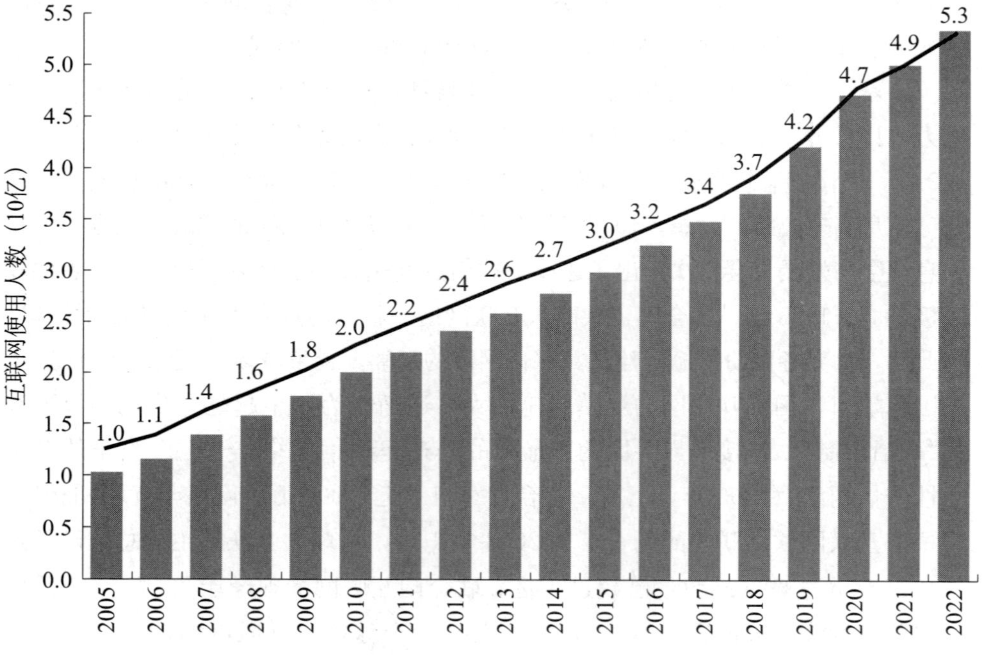

图 3 - 1　全球互联网用户数增长趋势（2005—2022 年）

资料来源：Two-thirds of the world's population uses the Internet，but 2.7 billion people remain offline.（2022 - 11 - 24）[2023 - 01 - 12]. https：//www.itu.int/itu-d/reports/statistics/2022/11/24/ff22-internet-use/.

几乎与互联网同时出现的另一种新媒体形式是手机。1985 年，世界上诞

① ICT Facts and Figures 2017.［2019 - 06 - 10］. https：//www.itu.int/en/ITU-D/Statistics/Pages/facts/default.aspx.

② Two-thirds of the world's population uses the Internet，but 2.7 billion people remain offline.（2022 - 11 - 24）［2023 - 01 - 12］. https：//www.itu.int/itu-d/reports/statistics/2022/11/24/ff22-internet-use/.

生了第一台现代意义上的、真正可以移动的电话——手机。随后，手机迅速发展到2G时代，因开始可以上网而成为一种重要的媒体终端。进入21世纪，手机发展到3G时代，其传输声音和数据的速度进一步提升，并且能够处理图像、音乐、视频流等多种媒介形态，提供包括网页浏览、电话会议、电子商务等多种信息服务，从而成为一种重要的“自媒体”和无线上网的移动终端。作为互联网与无线通信融合的产物，手机发展出了手机报、手机广播、手机电视、移动互联网等新媒体形态，从而大大拓宽了信息传播的方式。手机媒体具有便携性、即时（时效）性、个性化、高覆盖面等优势，业已成为一种重要的人际和大众传播媒介，因而被人们称为“第五媒体”。据国际电信联盟发表的报告，移动通信已经成为全人类不可或缺的重要交流工具。截至2022年，全球10岁以上人群中，73%的个人拥有移动电话，这比全球互联网使用人数高出7%。从地域分布看，移动电话覆盖率最高的地区是欧洲（93%），最低的地区是非洲（61%）；从经济状况看，高收入国家的移动电话覆盖率达到了95%，而低收入国家的移动电话覆盖率仅为49%，最不发达国家的覆盖率为58%。①

2012年，国际电信联盟无线电通信全会审核通过了4G技术标准，比3G更快、更好的4G移动通信技术在各国逐步投入商用；2013年，欧盟宣布要加快5G技术发展的步伐，并计划于2020年推出成熟的技术标准；根据国际电信联盟的时间表，5G技术标准将于2020年前完成。在此期间，韩国三星率先于2013年宣布已成功开发出5G核心技术并预计在2020年将5G推向商业化；此后中国华为、日本电信运营商NTT DoCoMo、美国移动运营商Verizon先后表示将在2020年实现5G商用化；2017年，在国际电信标准化组织3GPP（Third Generation Partnership Project，第三代合作伙伴计划）全体会议上，5G NR首发版本正式冻结并发布；2018年，3GPP全体会议正式完成并发布首个国际5G标准；同年6月，韩国在首尔等地推出5G服务，5G通信服务在全球首次实现商用；2019年6月6日，中国工信部正式向中国电信、中国移动、中国联通、中国广电发放5G商用牌照，中国正式进入5G商用元年。首批符合5G标准，拥有超高速率、超大连接、超低延时三大技术特性与网络切片、边缘计算两大能力的5G终端也陆续面世，物联网、云计算、无人驾驶、全息视频等不再是梦想。与此同时，6G移动通信也呼之欲出。5G启动初期确立的5G愿景为“信息随心至，万物触手及”，而6G则将愿景定位为以“智慧连接”“深度连接”“全息连接”“泛在连接”为关键词

---

① Two-thirds of the world's population uses the Internet，but 2.7 billion people remain offline.（2022-11-24）[2023-01-12].https://www.itu.int/itu-d/reports/statistics/2022/11/24/ff22-internet-use/.

的“一念天地，万物随心”，未来有望在新频谱通信技术、稀疏理论等基础性技术、空天地海一体化网络和无线触觉网络等的推动下构建一个万物近乎即时（毫秒级）互联的、数据驱动的世界。①

实际上，根据国际电信联盟的统计数据，截至 2022 年，世界上 95%的人口能够获得移动宽带服务，但如何将剩余的 5%接入移动宽带，仍是难题。在大多数发展中国家，移动宽带（3G 或更高版本）是连接互联网的主要方式，通常也是唯一方式。2015—2022 年间，4G 网络覆盖率翻了一番，能够触达世界上 88%的人口。在美洲、亚太地区、独联体国家、欧洲，90%以上的人口可以使用 4G 技术。在阿拉伯国家，仍有 1/4 的人口无法接入 4G 网络。在非洲，约一半人口无法接入 4G 网络。在许多国家，3G 等旧一代网络逐渐关闭，取而代之的是更加高效，并且与 5G 兼容的数字生态系统。初步统计数据显示，2021 年，5G 网络覆盖了全球 19%的人口。欧洲的 5G 推出率最高，为 52%，其次是美洲（38%）和亚太地区（16%）。②

互联网、手机等新媒体的诞生和广泛应用，在国际传播发展史上具有划时代的意义，标志着国际传播进入数字时代。网络新媒体在国际传播中的最突出特点是穿透力极强。手机与互联网的结合（如无线网络媒介、移动互联网等新兴网络媒介）在很大程度上改变了大众传播时代由民族国家主导，以国家媒体为信息生产中心的传播模式，开启了越来越多的非国家行为体共同参与的传播模式，从而有力地拓展了国际传播的方式，大大增强了信息跨国传播的接近性、时效性，扩大了信息跨国传播的覆盖面。

首先，在空间上，由于互联网和移动通信网实现全球覆盖和全球漫游，网络媒体彻底打破了媒介的地域性和疆域性，让地球上的距离对信息传播的影响减少至几乎可以忽略不计的地步。其次，在时间上，从互联网到移动互联网，从 1G 到 5G，从 Web 1.0 到 Web 3.0，通信技术不断突破信息传播的时间限制，用户可以通过联网的随身设备（如手机）即时、便捷、高效地将任何时间发生在世界上任何地点的任何事件传递到世界上与网络连接的任何人那里，信息接收者可以随时接收信息，即时做出反馈并进行裂变式再次传播。这种纵横交错、简洁又复杂的传播网络彻底解构了时空，国际传播在技术层面实现了时空全球化的转变。任何网络用户，无论身处世界何处，只要愿意，都可以即时发布与接收信息，实现超越空间的信息沟通。与此同时，网络媒体的出现使人为干预、控制信息传播的可能性变

① 赵亚军，郁光辉，徐汉青 . 6G 移动通信网络：愿景、挑战与关键技术 . 中国科学：信息科学，2019，49（8）：963－987.

② Two-thirds of the world's population uses the Internet，but 2.7 billion people remain offline.（2022－11－24）[2023－01－12]. https：//www. itu. int/itu-d/reports/statistics/2022/11/24/ff22-internet-use/.

得越来越小，使国家政府及国际组织对信息源的垄断和对舆论的左右变得越来越难，从而把跨国界信息传播活动提升到前所未有的水平。总之，互联网和手机发布与接收信息既不受频道资源和时空的限制，又突破了各国政府的行政干预、控制和信息封锁，从而瓦解了国际传播中传统的地缘政治、地缘经济和地缘文化概念。譬如，在 2005 年的“伦敦爆炸案”中，一位市民用手机拍照，再把照片上传到网络上，以近乎图片直播的方式向全世界呈现了事件的全过程。这充分地显示了新媒体在国际传播中的威力。从克林顿的性丑闻到印度尼西亚骚乱，从科索沃战争到中国驻南联盟使馆被炸，从美国“9·11”恐怖袭击事件到欧洲债务危机，再到俄乌冲突期间全球网络社交媒体平台的舆论战，互联网和手机等新媒体在相关信息的跨国传播中发挥了越来越大乃至无可替代的作用。①

近年来，平台化数字时代的到来为国际传播开启了新的篇章。人工智能技术的运用使得智能算法成为国际传播的基础技术架构，国际传播因此而趋于精准化、个人化和情感化。② 在这一过程中，智能算法辅助信息内容生产、算法推荐主导信息内容分发，人工智能技术根据对象国或目标国用户的认知图式、情感取向、兴趣偏好及其所在场景，对传播内容进行情感赋能，为国际受众提供能激发正向反馈和共情体验的信息内容。

二、新媒体时代国际传播体系的扩散

从口语传播、信号与标识传播、书籍与报刊传播，到电报、短波广播，再到卫星直播，再到网络传播，人类信息传播技术的每一次革新都改造了世界的传播。网络新媒体的出现实现了人类通信技术发展史上的第三次飞跃。相比于报刊、广播和电视等传统媒介，网络媒体从根本上超越了时空：一方面，它所负载的信息不占据有形的物理空间，而只存在于“非物质化”的赛博空间内，因而不存在版面篇幅和播出时段的问题，从而克服了空间上的限制；另一方面，其所传递的信息不再有时间差，也不再是转瞬即逝，而是可以存储、复制，从而打破了时间上的限制。总之，网络的信息流动不受时空的限制，做到了全球覆盖、实时共享。对此，有学者称：自网络媒体诞生以来，“在几千年里破天荒第一次，物理空间不再是阻碍人类在国际传播领域中

---

① 2008 年 11 月底印度孟买遭受恐怖袭击时，一些现场人员通过手机在 Twitter 上发布了这一消息以及现场情况，从而成为最早关于袭击事件的报道。在 2009 年 6 月的伊朗大选中，政治争斗引发民众抗议和流血镇压，伊朗政府一度切断手机通信，屏蔽众多境外网站，但伊朗年轻人还是通过 Twitter 将信息发出，向全世界直播了当时伊朗游行和冲突的现场。

② 常江，杨惠涵．国际传播的算法架构：合理性、合情性与合规性．对外传播，2022（10）：16.

互动的一个不可逾越的障碍，过去的‘空间地理’已变成‘体验地理’”①。网络媒体用户通过数个计算机网络形成的网络集合获得全球范围内无限延长的网络信息资源。换而言之，网络媒体最大限度地压缩了时空距离而延伸了人体。在基于数字技术、互联网技术和智能终端的新媒体时代，海量信息流动于“没有时间的时间、没有空间的空间”中，国际传播由此进入了全球、全民、全媒体传播的状态。在此过程中，个人的日常生活体验无限延伸并融入“赛博空间”和“虚拟现实”（virtual-reality）之中，甚至形成真实现实与虚拟现实的统一体，即全部现实的统一体——元宇宙（metaverse），从而大大扩展了人类的生存世界。可以预期，未来的国际传播体系将成就一种根植于元宇宙世界体系的新国际（全球）社会形态。② 国际传播网络的发生与发展见表 3－1。

表 3－1　国际传播网络的发生与发展

<table>
<tr><th rowspan="3">时期</th><th colspan="3">主要媒介</th><th rowspan="3">主要形态</th><th rowspan="3">阶段特征</th></tr>
<tr><th colspan="2">符号媒介</th><th rowspan="2">技术媒介</th></tr>
<tr><th>语言</th><th>非语言</th></tr>
<tr><td>古代前期</td><td>口语</td><td>信号
标识</td><td rowspan="2">水陆交通
信件信使
邮政网络</td><td rowspan="2">区域传播
人际传播
口语传播
线性传播</td><td>发生期
（通信≈交通）</td></tr>
<tr><td>古代后期</td><td>口语
文字</td><td>信号
标识</td><td>发展期
（通信≈交通）</td></tr>
<tr><td>近现代初期</td><td>文字</td><td>图片</td><td>水陆交通
书籍报刊
邮政网络</td><td>区域传播
大众传播
纸媒传播
线性传播</td><td>萌发期
（通信≈交通）</td></tr>
<tr><td>近现代中期</td><td>文字
口语</td><td>声音</td><td>有线/无线电报
（移动）电话
无线电广播</td><td rowspan="2">全球传播
大众传播
电子传播
线性传播</td><td>形成期
（逐步摆脱物理
时空限制）</td></tr>
<tr><td>近现代后期</td><td>口语
文字</td><td>声音
图片
影像
视频</td><td>（卫星）电视</td><td>拓展期
（基本摆脱物理
时空限制）</td></tr>
<tr><td>当代</td><td>口语
文字</td><td>声音
图片
影像
视频</td><td>（移动）互联网
（个人）电脑
（智能）手机
物联网
元宇宙</td><td>全球传播
全民传播
全媒传播
智能传播
虚实融合传播</td><td>扩散期
（物理时空限制几近
消失，政治权力限制
总体呈弱化趋势）</td></tr>
</table>

① KAMALIPOUR Y R. Global communication. 2nd ed. Belmont：Thomson Wadsworth，2007：1－2.

② 胡正荣，蒋东旭．元宇宙国际传播：虚实融合空间中的交往行动．对外传播，2022（4）：4－7.

就技术特性而言，作为国际信息传播技术工具家族中的“超级明星”和最合格的“全球媒介”，作为全球性、开放性的巨型信息网络，网络媒体为信息传播国际化、全球化的实现提供了强有力的技术平台，把人类传播的国际化、全球化程度提升到一个空前的高度。网络媒体问世后，在互联网上，任何一个人所发布的任何信息在转瞬之间都可到达任何一台联网的电脑终端或（手持）移动终端，也在瞬间把任何个人“带到”地球上的任何一个角落，把人类连接成一个统一（虽然有差异）的共同体，从而极大地推动了地球成为“地球村”的进程。最终，把全球连接成一体的网络媒体实现了真正意义上的全球交流即互联互通，同时也使全世界真正成为一个相互关联的网络。也就是说，全球真正被网络化了。在这张全球网络中，从前彼此孤立的世界各个地方、各个角落汇聚到一起，每个地点和处于该地点上的每个人甚至每个物都成为全球网络中同其他地点、个人相互作用、相互影响的一个节点。

网络媒体所实现的真正意义上的全球互联突出表现在网络媒体的传播容量、传播速度和传播方式的革命上。从技术的角度看，网络媒体大大促进了传播国际化和全球化的进程，这首先要归因于它所带来的信息传播容量上的变化。由于电子技术和数据储存技术的提高，网络媒体以超链接的方式容纳了巨量的信息，而且其信息还在不断更新，不断增量。其次，在传播速度上，更高速度传递信息的网络媒体实现了真正意义上的“即时”传播。而这种容量和速度上的巨变归根到底在于信息传播方式上的革命。在网络媒体出现以前，传统媒介传播信息的方式都比较单一。在印刷传播阶段，报纸等印刷媒介只可以延时传播有限的文字、图形等信息；到电子传播阶段，广播只能通过声音传播有限的信息，电视则通过图像和声音传播相对有限的信息；在网络传播阶段，网络媒体则可以通过网络超越时空即时性地传播包括文字、图片、声音、图像和动画等无限量的信息。作为一种融报刊、广播、电视等诸多传统媒介的不同功能于一身的综合媒介，网络媒体表现出强大的兼容能力。正是在这个意义上，麦克卢汉称网络媒体为“一切媒介的媒介”。在 Web 2.0 的信息传播技术时代，网络媒体对信息传播方式的革命集中表现在，高度的传播交互性从根本上改变了传统的线性传播方式，从而超越了传统媒介的所有传播形式。基于传播的交互性，网络媒体将“点对面”（或“一对多”）的大众传播方式与“点对点”（或“一对一”）的人际传播方式结合起来，构成了“点对面”“点对点”“多点对多点”纵横交织的多元复合网络传播方式。到了 Web 3.0 时代，用户可以通过联网的固定终端（如电脑）或（智能）移动终端（如手机）随时随地接收信息，即时反馈与再次传播，网络系统也可以依据用户习惯为用户筛选、推荐信息。[①] 这种新型网络传播方式几乎无限地扩展了传播的影响面和影响力，编织出人类历史上从未出现过的一张“无疆界”“无（缝）隙”“无中心”“零距离”的全球立体交叉传播网络。正是在这个意义上，网络媒体被定义为“所有人对所有人的传播”。网络媒体的网络传播方式成为传播国际化和全球化最根本的驱动力。

从社会的角度看，在网络媒体推进传播国际化、全球化以及全球信息化、网络化的进程中，跨国传媒公司发挥了重要的作用。网络媒体的诞生和发展极大地加快了传媒全球化的进程，而由跨国传媒公司全球扩张所体现的传媒全球化又进一步促进了传播的全球化。为扩大媒体传播的全球覆盖率，有必要首先实现媒体所有权在全球范围内的分散分布。由此，媒体的跨国扩张成为必然。网络媒体则为跨国传媒公司的全球拓展提供了强有力的技术支持，促成了众多全球性媒体生产和销售网络的产生。世界主要的传媒公司最初都发源于西方发达国家。但在媒介全球化进程中，各大传媒公司纷纷通过联合、兼并、收购、创办等方式，在海外建立分支机构，实现媒介生产和销售的全球化，从而使自己的媒介产品尽可能覆盖世界更多的地方。网络媒体所搭建的商务平台使德国贝塔斯曼集团（Bertelsmann AG）成为世界上全球化程度最高的传媒集团之一。贝塔斯曼的总部在德国，但它的媒介势力范围延伸到了世界50多个国家和地区。集团旗下跻身全球五大唱片公司之一的贝塔斯曼音乐集团（BMG）和著名图书出版公司兰登书屋（Randon House）都设在美国。其中，贝塔斯曼音乐集团在全球50多个国家和地区建有销售网点，并且有成员遍及全球的音乐俱乐部。兰登书屋的经营遍布全球近60个国家和地区。作为世界最大的书友会，贝塔斯曼书友会（Bertelsmann Book Club）更是遍布世界各个角落，在全球拥有4 000多万会员。还有，旗下的古纳亚尔出版公司（Gruner＋Jahr）在世界范围内出版80多种杂志，并在全球开展图书网上销售。[②] 网络媒体的连通作用同样成就了新闻集团。新闻集团从澳大利亚的一家小报起步，沿着澳大利亚—欧洲—北美—亚洲—拉丁美洲的扩张线路，逐步发展成一个拥有400多家子公司的全球性媒体。同样在网络媒体的支撑下，维亚康姆把分支机构遍设于全球160多个国家和地区。在社会化媒体（social media，也译作“社交媒体”）日益兴盛的今天，传播媒体的国

---

① Web 2.0是相对于Web 1.0的新一类互联网应用的统称。Web 1.0的主要特点在于用户通过浏览器或门户网站（如新浪、搜狐、网易等）获取信息，以信息单向流动为特征。Web 2.0则更注重用户之间的交互作用，用户既是网站内容的消费者（浏览者），也是网站内容的提供者（制造者）。微博、论坛、维基等社交平台便是Web 2.0时代的产物。Web 3.0完全基于Web2.0，网络不仅提供信息，还能“理解”用户需求。

② 有数据显示，贝塔斯曼每年的利润中只有31%来自德国本土，32%来自美国，其余的37%来自其他国家和地区。

际化扩张已不再局限于实体跨国集团或集团分支机构，而是借助于社会化媒体吸引全球用户并进行直接、即时、精准的高效传播。如中国主流媒体新华社、《中国日报》、《北京周报》、《人民日报》等从2009年起先后进驻国际社会化媒体平台Facebook、Twitter、YouTube进行国际传播；“今日俄罗斯”（RT）、卡塔尔半岛电视台（Al Jazeera）等知名媒体也将国际传播主阵地转移到了社会化媒体平台，其中“今日俄罗斯”在社会化媒体平台YouTube的点击量、订阅数甚至超过了CNN和BBC，一跃成为第一电视品牌。

互联网、手机等数字新媒体为人类开通了高速、开放、平等的信息传播渠道。从此，国际传播不再是一个国家对另一个国家、一个国家对国际社会的传播或一部分国家对另一部分国家的传播，而成为全球一体化信息平台上的传播——国际传播全球化。在这个全球一体化的信息平台上，几乎所有的人类传播行为实际上都是全球性传播行为，信息发布和信息接收实现了双向意义上的全球覆盖。互联网不仅将人类传播所及从“点”“线”“面”扩展为纵横交错、无限延伸的网络，而且逐渐实现从跨国界向超国界的转变。新媒体的普及促进了国际传播体系的最终形成及向全球扩散，由此形成了一个全球性的信息传播系统。正是从这个意义上说，由人类社会中所有传播活动所编织的全球传播网络正在形成，人类正从国际传播时代步入全球传播时代。这同时表明，在网络时代，“天涯若比邻”的“地球村”不再是一个理论概念，而是一个人们不得不面对并身处其中的现实——一种当今人类置身于其中的最为根本而无可逃避的现实语境。

深入阅读

- 屠苏．国际传播：延续与变革．北京：新华出版社，2004.
- 福特纳．国际传播：“地球都市”的历史、冲突与控制．北京：华夏出版社，2000.
- 马为公，罗青．新媒体传播．北京：中国传媒大学出版社，2011.

思考题

第一节

1. 简述国际传播的发生过程。
2. 简述国际传播的早期发展历程。

第二节

1. 简述书籍、报刊出现后国际传播的发展状况。

2. 简述印刷媒介时代国际传播体系是如何萌发的。

第三节

1. 简述电报、电话和广播出现后国际传播的发展状况。

2. 简述电子媒介时代前期国际传播体系是如何形成的。

第四节

1. 简述电视出现后国际传播的发展状况。

2. 简述电子媒介时代后期国际传播体系是如何拓展的。

第五节

1. 简述互联网、手机等新媒体出现后国际传播的发展状况。

2. 简述新媒体时代国际传播体系是如何扩散的。

第四章

国际传播的主体

本章知识结构及要点

◇ 国际传播主体
- 国际传播主体的含义
- 国际传播主体的发展过程

◇ 国际传播主体之一：国家
- 国家的国际传播职能
- 国家的国际传播特点
- 国家间的国际传播差异

◇ 国际传播主体之二：跨国公司
- 跨国公司的国际传播特点
- 跨国公司的国际传播形式
- 跨国传媒公司

◇ 国际传播主体之三：国际组织
- 政府间国际组织
- 国际非政府组织（国际非政府传媒组织）

◇ 国际传播主体之四：个人
- 个人成为国际传播主体的条件
- 个人的国际传播特点

国际传播主体即国际传播行为主体，是国际传播活动的起点，也是国际传播的最基本的要素。各种国际传播主体各有其传播主旨、对传播资源的使用模式以及传播内容的生产和流通模式。本章较为系统地阐述了各类国际传播主体的特点和作用，这些国际传播主体主要包括国家政府、跨国公司、国际组织和个人等。

第一节　国际传播主体概说

一、国际传播主体的界定

从哲学或一般逻辑学意义上讲，主体是相对于客体或对象而言的，它是指具有认识和实践能力的人或组织。具体就国际传播来说，国际传播的主体是相对于国际传播的客体或对象（受众或受传者）而言的，它是开展和实施国际传播活动的自觉、自主性实体，是国际传播的发起者、施动者、组织管理者和控制者。作为信息的发出者，国际传播的主体是国际传播活动的起点；同时，作为信息的调控者，国际传播的主体又是国际传播活动的中心所在。概而言之，国际传播的主体就是国际传播的行为体或行为者（限于行为主体，不包含行为指向体、指向者或对象），简称为国际传播者。

准确地说，国际传播主体或国际传播者是指，处在一定的国家传播制度环境下，拥有一定的可被利用的传播手段，将某种信息跨国界传送给特定或不特定对象的人或组织。充当国际传播主体的行为体可以是组织机构，也可以是群体或个人。其中，组织机构包括国家政府、超国家（supra-national）机构［即所谓“政府间国际组织”，IGOs，如联合国（United Nations，UN）、欧盟（European Union，EU）、世界贸易组织（World Trade Organization，WTO）等］、跨国组织［即所谓“国际非政府组织”，INGOs，如国际奥委会（International Olympic Committee，IOC）、国际红十字会（International Red Cross，IRC）、世界自然保护联盟（Union for Conservation of Nature，IUCN）等］及跨国公司等。群体是指随机聚集、未组织化的人群，譬如国际旅行团。个人既包括拥有广泛国际影响力的舆论领袖，也包括一般个人如网民。概而言之，国际传播的主体大致可以分为四类：国家政府、国际组织、跨国公司和个人。上述各类不同性质并且有着不同目标诉求的国际传播主体各有其特殊的传播形态，其传播内容、利用传播媒介的方式和程度及其所面对的传播对象各不相同，其所产生的传播效果或影响力也是有差异的。这就是国际传播主体的多元性。

在有关国际传播主体的界定中，有一种“无主体”的说法，即认为国际传播不存在一个独立而明确的主体，因而关于谁是主体是无关宏旨而不必深究的。究其原因，“无主体”说把国际传播完全当作一种大众传播形态。在大众传播实践中，传播者作为一种隐性的存在与传播媒介是一体的（传播者同时是传播媒介，传播媒介同时也是传播者），因而，在学理上传播者未获得独立的研究对象的地位。正如曾担任国际传播学会（ICA）主席的詹姆斯·哈洛伦（James Halloran）所指出的："以往的传统研究实际上大都站在'谁'的立场上看待传播，无形之中都把'谁'视为不必深究的已知数，至少也把它当成无关紧要的未知数，由此出发去探求取得最佳传播效果的途径。"① 然而，国际传播不同于一般意义上的大众传播，它具有跨国界、跨社会、跨文化性，因而更应该从社会学的意义上加以观照。在社会学家看来，大众传媒无非是整个宏大的社会关系系统中的一个无须进一步细分的要素，而在大众传媒之外必有一个特定的组织机构或个人独立地充当传播者——作为整个传播链条的出发点。而且，除了大众传播，人际传播也是国际传播的一种重要形态。人际传播中的传播者应该是确定无疑的。在国际传播活动中，这样的组织机构或个人就是国际传播的主体。

二、国际传播主体的发展过程

从历史上看，自国家出现以来，伴随着信息传播媒介的演进和社会历史条件的变迁，国际传播始终处在发展变化之中，其活动的广度和深度在不断拓展。国际传播的发展变化突出表现在传播主体的日益多元化上。

在早期的国际传播形态中，各城邦国家之间或各诸侯国之间的商贸、外交、战争和民间文化往来日益频繁。这其中，最早出现的国际传播主体无疑是个人和作为个人共同体的国家。在这两者之间，国家占据国际传播的主导地位，把握着信息跨国流动的主导权，但国际传播活动更经常性地发生在人与人之间或者说表现为人与人之间的跨国交往，如边贸市场交易、长途旅行、海外传教、留学或探险等。此后，进入大众传播媒介逐渐兴盛的近现代，在很长一段时间里，由传统媒介的技术性质所决定，国家（政府）或由各国所共同组建的国际机构更为突出地成为国际传播的主体，政府以外的其他机构、团体和个人则因不拥有大众媒介技术而无法形成对信息跨国流动过程的主导与控制，其国际传播的主体地位并不凸显或是遭到了削弱。当然，在非政府的组织机构中，媒体机构（如出版社、报社、杂志社、广播电台等）由于拥有媒介并可以一定程度地支配传播技术，因而，既承担着国际传播渠道的职能，同时也或多或少地扮演了国际传播主体的角色。与此同时，随着世界市场的开拓和全球经济一体化的形成，在资本主义殖民化过程中，出现了专门从事国际贸易活动的跨国公司，如英国的东印度公司。这些跨国公司的对外

① 程曼丽．国际传播学教程．北京：北京大学出版社，2006：3.

传播活动一开始就是跨国界的，因而成为国际传播的重要组成部分。后来，随着跨国经营规模的不断扩大和全球营销的需要，越来越多的跨国公司成为国际传播的主体。再后来，进入 20 世纪，随着电子通信技术、卫星通信技术的发展和推广，国际传播主体呈现出多元化的发展趋势，既兴起了各种超国家的国际机构（政府间国际组织），也涌现出各种各样的跨国活动团体（国际非政府组织），它们作为国际信息的发布者走上了国际传播的舞台，开展了丰富多样的国际传播活动。整个 20 世纪是国际组织大发展的世纪，也是国际传播大发展的世纪。尤为引人注目的是，到 20 世纪末，伴随着手机、互联网等新媒体的兴起和普及以及全球媒体的平台化（platformization）转型，国际传播的主要场域从彼此区隔的大众媒体迁移至相互联通的数字平台，信息的跨国发布成为一件人人都可以做到的事情。从此，传播主体从主权国家和建制化的媒体机构等中心主体扩散至诸多非国家行为体，包括被数字技术赋能、赋权的网络公众。于是，活跃在网络上的众多普通个人成为新兴的国际传播主体。

由此可见，国际传播的主体不是一成不变的，而是处于由国家主体扩展到非国家主体的动态发展的过程。随着信息传播技术和人类社会体制由低级向高级发展，国际传播从早期国家占绝对主体地位发展成多种行为体共同参与，即国际传播主体经历了由一元结构向多元结构的转变。由此，国际传播领域日渐呈现出国家、跨国公司、国际组织及个人等各种传播主体既相互支持、配合又相互牵制、博弈（竞争）的多重传播关系格局。迄今，传播主体的多元化已经成为国际传播的最基本特征，同时也是国际传播区别于人类其他传播形态的根本标志。

第二节　作为国际传播主体的国家①

在国际传播的历史上，无论是日常时期还是非常时期，在诸多国际传播主体中，国家政府一直是、迄今仍然是最有能量、最活跃也最具影响力的传播主体。作为国际传播首要的主体，国家同时潜在地是所有国际传播活动的主导者之一。正是国家独一无二的跨国传播地位及其无可替代的传播影响力，使得国际传播长久持续地存在于人类历史中。

---

① “国家”有两重含义，有时指政府机构或政治权力机器，但有时又指“由这种政府或权力所支配的整个社会体系”（参见吉登斯．民族-国家与暴力．北京：生活·读书·新知三联书店，1998：18）。狭义的国家就是政府。此处所论述的国家指的是狭义的国家，即国家政府，而非作为社会整体的国家。在本书中，国家被一般地等同于政府。而且事实上，在国际传播实践中，作为“行为主体”的国家，其传播行为主要是由相关的政府部门及相关机构来承担的。因此，在很大程度上，国家传播主体即为政府传播主体。

一、国家作为国际传播主体的职能

从一般意义上讲，国家是指一个在一定区域内行使政治统治职能和社会管理职能的组织机构。从现代政治的意义上讲，国家是指在国际社会中一种以政府[①]为代表、拥有绝对自主权和自治权的公共权力机构抑或公共权威组织。[②] 近现代意义上的国家即为主权国家。主权国家建立在拥有政府、国民和国土的民族国家基础之上。

国家的国际传播是指一国以政府为代表所从事的跨国界信息传播活动。作为国际传播的基本主体，国家主要通过政府行使国际传播职能。政府作为国家权力和国家意志的集中体现，是国家对外传播的法定“代言人”。自诞生之日起，国家政府就开始从事对外传播和对外传播管理活动，扮演着跨国信息传播者和信息传播控制者的双重突出角色。在人类历史整个漫长的国际传播时代，国家始终是最为重要的传播主体。在人类社会进入高度信息化、信息传播进入全球一体化的当代，各国政府参与国际传播的自主意识和主体意识也越来越强。因而，国家仍然是极为重要的传播主体之一。国家从事国际传播，其宗旨和职能主要有两项。

其一，加强对外沟通，塑造良好的国际形象。处在国际社会内的世界各国都要承担的一个职责是：对外介绍和宣传本国的国情、政策和文化，以赢得良好的国际舆论。尤其是在国内和全球社会组织不断成熟和受众日益分化的全球传播时代，舆论成为影响国家外交政策形成和实施的重要因素。由此，由国家政府发动的、面向目标国或者说对象国民众及国际公众的国际传播行为——公共外交（public diplomacy）、公众外交（mass diplomacy）应运而生。公共外交或公众外交旨在“告知、接触并影响”外国民众，“使自己国家与外国保持有效的‘思想联系’”和“信息与观点的跨国流通”[③]。作为一种特殊的国际传播行为，公共外交的最终目的是减少国际公众的误解和猜疑，增进国际社会对本国的同情、理解和信任，从而营造既利于改变目标国政府的外交政策又利于本国对外政策产出和推行的国际舆论环境。在公共外交中，利用国内外各种媒介做政治广告，进行国家形象的宣传（传播）是重中之重。

---

① “政府”有狭义、广义之分。狭义的政府是指国家的行政管理机构；广义的政府是指由所有的国家公共权力机关（包括立法、司法、行政和军队等）所组成的整个政权，它被视为一个无内部差别的统一体。作为国家的核心组成部分和基本构成要素之一，广义的政府基本上等同于国家。本书从广义上使用“政府”一词。

② 17世纪在欧洲确立的现代国际关系体系——威斯特伐利亚体系明确了主权归属于各个民族国家的理念，即“主权在国”理念。“主权在国”理念赋予各个主权国家独立的、绝对的、不受干涉的权利。由该理念所塑造的国际社会结构一直延续至今，尚未发生本质性的改变。

③ HANSEN A C. USIA：public diplomacy in the computer age. New York：Praeger，1989：3.

它通过信息传播技术、教育文化交流项目、人员往来、艺术表演与展示以及文化产品贸易等手段打造国家形象的“知名品牌”。从一定意义上说，公共外交就是基于国家形象的塑造和改善而实施的外交行为。无疑，这是一种开展国家行销、争取世界人心的国际公关行为。从具体的传播机制上看，作为国家的一种最重要的国际传播或国际公关行为，公共外交主要是通过政府的媒体公关（如新闻发布会、记者招待会、有意“泄密”等）从而设定媒体的报道议程来完成的。概而言之，相比于传统的政府间外交，公共外交面向更大范围的传播对象，通过更多的对外传播渠道（包括人际传播和大众媒介传播），在更深层面上影响关涉国家形象及国家生存和发展的国际政治生态。

例如，在后“9·11”时代，恐怖分子的袭击以及“反恐联盟”的“难产”让美国深感面临全球严重的“信任危机”和“形象危机”。迫于“反美”“憎美”情绪的全球化压力，美国政府提出“必须更好地让别人了解我们”，“把美国的外交政策通告全球民众”，从而“再造全球观念市场”，达到“熔化”全球民众对美国的破坏性情绪和“修复国家形象”的目的。为此，白宫设立了全球外交办公室（Office of Global Diplomacy）、全球传播办公室（Office of Global Communications），五角大楼设立了战略影响办公室（Office of Strategic Influence）。三部门相互协调和配合，发动了规模空前的全球传播运动。美国建立了针对中东地区、与半岛电视台和其他伊斯兰世界卫星广播网点等展开竞争的“萨瓦”（Sawa）电台，创立了“美-阿（阿富汗）妇女联合会”（U. S.-Afghan Women's Council）和“联合信息中心”（Coalition Information Center）。而后，在伊斯兰世界推出了“价值观共享倡议”计划和“共同拥有未来”计划，并同美国穆斯林理解委员会（CAMU）进行密切合作，共建互动型网站，试图为美国公民和来自伊斯兰国家的公民提供对话和交流的平台。

其二，加强信息控制，维护国家的信息主权。国家主权是一国之根本。维护和捍卫国家的主权是所有主权国家所肩负的一个相同的使命。在全球信息化的背景下，各国国内信息系统与全球信息系统连成一体，来自外部的信息干扰和侵略有可能使一国的信息系统遭到破坏而使该国陷于混乱。在此，国家主权面临着来自信息传播方面的新的威胁，从而产生一个国家对本国的信息传播系统进行自主管理的权利。由此，“信息主权”① 进成为国家主权的重要组成部分。入传播全球化时代，在国际舞台上，以信息及其

① “信息主权”是诺登斯特朗和席勒在《国家主权和国际传播》（1979）中提出的概念。一般来说，信息主权包括三个方面的内容：（1）对本国信息资源进行保护、开发和利用的权利；（2）不受外部干扰，自主确立本国的信息生产、加工、储存、流通和传播体制的权利；（3）对本国信息的输出和外国信息的输入进行管理和监控的权利。其中第三项内容直接涉及跨国界传播，其功能包括保护国家机密和排除危及国家安全的有害信息等重要方面。参见郭庆光．传播学教程．2版．北京：中国人民大学出版社，2011：240－241。

表现形态——知识和文化为核心要素的软性力量或者说软实力（“信息权力”，information power）在一个国家综合国力中的地位和作用越来越突显，正在超过硬性的军事力量，成为民族国家生存和发展的关键因素。在传播全球化的时代，国与国之间的国际竞争在很大程度上就是符号竞争即信息博弈。谁能领导信息革命，谁拥有信息权力优势，谁就能在未来世界格局中占据主导地位。① 鉴于目前不均衡的全球信息传播格局和态势，世界各国都在尽力扩展信息边界，争夺未来的信息空间，因而信息殖民与反殖民的斗争相当激烈。尤其是广大发展中国家，为了摆脱对发达国家的信息依赖和信息自主权的限制，它们积极发展信息产业和对外新闻传播事业，更多地由自己而非由发达国家的媒体发出关于自身的信息。在争夺全球信息市场话语权的过程中，世界各国尤其是发展中国家加强了对出境信息的控制。政府通过行政法律手段和信息技术手段来有选择地对外发布和传递信息。在不同的国家，因经济发展水平、政治体制和文化价值取向的不同，政府对各种对外传播载体——主要是涉外媒体——和对外传播主体实施把关控制的方式也各有不同，或是引导、诱导，或是强制、强令媒体和其他传播主体配合其国际传播事业。

以美国的对外军事传播为例，在越战结束后的历次对外军事行动（包括1983年侵略格林纳达、1989年入侵巴拿马、1991年海湾战争、1999年科索沃战争、2001年开始的阿富汗战争、2003年开始的伊拉克战争）中，美国政府先后制定了新闻管制（新闻查禁，news blackout）制度，引入了“联合采访”（“合伙报道”，pool reporting）或“记者团”“媒体报道小组”等所谓“消息源共享”制度，采取了全新的全程“嵌入”（“置入”，embedding）式媒体公关战略。② 这些制度都有选择地“允许”或实际限制国内外媒体记者接近“要地”，避免其进入“敏感地带”，从而确保他们在“安全区域”内采访，进而只发布有利于美国执行对外政策的消息。另外，在主权国家通过信息控制维护信息主权方面，某些发展中国家提供了较为成功的范例。20世纪90年代以来，印度积极开发信息技术，发展信息产业（其软件出口以年均50%的速度增长）。信息产业的发展不仅带动了国内经济的增长，而且有效地

---

① NYE J S，OWENS W. America's information edge. Foreign Affairs，March/ April. 1996.

② 所谓“嵌入”战略，又称“随军采访计划”，指的是：政府邀请媒体随军赴战地深入采访，并且军队为媒体记者提供安全保障。但是，“嵌入”是有条件的，被“嵌入”的记者在出发前必须与军方签订随军采访协议，即所谓“生死状”。该协议规定了政府对记者的伤亡不承担责任，同时规定了记者必须遵守的随军采访规则，其中列出了多达28项禁止报道的内容。总之，“嵌入”是以“提供便利和安全”为条件的，让媒体记者及其采访行动更大地依附和受制于美军。这是一种媒体公关战略，其实质是一种“将欲取之，必先予之”的“欲擒故纵”式信息战略。该战略能够让记者置身于事件当中而对记者的报道内容有更多的控制机会，并在貌似信息开放中成功地将世界各国媒体的报道议程予以深入（深度）设定。

摆脱了对西方国家的“软件”及连带的媒体营运方式的依附，从而有力地维护了国家信息主权。

二、国家作为国际传播主体的特点

作为现代国际社会体系中最具权威性的公共权力机构，主权国家作为国际传播主体，具有以下两大特点（见图 4-1）。

图 4-1　国家作为国际传播主体的特点

其一，传播主体的权威性最高。在国际传播中，主权国家是一个社会对外传播的法定而近乎天赋的“代言人”。主权国家的权威性主要表现在信息占有和信息控制两个方面。首先，在信息占有上，作为政治公权力的象征，主权国家对外具有绝对的自治权，对内具有无上的管辖权，因而对重要信息尤其是最为核心的战略信息（strategic information，如军事信息、外交信息）予以高度垄断和独占。在战争和危机外交期间，它所代表的消息来源甚至是唯一的。因此，主权国家的“代言人”——政府所发布的消息总是最具权威性的，也是众多国际媒体最迫切想获取的新闻线索。相比之下，包括国际组织、跨国公司和个人在内的其他任何传播主体都不具备这种信息渠道掌控上的优势。在主权国家政府发布信息前，其他传播主体也可以通过各种渠道获得相关信息，但这种信息多半是局部的、片面的或表层的，只能作为“未经证实”的消息发布或作为传闻传播，而最终能够对之予以“证实”或“证伪”的传播主体只能是作为权威信息源的主权国家（政府）。鉴于主权国家（政府）天然地占有外交、军事等方面的核心信息，主权国家这一消息源是最为权威的消息源，是其他消息源不可替代的。譬如，就外交信息的占有而言，正如美国外交学者杰里尔·罗赛蒂（Jerel Rosati）所指出的：“由于总统被认为是外交活动的中心，因此，国内媒体虽然有自身的新闻采访系统和新闻客观性的标准，却在很大程度上只有依靠行政部门才能获得有关对外政策和国际事务的信息。”① 主权国家在信息占有上的绝对优势是它作为国际传播主体

① 罗赛蒂．美国对外政策的政治学．北京：世界知识出版社，1997：48.

的最高权威性的先决条件。其次，作为国际传播主体的主权国家，其权威性还表现在信息控制上。主权国家的信息控制主要是通过对媒体的公关来实现的。政府借助对媒体的直接公关（如新闻发布会、记者招待会、接受媒体采访、“泄密”）或间接公关（如雇用专业公关公司对媒体公关）来设定媒体的报道议题。[①] 正如公共关系学所揭示的：提供信息的过程同时也就是管理和操控信息的过程。政府通过操控媒体对信源不同程度的接近，在信源处控制信息发布的数量、种类及传布的速率和方向，从而实现对信息传播的有效“把关”。主权国家对信息的这种控制和“把关”或公开或隐秘地影响了媒体报道的立场、视角和尺度，从而设置了媒体的报道议程。在这个过程中，政府承担了信息提供者和议程设置者的双重身份。主权国家正是通过展开全球性媒体公关和信息把关，在全球范围内有效地传递了希望传递的信息。“控制新闻线索的人控制着人们消费什么样的新闻。”[②] 可见，同时作为信息提供者和议程设置者的主权国家，通过有选择地向媒体通报信息，成为新闻的第一“定义人”，因而实际地参与了新闻的制作。这恰好印证了所谓“信息源成就新闻”的说法。[③] 正是在这个意义上，著名的国际传播学者贾普·金尼肯（Jaap Van Ginneken）得出了“世界上的头号新闻制造者就是白宫”的结论。[④] 在全球传播中，美国无疑是全球最大的信息“供应商”，同时也是最大的信息供应的“控制者和操纵者”[⑤]。全球传播中的这种信息“供应商”和“控制者”角色充分地彰显了主权国家作为国际传播主体的至高权威性。

对于主权国家在信息占有和控制上的这种权威性，其他传播主体在许多乃至绝大多数场合都是认可的。譬如，就外交信息控制而言，政治传播学者伯纳德·科恩（Bernard Cohen）曾指出：“在外交政策的意义上，信息是一种力量……而人们可能会同意政府在必要的时候对此种力量进行操控。”[⑥] 其他传播主体的认同进一步强化了主权国家在全球传播中的权威性。

其二，传播主体的影响力最强。在国际传播活动中，诸种传播主体的影响力各不相同，具有明显的差异。其中，主权国家最具传播影响力。作为强势传播主体，主权国家对媒体具有很大乃至绝对的控制和管理权（特

---

① 李智．国际政治传播：控制与效果．北京：北京大学出版社，2007：81－95.

② GANS H J. Deciding what's news. New York：Pantheon Books，1979：116.

③ SIGAL LV. Sources make the news//MANOFF R K，SCHUDSON M. Reading the news. New York：Pantheon Books，1987.

④ VAN GINNEKEN J. Understanding global news：a critical introduction. London：Sage Publications Inc.，1998：93.

⑤ 席勒．思想管理者．台北：远流出版事业公司，1996：27.

⑥ COHEN B C. The press and foreign policy. New Jersey：Princeton University Press，1963：279.

别是在对外传播中）。在全球传播过程中，主权国家可以国家利益的名义相当自由而全方位地动用国内媒体（即便在自由主义传播体制的国家），以至于在媒体选择上几乎无须考虑成本费用，而只需考虑如何将信息最有效（既快速又精准）地传达到全球公众那里。在政（政府）媒（媒体）“共生”“合谋”的举国对外传播情势下，主权国家所传播的信息可以在一个国家、一个地区乃至整个世界吸引一致性的全体关注，形成统一的舆论。譬如，为了实现冷战期间“和平演变”的全球战略，美国大张旗鼓地宣扬全球“广播”，在世界范围内向苏联展开了空前绝后的宣传攻势。在此期间，美国在国际法许可的范围内充分行使对外广播的权利，想方设法开发和利用一切新的信息传播技术（如微电脑、卫星和录像机等），把能够向整个苏联播放电视节目的卫星送入轨道。进入后冷战时期，为了适应全球外交战略，美国凭借最先进的媒介技术，将文字记者和摄影摄像记者派往世界各地，迅速捕捉和跟踪正在那里发生、发展的新闻线索，在全球构建起一张庞大无比、渗透力超强的新闻采编播网络。由此，美国占领了全球传播的制高点。一个最为典型的实例是，遭受“9·11”恐怖袭击后，美国政府迅速做出反应，通过总统演讲、新闻发言人发言、媒体采访、政府各个部门向各大国际通讯社等新闻机构散发新闻稿等方式，把生动逼真的“恐怖”画面和万众一心的“反恐战争”宣誓铺天盖地、所向披靡地传送给世界上每一个角落的人。美国政府的全球“反恐”传播不仅实现了国家意志的空前统一和全民“反恐”总动员，而且在一定程度上促进了西方世界乃至全球“反恐联盟”的形成。美国强大的全球传播效果有力地证明了主权国家作为国际传播主体的超强影响力。

三、国家作为国际传播主体的差异和变化

主权国家作为国际传播主体的权威性、影响力是受时空影响和制约的，这两方面特点的表现程度因国度（主要表现为媒体体制）和时代（主要表现为信息环境）的不同而不同。

（一）主权国家作为国际传播主体的差异

从地理空间上看，在世界范围内，同样作为国际传播主体的主权国家，其传播的权威性和影响力是有差异的。这种差异主要是由主权国家的媒体体制或传播体制决定的。而媒体体制（传播体制）的差异又在很大程度上根源于主权国家各自不同的政治制度（当然，社会经济发展水平也是决定性因素之一）（见图4-2）。

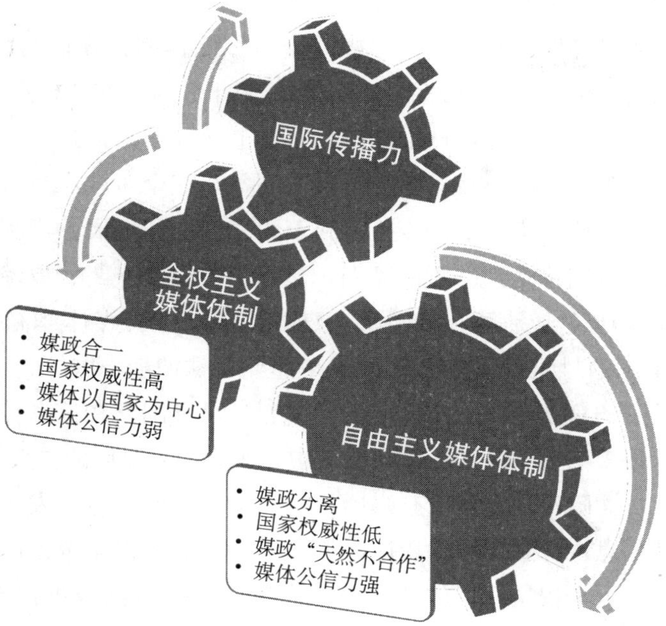

图 4－2　媒体体制与国际传播力差异

作为传播主体，主权国家的国际传播活动同样要借助一定的传播媒介即信息载体来进行。因此，主权国家与传播媒介之间的互动关系是其国际传播活动中最为核心的因素。这种互动关系所关涉的就是媒体体制（传播体制）问题。所谓“媒体体制”（“传播体制”），是指社会制度中对媒体的信息传播活动直接或间接地起着控制和制约作用的社会规范体系。在这套规范体系中，既有国家（政府）对媒体的政治控制，又有各种利益群体和经济势力对媒体的经济控制，还有广大民众的社会监督控制。但其中，国家（政府）对媒体的政治控制无疑是最为根本的。这是因为，“传播制度问题主要是大众传播工具与政府的关系问题，即言论、出版自由问题”①。在此，政（政府）-媒（媒体）关系主要涉及社会中国家或政府公共（政治）权力行使的界限和归属问题。正是从这个意义上说，国家的政治制度决定国家的媒体体制。

不同性质的媒体体制造就不同特征的主权国家国际传播行为。由国家的政治制度所决定的媒体体制根本性地决定了国家在国际传播活动中的权威性及其全球传播的影响力。基于根本的政治制度来看媒体与政府之间的关系，可以将世界各国的媒体体制分为两类：全权主义（全能主义，totalitarianism）

① 郑杭生．社会学概论新修．北京：中国人民大学出版社，2003：253.

媒体体制与自由主义（liberalism）媒体体制。①

全权主义媒体体制是一种“媒政合一”的体制：媒体与政府是一体的，二者之间是一种单向依附关系，即媒体依附于政府。在全权主义媒体体制下，媒体必须以国家为中心，自觉接受政府自上而下的政治控制，其自由活动的空间非常有限。媒体要极力维护国家的利益，完全对政府负责，绝对服从政府的管制。为此，媒体不得传播不利于国家稳定和发展、不利于政府统治的不良信息，否则将受到严厉的惩罚，包括被整顿、查封、取缔或关闭。这种体制下的媒体主要是国有（国营）媒体。全权主义媒体体制的典型代表是15—17世纪的封建专制国家英国和20世纪的法西斯德国等。②

从国家的角度看，全权主义媒体体制显示了国家在信息传播中的至高权威性和超强影响力。在国际传播活动中，作为国内媒体的“大管家”，国家可以公开地、无障碍地动用所有媒体机构向国际社会制造并发布有利于自身的信息。从信息占有到发布、传递，整个国际传播过程完全被国家所掌控。从这个角度看，全权主义媒体体制下的国家的国际传播效果似乎会更为强大，也更为确定、可靠。然而，根据传播学效果理论——“循因理论”③，传播者的传播意图和动机与传播效果成逆相关的反比关系。正因为如此，就出现了公共关系学或宣传学上所谓的“第三人认同法”，即认为：用与自身利益相关性少或与之保持距离的独立第三方或中立方传递信息，最能获得受众的认同。由此观之，在“媒政合一”的全权主义媒体体制下，尽管主权国家在国际传播活动中拥有更高的权威性，拥有更多的可以自由支配的媒体资源，但由于

---

① 在传播学上，关于媒体体制存在多种分类方法，主要有：威尔伯·施拉姆等的“四种理论”（集权主义或威权主义报刊理论、自由主义报刊理论、社会责任报刊理论和苏联共产主义报刊理论）、威廉·哈克滕（William Hachten）的“五大理念”（集权主义理念、西方理念、共产主义理念、革命理念和发展理念）、赫伯特·阿特休尔（Herbert Altschull）的“三个世界”（第一世界即市场经济世界、第二世界即马克思主义世界和第三世界即发展中世界），以及诺登斯特朗的“五种范式”（自由-多元主义范式、社会责任范式、批判范式、行政管理范式和文化协商范式）。但如果从社会本体论的角度看，依据公权力行使的界限，一个社会要么以国家即政府为本位，要么以社会或个人为本位。因此，可以把国家的政治制度归结为两类：一类是国家本位型的全权主义制度，一类是社会本位型的自由主义制度。相应地，依据媒体的取向（或以国家为旨归，或以社会为旨归），可以把媒体体制归为全权主义体制与自由主义体制。其他媒体体制大体是这两类基本体制的异体、变种或混合。应该承认，作为一种二元论式的理论概括，对媒体体制的这种二分法并不能穷尽现实层面上世界各国的媒体体制（尤其是处于社会体制变革中的发展中国家其媒体体制正在发生转型），因而只有相对的理论参照意义。为简便说明问题，本书才在理论上做出上述简约化处理。

② 近代英国确立了全权主义媒体体制的古典形态。当时的英国公布了第一个禁书法案，建立了第一个出版特许制度，发布了规定由大主教来管制出版的禁令和规定对违反条例的出版者给予严厉乃至残酷的法律制裁的《星法院法令》，从而确立了一整套体现国家（包括教会）在信息传播上至高权威性的出版管制制度。到20世纪，全权主义媒体体制在德意日法西斯那里发展成为外向型的现代形态。譬如，在第二次世界大战中的德国不仅绝对地控制了全国所有的大众媒体，而且还通过行政手段把它们改造成国家对外宣传的机器。

③ “循因理论”认为，任何传播行为都存在劝服的动机，而受众会探寻传播者的动机。因而，从传播效果上看，传播者的传播意图和动机越明显、越强烈，传播效果越差；相反，其传播意图和动机隐藏得越深或者说显得越纯粹，传播效果就越好。

缺乏“第三人”即独立于自身的中立媒体（其所利用的媒体被受众认为是政府的“喉舌”，是政府自身的一部分）来传播信息，其国际传播效果会大打折扣。事实上，在国际传播活动中，全权主义媒体体制下的国家因其媒体公信力差而往往丧失掉国际话语权，甚至处于“失语”状态。可见，作为国际传播的主体，全权主义媒体体制下的主权国家的权威性虽然很高，但其传播影响力却是有限的（相较而言）。

与之相对，自由主义媒体体制是一种“媒政分离（分立）”的体制：媒体与政府是彼此分开的，媒体被视为所谓的“第四部门”（三权分立之外），二者之间存在相互制衡和对抗的关系。在自由主义媒体体制下，受到宪法、法律保护的媒体有独立自主的新闻传统，它以社会为中心，其新闻运作不受国家政府的政治控制和行政干预，因而拥有相当大的自由活动空间。媒体为公众提供自由论辩的公共信息平台，并对政府行为予以舆论监督。自由主义体制下的媒体主要为私营媒体（即商业媒体，如美国 CNN）和公营媒体（即公共媒体，如英国 BBC、日本 NHK），也有少量的国营媒体（如美国 VOA）。自由主义媒体体制的典型代表是美国。

从国家的角度看，自由主义媒体体制下的国家在信息传播中并不具有绝对的权威性和影响力。由于媒体与政府天然地不合作，从事国际传播的国家不能够不受任何阻碍地动用媒体来向国际社会制造和发布自身合意的信息（如果国家想有效地利用媒体，寻求其配合，就不得不对媒体展开强有力的公关）。相反，在整个国际传播过程中，国家始终要受到媒体的掣肘、牵制和反对。从这个角度看，自由主义媒体体制下的国家的国际传播效果似乎不会太理想。然而，同样基于“循因理论”和“第三人认同法”，在“媒政分离”的自由主义媒体体制下，尽管主权国家在国际传播活动中拥有的权威性似乎低于全权主义国家，不可能拥有作为“驯服工具”来支配的媒体资源，但由于存在作为“第三人”的独立媒体（自由主义媒体体制下天然“不合作”的媒体恰恰能够成为国家国际传播中的“第三人”）来传播信息，其国际传播效果会很好。事实上，在自由主义媒体体制下，国家往往很容易树立起一种容忍或放任媒体提供客观、中立、“正确”信息的威信，从而确立起该国社会中媒体独立的公信力。在国际传播中，国家让这样的独立媒体来替自己说话，而把自己作为传播行为的真正传播者（信源）这一身份隐匿起来。这种由“第三方”传递信息的做法使国家所传播的信息因远离其真实来源而显得更加真实可信，其传播效果自然胜过一切政治广告或商业广告。可见，作为国际传播的主体，自由主义媒体体制下的主权国家的权威性虽然不一定是最高的（相比较而言），但其传播影响力确实是超强的。

（二）主权国家作为国际传播主体的变化

从时间上看，在早期的国际传播时代中（主要指手机、互联网等新媒体出现之前），主权国家的权威性和影响力都是无可置疑和不受挑战的。而在互联网时代，伴随着国际传播主体的日益多元化、信息的不断公开化和全球传播体系的最终形成，主权国家在全球传播中的绝对权威性受到了挑战，其影响力也遭到了一定程度的削弱。在网络媒介诞生前，主权国家垄断了重要的信息，并拥有信息处置的主动权，它可以决定对外传播什么，不传播什么，可以对信息进行加工处理，也可以自由地选择媒体为其对外传播战略目标服务。而且，这个信息处置和媒体动用过程完全是封闭式的，公众无从知晓。互联网、手机等新媒介的出现，尤其是社会化媒体的流行则影响和改变了主权国家在全球传播中的强势地位和作用。在主权国家之外，一切民间性组织机构和部门（包括社会组织和企业）以及个人都充分参与到国际传播活动中来。普通的新媒介用户可以多渠道、快捷地获取未予筛选、过滤的信息，还可以自主地、即时地向国际社会发布信息，并与其他用户进行实时在线互动。这就打破了主权国家原有的、在信息占有上的垄断地位，也冲击或冲抵了它原来在信息发布和舆论导向上的控制作用。在新的传播环境下，要获取信息传播优势，传播者的“天赋”权力优势不再是唯一决定性的因素和天然的保障了，而更多地取决于所占有的信息的品质和所选用的媒体的公信力。主权国家要在新的全球传播格局中胜出，就必须同其他传播主体展开竞争，占有更为客观、真实、全面的信息，并且更加平衡、精准而及时地把信息发布出去，从而牢牢掌握信息传播的首发权和主动权。

面对新媒介尤其是网络媒介的挑战，自20世纪90年代以来，世界各国相继采取了应对的策略和措施。其中的举措之一是着手发展一种新的政府传播形式——“电子政务”（又称“在线政府”“网络政府”“电子化政府”，e-government）。“电子政务”，是指政府利用现代信息技术为社会提供包括信息服务在内的公共服务的工作形态，其根本性的标志是政府官方网站的建立。电子政务不仅面向国内公众，同时也是主权国家参与对外传播并推进信息全球化的一种新形式。目前，电子政务拥有巨大的信息容量，并通过快速信息通道，已经在国际贸易、国际金融、全球公共管理、全球信息资源共享等方面发挥重要作用。这既有力地维护了主权国家信息占有的权威性，同时也大大提高了政府信息发布的时效性。

除了发展电子政务，许多国家还尝试改变原有的信息控制方式，以应对新的信息传播环境向政府信息控制提出的挑战。在传播主体相对单一的全封闭的信息环境下，各国政府普遍采取筛选、过滤、拦截或封锁消息的信息控制方法或许是有效的；而在公开、透明的网络世界中，使用硬性控制方式则不仅不太可能（从技术上说），也是不合时宜的（会遭到国内外公众的不满和抵抗而使政府威信下降）。为此，许多国家的政府纷纷调整了信息控制的方式方法，变硬性的封堵信息为柔性的疏导信息，对媒体从行政干预转向信息干预。在这方面，美国在 2003 年伊拉克战争中反常规的、非限制性的控制信息的做法就是一例。在此次战争中，美国采取了全新的全程“嵌入”式媒体公关战略。被邀请随军采访或者说“被嵌入”的世界各国媒体记者可以近距离、全方位地报道战事和美军的战地生活。另一个策略是，没有炸毁作为敌方政府喉舌的伊拉克电视台，而是让其基本上无障碍地播放消息直到敌方战败。相比于此前历次对外军事行动中美国采取的限制信息的做法（即统一口径地发布官方消息和严格限制媒体记者采访），这些信息战略和策略是一种非限制性信息控制方式。所谓“非限制性信息控制方式”，就是对来自不同信息源的信息不封锁、不设限——既不用政治、军事手段压制媒体，也不用技术手段对媒介实施干预，让各种不同倾向的信息同时存在，彼此交锋，相互参照和补充，营造一种开放、透明、有差异且充分对称的信息传播环境。具体来说，非限制性信息控制方式运用的是信息手段，把包括敌方信息在内的各方面信息纳入主体的信息系统，或以敌方的信息补充、印证主体的信息，或以主体的信息证实敌方信息的谬误，在对比和相互印证中强化了主体的权威性和可信度，同时也避免了单一信息环境下非正式渠道虚假信息传播带来的负效应，从而为主体的总体信息战略目标服务。① 在伊拉克战争中，通过非限制性的信息控制，美国为世界各国媒体提供了多维度、多样化的报道视角，为国际社会展示了一种全方位的战事新闻景观，最终达到了控制全球舆论的预期效果。无疑，非限制并不等于不控制，相反，这是一种更高层次的、策略性更强的控制。② 在传播科技日新月异、信息渠道更加多样化的今天，这种非限制性的信息控制方法将是一种带有导向性、代表未来发展趋势而更为有效的舆论控制策略。

总的说来，正是依靠政府网站权威信息源的特色和网络快速发布信息的优势，加之政府通过新的信息控制方式凝聚对大众媒体（尤其是传统媒介）原有的影响力，主权国家在多元国际传播主体中的强势地位和作用仍是不可撼动的。

第三节　作为国际传播主体的跨国公司

公司是既区别于政府也区别于一般性社会组织的营利组织。跨国公司

① 程曼丽．国际传播学教程．北京：北京大学出版社，2006：62－63.

② 这种控制方式恰好体现了公共关系的原则精神。在公共关系学看来，控制信息的实质是管理信息和引导信息，而不是限制信息，更不等于封锁信息。

(transnational corporations，TNCs）则是在国际社会中既区别于国家政府也区别于国际组织、经营活动跨越国界的公司形态。概而言之，跨国公司就是国际性（或全球性）的营利组织。自诞生以来，跨国公司就一直是国际传播的重要主体之一，同时也是传播全球化的最强劲的主导者和推动者，其国际传播活动促成了全球商业信息体系的形成和扩散。

一、跨国公司作为国际传播主体的发展历程

自19世纪晚期始，伴随着全球化的进程，世界范围内出现了众多把生产经营活动即业务链拓展到全球各地、把产品和服务销售到国外市场的跨国公司。尤其是20世纪90年代以来，冷战的政治壁垒消失之后，不断发展壮大的跨国公司成为冲破国家边界的最积极的行动者，成为世界经济活动中最显著的内容。到1999年，跨国公司的数量已超过6万家。2008年，跨国公司的数量激增到10万余家。而到了2018年，80%的全球贸易是通过跨国公司的全球价值链来实现的。[①] 世界著名的跨国公司有IBM、微软、诺基亚、飞利浦、日立、东芝、壳牌、联合利华、雀巢等。

据统计，跨国公司迄今已经控制了世界生产的50%，国际贸易的60%～70%，国际直接投资的90%以上。今天，某些大型跨国公司已经发展成操纵着规模堪比（甚至远远大于）许多民族国家国内生产总值的经济实体，其人口（用户）规模也已经超过很多主权国家。它们在世界经济中的影响力日益扩大，在全球事务中的影响力也达到了空前的水平，因而，日益成为全球政治、经济和文化秩序的重要影响力量。

作为全球性的经济组织，跨国公司是人类历史上第一次出现的致力于在世界规模上进行中央计划的机构，是在全球范围内以实现利润最大化为方式组织综合经济活动的有机组织。它正在催化一种组织的革命，它对现代人和现代社会产生了如同工业革命和现代国家出现一样的深远影响。同时，跨国公司把世界推向思想和生产方式更自由的交换，从而让这个世界上的人可以在同一天享受到真正国际社会的文明成果。[②]

纵观跨国公司的发展历程，它既是一部资本的跨国流通史，又是一部信

① 联合国贸易和发展会议投资和企业司司长詹晓宁就联合国贸易和发展会议发布《全球投资趋势监测报告》答中国中央电视台记者问时指出："如今全球贸易80%是由跨国公司的全球价值链来实现的。跨国公司全球产业链的扩张是靠外国直接投资来实现的，外国直接投资已成为全球经济的一个重要指标。"

② BARNETT R J，MULLER R E. Global reach：the power of the multinational corporation. New York：Simon & Schuster，1974；WRISTON W B. The world corporation—new weight in an old balance. Sloan Management Review，Winter 1974；关世杰．国际传播学．北京：北京大学出版社，2004：144.

息在全球范围内流通的历史。跨国公司不仅是信息全球流通的产物，同时也是信息全球流通的有力驱动者。跨国公司之所以成为国际传播的主体，就在于其盈利的出发点从一开始就立足于全世界，它在寻求全球原料产地和拓展世界市场的海外扩张过程中，产生了参与国际传播活动的需求。正是信息的全球流通（即信息传播的全球化）组织和支撑了跨国公司生产经营和市场营销的全球化，控制和贯彻了它的全球利润最大化的市场逻辑，并承载和推动了企业文化精神和消费主义价值观的国际化和全球化。反过来，跨国公司的国际传播活动促进了传播的全球化，并成为传播自由化的象征。

二、跨国公司作为国际传播主体的特点

从整体上看，跨国公司作为国际传播的主体，在致力于全球营销的过程中呈现出以下两大特点。

（一）参与国际传播的渐进性

跨国公司参与国际传播活动有一个逐步深入的过程。在早期发展中，出于对市场因素和成本核算上的考虑，刚跨出国门的跨国公司一般不会在世界较大范围内持续进行品牌和形象的推广活动，而是根据市场走势和预算规模，在一定的地域范围内有针对性地开展应急式的市场营销活动。因此，跨国公司早期的国际传播行为带有某种偶发性、随机性和片面性。

追逐利润是跨国公司全球扩张的内在动力。在中后期的发展过程中，在商业或利润法则的支配下，跨国公司的生产经营范围和用户市场业已遍布全球，相应地，其内部组织和外部营销活动在全球大范围内持续不断地展开。为了提高国际竞争力，“许多跨国公司为了迅速获取信息并制订行动计划，纷纷建立自己的专用网络”①。从传播媒介的角度看，在网络媒介出现之前，跨国公司通过卫星、电缆和光缆连接起来的国际网络传递有关生产计划、物资调配、人事安排、营销动态等方面的信息，以求合理配置生产要素和各种资源，在国际市场上取得最大的赢利。跨国公司的这种跨国界信息传播活动被称为跨境数据资料流通（transborder data flow）。随着互联网的出现和网络的不断延伸，跨国公司的跨境数据资料流通数量激增，速度也大为加快；更为重要的是，流动类型从传统单一单向的中央集权式发展为四种流动类型：集中型（consolidation flow）、发散型（distribution flow）、跨国双向型

① 福特纳．国际传播：“地球都市”的历史、冲突与控制．北京：华夏出版社，2000：28.

(transnational network flow）和多国网络型（multinational network flow）。[①] 无论是跨国公司内部的组织传播（从国内总部到地区总部或地区性分部，从本国母公司到国外子公司，从研发、采购、生产、流通、销售到售后服务各个环节），还是对外广告、公关宣传的大众传播或人际传播，都成为超国界的、完全意义上的国际传播行为（见图 4－3）。这些传播行为是必然的、常规性的和全方位展开的。国际传播活动成为跨国公司赖以生存和发展的必要条件。由此，跨国公司所从事的国际传播活动成为全球信息流中极为重要的组成部分。

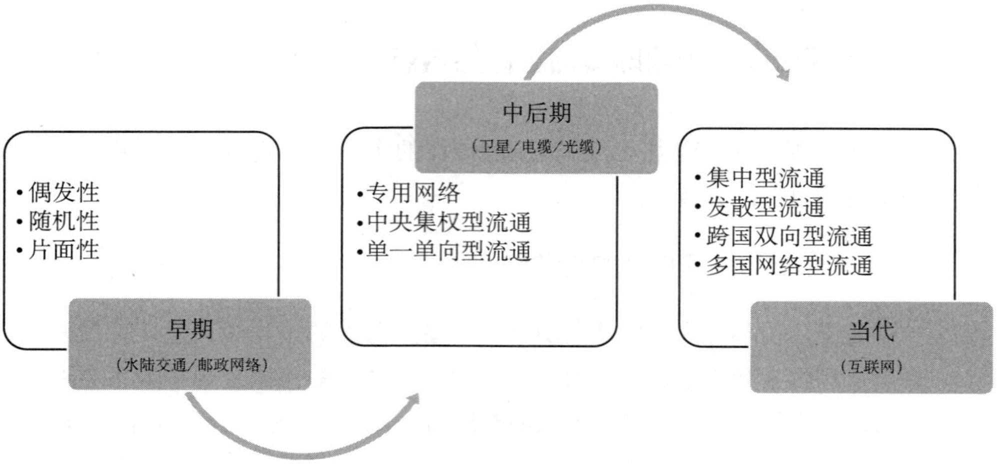

图 4－3 跨国公司参与国际传播的渐进性

（二）参与国际传播的超国界性

近年来，伴随着全球一体化的进程和世界市场的进一步扩大，跨国公司的跨国界性和全球性特点日益突显出来。在此，资本或市场逻辑一统天下，超越了国界，凌驾于国家利益、国家意志和政策之上，从而使跨国公司呈现出去国家化的发展趋势。其突出表征是：公司的职员身份不受国籍所限；公司的生产经营活动不以国界为限；公司充分利用媒体尤其是互联网等新媒体传播有利于加速商业扩展和全球化进程的超国家或超民族的消费主义文化。[②] 相比于主权国家，跨国公司所从事的国际传播行为更多地体现出全球传播的

① 集中型：地处乙、丙、丁等国的子公司单向地把数据资料传送给地处甲国的母公司，母公司对来自各地子公司的数据资料加以集中处理。发散型：地处甲国的母公司单向地把数据资料传送给地处乙、丙、丁等国的子公司。跨国双向型：地处甲国的母公司与地处乙国或丙国或丁国等国的子公司之间通过双方的计算机设施，双向地进行数据资料传送。多国网络型：地处甲国的母公司以及地处乙国、丙国、丁国等国的子公司当中任何两方或多方之间进行双边双向或多边多向的互动式信息传递。参见关世杰．国际传播学．北京：北京大学出版社，2004：298。

② 杨伯溆．从国际传播到全球传播：跨国公司的介入及其影响．新闻与传播研究，2003（3）：33.

超国界性或非（无）国界性。

伴随着互联网的兴起，跨国公司发展到今天，其更多的资本投到海外，越来越多的业务运作在国外进行，因而，在地理空间拓展和经营范围上实现了高度国际化和全球化。譬如，美国的跨国公司平均大约40%以上的业务量在国外，欧洲国家的跨国公司在国外的运作量甚至超过了本国的运作量，雀巢公司就是一例。跨国公司的“全球性”（所谓的“商人共和国”）和某种意义上的“无国籍性”（没有传统意义上的祖国）淡化了国界意识和国家色彩，松弛了与母国的依赖关系，使其对母国的归属感、忠诚感有所弱化。① 与此同时，通过资产的不断重组和内部股权改革，跨国公司的所有权日益多元化、分散化，经营权日益民主化，所有权与经营权不断走向分离（职业经理人制度盛行），由此，跨国公司的所有权和控制的“本国性”越来越淡化。此外，跨国公司在经营战略上采取普世化与本土化并举的双重战略。一方面，以世界市场为安身立命和营利之本这一特性决定了跨国公司必然为世界各地的消费者提供具有普适性、通用性、共享性的产品（采用共通的语言符号和普遍可接受的表现方式，尽可能淡化文化价值偏向、意识形态色彩和政治意味）。另一方面，在面向具体的国家和地区提供产品的过程中，跨国公司往往贯彻“全球化运营，本土化落实”的原则，充分与所在国和所在地的国情或“乡情”相契合，通过制作出有亲近性和有亲和力的产品去赢取消费者的好感；并且在人员配备上，跨国公司积极寻求本土经营者作为合作伙伴，聘请当地的专业人才作为雇员；还着力培养具有跨国企业管理经验的本地人才，从而无障碍或较少障碍地融入目标市场中。② 就跨国公司而言，无论是普世化还是本土化，它们遵循和贯彻的其实是同一条“铁律”——资本的跨国逐利逻辑，从而体现出跨国公司参与国际传播活动的超国界性（见图4-4）。

---

① 具有全球影响力的跨国公司越来越倾向于将自己看成全球性实体（而非国家实体）。1998年，当有人说德国公司不应该分别掌控美国图书出版业和音乐市场15%的份额时，贝塔斯曼首席执行官托马斯·米德尔霍夫回应道：“我们不是外国公司，我们是国际公司。我是一名拥有德国护照的美国人。”后来，他更明确地宣布，贝塔斯曼不再是一家德国公司，而是“最全球化的公司”。同样，美国在线-时代华纳的总裁杰拉尔德·莱文曾宣称：“我们不希望被看作一家美国公司，我们具有全球化视野。”参见迈克切斯尼．全球传媒、新自由主义和帝国主义//尹鸿，李彬．全球化与大众传媒：冲突·融合·互动．北京：清华大学出版社，2002：34。

② 世界传媒巨头——新闻集团是跨国公司本土化经营的典型。新闻集团总裁鲁伯特·默多克（Rupert Murdoch）称本土化是新闻集团的天然属性和基本特点。为此，他采取以本土化为导向的柔性的跨国经营策略，规定分散在世界各地的子公司必须依靠当地人才进行运作，并保持媒介内容和语言的本土风格；在收购新公司时，必须汲取该公司企业文化的精髓，并使之尽快地转化为新闻集团自己的企业文化。譬如，新闻集团当年进入英国时，使所控的《泰晤士报》（*The Times*）和《太阳报》（*The Sun*）保留浓重的英国味，从而有效地平息了保守的英国人的抵触和怨恨情绪；当年进军中国市场时，深入了解中国的媒介生态环境（包括根本性的媒介体制和相关的政策法规），入乡随俗，积极做出妥协让步，从而赢得了官方的认可和民众的欢迎。

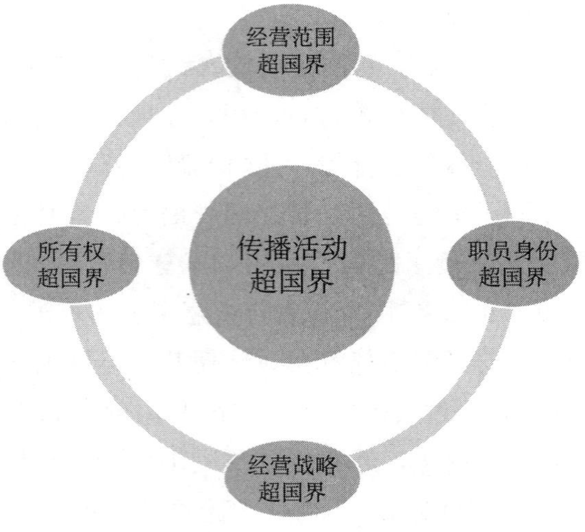

图 4-4　跨国公司参与国际传播的超国界性

三、跨国公司参与国际传播的形式

作为国际传播的基本主体，跨国公司借助人际资源和各种媒介（除了传统媒介，还包括互联网、手机等新媒介），以各种各样的方式参与到国际传播中。国际传播成为跨国公司展开全球营销、巩固与开拓全球业务和市场的有力武器。跨国公司从事国际传播活动的形式主要有两种：一种是国际广告，一种是全球公关。

国际广告是一种跨国界的广告形式，其目标受众是目标国公众或普泛的国际社会公众。跨国公司通常利用国际广告这一信息传播方式，通过媒体将有关品牌、商品和服务的信息传递到境外可能的用户群中，以期在全球范围内引起广泛注意和激发实际的购买行为。在一个消费决定生产的全球买方市场，激烈的市场竞争冲击着"酒香不怕巷子深"的传统观念，讲究差异化和区分度的注意力经济使国际广告成为一种必然。如同一般性广告，国际广告分为单纯的商品广告与品牌、形象广告。前者的流程相对具体，传播动机和意图相对明显，商业色彩浓厚，它旨在向全球受众推介公司的产品和服务，进而激发受众的购买欲望；后者的流程相对抽象，传播动机和意图相对隐秘、纯粹，商业色彩较淡，它旨在向全球受众宣传公司的品质和形象，使受众对公司产生好感，并因此产生品牌信任感和忠诚感。如全球资深的化妆品公司——法国欧莱雅公司，为打入中国市场，高价聘请多位中国女明星拍摄宣传广告，一句"巴黎欧莱雅，你值得拥有"，成功地吸引了中国广大受众的关注，获得了知名度和美誉度。作为一家以全球为经营营利范围和有意拓展全球市场的跨国公司来说，在国际广告的运用中，选择合适的媒体至关重要。

既然广告是有偿的传播形式（要向媒体支付一定的费用，所谓“付费传播”），即便是实力雄厚的跨国公司也存在广告媒体的选择问题。跨国公司对国际广告媒体的选择主要取决于三个方面的因素：第一，广告目标。跨国公司的广告目标由其营销目标决定，而在不同时期的全球市场定位和市场环境下，跨国公司的营销目标是不同的。这种由营销目标决定的广告目标进一步决定了媒体的选择或组合方式。第二，受众的特征。不同地区、国度的消费者的文化心理、审美趣味、消费习惯和媒体接受能力各不相同，因此，只有选择亲近、贴近于全球消费者的媒介形式，才能取得理想的国际广告传播效果（劝服效果）。第三，媒体本身的特性和使用费用。不同的媒体有不同的传播特性，其传播范围、时效性和影响力各不相同。另外，不同媒体的运行成本及其广告费用也有差别。但是，收费高的媒体其传播效果不一定好，因此，跨国公司在根据预算选择国际广告媒体时，一定要进行广告费用支出与广告宣传效果比率的估算，从而使有限的国际广告费用能够实现最大限度的传播效果。[①]

全球公关是一种以全球为目标对象和范围的公共关系形态。公共关系是指企业（以及政府或其他社会组织）利用包括符号媒介、传媒技术在内的各种媒介手段与公众建立良好关系，营造有利于自身生存和发展的外部环境的信息传播活动。与广告不同的是，公共关系的手段相对“柔软”“平和”，不以直接的产品或品牌的推销和营利为目的，而追求的是长期效益、长期效果和累积效应。其宗旨是：以各种有益于公众（而非仅仅是企业自身）的做法树立企业持续良好的形象，从而赢得公众持久的理解、信任和支持。跨国公司所展开的是面向驻在国公众、目标国公众乃至全世界公众的全球公关。相比于国际广告，全球公关是跨国公司所采用的更高层次也更为持续有效的一种国际传播形式。为谋求理想的全球公关效果，跨国公司往往选择全球性媒体或各个国家的主流媒体，并配合以人际交流进行全方位、立体型的公关传播。尤其是在危机公关中，跨国公司更是几乎不计成本地动用一切可能的传播媒介，在最短的时间内向全球公众展开解释说服工作，澄清事实，弥补过失或过错，以消除危机给公司造成的不良影响，修复受损害的公司形象。[②] 跨国公司的全球公关活动的方式多种多样，包括进行企业文化的全球传播、组织各种跨国性专题

---

① 譬如，可口可乐、索尼等跨国公司不是直接购买广告媒体，而是通过资助世界性体育赛事，使其产品广告和品牌的形象张贴和宣传于赛场上，进而借助媒体播放让全球观众在观看比赛的同时，也看到其产品广告和品牌形象。

② 当年，宝洁公司的“佳洁士”牙膏电视广告被中国东北某报指称其“鸡蛋小试验”有假，这在中国广大消费者中引起轩然大波。宝洁（中国）有限公司的公关经理立即从广州飞往北京，并采取了两大重要举措：一是邀请中央和北京的媒体记者参观北京宝洁技术中心；二是在媒体面前重做电视广告中的“鸡蛋小试验”，表明试验过程和结果的真实性。通过这次危机公关，宝洁公司不仅消除了负面报道对公司的不利影响，而且还博取了公众的好感，提升了公司在消费者心目中的形象。

咨询活动和向当地提供社会公益性的资助和服务等。[①] 这些活动通过国际性大众传媒展示出来，往往能够取得比直接的国际广告宣传更好的传播效果。

四、跨国传媒公司

在跨国公司的范畴下，有一类经营媒体、专门从事国际传播活动的特殊的公司形态——跨国传媒公司。相比于一般性的跨国公司，跨国传媒公司是国际传播更为直接的推动者，同时也充当了媒体和传播全球化和自由化的最重要表征。由于拥有雄厚的信息传播技术和庞大的媒介传播机构，相比于主权国家和其他非国家行为体，跨国传媒公司在国际传播方面的竞争力更强，对世界各国的政治、经济和文化生活的影响也更大。譬如，在信息技术和互联网成为基础设施的当下，经济规模已经“富可敌国”、人口（用户）规模已破 20 亿大关的大型跨国传媒公司——脸书公司对人类活动的渗透范围实际上已经超越历史上任何一个国家或国际组织。[②] 跨国传媒公司的全球传播运作使信息跨界传播成为人类生活的常态。

跨国传媒公司之所以属于跨国公司，首先是因为，它是一种以制作并向全球传播新闻和娱乐节目等精神性产品为主要特点，并以营利为目的和依照商业（资本）逻辑运作的专业性国际传播公司。其次，作为一类特殊的跨国公司，跨国传媒公司的特殊性在于：它既是传播的主体即传播者，又是传播的渠道和手段，集传播的主客体双重身份于一身，因而兼具目的与手段的双重性。一方面，它作为国际传播的主体在全球范围内进行信息的生产和传递，因而其本身就是目的；另一方面，它也是主权国家、超国家机构（政府间国际组织）、国际非政府组织、其他跨国公司及个人等所有其他国际传播主体传递信息的通道和载体，因而成为充当传播手段的客体。世界上著名的跨国传媒公司主要有美国的搜索引擎巨头谷歌的母公司——“字母表”（Alphabet）、时代华纳公司、迪士尼公司、维亚康姆集团，澳大利亚的新闻集团，法国的威望迪环球集团（Vivendi Universal）和德国的贝塔斯曼集团等。紧随其后的巨型跨国传媒公司还有：日本的索尼公司、荷兰的里德爱思维尔公司（Reed Elsevier NV）、美国的甘尼特公司（Gannett Co.，Inc.）、英国的皮尔逊公司（又译

---

① 譬如，在 2010 年中国上海举办的世界博览会上，各国各大跨国公司纷纷通过赞助、参与运营、组织活动等方式进行自我宣传。据报道，世界建材业巨头法国拉法基集团（Lafarge）不仅作为法国馆合作伙伴赞助了法国馆，还参与了其他一些项目的建设，为 17 个企业联合馆和国家馆提供了 51 万平方米的石膏建材。世界化工巨头德国巴斯夫集团（Basf）除赞助了德国馆外，还在公司网站上专门建立了世博会链接，宣传其对德国馆的赞助。

② 早在 2012 年，美国学者丽贝卡·麦金农（Rebecca MacKinnnon）首次提出“脸书斯坦”（Facebookistan）一词，将脸书公司比拟成一个主权国家。

“皮尔森公司”或“培生公司”，Pearson PLC）、墨西哥的特莱维萨公司（Televisa）和巴西的环球传媒集团（Grupo Globo）等。这些跨国传媒公司都是真正意义上的全球性媒体和全球化的传媒集团，是所谓的“全球传媒帝国”，它们以跨国界的规模和跨媒体的形式编织了一张覆盖全球的信息传播网络。

随着市场观念的不断深入和贸易壁垒的不断消除，对媒体国家控制和公共利益承诺束缚的解除释放了巨大的资本能量。资本增殖逻辑成为全球媒体体系以跨空间、跨国界的方式得以形成的不二法则。作为媒体自由化象征的跨国传媒公司所构成的全球媒体体系几乎形成了如下的新行为准则：一切都可以在任何地方用任何语言说出来，只要说的本身有利可图。[①] 这个媒体生产中的“纵深商品化”和“超级商业主义”在美国和世界其他地方持续发展的过程中充分显示出，全球化的传媒集团不再仅仅是单一国家的传播渠道，而成为全球资本主义意识形态（自由化）机器当中的一部分。由此，国际传播越来越显示出从以国家管理为主导向以市场为导向转变。国际传播活动更多地考虑到贸易和市场标准，而较少考虑国家的政策意志，进而，国际传播的格局日渐被资本、市场而非政治权力所规定。

西方 50 家跨国传媒公司占有世界 95％的传媒市场，控制着全球媒介新体系。新的媒介集团正在创建一个全球图像和视听空间：“一个传输空间，它作为一个有自己主权、自己保证人的新地理存在，无视权力地理、社会生活地理、知识地理……”[②] 鉴于巨型的跨国传媒公司控制了全球巨量的媒介资源，在全球传播中所发挥的信息和舆论管理方面的社会控制作用甚至超越了主权国家，人们难免担忧：这将对全球民主构成巨大的威胁，将把人类健康的文化环境置于深刻的危机当中。

第四节　作为国际传播主体的国际组织

国际组织，是指在国际社会范围内超国家或跨国界的组织机构。国际组织是国际关系中非常活跃的一个行为体。与主权国家相比，从成员上看，国际组织的成员可能是各个成员国，也可能是来自各个国家具有共同抱负和旨趣的公民；从对公共权威的垄断上看，国际组织不具有主权国家那样排他性的公共权力，也不拥有暴力和警察机关；从财政能力上看，国际组织依靠成员国的会费和其他捐款，它们是非营利性机构。概而言之，国际组织是不拥

---

① 赵月枝．传播与社会：政治经济与文化分析．北京：中国传媒大学出版社，2011：137.

② 莫利，罗宾斯．认同的空间：全球媒介、电子世界景观与文化边界．南京：南京大学出版社，2001：101.

有公共权力、非营利的国际性组织。国际组织包括政府间国际组织（有时也称为国际政府间组织，intergovernmental organizations）和国际非政府组织（international non-governmental organizations）两类。

一、作为国际传播主体的政府间国际组织

政府间国际组织即超国家机构，它由各个国家政府的官方代表组成，其成员主要是主权国家，如联合国、欧盟、美洲国家组织（Organization of American States，OAS）、非洲统一组织（Organization of African Unity，OAU）、世界贸易组织、国际货币基金组织、世界银行（World Bank）、世界卫生组织（World Health Organization，WHO）、国际电信联盟等。

作为国际传播的重要主体之一，政府间国际组织是国际信息的重要集散地和信息源，也常常是国与国之间信息交流的一个重要场所，成为国与国信息传播的中转加工站。作为讨论各种国际议题的讲坛，政府间国际组织主要通过以下三条途径从事国际传播活动：其一，召开国际会议。政府间国际组织每年举办各类主题的国际会议，吸引世界各国记者赴会采集和发布消息。譬如，联合国在会议期间会举行新闻发布会或记者招待会，各国通讯社和媒体机构驻联合国的常驻记者到会采集信息，并借助发达的通信手段把消息迅速传回国内，供国内媒体报道给受众。又如，亚太经合组织（Asia-Pacific Economic Cooperation，APEC）经常召开不同层次的国际会议（包括领导人非正式会议、部长级会议、委员会和工作组会议等），吸引世界各大媒体广泛关注并参与报道。其二，解决国际争端。矛盾冲突性是重要的新闻价值之一，国际矛盾冲突及其解决始终是国际新闻报道的重大议题。政府间国际组织通过主持协调和谈判，在相关国家之间传递和交换信息，从而促进各国的相互理解、信任以及共识的达成。对此，国际性媒体会广泛关注并加以报道。譬如，在2004—2010年的六年间，世界贸易组织对美国与欧盟分别代表世界两大飞机制造商——波音（Boeing）与空客（Airbus）所提出的产品倾销控诉进行裁决，发布了多项裁定，并借助国际媒体把仲裁的结果传播到国际社会及各成员国。其三，自办传播媒体。政府间国际组织大都拥有自己的传播渠道，有自己的大众传媒（如广播电台、电视台）和信息网络，并建立了自己的出版机构和网站，定期或不定期地向世界传递理念主张、议题规章等信息。新媒体时代信息传播的便捷性，无疑增加了政府间国际组织作为国际传播主体的影响力。

下面以联合国为例来展示政府间国际组织自主从事国际传播活动的途径和作用。联合国作为全球最大的政府间国际组织，在全球范围内建立了一张连接世界各国政府和各大国际组织的庞大无比的信息传播网络体系。在联合

国内部，几乎所有重要的机构都有负责信息发布和传播的部门、传播网络和先进的传播媒介，都会发行大量的各种会议文件（纲领、宣言、决议、声明、建议、章程等）、研究报告、期刊、不定期刊物和书籍等。其中，联合国秘书处的新闻部是专门负责联合国统一对外传播的核心机构。联合国通过该机构用中、英、法、俄、西班牙、阿拉伯等六种工作语言向外传播秘书处编译过、供交流的信息。该机构主办联合国广播电台，每天以 30 种语言对世界各国和地区广播有关联合国的新闻节目，它还建立了联合国网站（www. un. org），并在数十个国家设立了新闻中心和新闻服务处。

联合国利用自己所拥有的传播机构和各种传播媒介，向世界传播联合国的思想和理念，使联合国所确立的宗旨和原则日益深入世界各国人民心中；将监测到的国际环境中的全球性问题设定为报道议程，传达给世界各地，从而引导国际舆论，使国际社会达成共识；不间断地向各国政府和人民提供世界性事件的进展情况，及时发出有关世界政治、经济、军事、科技和文化等方面的信息，以此来满足国际社会对关涉到世界和平与发展的各种信息的需求。从传播内容上讲，基于联合国及其各专门机构所传播的信息最为重要、普适、专业和权威，联合国是一个比主权国家更具权威性也更有影响力的国际传播主体。联合国的国际传播主体地位及其在国际传播中的重要作用集中体现了政府间国际组织的国际传播主体性。

二、作为国际传播主体的国际非政府组织

国际非政府组织（“国际民间组织”）是指为了实现特定的目标，由属于不同国家、民族、阶层和性别的个人及民间团体所组成的跨国社会组织。它既不参与公共权力的竞争，也不以营利为目的，而是旨在推进人类的公共利益，因而被称为国际社会中非政府非商业的公益组织、“民众的组织”或“第三部门”(处在国家/政府/权力与企业或公司/市场/资本之外或之间)。过去近半个世纪以来，作为全球“道义的力量”的国际非政府组织在世界传播中扮演着越来越显著的角色，在促进人类传播民主化的进程中发挥着越来越重要的作用。

（一）国际非政府组织作为国际传播主体的兴起

自 20 世纪 60 年代尤其是 90 年代冷战结束以来，世界各国先后发生了一种重要的社会结构性变革，即：在一个社会内，在国家和市场以外生成了众多被称为非政府组织的社会组织和机构。① 这些社会组织不以营利为目的，旨在推进社会

---

① 这些社会组织和机构因其民间性、自愿性、公益性、独立性和非营利性，还被称为“民间志愿者组织”(private voluntary organization，PVO)、“公益组织”、“第三（独立）部门”和“非营利组织”(non-profit organization，NPO）等。

公共利益而在政府和企业未能开展活动的领域向社会提供公共物品（包括劳务），诸如各种形式的协会、学会、研究会、联谊会、商会、行会、学校、医院、福利院、文化艺术团体、宗教组织、反战与和平组织、环境保护组织、争取民权和反种族歧视组织、人权和救济组织、原住民权益组织、妇女权益组织和青年组织等。

与之相应的是，在此期间，国际社会同样发生了结构性的社会变革。在主权国家之外，出现了众多国际非政府组织。不同于一般性的非政府组织，国际非政府组织具有跨国性，其组织目的、活动范围、组织成员及其经费来源和使用都是跨越国界的。到 2005 年，世界上的国际非政府组织达 5.1 万个（当时，各种类型的国际组织是 5.8 万个），比 1991 年增长了 109%。大多数国际非政府组织的总部都集中在美国和欧洲这些全球化程度较高的地区，并有向发展中国家扩散的趋势。这些国际非政府组织大规模地出现在国际舞台上。迄今，在全球范围内，经联合国经济及社会理事会批准享有"咨商（咨询）地位"、在国际公益性事务中发挥重要作用的国际非政府组织达到 2 200 多个。

国际非政府组织不仅数量庞大、种类繁多，而且活动范围广泛，其触角已伸向全球各个角落，其影响已波及和渗透到国际关系和人类社会生活的各个方面。它们或是在某些国际问题上对主权国家的政府施加压力，或是在各国政府不愿意或力所不及的领域内弥补政府工作的缺位，协助、督促政府促进国际社会的公益事业和推动各种全球性问题的解决，从而成为各种（新）社会运动的主力和全球治理中的第三种力量（除主权国家和跨国公司外）。在自身的积极努力和联合国的推动下，大多数国际非政府组织通过开办网站、出版刊物，定期或不定期举办国际论坛，组织推介会、媒体见面会和网上公告，参与或监督联合国体系内各大论坛、各个机构及其他国际组织机构有关全球事务的决策过程，积极争取国际舆论的支持，进而开展跨国行动，引导国际社会良性发展。作为国际传播主体，国际非政府组织所采用的媒介或传播策略包括：对国际主流媒体进行驾驭，以制造全球媒介事件，或是借助自身的非主流媒体、独立媒体等平台传递信息，汇聚全球舆论和共识。跨国活动的媒介化和组织网络化一直是国际非政府组织如各种环保组织成功运作的重要组成部分。譬如，绿色和平组织（Greenpeace）拥有各种最先进的通信设备和规模庞大的计算机网络。它早在 1985 年就开始利用互联网开展活动，在 1994 年还设立了自己的网站，在网上刊登大量图片，宣播环保理念，还进行实况网络转播，给世界各地的环保相关人士带来强大的视觉冲击力。还譬如，1972 年在斯德哥尔摩召开的联合国人类环境会议，第一次举办了非政府组织论坛，有近 300 个非政府组织参加。此后，这种论坛成为惯例，联合国每次召开国际会议时，在同一时间和同一地点，都会举行同一主题的非政府组织论坛，并向媒体开放，放大议题，从而使非政府组织对联合国的相关决策施加影响。1995—1998年间，70个国家中的600个以上的非政府组织通过互联网，直接介入并干预了在世界经济合作与发展组织框架下旨在给予跨国资本空前流动自由的多边投资协定（multilateral agreement on investment）的贸易谈判过程，从而促成了该协定的流产。这一事件成为凸显国际非政府组织以跨国传播网络为支撑的国际传播能力和效率的里程碑式的标志。1996年在新加坡召开的世界贸易组织第一次部长级会议，有159个非政府组织分别代表环境、发展、消费者、商业和农民等利益群体与会。1999年在世界贸易组织会议第三次部长级会议前夕和期间，大约有1.5万个非政府组织在美国西雅图发动了意欲阻止经济全球化的示威活动，它们一同在“公共居民”发布的反WTO宣言上签名。2002年在南非约翰内斯堡召开的可持续发展世界首脑会议，有3 500多个非政府组织参加了论坛。2008年在波兰波兹南召开的世界气候大会期间，环保组织在会场外集会和游行示威，举行新闻发布会，抗议发达国家政府的不作为，敦促八国集团①制定减排目标和承担减排责任。通过广泛的国际传播活动，国际非政府组织及其论坛有力地推动了人类和谐发展和可持续发展议程问题的全球化及全球性解决。

（二）国际非政府组织作为国际传播主体的特点

由于本身的国际性，国际非政府组织利用各种传播手段（大多数国际非政府组织自身就拥有出版机构或网站等大众传媒）所开展的跨界信息传播活动和舆论动员工作自然地成为国际传播的重要组成部分。

作为国际传播的主体之一，国际非政府组织具有以下三大特点。

其一是传播主体的多层次性。与主权国家、跨国公司不同，国际非政府组织是多层次的，既有全球性的（如绿色和平组织、国际红十字会），也有地区性的［如北方的“关爱世界”、覆盖除古巴以外的拉美地区所有西班牙语国家的“记者反腐败”（Journalists Against Corruption，JAC）组织］。有些国际非政府组织本身就具有多层次性的特点。它们在世界各个国家和地区设有分部和分支机构。譬如红十字会组织，全球性的是红十字国际委员会（即“国际红十字会”，总部设在日内瓦），地区性的有亚太地区红十字会、欧洲国际红十字会、泛非红十字会等；各国也都有自己的红十字会组织，各国国内还有省级、州市级、县级等地方性红十字会。全球范围内各个层次的红十字会组织都在进行人道主义救助，都在传播红十字会的人道主义精神和理念，但因层次的不同，各

① 八国集团（Group of Eight，G8）始创于1975年，始创国包括美国、英国、德国、法国、日本、意大利六国，简称“G6”。1976年，加拿大加入，“六国集团”成为“七国集团”，简称“G7”。1997年，俄罗斯加入，“七国集团”成为“八国集团”，简称“G8”。2014年，白宫宣布，美国总统奥巴马和G7集团其他国家领导人决定暂停俄罗斯G8成员国地位。

自传播的范围、内容、渠道和受众也有所不同。又如绿色和平组织，全球层面的是国际绿色和平组织，该组织还在40多个国家和地区设有分部。再如奥林匹克运动委员会（简称“奥委会”），全球层面的是国际奥委会，与之相应，各国都有自己的奥委会，负责承办奥林匹克运动会和其他同奥林匹克运动相关的活动。

其二是传播类型的多样性。作为单纯的政府组织和企业，主权国家和跨国公司的越境信息传播活动是比较纯粹的政治传播和商业传播。不同于主权国家、跨国公司，国际非政府组织数量众多，它们在目标宗旨、性质职能、阶层利益、成员分布等方面各有特点，其组织特征和运行规则也多种多样。这种性质和组织形态的多样性决定了越境传播类型的多样性。具体地说，政治类国际非政府组织的传播更多地带有政治传播的特性；经济类国际非政府组织（如国际商会）的传播更多地带有经济传播的特性；文化类国际非政府组织（如国际公益文化事业协作体、国际奥委会）的传播更多地带有文化传播的特性；社会类国际非政府组织［如国际乐施会①、世界妇女大会（World Women Conference）］的传播更多地带有社会传播的特性；宗教类国际非政府组织［如天主教救济会（Catholic Relief Services，CRS）］的传播更多地带有宗教传播的特性。最后，还有一类特殊的国际性社会组织——恐怖主义组织［如“基地”（al-Qaeda）组织］，它们经常性地借用网络新媒体（如视频网站、网络手机等）公布与其恐怖活动有关的图片与视频，宣讲恐怖意识形态，向相关国家政府公开宣战，以扩大其全球影响范围，因而同样带有宗教传播的特性。不同性质和形态的国际非政府组织面对的受众也是各不相同的。文教、科研、新闻出版等社会组织主要面向知识阶层；卫生、福利、扶贫救济等慈善性社会组织主要面向各种弱势、边缘群体；反歧视的社会组织主要面向特殊群体；宗教性社会组织主要面向教徒和对信仰的同情者；恐怖主义组织主要面向恐怖主义同情者、宗教极端主义分子、民族分裂主义分子和其他不确定的人类文明仇视者。从整体上看，不同性质和形态的国际非政府组织都属于国际社会组织的范畴，因而都具有跨国社会组织传播的一般属性；但从微观上看，每一类型的国际非政府组织又各具传播的特性，在越境信息传播上各有其特殊的主观要求和客观规律。

其三是传播特质上的相对独立性。从一般意义上讲，作为一般社会组织，国际非政府组织独立于政府，也不同于企业。它往往与主权国家和跨国公司（资本）相对立，因而往往被称为“人民的组织”或“民众的组织”。然而，这种独立性是相对的。在现实的国际社会中，国际非政府组织通常同主权国家和跨国公司有着密切的关联。一方面，国际非政府组织积极地介入主权国家政府的决策行为和跨国公司的商业行为中，另一方面，主权国家和跨国公

① 即牛津饥荒救济委员会，英文名为“Oxfam International”。

司力求把国际非政府组织的日常运作及其越境传播活动纳入单一世界秩序框架的政治体制或资本体系内。实际上，许多国际非政府组织的国际传播议程设置往往是与国家政治权力和国际资本相容的，且服务于后者。譬如，美国的一些实力雄厚的国际私人基金恰恰服务于跨国资本的长期利益。而且，国家政治权力和国际资本从未放弃过把触角深入非政府、非商业领域，并把这些组织嵌入自己的轨道内，将其当作实现自己目标的可变通的、替代性途径。在此，主权国家在将自己的部分权力让渡给诸如世界贸易组织这样的超国家机构的同时，也将部分的职能分派、转让或“外包”给社会中的非政府组织，致力于资助、扶持和培养特定的国际非政府组织从事原先由政府承担的工作，从而把这些非政府组织转化为“影子国家”（shadow state）的一部分。[①]

（三）国际非政府传媒组织

在国际非政府组织中，同样有一类特殊的非政府组织形态——国际非政府传媒组织（国际媒介非政府组织）。这是在传播领域内专门关切和从事跨国传播活动的非政府组织。作为非政府非商业的专业性国际传播组织，它们在国际传播事业发展中发挥了独特的作用，同时也充当了全球范围内媒体和传播民主化的代表。

国际非政府传媒组织大量涌现于 20 世纪 90 年代。它们通过大众媒介和全球性网络传播提供非主流的另类信息和思想，由此产生了全球性的影响。目前，一些重要的国际非政府传媒组织通过定期地组织活动、发表报道、开展调查等方式，对各国媒介体制、媒体、记者的境况以及重要的国际传播问题进行大规模的研究和报告，从而在新闻乃至政治、经济、文化等各领域都拥有一定的影响力。在当今世界影响力较大的国际非政府传媒组织有：保护记者委员会（International Committee to Protect Journalists，CPJ）、国际新闻工作者联合会（International Federation of Journalists，IFJ）、公共诚信中心（The Center for Public Integrity，CPI）、国际新闻学会（International Press Institute，IPI）、国际言论自由交流会（International Freedom of Expression eXchange，IFEX）、国际新闻社（Inter Press Service，IPS）和“记者反腐败”等。这些国际非政府传媒组织在世界各国设有分支机构或办事机构，构成一张旨在维护和捍卫新闻自由的全球公民网络，譬如，“信息自由倡导网络”（Freedom of Information Advocates Network）。大致可以将以上国际非政府传媒组织分为三类：第一类立足于对全球主流媒介的监督和分析，旨在促进言论自由，保护记者的权益，因而成为媒介这一社会监督者的监督者。第二类广泛从事媒介扫盲和媒介（素养）教育，通过公共教育系统和成

① 赵月枝．传播与社会：政治经济与文化分析．北京：中国传媒大学出版社，2011：140.

人教育，致力于培育媒介的批评意识，以提高全球民众对媒介价值、规范和社会影响的认识与利用媒介进行自我表达的能力。第三类投身于有关国际传播的学术和政策研究，以指导国际传播的实践。所有这些国际非政府传媒组织的涉猎范围都十分广泛，但有一个共同的关注点——“新闻自由”，因为新闻自由不仅意味着新闻传播机构与专门从业人员的言论自由和人身安全，同时也意味着传播信息的真实性和可信性，能够更好地发挥新闻媒体作为“社会记录者与观测者”的功能。更为根本的是，作为一种与政治媒体和商业媒体相并立、替代性的（alternative）或公共/独立的媒体实体，国际非政府传媒组织秉持脱离于全球主流传播逻辑的操作原则，它们在一个协作的和非等级制的民主组织结构上运作，共同致力于在世界各地尝试推广不同于主流政治或商业媒体的新的传播理念与实践，从而建立起超越资本帝国的新的全球信息生产、流通秩序和全球公共传播体系。当然，同时应当看到的是，国际非政府传媒组织是在主权国家和跨国公司之间谋求生存的，其发展不可避免地要受到威权主义政治体制和商业主义经济制度的双重限制，往往处于主流传播结构之外的边缘状态，有些甚至处于地下或半地下的非法状态。出于生存和发展的考虑，有些极具影响力的国际非政府传媒组织甚至自愿妥协，与主权国家和跨国资本保持一种既对抗又合作（“合谋”）的模糊关系，因而极有可能被收编到全球国家和商业媒体体系中，而丧失其独立性。[①] 但总的说来，自诞生之日起，这些意识形态多元化、组织形式多样化的国际非政府传媒组织就在不断地挑战、补充、调节和修正着全球主流传播系统。

作为国际传播的重要主体之一，国际非政府组织传播的多层次性、多样性（差异性）和相对独立性丰富了国际传播的形态和内容，使之呈现出开放性、扩散性的特征。

第五节　作为国际传播主体的个人

从某种意义上说，国际传播是人的国际传播，而且归根结底是个人的国

---

① 此种国际非政府传媒组织的典型代表是美国的“互联新闻”（Internews）。“互联新闻”是一个投身于支持“世界范围开放性媒介”、培训全球媒体从业人员的国际非政府传媒组织。该组织 1982 年始建于美国，在欧洲和亚洲等 40 多个国家和地区都设有分支机构。根据该组织的网站（http：//www. internews. org）介绍，它主要从美国政府、荷兰政府、欧洲委员会以及一些美国大公司和基金会等国家政府和资本实体获得资助，并与美国政府和美国主要传媒集团保持着密切关系（其董事会中有一位是美国在线-时代华纳的高级副总裁，还有一位美国议员）。该组织活动范围甚广，从 1992 年到 2001 年，它培训了超过 1. 8 万名媒体专业人员，与 2 100 个以上的非政府电视台和广播台有工作往来。参见赵月枝 . 传播与社会：政治经济与文化分析 . 北京：中国传媒大学出版社，2011：140。

际传播。国际传播首先是个人社会交往的国际化和全球化，它表现为个人的社会关系网络在全球范围内不断地加密和延伸，其日常生活不断从本土社会扩展到国际社会。

一、个人作为国际传播主体的产生与发展

从广义上讲，最早的国际传播活动是由个人开启的。个人跨出本氏族、本部落、本地区、本国范围的第一步就是国际传播的开始。在历史上，个人一直是跨境信息传播的最通常的载体。至于中国唐代的玄奘、13 世纪的意大利人马可·波罗，更是分别在古代中印和中欧之间的信息交流中发挥了至关重要甚或不可替代的作用。到 19 世纪，在国际邮政业、电报、电话、传真通信开展了国际通信服务之后，个人作为国际传播的信息传递者的作用日渐得以增强。自 20 世纪 70 年代以来，随着个人化信息传播科技的发展，出现了小型录像机、录音机、光盘、打印机、DV、手机等可以便捷地传递信息的技术产品，这使得个人在国际传播中扮演着越来越重要的角色。依托于互联网络、数字技术、智能终端的发展而迅速兴盛的社会化媒体使“个人”在国际传播中展现出前所未见的巨大能量。

在个人成为国际传播主体的发展历程中，互联网的兴起和广泛使用具有里程碑式的意义。作为信息民主化、自由化的重要手段，互联网使所有人都有权利和能力接近、享用信息（至少从理论上讲）。由此，在互联网这一新媒体的赋权作用下，个人从作为国际传播的弱势主体提升为同主权国家、跨国公司和国际非政府组织并立的等势（位势平行、相等）主体。在互联网出现之前，个人既不能像政府那样，通过国家权力形成对媒体（传统媒介）的控制，也不能像企业和其他社会组织那样借助财力或社会关注程度对媒体产生影响。在信息传播的世界里，个人更多地作为大众传播的“受众”而存在，被动地接受着大众媒介发布的信息。互联网从根本上改变了个人在大众传播中作为“受众”的被动地位。它的低成本降低了信息传播准入的门槛，个人只需一台计算机、一个调制解调器和一根电话线或网线（实际上，现在计算机网络技术从在线互联网发展到了无线或移动互联网，实现了无线上网或移动上网，连网线也不需要了——只需任一无线上网终端）就可以参与网络信息的传播过程。这就一举打破了大众传媒的霸主地位，将受众由信息传播中的“赤贫阶层”变为传播资源的拥有者；互联网所具有的双向（或多向）交互式传播的特点，又使网络传播的参与者在接受信息的同时，可以进行信息的生产、加工和发布，成为信息传播的主体。[①] 将传统传播模式中的受众变

---

① 程曼丽．国际传播学教程．北京：北京大学出版社，2006：77.

成可以掌握主动权的传播者，这就是互联网在个人身上所发生的革命。普通个人“大众化”地成为传播主体，是网络传播技术给人类传播主体带来的最大变化。拥有网络终端产品的个人，其所在的国家一旦接入国际端口，个人就可以参与跨国界的国际传播活动，从而成为国际传播主体。

在互联网、社会化媒体等带有人际特性而使个人可以便捷展开跨境信息交流的新型大众媒介的技术支持下，公民个体作为国际传播主体的地位显著提升。普通人可以以低廉的费用向全世界自由发布和传播信息，还可以自由地选择信息。在此，个人不仅能独立自主地成为国际传播信息的发布者，而且还有可能成为国际传播中的“网红”或“大V”，甚至舆论领袖，对国际社会的政治、经济和文化生活产生重大影响。譬如，1995年初，北京大学学生贝志诚利用在中国刚刚兴起的国际互联网和网络新闻组的功能，向全球医疗界发出求救的电子邮件，邮件中描述了清华大学学生朱令突然身患的疑难重病。3小时后他就收到回信，最后共收到了发自世界各地的3 000多封回信，获得了一个相对统一的全球会诊结果——铊中毒。这突出地显示了公民个人作为国际传播主体相对于主权国家、公司企业或社会组织的独立自主性。再如，在2001年恐怖分子袭击美国的“9·11”事件发生之后，一位巴西大学生编造的谣言很快通过国际互联网传遍了全球。这位学生于9月13日在一个没有多少人知道的网络新闻组发出帖子，声称从一名教授那里获悉，CNN播放的巴勒斯坦人在街上欢庆美国被恐怖分子袭击的镜头，其实是巴勒斯坦人欢庆伊拉克入侵科威特的镜头。尽管谣言编得漏洞百出，尽管造谣者在第二天就收回了自己的话，尽管CNN和该录像的提供者BBC等都发表声明澄清，但这条谣言还是传遍全世界，引起国际社会的关注。[①] 又如在2005年伦敦爆炸案中，市民威廉·达顿（William Dutton）拍摄了手机照片，在朋友的博客上以近乎图片直播的方式报道了灾难现场的状况及全过程。这些照片很快进入各大电视网的新闻头条。在这次报道中，个人利用手机、互联网、博客和播客，将“第一时间、第一现场”的权力牢牢抓在手中。事实上，在一些国际突发危机事件中，当国家或国际组织等权威性传播主体报道不实或集体失语时，个人就会成为极为重要的补充性信息源和信息发布者。还有，2006年7月，英国知名新闻工作者伊莎贝尔·希尔顿（Isabel Hilton）创办了非营利性的中英双语环保网站“中外对话”（Chinadialogue），为中外环保人士提供了一个讨论中国及全球环保问题的平台。该网站在一些民间基金会的资助下，以伦敦、北京和旧金山为主要基地开展环保活动，发表了大量的独家报道和评论，引起很大的国际反响。可见，一个个分散的个体聚集起来可以形成

① 关世杰．国际传播学．北京：北京大学出版社，2004：150.

强大的舆论声势，并对政府或大型组织机构的决策产生影响。而社会化媒体平台“推特”上的超级“大V”美国前总统特朗普更是凭借其在现实世界和网络平台上的双重影响力创造了个人参与国内国际传播的奇迹：《经济学人》（*The Economist*）杂志2017年11月发布的调查表明，特朗普的推特粉丝量在2016—2017年间增速达到225%，截至调查结束，其在推特上拥有4 240万追随者[①]，位居推特平台第21名，政界第一名。根据社交媒体数据公司Keyhole的数据，至2018年7月，特朗普的粉丝量达到了5 340万。[②] 2018年7月4日（美国独立纪念日），特朗普在推特上的活跃粉丝和追随者的数量为5 300万，“这一数字相当于《纽约时报》发行量的50倍，CNN黄金时间热播新闻栏目《安德森·库珀360度》收视率的40倍”。[③] 据统计，特朗普在总统竞选期间总计发布推文4 220条，平均每日13条；2017年1月上任后至当年年底，平均每天6～7条，2018年平均每天发布或者转发推文10条以上[④]；推文内容从自我表扬到攻击对手，从私人情绪到官员任免，从批评媒体到发布政令，可谓五花八门，包罗万象。特朗普因而被称为“推特总统”，其行为被称为“推特治国”。这种绕过官方发言人与主流媒体，不定时、全方位发布鱼龙混杂式信息的“传播”使得特朗普的推特账号成了“新闻第一现场”和传媒界、政界、商界的“风向标”，其在全球范围内设置议程、引导舆论的效果不容置疑。这充分说明，作为国际传播主体的公民个人尤其是在现实世界本就有影响力的个人有可能成为国际舆论议程乃至政治决策议程的设置者。

随着摄像手机、3G手机、4G手机、5G手机等更多新式媒介的普及和网络技术的飞速发展，越来越多的普通个人参与到国际传播网络中，成为国际传播的越来越重要的主体。在此，公民新闻（citizen journalism）[⑤] 现象是个人成为国际传播的显要主体的重要表征，它强烈地冲击着传统封闭的、专业化和精英式的新闻业。所谓“公民新闻”，是指来自公民的非专业新闻报道。作为“公民的记者”，公民个人通过现代通信手段，以独到的视角、另类的眼光、有个性的取向，把自己所见、所闻、所感直接传递给大众媒体，或者独自创办小众媒介（如报纸、广播电台、电视台、网站和网络手机等），从而实

---

① “推特总统”特朗普粉丝量排第几位?（2017-11-21）[2019—06—18]. https://world.huanqiu.com/article/9CaKrnK5NfJ.

② 特朗普白宫会见推特CEO，抱怨掉粉太严重.（2019-04-24）[2019-06-18]. https://t.qianzhan.com/caijing/detail/190424-2ad0e23b.html.

③ 中选后继续“发威”：特朗普如何用推特改变美国?.（2018-11-13）[2019-06-18]. https://baijiahao.baidu.com/s?id=1616974997824784171&wfr=spider&for=pc.

④ 参见“地球日报”，http://global.sina.cn/szzx/article/20181223/041e6cd681451000.html。

⑤ “公民新闻”是一个泛化的说法。在社会组织不发达乃至缺失的社会，社会-政治意义上的公民身份（citizenship）尚未确立，因此，严格说来，这些社会是不存在“公民新闻”的。这些社会中的个人所创制的新闻被习惯地称为“个人新闻”。

现一定范围内的、可与主流媒体报道抗衡的新闻生产和传播。从早期的“德拉吉报道”（Drudge Report）① 到今天不计其数的跨国界“公民新闻”网站的出现，公民新闻发展成为“世界公民新闻”。伴随着信息传播全球化的进程，“世界公民新闻”浪潮近十年来席卷了全球。

由此可见，在新媒介环境下，国际传播者已经不再局限于传统传播秩序中的政府、国际组织、跨国公司、媒介精英、记者和节目制作者，而是扩大到生活在地球上各个角落、各行各业、各个年龄段、不同性别、不同文化背景和知识层次的个人——“无处不在的个人”（见图 4－5、图 4－6）。正如美国传播学者尼古拉斯·尼葛洛庞帝（Nicholas Negroponte）所言：“在网络中，每个人都可以是一个没有执照的电视台。”② 由此，国际传播进入一个真正意义上的“大众传播”（大众的传播）时代。

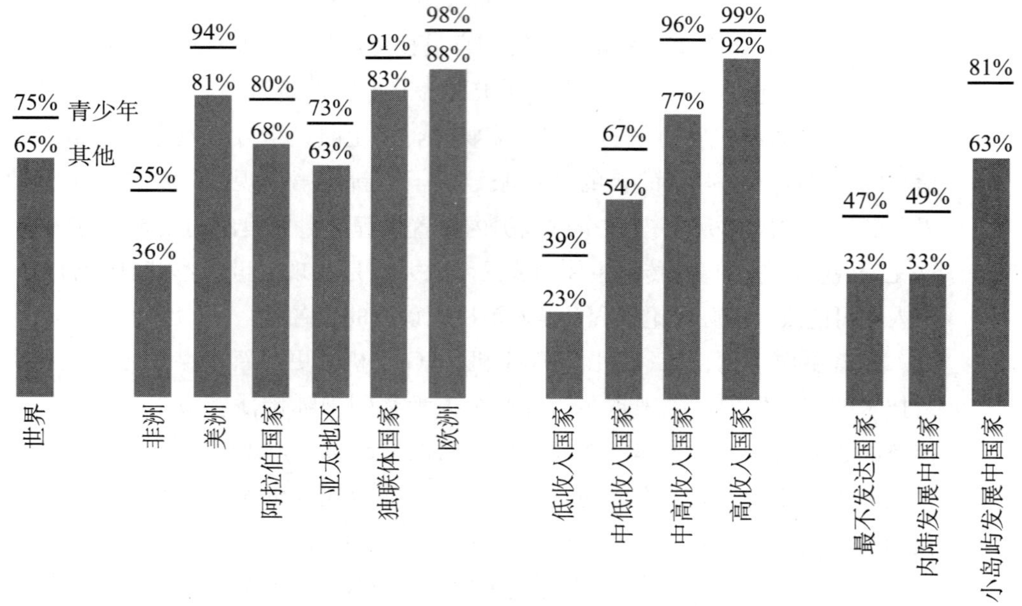

图 4－5　互联网用户年龄分布（2022）

资料来源：Three-quarters of 15-to 24-year-olds use the Internet.（2022－11－24）［2023－01－12］. https://www.itu.int/itu-d/reports/statistics/2022/11/24/ff22-youth-internet-use/.

注：“青少年”指 15～24 岁的青少年互联网用户占 15～24 岁青少年总人口的比例；“其他”指 15 岁以下或 24 岁以上的互联网用户占各自总人口的比例。

① “德拉吉报道”是由美国人麦特·德拉吉（Matt Drudge）于 1995 年创办的个人博客网站。这家“一个人的媒体”拥有众多消息来源，自采自编，通过向订户发送电子邮件列表（mailing list）的方式报道独家新闻。这家个人新闻网站曾因 1998 年率先报道美国前总统克林顿的性丑闻而闻名于网络媒体界，其个性化的新闻报道还常常被主流媒体如美国在线所转载。目前，“德拉吉报道”已跻身全美网站访问量前 20 名［甚至超过了《今日美国》（*USA Today*）、《华盛顿邮报》（*The Washington Post*）等商业网站］。这就是世界新闻传播史上所谓的“德拉吉现象”。

② 尼葛洛庞帝．数字化生存．海口：海南出版社，1996：205.

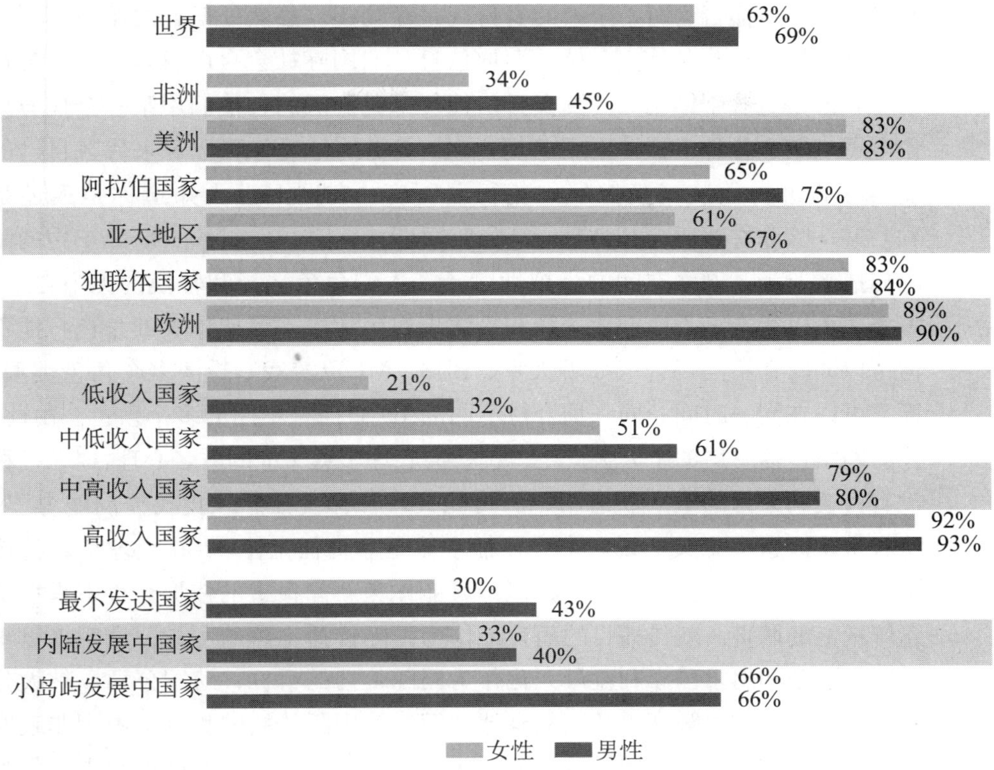

图 4－6　互联网用户性别分布（2022）

资料来源：The world takes a small step towards digital gender parity.（2022－11－24）［2023－01－12］. https：//www. itu. int/itu-d/reports/statistics/2022/11/24/ff22-the-gender-digital-divide/.

二、个人作为国际传播主体的特点

相比于主权国家、跨国公司和国际非政府组织，作为国际传播主体的个人具有以下两大特点。

（一）传播身份的模糊性

作为国际传播主体，主权国家、跨国公司和国际非政府组织的身份都是公开的，其传播目标也是明确的。无论在传统媒介中还是在新媒介中，主权国家、跨国公司和国际非政府组织等国际传播主体都是以真实的身份出现的，都是有据可查的（即便在特殊的场合，这些传播者有意要隐匿身份，这在技术上也是难以做到的）。与之相对，作为国际传播主体，个人的情形则较为复杂：主体身份真假难辨，传播目的大相径庭。在网络媒介诞生前，处于人际传播和传统大众传播中的个人，在参与国际传播活动时，其身份虽然相对“弱势”和“边缘”，但都是公开的；而在网络媒介（相当于虚拟社区）中，在做出国际传播行为时，个人的身份则是模糊的。虽然任何合法用户都可以通过通信线路在公共信息存储区存取信息，向国际社会自由发表言论，各抒己见，但是这些个体用户的真实身份往往都是隐匿的，他们用某一个代号如用电子邮箱和各种虚拟社区中的用户名、QQ的号码和昵称等来代替自己的真实姓名进行伪装（正像那句流行语所言：在网上没人知道你是人还是狗）——除非有意要公开身份，譬如跨国性社交网站（如Facebook）中的国际传播者所为。网络空间的虚拟性赋予了人们角色选择和转换的无限自由，一个人可以完全随心所欲地选择和扮演现实生活中不可能体验的角色，他不但可以同时在不同场合（如聊天室、BBS、MUD游戏）扮演多个角色类型，而且可以在同一时间、同一场合持不同的ID而拥有不同的多个角色。由此，作为网络传播主体的个人会产生一种社会心理学意义上的匿名心理："在一种没有社会约束力的匿名状态下，人可能失去社会责任感和自我控制能力。"① 从身份隐匿这个意义上说，个人传播主体是非责任主体。② 在全球信息传播中，个人尽管是传播主体之一，但不可能作为新闻报道的依据，也不承担信息管理上的职责。就传播目的而言，作为国际传播主体的主权国家明确以维护国家形象和追求国家利益最大化作为国际传播的目标；跨国公司以扩大公司全球知名度和美誉度以及获取全球利润作为国际传播的目标；国际非政府组织则以宣讲人类关怀和担负社会责任从而获得全球公众的认可和支持作为国际传播的目标；作为国际传播主体的个人不但身份迥异，而且目标多样：娱乐、体育明星可能以聚拢人气为主要目标，政商要人可能以塑造、维护良好形象为主要目标，草根民众可能仅以交流分享为初心，并无其他附带目标，如此等等，不一而足。

然而，正是个人在网络传播中所特有的隐蔽性和匿名性的特征，使其国际传播行为更加平等民主、自由开放、动机多样。在现实社会中，受诸多因素的影响，人们的精神交往带有很大的局限性，而在网络为他们提供的交互性的特别是身份隐匿的交流平台上，这种局限性大大减少。在网络世界里，人们可以坦率、"裸露"，无须考虑自己的国籍、地域、年龄、性别、学历、财富、社会地位、外貌与健康方面的情况，而这些条件形成的社会身份差异是人们在现实交往场合中难以回避的。此外，在现实社会中或传统媒介中，迫于舆论压力，人们会自动放弃（或不屑于）表达与主流言论相左的意见和观点，以便和大多数人保持一致，成为"沉默的螺旋"中的一分子。网络传播则因其中的个人身份的隐匿性而为人们无所顾忌地表达不同意见并寻求观

---

① 卡尔森．表演与后现代．国外社会科学，1998（3）：41-46.

② 信息传播中的责任主体与非责任主体的划分依据是法律职责（即责任主体是指应承担职责者，非责任主体是指不应承担职责者），而不是从社会学的角度对行为后果是否担责的意义上说的。非责任传播主体并不意味着参与信息传播活动中的个人不负责任。

点支持提供了宽广的平台。[①] 正如一般性网络传播行为是没有拘束的，在网络空间中进行的国际传播行为同样是自由开放的。具有个人身份隐匿性的网络为人们无拘束地参与国际传播活动提供了重要契机。借助国际互联网，越来越多的公民个人或以隐匿、或以"领袖"身份不断深入地参与到国际传播活动当中，实现特定的传播目标。譬如，基于网络传播身份的隐匿性，各种跨国性的新闻或非新闻的网站几乎都设置了留言板，并常常以全球重大事件的发生为契机，适时设立网上论坛以供世界各地网民交流、辩论。

（二）传播形式的多样性

作为最经典也最时新的国际传播主体之一，个人参与国际传播的形式多种多样，具有传播形式的多样性。总的说来，人类的国际传播活动经历了从传统的人际传播形式到现代的大众传播形式的转换，即从跨国界的人际交往发展成借助大众媒介的跨国媒介化交往。不过，个人参与国际传播形式的多样性突出表现在互联网、手机等新媒介出现之后。新媒介传播形式的多样性带来了新媒介下国际传播形式的多样性。几乎所有的新媒介传播形式都被公民运用到国际传播活动中。

在新媒介传播环境中，个人进行国际传播活动的形式主要有网络论坛（网络新闻组）、电子公告板系统（BBS）、博客（Blog，网络日志）、播客（Podcast）[②]、视客（Vodcast）[③]、维客（Wiki，也译为"维基"）[④]、掘客（Digger）[⑤]、推客（Twitter，也译为"推特"）[⑥]，以及网络视频[⑦]、社交网站[⑧]和

---

① 程曼丽．国际传播学教程．北京：北京大学出版社，2006：79－80.

② 播客即"音频播客"，又称"有声博客"，是一种将音频文件上传至互联网，允许使用者自主订阅和自由接收文件（自由选择收听内容、收听时间和收听方式）的传播方式。播客被认为是下一代的广播。

③ 视客又称"影像播客"，是一种将影像文件上传至互联网，允许使用者自主订阅和自由接收文件（自由选择收听内容、收听时间和收听方式）的传播方式。

④ 维客是 Web 2.0 所表现的又一种社会性网络技术，它是一个超文本系统。该系统支持面向社群的协作式写作，是多人协作的写作工具。进行维客写作的人既是阅读者，同时又是书写者，每个人都可以在 Web 的基础上对共同主题的维客文本进行创建、扩展、探讨，或浏览、更改别人写的文本等。

⑤ 掘客是集民主投票模式发掘信息（文章）、社会性标签归类、新闻评论、主题交友、RSS 订阅等多种 Web 2.0 元素于一体的新型网络社区。其特征在于全民供稿（用户可以根据自己的判断自由地提交自己觉得有价值的文章或信息）、集体编辑［借助相互反对的两项操作："顶"即挖掘（dig）和"埋"即掩埋（bury）］。

⑥ 推客是将手机短信与互联网连通起来的"微内容"博客平台。用户可以利用手机发送和接收网上信息（限定在 140 个字符内）。推客使得手机的短信传播借助互联网扩散成大规模的大众传播，因而被称为移动的"个人通讯社"。

⑦ 网络视频又称视频网站或视频分享网站，是由网络使用者上传个人视频资料供人观看、分享的网站，有时也包括传统媒介或影视节目制作单位将其视频文件上传进行直播或点播的网站。全球最有名的网络视频是源自美国的 YouTube。

⑧ 社交网站是一种借助互联网进行人际联络的互动交流平台，是靠上传图片与转帖和对方分享的社交工具。脸书（Facebook）是著名的国际性社交网站。

网络手机等。这些都是建立在Web 2.0与Web 3.0网络应用技术基础之上的新型媒介传播形式，都具有交互性、互动性的特点。譬如，网络视频是近年来作为国际传播主体的个人最常使用的一种传播形式。借助视频分享网站（如YouTube、Google Video等），普通个人把自发拍摄的视频上传，视频可快速地传播到世界各地，并在很短的时间内引起反响，获得即时的反馈（视频一上传就被观看、下载或评论）。2009年1月4日，为报复哈马斯，以色列军队大举进入加沙地带，对该地区发动了大规模的军事行动。很多阿拉伯世界的网民把自己拍摄的加沙地带的图片和视频、对美国支援以色列的各种分析报道、示威者在伦敦抗议以色列屠杀行动的长达15分钟的视频资料统统上传到YouTube上（对此，西方主流媒体的相关报道却很少），引起了国际社会的广泛关注。如果说美国的CNN、英国的BBC都是依靠雇用数千名专业记者发现新闻和传播信息的，那么，YouTube的信息和视频则大多是自愿的"平民记者"或者说普通百姓提供的。有人预测，"YouTube效应将会比CNN效应来得更猛烈。因为虽然BBC、CNN和其他国际新闻机构都雇用成千上万的专业记者分布在世界各地，但是，这些记者永远不会比随身携带手机随时拍摄视频的人更无处不在"[①]。当然，与专业记者相比，大多数作为国际传播主体的个人并不具备专业的传播知识，不属于特定的传播组织，不持有特定的传播立场，不拥有特定的传播渠道，也不面向特定的受众群体而依照一定的规则进行特定内容的传播，其传播行为往往或"一时兴起"，或"顺势而为"，或"无心插柳"，具有很大的偶发性、随机性、非专业性和非规范性。中国美食视频博主李子柒在YouTube上直播东方田园牧歌式的生活场景，"意外"走红。其视频播放总量刷新了吉尼斯世界纪录，对国际受众的影响力在某种程度上甚至超越了国内外专业传媒机构。

随着个人传播媒介发展的个性化走势和未来上网终端（如手机、掌上电脑等）向小型化、轻便化、无障碍传播和无线互联的方向发展，媒介模式将从以资源为核心转向以人为核心，未来新媒介将根据个人的不同情况和需要提供不同的服务。于是，个人的国际传播形式将越来越多样化，个人的国际传播行为也将变得越来越公开、平等和自由。

作为国际传播的重要主体之一，公民个人传播的生动性和多样性极大地丰富了国际传播的形态和内容，使国际传播参与呈现出高度公共性、开放性、民主化、个性化的特征。

可以预期，在各种传播主体的共同参与下，世界范围内的国际传播活动将把人类传播行为结构成一个纵横交错且彼此重叠的全方位、立体型的跨国

① NAIM M. YouTube effect. Foreign Policy, Jan./Feb. 2007.

网络。传播主体数量的空前激增将把人类从国际传播时代带入一个完全意义上的全民全球传播时代。

深入阅读

• 赵月枝．传播与社会：政治经济与文化分析．北京：中国传媒大学出版社，2011.

• MCPHAIL T L. Global communication：theories，stakeholders and trends. Allyn and Bacon，2002.

思考题

第一节

1. 何为国际传播的主体?
2. 简述国际传播主体的发展过程。

第二节

1. 简述主权国家作为国际传播主体的特点。
2. 简述主权国家作为国际传播主体的媒体体制差异及其历史发展变化。

第三节

1. 简述跨国公司作为国际传播主体的特点。
2. 简述跨国公司参与国际传播的形式。

第四节

1. 简述国际非政府组织作为国际传播主体的特点。
2. 简述国际非政府传媒组织在国际传播中的作用。

第五节

1. 简述个人作为国际传播主体的产生和发展。
2. 简述个人作为国际传播主体的特点。

第五章

国际传播的控制

本章知识结构及要点

◇ 国家对国际传播的控制

- 国家对越境信息控制的手段
- 国家对越境信息控制的模式
- 国家对越境信息控制的趋势

◇ 国际组织对国际传播的控制

- 作为国际传播控制主体的国际组织
- 国际组织对国际传播控制的手段
- 国际组织对国际传播控制的实施
- 国际组织对国际传播控制的效果

罗马俱乐部（The Club of Rome）委员会的报告称，在全球大变革即全球化的过渡期间，人类正面临着双重挑战：既要探索出一条理解的途径，以面对具有如此多的隐藏断面而笼罩在不确定性迷雾中的新世界；又要学会如何去管理新世界，而不是被新世界所操纵。① 为此，人类（凌驾于个人或一般群体、组织之上的各类组织机构，如主权国家和政府间国际组织）对信息的国际传播活动及传播网络采取了包括行政控制、法律控制、经济控制、信息与技术控制在内的多重控制手段和多种管理形式，以期确立起公正而高效运作的信息传播秩序和体系。本章从国家和超国家机构即政府间国际组织两个层面和维度来论述人类社会对国际传播活动的控制。

第一节　国家对国际传播的控制

对国家来说，国际传播是一种过滤式传播。纵观国际传播的发展历程，

---

① MOWLANA H. Global communication in transition: the end of diversity? Sage Publications, Inc., 1996: 196.

作为政治权力的封闭容器，国家始终是对越境（包括出境和入境）信息传播进行管控的最为完备的超级组织。

在整个国际传播史上，国家从维护国家安全和利益、增强意识形态和统治合法性的角度，不断加强对跨国信息传播的监控，即监管（监视，surveillance）和控制。在古代，无论是古希腊城邦时期还是中国的春秋战国时期，都对出入国境的信息采取了封锁或放大等信息控制行为。国家对国际传播的规模化、制度化控制则始于16世纪和17世纪，即现代印刷术发明的初期，这也是大众传播活动刚刚开始的时候。当时，在欧洲，伴随着新教思想的传播和资产阶级“市民社会”的崛起，舆论控制成为封建国家政府所关注的重要议题。“大多数威权政府在面对来自境内外的大量声音时，最终都采取了积极进入大众传播领域的政策。”[①] 如英国颁布《出版法庭命令》[亦即《星法院法令》(Star Chamber Decree)] 和对报刊征收“知识税”(Tax on Knowledge)，西欧国家发展出“新闻审查制”(censorship)。从电报传播时代到广播传播时代，从卫星电视传播时代到网络传播时代，无论在何种传媒体制下，各国都充分运用（乃至滥用）主权原则赋予的信息控制权力，为跨界或越境传播设置重重过滤、筛选信息的“过滤网”“筛网”和屏障。

面对信息传播的跨国化、全球化和智能化[②]，有目的地控制国际传播的内容及其流动、流通成为世界各国进行社会控制、维护国家主权利益与保证政治意识形态安全的重要手段之一。主权国家对越境信息的控制表现为对出境信息的控制和对入境信息的控制两个方面。对出境信息的控制，主要解决如何通过筛选将有关本国的正面信息传播到其他国家或国际社会，以扩大影响，促进交流，为本国的发展和国家良好形象的树立创造有利的外部舆论环境。对入境信息的控制，主要解决如何阻挡、过滤、消除外来的有害信息及信息扩张，以捍卫国家的信息安全和维护社会稳定。

普遍看来，国家主权的地缘封闭性决定了国家对出入境信息的管控几乎算得上是原发性的天然行为，国家对越境信息的控制充分地体现了作为管控信息的封闭法则的国家主权原则。当然，纵观国家依据主权原则对越境信息的控制历程，由于国家内部政治制度、国家的发展水平、国家与媒体之间的约束关系以及国际社会的形势等诸多因素的共同作用，各个国家对越境信息的控制还是存在很大差别的。一般而言，国家内部政治制度的民主化程度越高，国家发达程度越高，国家对媒体的约束越少，国家间的关系越平稳或友

① 西伯特，彼得森，施拉姆．传媒的四种理论．北京：中国人民大学出版社，2008：12.

② 在数字时代，算法成为国际传播的新要素和新动力。一方面，智能算法辅助信息内容生产；另一方面，智能算法推荐主导信息内容的分发，推动信息内容跨国流通的多元化、精细化和自动化。

好，国家对越境信息传播的控制行为就越少，也越宽松；相反，国家内部政治制度的专制程度越高，国家发达程度越低，国家对媒体的约束越多，国家间关系越复杂或恶劣，国家对越境信息传播的控制行为就会越多，也越严密。①

一、国家对越境信息控制的手段

主权国家对越境信息传播实施把关控制的形式多种多样，主要的形式有行政手段和法律手段。除此之外，随着信息全球化的深入发展，越来越多的国家开始利用经济手段及信息与技术手段对越境信息传播进行间接控制。国家对越境信息控制的日益“间接化”和“柔弱化”已经成为一种不可逆转的趋势。

（一）行政手段

行政手段是指国家的行政机构（政府）以强制性的命令、指示、规定、条例等形式调节越境信息传播活动的一种控制手段。这种手段的具体形式有：（1）对涉外媒体的创办进行审批、登记和颁发许可证；（2）对入境落地的外国媒体及互联网网站进行审查和监控②；（3）对服从政府和与政府合作的境内外媒体及记者的采访、报道给予种种优惠或特权；（4）压制、惩戒、整顿、查封、取缔或关闭对政府不友好的境内外传播媒介等③。

无论哪种社会制度和政治体制的国家，其政府都会对越境信息传播进行行政控制。行政手段是一种直接的、刚性的控制手段，其控制越境信息的效果也很直接、显著。譬如，土耳其在一百多年前严格禁止进口打字机。苏联在革命胜利后做出了纸张定额供应、通信传播机器严格监管和外文文件发布首长签字等规定，严重抑制了信息的内外传播。美国联邦通讯委员会（FCC，美国各大广播公司都受其管理）制定了所谓的“七-七-七法规”，规定一家电台或电视网公司不得拥有七座以上的调幅电台、调频电台和电视台，一定程度地限制了跨国媒体的垄断。另外，为控制境外媒体（尤其是电子媒体）所

① 任孟山．国际传播与国家主权．上海：上海交通大学出版社，2011：61－62．

② 中国字节跳动（Byte Dance）科技公司（现已更名为北京抖音信息服务有限公司）旗下短视频社交平台“抖音”海外版 TikTok 在美国推广时，特朗普政府以威胁美国国家安全为由颁布将 TikTok 从美国移动应用商店下架的行政命令。

③ 一个典型的例子是：“9·11”恐怖袭击事件之后，“美国之音”不顾美国政府的劝阻，执意播出阿富汗塔利班（the Taliban）领导人毛拉·奥马尔（Mullah Omar）的讲话录音，对美国攻打阿富汗的战争动员造成了负面影响。美国政府为惩戒“美国之音”，削减了它的经费，撤销了它的台长，就连主管“美国之音”的广播局局长也受到牵连。

有权拥有者在美国的数量，美国政府制定了准入门槛极高的传媒政策。还有，为限制传媒产品的入境，世界各国制定了涉及各种非关税性贸易壁垒措施（如配额、内容评级、许可证、审批、外汇管制、技术标准和环保标准等）的诸多行政规章和政策。譬如，2021 年，美国商务部发布的《确保信息和通信技术及服务供应链安全》明确将包括互联网软件（App）在内的信息和通信技术及服务列入监管范围，以通过“标准和规则”审查限制跨国信息科技公司在美的信息传播活动。同样，为扩大对外贸易和倾销本国的传播产品，美国制定了一系列阻止视听领域“文化例外”原则扩散的政策。再有，为维护国家和社会的稳定，各国都制定了相应的法规以便对有条件参与国际传播活动的各类主体的传播行为予以约束，特别是对伴随互联网发展起来的个人主体的信息发布行为给予了许多限制性的规定。就中国而言，为应对信息传播国际化、全球化的挑战，中国政府（中共中央宣传部等）在 1992 年重申，西方四大通讯社（美联社、美国合众国际社、路透社、法新社）和其他外国通讯社的各类新闻稿，不得在中国境内发行，国内所有公、私报纸、刊物和新闻单位不得直接向外国通讯社购买或登载新闻（一切国际新闻均须根据新华社广播稿发表）。1993 年、1997 年、2000 年、2001 年、2004 年，中国政府（国家广播电影电视总局，现已更名为国家广播电视总局）先后发布《卫星电视广播地面接收设施管理规定》《广播电视管理条例》《关于进一步加强电视剧引进、合拍和播放管理的通知》《境外卫星电视频道落地审批管理暂行办法》和《境外电视节目引进、播出管理规定》，严格限制安装和使用卫星地面接收设施，限定境外电影电视剧的引进数量、合拍条件和播放时间，以及控制境外卫星电视频道的落地。1996 年，中国政府（国务院）颁布《中华人民共和国计算机信息网络国际联网管理暂行规定》，强调从事国际联网业务的单位和个人不得利用国际联网从事危害国家安全、泄露国家秘密等违法犯罪活动，不得制作、查阅、复制和传播妨碍社会治安的信息和淫秽色情等信息。2005 年，中国政府（国务院新闻办公室、信息产业部联合）发布《互联网新闻信息服务管理规定》，其中第九条规定，任何组织不得设立中外合资经营、中外合作经营和外资经营的互联网新闻信息服务单位。互联网新闻信息服务单位与境内外中外合资经营、中外合作经营和外资经营的企业进行涉及互联网新闻信息服务业务的合作，应当报经国务院新闻办公室进行安全评估。这实际上在很大程度上剔除了境外资本参与互联网越境传播的可能性。此后，中国政府又颁布了《北京奥运会及其筹备期间外国记者在华采访规定》《政府信息公开条例》，在一定程度上放宽了对境外记者实地采访和越境信息传播的管控，推进了信息的公开化进程。随着全球信息互联进程的加快，国家相关部门陆续出台了一系列规定、条例等，以保障公民、法人及其他组织的网络信息安全，维护网络空间主权、国家安全和社会公共利益。如2012年12月28日通过的《全国人民代表大会常务委员会关于加强网络信息保护的决定》，2017年12月1日起施行的《互联网新闻信息服务新技术新应用安全评估管理规定》《互联网新闻信息服务单位内容管理从业人员管理办法》，2018年3月20日起施行的《微博客信息服务管理规定》，2022年2月15日起施行的新修订的《网络安全审查办法》，2022年3月1日起施行的《互联网信息服务算法推荐管理规定》等。

（二）法律手段

法律手段是指国家通过立法的形式即国家立法机构以立法程序制定规范，对越境信息传播活动进行规范管理的一种控制手段。相对于行政手段，法律手段的特点是公开性、普遍性、稳定性、持久性和权威性，其对越境信息的控制效果平稳、长期而深远。由于法律是由司法机构监督并强制执行的，因此，法律手段还具有明显的威慑力。但就主旨而言，法律手段是一种在保障传播权利与限制传播自由之间寻求平衡的传播控制手段，因而又具有一定的柔性。

目前，世界各国规范或控制越境信息传播的法律大致有以下几种：（1）煽动叛乱罪法；（2）保密法；（3）反垄断法；（4）广告法；（5）许可证申请法；（6）知识产权法；（7）图书出版法；（8）电信法；（9）广播、电视与电影管理法；（10）互联网管理法；（11）新闻法等。譬如，属于广播、电视与电影管理法范畴的日本《电波法》规定：本国无线和有线电视台不得转播境外电视，同时，日本法律规定居民只能接收NHK和日本卫星广播公司的卫星直播节目。同样属于广播、电视与电影管理法范畴的欧盟《无国界电视指令》则对外来大众文化娱乐产品设置限制进口配额，并向其成员国发出指令，要求所有电视台播送的节目中超过一半的节目要是欧洲节目。除此之外，有关越境信息传播控制的法律手段还包括各国法律体系中适用于越境传播活动的部分，即宪法、民法、商法、刑法等各个法律门类中的相关法律文件和条款。譬如，美国的宪法第一修正案、《信息自由法案》、《电信法案》、《爱国者法案》，英国的《信息自由法》，德国的《信息安全法》，中国的《中华人民共和国国家安全法》《中华人民共和国网络安全法》《中华人民共和国电子商务法》《中华人民共和国电子签名法》《中华人民共和国个人信息保护法》《中华人民共和国数据安全法》等，对于越境信息传播活动都有相关的规定，它们各自分属于煽动叛乱罪法，保密法，反垄断法，广播、电视与电影管理法，互联网管理法或新闻法等范畴。这些法律文件对越境传播活动同样具有直接的规范功能。

（三）经济手段

经济手段是指国家通过投资，制定财政、金融、税收和相关产业政策等方法，对越境信息传播活动实行间接管理的一种控制手段。经济手段是西方市场经济国家通常采用的信息控制方式之一，并越来越多地被以市场经济为导向的非西方国家所采用。

越境信息控制的经济手段主要表现为以下四种形式：独资、参股或控股，财政拨款或补贴，信贷和税收政策，产业政策。

（1）独资、参股或控股。国家独资创办涉外媒体或以参股、控股的方式干预涉外媒体的运作。世界各国都有政府独资创立或直接隶属于政府的媒体，即国有媒体或国营媒体。世界上主要的对外传播媒体绝大多数为政府所办，接受政府的资助。目前，世界上实力最强的五家国际广播机构（从使用语种、播出时数、发射功率三方面综合衡量）——“美国之音”、“今日俄罗斯”、中国国际广播电台、英国广播公司、德国之声，以及其他影响较大的国际广播电台如澳大利亚广播电台、全印广播电台、埃及国家广播电台、哈瓦那广播电台等，其经费均由政府提供。为了对国内一些重要的涉外媒体施加影响，政府有时也会采取参股、控股的形式。例如在俄罗斯，普京上台后，为收复国家的舆论阵地，通过参股、控股的方式，政府占有各大传媒机构（尤其是合资媒体）50%以上的股份，一跃成为国内重要媒体的最大“股东”。由此，政府控制了全国 70%的电视媒体、20%全俄性质的报刊以及 80%的地区报刊。[①]

（2）财政拨款或补贴。国家通过直接拨款、经费投入和补贴等财政手段支持国内媒介产品的制作和出口。譬如，欧盟致力于协调各成员国对影视业的财政拨款和经济补助，为欧洲媒体的发展和媒介产品的保护提供了强大的财政支持。在 20 世纪 90 年代，欧盟实施了鼓励视听业发展的五年计划项目，资助电影和电视片、文献片、动画片、多媒体产品，以“加强欧洲音像业的竞争力”，提高这些媒介产品的跨国播放能力。欧盟各国的财政补贴方式各有不同：瑞典采取中央政府补贴的办法；而法国、德国采取地方政府补贴的办法，法国还创立了基金会的形式（基金由影视作品的票房收入和广告收入提供）来补贴电影和电视剧的制作；更有甚者，意大利的电影业几乎完全靠政府津贴来运转，许多电影就是由政府直接投资拍摄的。此外，世界各国还纷纷实行出口补贴，鼓励媒介产品的出口，向外推广本民族的媒介文化。

（3）信贷和税收政策。国家通过调整信贷规模、征税范围、利率、税率

---

① 程曼丽．国际传播学教程．北京：北京大学出版社，2006：93.

等方式对涉外媒体的发展施加影响。出于对外传播宏观战略的考虑，许多国家对涉外媒体采取区别对待的原则。对于关系国家安全的涉外媒体或倾向于政府的涉外媒体，国家采取倾斜性的、优惠的信贷、税收政策，或增加银行贷款和降低利率，或减免征税和降低税率；对于无关国家根本利益的涉外媒体或不与政府合作的涉外媒体（尤其是私营媒体），则采取严格的信贷和税收政策。此外，对于入境的国外影视作品等媒介产品，政府同样实行差别税率，分门别类地征税，在一定程度上树立起关税壁垒，以达到限制低劣文化产品或特殊敏感性文化产品入境的目的。例如，法国为了抵制录像带所带来的文化入侵，对录像带的进口曾经课以重税，严加控制。

（4）产业政策。国家通过制定相关的传媒产业政策，为对外传播的发展创造条件。例如，早在 20 世纪 90 年代初，美国政府在保障美国“21 世纪的领袖地位”的口号下，从全球战略高度对对外传播事业进行宏观调控和对传媒产业进行结构调整。为此，政府提出了建设信息高速公路的计划，并制定了促进信息产业发展的产业政策。又如，为实现“文化立国”的政治诉求，日本政府制定了外向型的文化投资战略和相应的、以动漫产业为主导的文化产业政策，重点向海外推广电脑动画、卡通片、电子游戏软件等新媒体艺术产品。

（四）信息与技术手段

所谓信息与技术手段，是指国家利用信息传播规律和信息传播技术对越境信息传播活动进行技术性管理的一种控制手段。由于信息与技术手段所依赖的不是某种人为制度设计、政策安排或游戏规则制定，而是人对客观规律或物质技术条件的运用，这种手段的特点在于非制度性、弱社会性和技术主导性。信息与技术手段主要表现为软性和硬性两种信息控制方式：信息源控制和技术控制。

无论何种社会制度的国家，都可以采用（实际上也在采用）信息与技术手段来控制越境信息传播。该手段兴起于先行进入信息社会、信息传播技术发达的西方发达国家，而后在广大发展中国家推广。信息源控制是国家对越境信息传播控制的根本所在。一国政府以其占有权威信息源的优势，通过操纵新闻发布、控制消息来源，营造信息传播环境，从而引导大众媒介的报道，进而左右舆论走向。以美国为例，美国是现代公共关系业发展最早也最为成熟的国家，其中，政府的媒体公共关系即政府对媒体的公关尤其突出。从信息传播的角度上讲，政府的媒体公关就是政府对信息源的控制。美国政府通常采取新闻发布会或吹风会、记者招待会或见面会、接受记者采访以及有意“泄密”等方式来控制信息的流向和流速，无形中为媒体设置报道议程。譬如，2003年伊拉克战争爆发前，美国政府通过“泄密”向国内外媒体释放大量“试探气球”，用以试探相关国家及国际组织对“倒萨”的必要性及方式的反应，然后根据各方信息反馈，修正和完善打击伊拉克的外交政策和军事方案。除了积极的媒体公关形式，信息源控制还有一种反常规的、“消极”的表现形式，即非限制性控制。这种信息源控制形式的特点是，对来自不同信息源的信息不封锁、不设限，有意制造一种开放、透明、多元而对称的信息传播环境，让各种信息同时存在，彼此碰撞，相互参照、补充和印证，从而策略性地强化国家主体的主导性信息的权威性和可信度。譬如，在伊拉克战争中，美国让大批国内外记者进入前线成为随军记者，让伊拉克国家电视台不间断地播发新闻，让伊拉克新闻部长穆罕默德·赛义德·萨哈夫（Mohammed Saeed al-Sahaf）不停地发言，从而把包括敌方信息在内的各方面信息纳入美国所主导的信息系统内，为美方所用，成为它整体信息战略部署的一部分。①

信息与技术手段中的技术控制，就是运用技术手段，即通过技术选择、拆除、添加、改造或改进来对越境信息进行控制。譬如，在使用电视广播的三种制式②时选择适当的制式，限制多制式电视机、多制式录像机的生产和销售，有利于避开或减少外来信息的入侵。此外，必要时，对境外的敌对电台广播和电视广播进行电波干扰，即：用与敌台同样的频率、更大的功率播出节目或干扰信号。例如，冷战期间，苏联和东欧对西方国家的广播信号进行干扰；古巴对美国马蒂电视台（TV Martí）进行干扰，使古巴本土无法接收到马蒂电视台的节目。③ 在当今网络时代，针对空前频繁、稠密的越境信息传播活动，为防止信息攻击威胁国家安全，有些国家采取了过滤技术手段。譬如，2009年6月，美国成立了由国防部领导的“反击网络黑客（入侵）指挥部”，负责集中开发和运用反黑客网络技术，并规定每年培养250名“网络战专家”，以应对“网络战”的威胁。同样在网络时代，为净化网络传播环境，避免国民受外来不良或不正确信息的影响和“毒害”，盛行于世界各国的技术控制方式是，在互联网或手机上安装网络管理软件，即所谓“过滤网”。其具体做法是，通过设置关键词来自动屏蔽敏感性网页，从而过滤掉危害国家安全和社会发展、政治上反动或道德败坏的文字和图像内容。④ 突尼斯、

① 程曼丽．国际传播学教程．北京：北京大学出版社，2006：62－63.

② 电视信号的标准简称制式，是用来实现电视图像或声音信号所采用的一种技术标准。一个国家或地区播放节目时采用特定的技术标准。世界上共有三大模拟彩色电视制式：一是美国、日本等国使用的NTSC制式，二是法国、俄罗斯等国使用的SECAM制式，三是中国及德国等国使用的PAL制式。

③ 关世杰．国际传播学．北京：北京大学出版社，2004：559.

④ 针对越境信息的技术控制，某些国家采取了反控制的技术控制手段。譬如，美国测试新的技术系统，对他国网络管理系统加以破坏，让这些国家的民众避开政府的互联网审查或隔离措施，无障碍地接触西方的新闻。

伊朗和巴林等国家则采用国家控制或国家干预的互联网服务器来过滤那些包含对政府的政治或人权进行批评的网站。

综上所述，主权国家对国际传播活动及其网络的控制主要通过行政手段、法律手段、经济手段、信息与技术手段进行（如表 5－1 所示），这四种控制手段是各国政府对越境信息传播活动施控过程中普遍采用的，并且往往被综合采用。区别只在于，不同社会制度的国家在不同的历史时期和不同的国际传播情境下，对这四种控制手段各有偏重。一般而言，随着信息传播环境从封闭走向公开、透明，各国政府的信息控制方式从行政、法律干预等硬性控制走向经济、信息调节等软性控制，从刚性的限制、封堵、拦截转为柔性的管理、疏导。概而言之，国际传播的国家控制正由“制”（管制）转向“治”（治理）。除了以上四种手段，军事手段、语言手段、教育手段、外交手段等也被运用于越境信息控制中。鉴于这些手段并不完全独立于上述四种控制手段，也较不常用，在此不再赘述。

表 5－1　国家对国际传播活动的控制手段

控制手段	行政手段	法律手段	经济手段	信息与技术手段
表现形式	登记审批 许可颁发 审查监控 给予优惠 给予压制	煽动叛乱罪法 保密法 反垄断法 新闻法 ……	独资、参股、控股 财政拨款与补贴 信贷和税收政策 产业政策	信息源控制（媒体公关与非限制性控制） 技术控制（技术选择与改造、信息过滤）
主要特点	间接灵活 强制调节	公开稳定 权威强制	间接灵活 应用广泛	弱社会性 技术主导

二、国家对越境信息控制的模式

在国际传播全球化的传播生态下，根据主权国家对越境信息控制的程度，可以将国家的国际传播控制状态归纳为三种类型或模式：封闭型、开放型和半封闭半开放型。

（一）封闭型

所谓封闭型信息控制模式，是指国家对越境信息采取强制性的控制手段，严格把关，是一种无限控制或（超）强控制模式。采取封闭型信息控制模式的国家大多是施行威权形态的政治制度模式与治理手段的发展中国家。这些国家都具有后全权主义（全能主义或极权主义）的典型特征，即国家拥有几乎无限多的各种社会资源，掌控了几乎所有组织和个体的生存和发展命脉，而在动用强制力或暴力机器时缺少有效的掣肘力量。或者，这些国家长期处于某种特殊状态或“特殊时期”，如战争对峙状态、面临敌对国的威胁或受到国际社会的制裁与封锁等。在传播控制实践中，信息封闭型国家往往把控制信息的理念落实为限制信息乃至封锁信息。为了维护政治、经济和文化主权，或出于维持威权主义政治体制的需要，一方面，这些国家对外来信息进行拦截、筛选和过滤，进行新闻封锁，窄化或阻断国内民众获取外来信息的渠道，杜绝不良或有害信息入境。另一方面，为了扩大对外宣传，这些国家对出境信息层层把关。它们几乎控制了所有涉外媒体的整个对外报道流程，保证所有外传的消息是具有“政治正确性”的“正确信息”，并且以同一个口径即“一种声音”一致对外。例如，伊朗、伊拉克等伊斯兰国家对来自西方尤其是美国的大众文化产品如好莱坞电影严格禁入，对来自美国的娱乐节目和反映不同政见的时事节目进行信号干扰，对互联网上关于美国的消息进行严密封锁和查禁，甚至关闭诸如维基百科（Wikipedia）、亚马逊等某些来自西方的著名网站。第一次、第二次海湾战争期间封锁外来消息的现象尤为突出。

采取封闭型控制模式的国家在信息控制上的封闭状态延续时间长，基本上是常态，带有明显而稳固的强制特征。这种控制类型的主要特点是：以国家强制性的行政手段控制为主，一般没有相关的新闻立法。

（二）开放型

所谓开放型信息控制模式，是指国家对越境信息原则上、总体上允许自由出入国境，是一种弱控制（或非限制性的控制——非限制并不等于不控制）模式。采取开放型信息控制模式的国家基本上是所谓的民主国家。这些国家政治制度相对完善、政治自由相对充分，其统治权力合法性的制度性保障完备。它们大多数是发达国家，也包括自古以来就实行中立政策的国家。信息开放型国家大都有着“言论自由”“传播权利”的法律规定。按照规定，政府不能采取公开的强制行动限制和剥夺公众了解信息和发表意见的权利，即便是在国家安全受到威胁的情况下，政府也要依法行事。这些国家媒体自身的国际化程度一般都比较高，对外来媒体的准入也采取宽松的政策。这种信息控制类型的国家一般把控制信息理解为引导信息和管理信息，因而积极地对媒体展开公关。除了战争、重大灾难、恐怖袭击等非常时期之外，它们一般不对国内外媒体实行严格的管制。当然，在传播控制实践中，信息开放型国家也时有例外，在非常时期，比如对外战争期间，它们往往会在国家利益的名义下或以国家安全为由，突破法律的界限，对越境信息传播进行新闻管制。譬如，美国在历次对外军事行动期间，都变相地实行了“事前新闻检查”，它通过“联合采访”“合伙报道”“嵌入式采访”等方式策略性地控制国内外媒体的信息传播。尤其是在“9·11”恐怖袭击之后，美国更加敏感，进一步加强了对不利于“反恐”的越境信息的防控。“尽管美国的新闻媒体不像一些国家的媒体那样受到限制，美国的新闻和出版自由却在多种多样的特例中受到约束……因为新闻的权利通常必须服从于其他利益，比如说，必须考虑到是否涉及诽谤、毁坏名誉、隐私和国家安全等情况。”① 这使得美国的新闻管理政策并非像它所宣称的那般绝对自由、放开，而是具有相对开放的特征。

采取开放型控制模式的国家在信息控制上的开放状态是一种常态，带有显著而固有的宽松特征。这种控制类型的特点是：以法律手段的控制为主，辅之以经济手段、信息手段和行政手段。

（三）半封闭半开放型

所谓半封闭半开放型信息控制模式，是指国家对越境信息采取有条件、有限度的控制政策，既不绝对地封锁消息，也不完全地开放信息。采取这类有限控制或次强控制模式的国家其政治制度大多是准威权形态的，但也实行民主制度，其经济发展水平一般介于发达国家和发展中国家之间。作为后发展国家，大多数半封闭半开放型国家往往两难地处于信息全球化的浪潮中。一方面，按照经济逻辑和国际规制，它们要开放信息空间，以维持国家在国际社会中的合法身份，并从信息交换中获益；另一方面，根据政治逻辑和主权原则，它们又要对传播空间加以管控，以免过度的信息交流对本国既有的传统与秩序造成破坏性影响。为此，这些国家大多积极地寻求一种平衡的传播策略，来应对越境信息日益频繁的流动。法国和加拿大也是信息半封闭半开放型国家的典型。两国虽然跻身发达国家之列，但对有可能冲击民族文化的外来信息都采取了较为严格的控制手段。为防止受到外来文化的侵袭，法国政府几乎禁止国人收看卫星直播电视，规定外国影视剧在公共媒体播出的比例每年不得超过30%，并对出版、电影、广告和翻译等跨国传播领域进行干预。为抵制美国文化信息产品的覆盖，加拿大从1970年起将广播电视媒介中的外国内容占比限制在40%以下，在公共广播系统中，将外国内容占比控制在20%以下。

半封闭半开放型控制模式的最大特点是弹性大，灵活度大，行政手段与法律手段并举，同时辅之以经济手段和信息手段。依国家所处的国内外处境不同，该模式的表现也各有不同，或倾向于封闭，或倾向于开放。譬如，在常态下，国家往往阶段性地采取宽松的信息政策，在越境信息的管控上倾向于开放式；而在非常态或危机状态（包括战争冲突、恐怖袭击、自然灾害、

---

① 丹尼斯，梅里尔．媒介论争：19个重大问题的正反方辩论．北京：北京广播学院出版社，2004：8.

疾病流行、政权更迭、经济危机、社会转型等）下，国家一般会阶段性地实行战时体制或突发紧急状态下的应急机制，在越境信息的管控上倾向于封闭式。但是，不管倾向于封闭，还是倾向于开放，两种倾向的发展都是有限的，并呈现出相互牵引、制衡的趋势，因而形成了带有明显特征的相对固定的控制类型——半封闭半开放型。

综上，国家对越境信息控制的三种模式的具体形式与特征可用表 5-2 概括。

表 5-2　国家对越境信息控制的三种模式

控制模式	封闭型	开放型	半封闭半开放型
模式特征	无限/（超）强控制 行政控制为主	非限制/弱控制 法律控制为主	有限/次强控制 行政与法律控制并重
国家特征	威权主义政体 发展中国家为主	民主国家 发达国家为主	准威权主义政体 介于发达国家与发展中国家之间

需要说明的是，作为理论概括，以上三种信息控制模式或类型的划分及其对信息控制实况的归类只具有相对的意义，不是绝对的，它们既不可能穷尽也不可能绝对精确描述出世界各国信息传播控制的所有现实状态。对同一个国家而言，其信息控制模式不是必然的、僵化的、固定不变的，其间可能发生位势变化。一个国家随着其发展时期的转换和发展阶段的变化，其信息控制模式也会相应地发生改变。譬如，国家处于战争时期与和平时期、处于初级发展阶段与高级发展阶段，其信息控制模式可能会在封闭型与开放型这两极之间“移动”（或“滑动”）、调整和转换。① 譬如，采取开放型信息管控模式的美国，也并非完全开放。2017 年 11 月 13 日，美国司法部将在美俄罗斯电视台“今日俄罗斯”列入“外国代理人”名单（至此，该名单中已有 409 个法人）。依据美国《外国代理人登记法案》②（Foreign Agents Registration Act，FARA），“今日俄罗斯”在登记为“外国代理人”后可以继续在美国运行，但必须要在进行公开活动时表明自己“外国代理人”的身份，并失

① 为说明传播控制方式类属划分的相对性，有国际传播学者提出了“传播控制的相对论模式”。该模式不以传播控制类型框定国家控制信息的实际状况，而是从世界各国传播控制的程度中抽象出“强”“弱”两个极限，同时引入时间、社会体制、经济发展水平、开放程度、传播资源占有量等相关变量，说明随着时间的推移和相关因素的改变，一国的传播控制状况、方式和强度会在强、弱两极之间发生位移，出现变化（或强化、或弱化）。参见程曼丽．国际传播学教程．北京：北京大学出版社，2006：88-89。

② 为防止外部“纳粹势力”渗透，美国国会于 1938 年制定颁发了《外国代理人登记法案》，旨在对受到“国外”资金资助，在美国从事政治、文化、经济等宣传活动的个人或者组织进行专门登记，以加强监管。该法案后分别于 1966 年、1995 年进行了修订。2007 年，“线上代理人数据库”上线，公众可随时通过网络搜索相关信息。

去了到国会采访的权利，而且需要定时向美国司法部公开其全部在美活动的财务状况、人员构成，并履行该法案规定的其他义务。作为回应，同年 11 月 26 日，俄罗斯总统普京签署了《非商业组织法》修订案，将“美国之音”、“现在时间”电视台、“高加索现状”网站等 9 家美国媒体认定为“外国代理人”。2018 年，美国司法部要求中国的新华社和中国环球电视网（CGTN）登记为“外国代理人”。2019 年，为了占据 5G 通信技术的制高点，美国商务部工业与安全局（BIS）将信息与通信基础设施和智能终端提供商华为以“国家安全”的名义列入“实体清单”，禁止华为从美国企业购买技术或者配件，并游说盟国放弃使用华为通信产品。如此种种，不一而足。另外，即便是同一种信息控制模式，不同的国家因其国情的不同，也可能采取不同的控制手段和方式，从而呈现出有差异的组织形态。

三、国家对越境信息控制的趋势

综观国际传播的发展历程，主权国家对越境信息的控制始终遭到信息自身的持续反抗。从不断转换的传播语境来看，在以国际传播为主导的人类传播时代，作为最为重要的信息传播控制主体，政府对跨国信息的控制能力确实很强。政府不仅完全可以操控国内的报刊、广播、电影、电视等大众传播媒介，而且可以对敌对国家的电台加以干扰，对国外的报刊、电影的进口加以限制，对境外电视节目的“落地”加以禁止等。国家只需要通过控制大众媒介就可以形成对跨国信息流和国际舆论的控制。然而，国家对越境信息的上述控制基本上是基于一定范围内单向性的“点对面”的传播。而在信息全球化的国际传播时代，信息流动的速度远远超出了国家信息管控体制更新的速度，信息网络的规模也大大超越了国家可能扩展的信息管控体系的广度（无论把管控体系扩张到何种地步，都不可能把所有信息传播活动统统置于监视之下；更何况国家不可能无限制地追加信息监控资源）。随着国际互联网的发展和普及，传播者的大众化和传播媒介的个人化促进了多元信息的跨国自由流动，使国家以往对跨国信息的监控和管理手段失去了原有的效力。譬如，全球蔓延的跨国网络犯罪形式，如黑客程序的境外入侵、公民身份盗窃、“电子恐怖主义”等令主权国家防不胜防。最为极端的是，实际上，技术特性使得任何一个国家都不可能通过技术手段来完全控制互联网，互联网上不存在绝对的中心，每个节点与其他节点成网状联系，试图通过控制某个中心以控制其他部分的企图是徒劳的。正如尼葛洛庞帝所言：“一个个信息包各自独立，其中包含了大量的信息，每个信息包都可以经由不同的传输路径，从甲地传送到乙地。……无论是通过法律还是炸弹，政客都没有办法控制这个网络。信息还是传送出去了，不是经由这条路，就是走另外一条路出去。”① 可见，全球性网络和全球范围内信息流动空间彻底打破了民族国家对信息的绝对垄断和无限控制。“复制和传播的便捷使得政府很难控制人们传递和接收的信息，更不用说对这些信息进行检查了。”② 概而言之，一方面，主体、渠道、内容和受众日益多元化和多样化，个人对媒介的接触和控制力极大增强，受众对信息的自主选择性也显著增强；另一方面，与之相对的是，政府的信息控制能力则遭到严重削弱乃至被消解，国家的监管看起来似乎变得无效而失去意义。因为，政府再也难以面面俱到地监管数量不断增多的传播主体，再也难以垄断所有的信息获取和传播渠道：既难以控制走私入境的图书和音像制品，也难以阻止自己的国民直接接收广播卫星传送的外国电视节目，更难以阻止家庭电脑通过国际电话线路或个人通过移动上网的方式相互传递信息。各国政府控制国际信息传播的能力正在日益减弱。正如法国当代著名传播学者、媒介学的创始人雷吉斯·德布雷（Régis Debray）所总结的：国家在信息传播技术面前始终是输家。在人类历史上，国家在 16 世纪输给了书籍出版，在 19 世纪输给了报刊发行，在 20 世纪输给了无线电广播，那么在 21 世纪将要输给互联网。

固然，信息传播技术的不断发展使得传播范围越来越呈现出超越国界的表象，但若从对各项信息传播规则的制定、对信息出入境的控制来看，国家仍然是传播规则得以构建和发生作用的基本单位。

无疑，一方面，主权国家将传播媒介整合到权力体系中的冲动始终存在，对信息的实际控制也不断借助媒介新技术来强化，而且，新的监视、多边交流和数据处理能力又加强了国家的行政权力；但另一方面，传播媒介试图打破现存信息流动秩序的潜力也在不断蓄积，信息反抗国家控制的趋势也在不断加强。在信息时代，这集中体现在一个开放的去中心化的互联网跟一个集中监管的公共权力机构——政府之间不可避免的冲突上。可以预期，在国家尚未消亡之前，国家与传播媒介及跨国信息之间控制与反控制的关系将长期持续下去。

第二节　国际组织对国际传播的控制

如果说，在国内社会，国家是信息传播的控制者，那么，在国际社会，

① 尼葛洛庞帝．数字化生存．海口：海南出版社，1996：274.

② 联合国教科文组织，世界文化与发展委员会．文化多样性与人类全面发展．广州：广东人民出版社，2006：56.

除了主权国家，对国际信息传播活动施加控制的主体还有国际组织（特指政府间国际组织）。作为超国家机构，政府间国际组织可以从不同的角度和层面就国际信息传播问题展开对话与合作，并通过协议制定国际法规则来规范主权国家（以及国际组织、跨国公司和个人）的国际传播行为，来“监管”“不受监管的”全球传播市场。正是从这个意义上，准确地说，是政府间国际组织而非国际非政府组织在对国际传播进行控制。而且，鉴于国家间控制跨国信息传播的斗争始终是国际传播的一个关键主题①，政府间国际组织对国际传播的控制，更准确地说，是对国际传播控制的控制。

一、作为国际传播控制主体的国际组织

国际传播是指跨越国界的信息传播，而信息一旦跨越国界，就会涉及国家之间的权力和利益关系，有可能引发国际争端。为了使国际传播正常有序地进行，就需要有超越国家的国际性组织（即政府间国际组织）从政策和技术上制定统一的规范与标准，约束主权国家和跨国公司等传播主体的跨国传播行为，协调国际传播关系，调解国际传播活动中的争端。

在以联合国为中心的国际组织网络中，涉及国际信息传播的国际组织是其中的重要组成部分，它们在国际传播活动的协调和控制中发挥着重要作用。可以把它们称为国际传播控制组织。

作为国际传播控制主体的国际组织，按地域和规模划分，可分为全球性的国际组织［如联合国教科文组织（United Nations Educational Scientific and Cultural Organization，UNESCO）、世界知识产权组织（The World Intellectual Property Organization，WIPO）］和区域性的国际组织［如欧洲通信卫星组织（European Communications Satellite Organization，ECSO/EUTELSAT）、亚太广播联盟（Asia-Pacific Broadcasting Union，ABU）］。按宗旨和职能划分，可以分为综合性的国际组织（如联合国教科文组织、世界贸易组织）和专业性的国际组织［如国际电信联盟（International Telecommunications Union，ITU）、国际通信卫星组织（International Telecommunications Satellite Organization，ITSO/INTELSAT）］。

在国际传播领域，对信息跨国传播施加控制的全球性国际组织主要有以下几种。

---

① 最突出的事例是，在冷战时期，美苏两个超级大国都使用无线电、卫星等信息传播技术监视彼此的核能力。在后冷战时代，以美国为代表的某些大国不遗余力地开发、部署网络武器，以技术手段对敌对国家进行“信息打击”（information operations）和数字破坏，以谋求建立跨国霸权传播系统。

（一）联合国教科文组织

联合国教科文组织成立于1946年，总部设在法国巴黎，截至2007年，共有193个成员国。该组织以促进教育、科学、文化和信息传播领域进行全球合作为宗旨，它从人文、社会层面关注国际传播问题。

联合国教科文组织对国际传播的控制主要表现在建规立制、开设论坛、发展援助和通报情况等四个方面。首先，为建立跨国传播规范，1945—1979年间，在信息和传播方面，该组织协商通过了8个条约（或公约）、6个宣言和27个决议，共计41个国际法规范或法律文件。[①] 其次，该组织通过开设论坛的形式成为世界上最为重要的国际信息交流平台之一。建立跨国传播规范的活动就是在这一跨国信息交流平台上完成的。譬如，1970年，联合国教科文组织第16届大会就新闻和信息传播不均衡、不平等等问题展开了辩论。由于发达国家与发展中国家在“人权”与“主权”、“新闻自由”与“新闻社会责任”之间的关系等关键性问题上各执己见，辩论持续八年之久。在此期间，联合国教科文组织正式提出了建立“世界信息与传播新秩序”的主张。1978年，联合国教科文组织第20届大会通过了争论双方折中的决议《关于大众媒体为加强和平与国际了解，促进人权，反对种族主义、种族隔离及战争煽动做出贡献的基本原则宣言》，为全球大众传播事业的发展提供指导。1989年，联合国教科文组织第25届大会通过了新的跨国传播战略，“鼓励新闻在国际和国家范围内自由流通；在对言论自由不做任何妨碍的情况下，促进新闻更广泛、更均衡地传播；发展各种手段，加强发展中国家的传播能力，以扩大其对交流过程的参与”[②]。进入21世纪后，建立跨国传播规范的活动又活跃起来[③]，在2001年，联合国教科文组织召开了第31届大会，通过了《世界文化多样性宣言》，这是国际社会首次就如何在全球传媒和信息网络中促进世界文化多样性提出明确的主张。再次，该组织一直致力于对欠发达国家展开发展援助项目，加强其新闻信息的传播力量。譬如，在联合国教科文组织的促进和协助下，从20世纪70年代中期开始，第三世界国家着手建立自己的联合通信机构。不结盟国家通讯社联盟（News Agencies Pool of Non-Aligned Countries，Pool）、加勒比通讯社（Caribbean News Agency，CA-

---

① CARLSSON U. The rise and fall of NWICO. Nordicom Review，Vol. 24，No. 2，December 2003：36；关世杰．国际传播学．北京：北京大学出版社，2004：414.

② UNESCO. Basic texts in communication，1989—1995. Paris：UNESCO，1996：13.

③ 20世纪80年代中期，以联合国教科文组织“将世界信息传播新秩序问题政治化”“威胁到新闻自由”“带有第三世界的偏见”为由，美国、英国相继退出联合国教科文组织，关于新闻自由和信息传播均衡问题的辩论几近停滞，这致使建立世界新闻与信息传播新秩序的进程被打断了。

NA)、亚太新闻交换网（ASIAVISION，AVN）、泛非通讯社（Pan-African News Agency，PANA）等新闻机构相继成立，大大地推进了第三世界国家大众传播事业的发展。最后，联合国教科文组织及时通报世界信息传播的新情况，先后编辑出版和发行了一系列有关国际信息和文化传播的著作和分析研究报告，如《多种声音，一个世界》(1981)、《世界交流报告》(1989)、《世界传播概览》(1998)、《世界传播与信息报告1999—2000》、《世界文化报告（1998）》和《世界文化报告（2000）》等。[①]

进入21世纪，联合国教科文组织在第31届大会上批准了题为“通过教育、科学、文化及传播为全球化时代的和平与发展做贡献”的2002—2007年中期战略。该战略提出了传播方面的战略目标，包括鼓励思想在电子空间里的自由交流、促进新闻自由及传媒的多元化和独立性、扩大和普遍利用共有信息、鼓励制作和传送表现文化多样性的视听节目、促进信息网络内容的多样化、确保全民利用尤其是在公共领域内利用信息和传播技术手段。此后，这些战略一步步得到了实施和实现，取得了明显的成效。

联合国教科文组织以建立自由而公正（均衡）的世界新闻与信息传播新秩序为途径，为整个人类社会的大众传播事业的进步和发展做出了重要贡献。

（二）国际电信联盟

如果说，联合国教科文组织是从人文、社会层面关注世界信息传播的国际组织，那么，国际电信联盟（简称国际电联）则是从科学技术层面关注世界信息传播的国际组织。

国际电信联盟组建于1934年，其前身是1865年成立的国际电报联盟（又称“国际电报协会”[②]）和1906年成立的国际无线电联盟。1947年，国际电信联盟成为电信方面的联合国专门机构，总部设在瑞士日内瓦。国际电信联盟由无线电通信、标准化和发展三大核心部门组成，其成员包括193个成员国（截至2019年）、700多个部门成员及部门准成员。

国际电信联盟的宗旨是：维护和扩大所有电信联盟会员之间的国际合作，以改进和合理使用各种电信资源，以及在电信领域内促进并提供对发展中国家的技术援助；促进技术设施的发展及其最有效的运营，以提高电信业务的效率，扩大技术设施的用途并尽量使之为公众普遍利用；促进电信业务的使

① 关世杰．国际传播学．北京：北京大学出版社，2004：414-417.

② 国际电报联盟成立之初共有22个成员国，除波斯外都是欧洲国家。该联盟自我宣称是“第一个制定技术网络国际规范的现代化国际组织”。针对电报最初出现时受各国管制而传送线路混乱的局面，该组织成员国签署了《国际电报公约》，一致同意采取统一的行业标准，从而使国际传播得以健康发展。

用，为和平联系提供方便；协调各国的行动，以达到上述目的。[①] 为实现其宗旨，国际电信联盟担负起以下三项具体的工作任务：（1）协调无线电频率的分配，包括为具体的服务项目分配波段，为卫星划分与地球旋转同步的轨道，包括轨道的时间段；（2）为国际通信推荐技术标准，包括有线连接的标准、特定广播和电视服务的宽带，以及其他服务的技术参数；（3）管理国际“共用载波”业务——电报、电话、资料传输和其他新型的业务。[②]

主管信息通信技术事务的国际电信联盟还推动成员国之间为有效率的服务确定尽可能低的费率而开展合作，并促进在发展中国家创建和改进电信设备及电信网。

近年来，迫于美国和少数发达国家的压力，国际电信联盟对自身的控制和管理机制以及组织结构和框架进行了根本性的重构，除了民族国家外，跨国电信公司等私营部门也获准加入该组织[③]，并在许多方面享有与民族国家成员相同的一系列权利。无疑，这既扩大了国际电信联盟的信息管控范围，同时也增加了它对国际传播控制的趋利（非公共性）色彩。

（三）世界贸易组织

如果说联合国教科文组织是从人文、社会即文化和政治的角度关注世界信息传播问题，国际电信联盟和国际通信卫星组织更多的是从科学技术的层面关注世界信息传播问题，那么，世界贸易组织则是从经济贸易的层面来关注世界信息传播问题。

世界贸易组织（简称世贸组织）成立于1995年，其前身是成立于1947年的关税和贸易总协定（GATT，简称关贸总协定），其总部设在瑞士日内瓦。截至2023年7月，共有164个成员。关贸总协定只是一个政府间的多边协议或事实上的国际组织，且只涉及货物贸易，世界贸易组织则发展成一个真正法律意义上的国际组织。同时，该组织把其所管辖的贸易范围延伸、扩大到服务贸易和知识产权贸易。[④] 由此，在一定程度上，世界贸易组织取代

---

① 中华人民共和国外交部条约法律司．中华人民共和国多边条约集（第四集）．北京：法律出版社，1987：173.

② 程曼丽．国际传播学教程．北京：北京大学出版社，2006：105.

③ 国际电信联盟的无线电通信部门、电信标准化部门、电信发展部门等三个部门接受私营部门的加入。

④ 从关贸总协定发展到世界贸易组织，这不仅是世界经济和贸易结构演变的结果，更是国际政治领域权力争夺和利益博弈的产物。在1984年宣布退出联合国教科文组织后的美国一直在寻求新的国际组织机构来推行其坚决倡导的信息自由流通原则。为此，美国把目光转向了关税和贸易总协定，试图改革该组织，把服务贸易和知识产权贸易纳入贸易范畴内，以达到在经济贸易的层面上贯彻信息自由流通原则的目的。而发展中国家出于对电信业、运输业和影视业等关系到国家主权、安全和意识形态的民族“幼稚产业”的保护，反对将服务业贸易化及服务贸易自由化，反对对外开放信息产业市场。经过以美国为首的西方国家联盟与发展中国家之间的多轮多边服务贸易谈判（乌拉圭回合谈判），最终达成了《服务贸易总协定》，成立了世界贸易组织。

了联合国成为管理世界信息传播的主要机构。

在世界贸易组织的一揽子协议中，《服务贸易总协定》和《与贸易有关的知识产权协定》是最重要的组成部分。国际服务贸易中的国际电信贸易、视听（声像）服务贸易、广告贸易和知识产权贸易等都与世界传播密切相关。譬如，1997 年，世界贸易组织在关于基础电信服务的协议中将电信明确定义为与其他商品一样可交易的服务，而大众媒介和视听产品则依据“文化例外”原则被排除在贸易管理范围之外。① 这些协定一方面旨在推进“服务贸易自由化”，另一方面又对国际信息流通中的知识产权和“民族文化”加以保护，从而从经济和文化贸易的角度为世界信息传播秩序制定了游戏规则。②

世界贸易组织的宗旨是推动实现世界贸易自由化和公平化的目标。为达到这一目标，该组织确立了包括非歧视原则、市场准入原则、透明度原则、公平竞争原则等在内的基本原则。在“不讲主权，只讲规则”的自由公平贸易原则基础上，世界贸易组织承担起以下主要职能：负责世界贸易组织多边协议的实施、管理和运作；为谈判提供场所；解决贸易争端和贸易裁决；贸易政策审议；处理与其他国际经济组织的关系；对发展中国家和最不发达国家提供技术援助和培训。

在建制上，世界贸易组织主要设有三个管理机构：部长会议（最高权力机构，至少每两年举行一次会议）、总理事会（在部长会议闭会期间代为行使贸易政策审议和贸易争端解决等职能，下设货物贸易理事会、与贸易有关的知识产权理事会和服务贸易理事会）和秘书处（由总干事领导，由部长会议任命的总干事是世界贸易组织的行政首长）。

（四）国际通信卫星组织

国际通信卫星组织是美国和一些欧洲国家于 1964 年建立的一个超国家组织即政府间国际组织，总部设在华盛顿。该组织是负责向世界各国提供全球卫星线路或轨道、分配国际无线电波（包括国际卫星广播频道）的国际承运组织，它拥有在太空上的卫星设施，地面卫星接收站则由成员国自己操纵管理。譬如 20 世纪 90 年代，针对各国围绕通信卫星轨道分配等问题的争端，国际通信卫星组织通盘统筹规划，制定分配原则和标准，并为部分不发达国家预留出一定量的轨道供其后续发展，从而使各国之间尖锐的通信资源矛盾

---

① “文化例外”原则是指认定文化产品不同于一般性的商品而不可以自由贸易的主张。该原则是由美国以外的有实力的西方国家力主的，这些国家包括北美的加拿大和以法国为代表的、通过欧盟组织起来的西欧国家。比如，加拿大在 1989 年的《美加自由贸易协定》和 1993 年的《北美自由贸易协定》中都获得了保护本国文化产业的许可。

② 关世杰．国际传播学．北京：北京大学出版社，2004：427.

冲突得以缓解。截至 2023 年 7 月，该组织拥有 193 个成员国以及 700 多家私营部门实体和学术机构组成的部门成员和准成员。该组织拥有的 200 多个投资公司掌握和操作着全球的卫星系统，向全球 200 多个国家和地区（作为客户）提供公共网络、私人网络、公司网络、国际互联网和电视信号等多种服务。

最初，同国际电信联盟一样，国际通信卫星组织是一个以政府代表参加的政府性组织。1984 年，在美国的倡议下，该组织开始了私有化改制和市场化的运作。国际通信卫星组织向私营组织开放，允许私营卫星组织与之展开竞争。伴随着 1988 年第一条横跨大西洋的海底通信光缆铺通和越来越多的区域性卫星服务组织的出现，该组织逐渐以商业合作组织的模式进行运作。按照组织章程，作为投资者的每个成员国都要向该组织提供一定数量的资金，用于购买卫星设施和支付日常开支，年终再按出资比例从利润中分红。而利润是从卫星用户（有些就是成员国自身）所交纳的使用费中获取的。1998 年，国际通信卫星组织创立了一个独立的附属公司——新空卫星公司。由此，该组织从公共利益部门实际地转变为一个日益私有化的半政府性的国际财团或跨国公司。① 它在 21 世纪初如期地成为一个完全的私营企业。至此，当今世界对信息跨国传播施加控制的四个主要的全球性国际组织及其关注角度与控制途径可概括如表 5－3 所示。

表 5－3　主要的全球性国际传播控制组织

国际组织	关注角度	控制途径
联合国教科文组织	文化政治	建规立制 开设论坛 发展援助 通报情况
国际电信联盟	科学技术	协调无线电频率分配 推荐通信技术标准 管理国际共用载波
世界贸易组织	经济贸易	管理实施多边协议 提供谈判场所 解决贸易争端 审议贸易政策 协调组织间关系 提供技术援助与培训
国际通信卫星组织	私人企业	供应全球空中卫星设备

---

① 国际通信卫星组织的公司化运作表现为：决策机构是董事会，董事会由投资数额超过该组织总资产 1.5%的成员（董事）组成，投票权按投资比例分配。

除了上述四个国际组织，与国际信息传播有关的国际组织还有世界知识产权组织、万国邮政联盟、国际民用航空组织、国际海事组织、国际宇宙通信组织和国际海事卫星组织等。与全球性国际组织并立的是区域性国际组织，在广播电视领域的区域性国际组织有亚太广播联盟、非洲国家广播和电视组织联盟、阿拉伯国家广播联盟、欧洲广播联盟等。在电信领域的区域性国际组织有亚太电信联盟、泛非电信联盟、阿拉伯电信联盟、欧洲邮电管理委员会、美洲电信委员会、泛美卫星组织等。这些全球性或区域性国际组织承担着协调国际信息传播活动的职能，因而实际地充当了国际传播控制的主体。

二、国际组织对国际传播控制的手段

不同于主权国家，国际组织不是政治权力的主体，其控制国际传播的手段比较单一。法律手段是国际组织在国际信息控制中通常诉诸的控制手段。

随着电子信息传播技术的发展和信息跨国界交流的日益频繁，自19世纪下半叶以来，国家之间便开始了针对跨界传播问题通过协议制定国际法的工作。目前，对越境信息传播中的各个方面已经相应地形成了基本完备的国际法规范。它们是国际组织“规范”（控制）传播全球化时代跨国信息交流的“游戏规则”，对世界各国政府和各类组织、公司及个人的信息传播行为具有不同程度的约束力。

（一）跨国传播国际法的发展历程

早在一百多年前，世界各国就开始了对跨国信息流通的法律关注，规范跨国传播活动的国际法应运而生。成立于1865年的国际电报联盟、成立于1874年的万国邮政联盟和成立于1883年的世界知识产权组织是最早协商解决跨国传播和信息交流的国际组织，其成员国制定了最早的国际公约，产生了跨国信息传播领域的国际法。1989年联合国教科文组织发表的《世界交流报告》中列入的跨国传播国际法文件，目前依然有效的、最早的条约是1883年签订的保护工业产权的《巴黎公约》（即《保护工业产权巴黎公约》）。

19世纪末，国际舆论斗争孕育出了中立法。1907年海牙会议制定的关于中立国和中立人的权利和义务公约，就包括一些限制或控制宣传活动的条款。例如，该公约的第3条规定，禁止交战国双方在中立国的领土上建立电报站，或在中立国的领土上为了军事目的而使用现有的电报站。

20世纪第一次世界大战与第二次世界大战期间，跨国传播国际法得到了进一步的发展。1936年，无线电广播宣传大战导致了著名的《关于无线电广播用于和平事业的国际公约》的制定，这是第一次多方努力对和平时期的宣传加以规范的法律文件。虽然在第二次世界大战中许多国家违反了公约，但是遵守这项公约的仍有 20 多个国家。

1945 年第二次世界大战结束后，联合国的建立促进了跨国传播国际法的蓬勃发展。在联合国建立 50 周年的时候，通过联合国制定的国际法数量超过了历史的总和。跨国传播国际法扩大到了人权领域，国际信息依法自由流通被规范为基本人权的一个方面。在此期间，跨国传播国际法的诸多新分支（如《各国利用人造地球卫星进行国际直接电视广播所应遵守的原则》等）体现了发展中国家为建立世界信息与传播新秩序所做的斗争。

跨国信息传播国际法发展到今天，已经成为国际法系统中的重要组成部分。但正如 1982 年国际法学者爱德华·普洛曼（Edward Ploman）所指出的，目前关于国际传播和信息的法律和规范呈现的是一种处于发展中的、杂乱的状况，尚未形成可以称之为“国际传播法”或“国际传播和信息法”的独立的法律体系。现有的关于国际传播和信息的法律出自多种法律文件，而又彼此不相协调，它们分散在不同法律渊源和不同发展状况的多种法律体系、法律门类之中。这些法律规范着不同而又彼此交叉重叠的程序和信息产品；这些法律由不同国际组织机构出于不同的目的给予通过，或在其组织内施行。① 进入 21 世纪，跨国信息传播国际法的立法状况依然如此，未出现根本性的改观。

（二）跨国传播国际法的内容和分类

1989 年，联合国教科文组织发表的《世界交流报告》中开列的自 19 世纪到 1988 年关于各类跨国信息传播的国际文件达 333 件；1996 年联合国教科文组织出版的《1989—1995 年关于传播的基本文件》中，又增加了 1 个跨国传播的国际法文件。普洛曼在其 1982 年出版的《有关传播与信息的国际法：基本文件集》中，把有关跨国传播和信息的国际法分为 10 类：基本法、信息法、电信法、邮政法、空间法、知识产权法、信息学法（informatics law，又译“情报学法”）、贸易和关税规定、文化与教育、国家安全和法律实施。② 上述各类跨国传播国际法大体出现在以下三类国际法文件中：（1）适用于一切领域（包括跨国传播和信息在内）的基本国际法文件；（2）较为广泛领域内的国际法规和协议，包括涉及旨在达到所宣称目的（如国际理解、裁军、社会与经济发展）的跨国传播和信息产品；（3）直接地与跨国传播和

---

① PLOMAN E W. International law governing communication & information. London：Greenwood Press，1982：Ⅻ；关世杰．国际传播学．北京：北京大学出版社，2004：449.

② PLOMAN E W. International law governing communication & information. London：Greenwood Press，1982：Ⅲ-Ⅳ；关世杰．国际传播学．北京：北京大学出版社，2004：449.

信息相关的各法律分支中的、在当前仍有效的法律文件和条款。就内容而言，《世界交流报告》则把有关世界信息传播的国际法分成两大类七个专题（见表 5-4），即一般性部类（包括四个专题：人权、信息自由、保护知识产权和服务贸易）与专门性部类（包括三个专题：大众传播、电信和信息学）。《世界交流报告》列举了大量的国际法规文件来论述上述两大部类的七种法律。[①]

表 5-4 《世界交流报告》中关于世界信息传播的国际法

部类	主题
一般性国际法	人权 信息自由 保护知识产权 服务贸易
专门性国际法	大众传播 电信 信息学

就一般性国际法（人权、信息自由、保护知识产权和服务贸易）而言，《世界人权宣言》（联合国 1948 年颁布）和《公民权利和政治权利国际公约》（联合国 1966 年订立，1976 年生效）规范了人权与世界信息自由流通方面的保障[②]；《经济、社会及文化权利国际公约》（联合国 1966 年订立，1976 年生效）、《巴黎公约》（世界知识产权组织 1883 年签订）、《伯尔尼公约》（即《保护文学和艺术作品伯尔尼公约》，世界知识产权组织 1886 年订立，1971 年修订）、《世界版权公约》（世界知识产权组织 1952 签订，1955 年生效，1971 年修订）、《罗马公约》（即《保护表演者、唱片制作者和广播组织的国际公约》，世界知识产权组织 1961 年通过）、《与贸易有关的知识产权协定》（世界贸易组织 1994 年签订）规范了跨国知识产权（包括工业产权和版权）的保护；《服务贸易总协定》（世界贸易组织 1994 年签订）规范了国际电信服务贸易、国际影视服务贸易等与跨国信息传播密切相关的国际服务贸易。

就专门性国际法（大众传播、电信和信息学）而言，《关于大众媒体为加强和平与国际了解，促进人权，反对种族主义、种族隔离及战争煽动做出贡献的基本原则宣言》（联合国教科文组织 1978 年宣布）、《关于无线电广播用于和平事业的国际公约》（国际电信联盟 1936 年签署）等国际文件规定了国

① 联合国教科文组织．世界交流报告．北京：中国华侨出版社，1992：342-343，362-392.

② 北京大学法学院人权研究中心．国际人权文件选编．北京：北京大学出版社，2002：4，22.

际大众传播应该遵循的十三条国际法基本原则①；《外层空间条约》（联合国大会 1966 年通过，1967 年生效）、《国际通信卫星组织业务协定》（国际通信卫星组织 1971 年订立，1973 年生效）、《国际海事卫星组织公约》（国际海事卫星组织 1976 年通过，1979 年生效）、《万国邮政公约》和《国际电信公约》等国际法律文件分别对卫星广播、卫星遥感、邮政通信、电报电话无线电通信等跨国信息传播活动予以规范。最后，《政府间信息科学计划》（简称 IIP，联合国教科文组织 1986 年制定）对涉及信息服务、数据库系统以及越境数据流通等方面予以规范，以促进国际信息处理和交流方面的合作。而后，国际互联网的兴起正促成一个专门适用于国际互联网的信息学法律框架。譬如，《国际互联网条约》（世界知识产权组织 1996 年通过，2002 年生效）对网上知识产权的保护与网上交易和电子商务的自由发展做出规定（譬如，规定可以在任何一个国家注册网站开展这一国家的语言业务，但不得攻击该语言国家的政府）。

概而言之，跨国传播国际法对国际传播的规范是从精神和物质两个方面展开的，即：信息的跨国“传播”与物质的跨国“运输”。跨国传播国际法既规范了信息和观念的跨国流动，同时也规范了媒介产品的跨国流动。

三、国际组织对国际传播控制的实施及其效果

通过制定国际法规范来对主权国家的跨国传播活动予以调控，这是国际组织控制国际传播的核心所在。不过，国际组织在运用国际法实施对国际传播的控制过程中遇到了一系列实际的困难，这在一定程度上影响了国际传播控制的效果。

（一）国际组织对国际传播控制的实施

国际组织对国际传播的控制主要表现在以下四个方面。

1. 制定规则

制定规则或者说建规立制是保障跨国传播活动正常有序地进行的前提条

---

① 指导和规范国际大众传播的十三条国际法基本原则是：一、各国在传播和信息方面享有平等的主权；二、法律限制下的信息自由流通；三、传播媒介不能用于侵略战争；四、传播媒介不能用于干涉他国内政；五、散布种族优越、种族仇恨的思想或煽动种族歧视言论应受到国际法的制裁；六、直接或公开煽动灭绝某一民族、种族、部族或宗教群体应受到国际法的制裁；七、传播歧视妇女的信息违反国际法；八、传播宗教歧视和信仰歧视的信息违反国际法；九、各民族在传播和信息方面享有民族自治权；十、和平解决传播和信息方面的争端；十一、传播媒介应在向公众进行和平教育和提高和平意识方面发挥经积极作用；十二、在传播和信息领域进行国际合作；十三、真诚履约，要求各国遵守国际传播方面的国际法。详见 FREDERICK H. Communication，peace，and international law. //ROACH C. Communication and culture in war and peace. Sage Publications，1993：238 - 241；关世杰．国际传播学．北京：北京大学出版社，2004：468 - 473。

件。由于社会制度、经济发展水平上的差异或技术本身的原因，两个国家之间的通信系统可能会互不相容（比如电缆宽带、电压、阻抗不一致，发送、接收卫星信号的技术标准不统一，电视制式不一致，等等），或者出现技术干扰、信号溢波等问题，这使得两国不但难以实现有效的传播沟通，甚至引起国际纠纷。为保证传播技术上的兼容性，协调互不相容的通信系统，由个体国家所组成的国际组织出面制定统一的标准和规则，以约束各主权国家的跨国传播行为。譬如，从电报的出现到无线电技术的发明，从广播电视的出现到卫星电视的诞生，再到互联网的面世，在人类国际传播一百多年间，国际电信联盟和国际通信卫星组织等国际组织制定了一系列有关电信和通信方面的国际协议、协定或公约，确立并向各国推荐传播技术标准，订立规则规范各国具体的跨国传播操作行为，从而确保了国际传播活动能够持续有效地进行下去。

2. 分配资源

如同任何法律，跨国传播国际法的实质同样是权力和利益的调整，它是对主权国家的传播权力和利益的调整。由于国际传播资源（包括空间资源、陆地资源和海上资源）是有限的，而任何国家对传播资源的需求都是无限的，因此，有必要在主权国家之间对有限的传播资源进行合理分配。在国际传播中，无线电频谱、电磁波频谱、空中海上航线以及卫星轨道等重要的传播资源需要通过国家之间的协议、协定使其得到合理分配和有效利用。而这种传播资源的跨国分配正是国际组织的一项重要职责。譬如，1906年制定的无线电公约，就将无线电频谱按不同服务内容划分为不同的频带，并规定不同频率承担不同的功能（有的用于海岸站之间的长途公共通信，有的专供政府的无线电站使用）。另外，基于广播电视所使用的电磁波频谱可以使无线电波所携带的信息从发射机传输到接收机，国际电信联盟通过频谱的划分和频段的指定，避免了不能被限制在一国境内的无线电波出现溢波现象。因为按照《国际电信公约》的规定，各国不能使用未经分配的频谱。有时，这种传播资源的分配是商业性的有偿分配，譬如，卫星设备的使用。通信卫星运用于跨国传播后，作为空中卫星设备的全球供应商的国际通信卫星组织为各国各组织机构提供卫星设备（以出租或出售的形式），从中收取卫星服务费用。

3. 提供援助

由于国际社会中各个国家的建国历史、国情和经济发展水平千差万别，在国际法律意义上平等的主权国家拥有极不均衡的传播资源。发展中国家在传播资源的占有上始终处于劣势，这严重影响了这些国家参与国际交流的机会。为改善和提高发展中国家的国际交流能力和国际话语权，改造不合理的世界新闻和信息传播秩序，许多国际组织在制定有关跨国传播的规则时，在政策上有意识地向这些国家倾斜，或是在技术标准的制定上予以降低，或是在传播规则的执行上予以放宽，或是减免传播设备的租用费和转让费等。譬如，世界贸易组织在签订《服务贸易总协定》时，对发展中国家某些地位特殊、又属于“幼稚产业”的服务部门如电信业、影视业等的开放时间适当予以延期，容许这些国家在一定时期内对相关媒介服务产品的进口税率的下降幅度予以自行调节。又如，最初只服务于发达国家的国际通信卫星组织在国际协定中规定了“全球平均价格”，降低了卫星语音频道的费用，以便使比较贫困的国家能够进入国际卫星系统。除了在建规立制上采取倾斜政策，国际组织对发展中国家的援助还表现在跨国传播实践的扶持上。比方说，联合国教科文组织对欠发达国家的对外传播事业展开了一系列发展援助项目，帮助这些国家建立起自己的联合通信机构，如不结盟国家通讯社联盟、加勒比通讯社、亚太新闻交换网、泛非通讯社等。再如，国际电信联盟促进在发展中国家创建和改进电信设备和电信网，确保全球电信设施为公众普遍利用。

4. 调解争端

不同于国内传播，几乎所有的跨国传播活动都是以主权国家签署协议为基础“照章”展开的。但是，签署协议的过程本身就充满了矛盾、分歧和冲突。围绕频道分配、频谱使用、关税额度、产权保护、费用收缴、网络过滤软件的安装以及技术标准的制定等问题，相关各方从各自的利益出发表达不同的诉求，而大多数利益互动关系是零和博弈关系，于是，纷争在所难免。例如，某些国家希望国际协定制定出世界通用的传播设备标准，以便控制相关媒介产品的生产，这无疑会遭到其他国家的反对；而另一些国家却在媒介发展规划中仍然使用不相容的传输系统，从而对其他国家的标准化努力形成冲击和影响，这自然也会遭到谴责。还有，一些大国位于边境的发射机所发射的信号常常深入他国境内，对其他国家信息控制构成挑战，遭到他国抗议。另外，在频谱的分配方面，一些国家主张以技术和经济因素为基础分配频谱服务，发展中国家则要求实行“计划式”管理，即有计划地保留频谱和卫星频道，以满足其未来的发展需求，由此引发双方之间的争执。在跨国传播中，上述性质的利益争议经常出现在签订协议或公约的国际会议上，有些论争甚至持续了许多年，如发展中国家与发达国家之间关于新闻和信息传播不均衡、不平等问题的辩论。①

为了调解或解决各类争端，国际组织大多设置了相关程序和争端解决机

① 程曼丽．国际传播学教程．北京：北京大学出版社，2006：109－110.

制。例如，世界贸易组织就确立了争端解决多边化原则，它的总理事会是贸易政策审议和争端解决机构。联合国教科文组织、世界知识产权组织、国际电信联盟和国际通信卫星组织等国际组织都有类似的关系协调乃至解决争端的专门机构。

（二）国际组织对国际传播控制的效果

一百多年来，国际组织一直用有关跨国传播的国际法规和文件来规范主权国家的跨国传播行为：从电报跨国流通的保障到工业产权的跨国保护，从国际无线电广播频率方面的合作到禁止越境运送淫秽物，从保证外交通信的隐私权到版权条款的实施，从对地球同步空间卫星轨道的分配到邮政通信的普遍性，最后到有关卫星遥感活动和遥感数据资料处置的原则确定。实际上，几乎所有的国际传播活动都渗透着国际组织的干预因素，都处于相关国际法的规范框架之内，这不仅充分地显示了国际组织及国际传播和信息法所确立的大多数基本原则和“游戏规则”在全世界都已被广泛地承认和尊重，也一定程度地体现出国际组织对主权国家和跨国公司的国际传播活动的有效控制。

同时，从历史上看，国际组织对国际传播控制的主导地位的确立和不断稳固，终结了美国为首的西方大国对国际传播政策及跨国传播活动全盘操控的历史（迄今为止，国际传播活动基本上是依据霸权逻辑和强权政治原则来运作的。“从历史上看，国际传播政策及与跨国传播行为相关的诸多活动都是由美国政府操控的。”①）与此同时，国际组织对国际传播的控制也在一定程度上抑制了跨国公司把商业逻辑（资本增殖）无限推广于各种跨国信息传播活动的趋势（迄今为止，国际传播问题在很大程度上被认定为国际贸易事宜，国际传播活动更多地遵循市场规则来运作）。

然而，相比于主权国家，国际组织对国际传播的控制效力是很有限的。诸多因素影响着国际组织对国际传播的控制效果。

首先，从根本上说，不同于主权国家，作为国际传播控制主体的国际组织，在国际法上的主体地位是派生的，其权力来源于各国签订的条约和该组织的组织法，实际上是各国为了自身利益的实现把一些主权主动让渡给它而形成的。正因为如此，即便是联合国本身，也不是国家那样的政权机构，不是世界政府。联合国并非全球性的公共权威组织或公共权力机构。同样，其他任何政府间国际组织都不是区域性或行业性政府（公共权力机构），它们对世界各国及其国际传播行为的规范和控制并没有强制力和惩戒力。相应地，各主权国家所共同订立和签署的国际条约（国际法最正规的渊源）既不是国

① MCPHAIL T L. Global communication：theories，stakeholders and trends. Boston：Allyn and Bacon，2002：3.

际法主体（国家）之上的法律，也不是在国家之上的更高级权力强加于国家的法律，而只是它们之间的法律，是被它们所公认的法律。正因为如此，政府间国际组织协调、控制国际传播时所诉诸的国际法并不具有国内法（国家内部法律）那般强的法律约束力。

基于此，国际组织主持制定的规范主权国家跨界传播行为的国际协约、协定或协议，更多的是一种“道德期望”（moral expectations）和“理性预期”（rational expectations），并不具有足够的强制性和贯彻力。甚至，国际电信联盟的章程明确规定，任何国家对该组织在国际会议上做出的决定均有权采取“保留态度”。同时，在国际社会也不存在“环球执法者”去惩罚违反国际传播法律的国家。这就使得关于跨国传播的国际法规在执行过程中缺乏效力，使得对“违法”或“违规”行为的制裁显得软弱无力，而往往流于舆论批判和道义谴责。在国际法之下，虽然各国可以把国际争端提交至国际法院，但只有争端案件可以进行审理时，国际法院才对争端拥有实际的裁判权，争端中的当事国才必须接受国际法院的裁决。可是，争端中的某些强势国或霸权国往往拒绝国际法院的审判，甚至不接受国际法院业已做出的裁决。譬如，美国针对古巴在冷战中设立马蒂电台、在冷战后设立马蒂电视台的行为，对古巴的内政进行干涉，公然违反《国际电信公约》，但国际法难以对美国有任何约束力。对此，正如国际法学家米歇尔·阿库斯特（Michael Akehurst）曾经指出的：“如果一个国家对另一个国家犯了违法行为，并且拒绝赔偿损害，或者拒绝出席国际法庭，那么，受害国手中唯一的制裁方式就是自助，直到最近依然是这种情况。”①

无疑，立法上的天然不足和执法上的失据在很大程度上抑制和削弱了国际组织对国际传播的控制效果。

其次，在影响国际组织国际传播控制效果的因素中，除了国际组织的法律地位和国际法自身的法律效力外，与之相关的还有国际组织的非广泛性和国际法适用范围的有限性。政府间国际组织原本是向所有主权国家开放的，但是某些国家尤其是世界上重要的大国不加入（或有保留地加入）某些国际组织，不签署或批准某些国际公约，或随时宣布退出该国际组织和国际公约，就会导致国际组织对国际公约的实施出现种种困难。譬如，作为世界超级大国的美国在《公民权利和政治权利国际公约》签署15年后才有保留地批准加入该公约；直到20世纪90年代，美国参议院尚未批准与媒介和传播条款有关的诸多重要公约，如早在20多年前就通过了的《经济、社会及文化权利国际公约》。还有，以关于世界信息传播秩序的论坛过于向发展中国家倾斜为

① 阿库斯特．现代国际法概论．北京：中国社会科学出版社，1981：7.

由，美国在 1984 年宣布退出联合国教科文组织，拒不承认该组织此后所发表的各种宣言和决议。显然，相关国际组织和国际法对作为非成员国的美国的跨国传播行为就失去了控制。更有甚者，即便国际传播和信息方面的法律适用于所有主权国家，它们也不适用于国际非政府组织、跨国公司和个人等其他国际传播主体，因此，国际组织对国际传播的控制是不全面的——它“并没有把地球完全管起来”。因此，在不久的将来也许会出现一种超越“国际”法的“全球法”来统控包括主权国家、政府间国际组织、国际非政府组织、跨国公司和个人在内的所有国际传播主体在全球范围内的传播活动。

最后，国际组织所诉诸的法律手段——国际法的合理性和公正性常常遭到质疑，这在一定程度上也削弱了国际组织对国际传播的控制效果。如同其他任何领域，在跨国信息传播领域，作为国际“公共产品”（public goods）的游戏规则一般都是由先到国家（往往是政治、经济和军事强国）制定的，因而更多地反映先到国家的利益，并贯彻所谓“先到先用”的逻辑，从而使后到国家很难“搭便车”（free riding）。尽管联合国教科文组织、国际电信联盟、国际通信卫星组织等国际组织对后发国家（广大发展中国家）程度不一地采取了扶持政策（譬如，国际通信卫星组织降低卫星语音频道的费用，以便使比较贫困的国家也能够进入国际卫星系统），但是，由于现实存在巨大的“数字鸿沟”，发展中国家尤其是贫困国家对国际传播资源的利用仍然十分有限。因此，从国际传播系统中获益最多的主要还是那些制定跨国传播规则的发达国家。

概而言之，如果说在国内传播中国家政府作为最高权力机构，可以根据宪法和法律对信息传播活动进行引导和规范，那么国际传播在其中运作的国际社会则是一个“无政府社会”——不存在国家之上的至上权力机关，缺乏制定国际传播法律和规范的最高权力者及维护与执行法律和规范的最高执法者。这就决定了国际组织控制国际传播的效果是有限的（见图 5-1）。

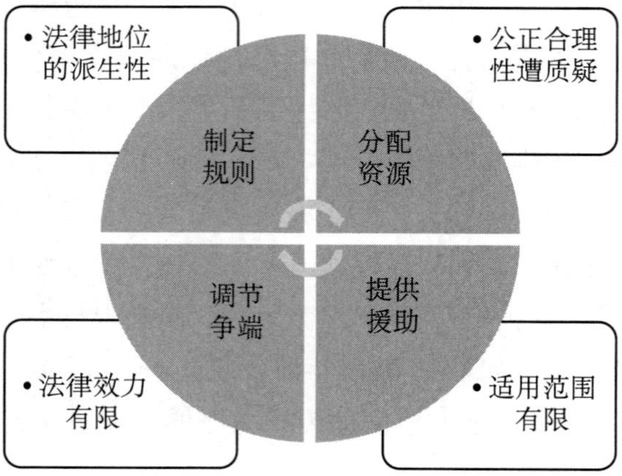

图 5-1 国际组织对国际传播控制的实施与效果

当然，尽管国际组织控制国际传播的效果有很大的局限，但正如公路需要“路规”一样，国际传播的“信息高速公路”更需要健全权威的“交通法规”——跨国信息传播的国际法。进入21世纪的传播数字化和全球化时代，跨国信息交流日益频繁、密集和丰富，同时也出现了关乎网络安全和隐私[①]、数字产权等互联网治理和监管新问题，而脱离跨国信息传播国际法的数字规范世界更是不可想象的。随着国际组织的日益壮大和国际法的逐渐完备，人类有理由期待，一种井然、高效而公平合理的国际信息与传播新秩序和一个和谐的网络空间命运共同体必将展现在未来国际传播的景观之中。

深入阅读

- 卡斯特．千年终结．北京：社会科学文献出版社，2006.
- PLOMAN E W. International law governing communication & information. London：Greenwood Press，1982.

思 考 题

第一节

1. 主权国家对越境信息有哪些控制手段？
2. 主权国家对越境信息控制的模式有哪几类？
3. 简述主权国家对越境信息控制的趋势。

第二节

1. 在国际信息传播领域，有哪些主要的国际传播控制组织？
2. 简述国际组织对国际传播控制的实施方式。
3. 简述国际组织对国际传播控制的效果。

---

① 网络安全和隐私问题在数字时代变得尤为突出。这主要表现为跨国隐蔽的监视和公开的监控。譬如美国政府在《外国情报监视法》的框架下通过美国国家安全局（NSA）实施全球范围内广泛监控计划——“棱镜”（PRISM）计划。它利用数字监控设备，从谷歌、脸书和苹果等公司获取“位于美国境外的非美国人士”的“电子传播内容”。

第六章

国际传播的渠道

本章知识结构及要点

◇ 语言媒介的转换

- 语言媒介转换的国际传播意义
- 语言媒介转换的文化对接实质

◇ 技术媒介的融合

- 传播媒介的技术融合
- 传播媒介的产业融合

国际传播既是跨国界的传播，往往也是跨语言（或者说，跨语际）和跨文化的传播。空间的阻隔，国界的限制以及语言、文化的差异和隔阂，决定了国际传播对语言媒介和技术媒介的要求更高。这是在传播渠道上国际传播区别于国内传播的显著特点，同时也是其信息传播中的主要乃至核心问题所在。本章从语言（符号）媒介①和技术媒介的双重媒介角度解析国际传播的渠道。这里对国际传播渠道的解析可被称为“渠道分析”②。

第一节　语言媒介的转换

作为跨国界的信息传播，国际传播不同于一般性的传播活动之处在于，

① 从物质本体论的意义上讲，人类所使用的媒介分为两类：符号媒介和技术媒介。其中，符号媒介又分为语言符号媒介和非语言符号媒介（如身体器官、物品等），技术媒介则又包括符号的物质载体和传输手段。在国际传播的两种基本传播形态中，人际传播主要运用符号媒介（语言符号和非语言符号并用，也就是说，既使用语言文字，又使用肢体语言、类语言等非语言符号），大众传播则同时运用符号媒介和技术媒介。基于语言符号与非语言符号分别在国际传播中的基础性（主导性）与辅助性（附加性）地位，本书只探讨语言符号媒介，不涉及非语言符号媒介。

② 本书采用“渠道分析”而非“媒介分析”，乃因前者不完全等同于后者，前者的内涵要比后者更为丰富。“媒介”即为中介，而“渠道”则有途径、门路之意，它既包含媒介（中介），同时也关涉媒介的运作流程。

它往往也是跨语言和跨文化的传播。通过语言媒介的转换，国际传播在跨越国界的同时，也跨越了语言的界限（语界），并一定程度地跨越了文化的界限。

一、语言媒介转换的国际传播意义

在一般性的信息传播（譬如，一国之内的传播）过程中，传播者将原始信息或意义加以采编，符号化为语言，并借助一定的渠道传播出去，即可为传播对象所接受。传播对象（受众）在接收到语言符号后，从中解读出原初的信息或意义。这是一个一般性的编码-解码（释码或译码）过程。其中，所谓编码，就是把信息或意义编写成符码（语言符号）；解码，则是从符码中解读出信息或意义。国际传播却不尽然。国际传播是跨语言传播，它有一个语言转换（即“语际转换”或“换码”）的过程。只有将传播主体国的语言转换成对象国或者说目标国受众的语言，赋予其中的信息和意义才能够被有效地送达“异语”“异文化”受众，为其所接受。可见，就国际传播而言，在一般性的编码-解码的基础上，还需要对信息和意义进行二次处理即“二次编码”（或“二度编码”①）。二次编码的过程就是语言转换的过程。“二次编码”是国际传播流程中的必要环节和基本模式。②

换一个角度说，对任何一种传播或交流行为而言，符号媒介都必须是共享的，否则就形不成传播过程。语言不通会导致传播行为既无法发生，也无法有效地进行。作为一种跨语言传播形态，国际传播在传播媒介上首先存在着语言上的差异。语言差异是国际传播的传播者与受传者即传受双方共同面临的首要障碍。要成功地完成国际传播行为，就必须跨越语言障碍，使传受双方使用同一种语言，或者说，使用一套能使双方共享意义的语码（符码或符号）系统，最终实现跨国界的信息共享和思想观念的交换。于是，国际传播就出现了转换语言符号的必要性。语言转换即转换成规范、精当、地道或“原汁原味”的目标国受众的语言，就成为国际传播过程中的核心环节。正是

① 所谓“二度编码”，就是一个翻译的过程：传播者首先在自身的语言环境中对所接收到的符号进行解码，获取其中的意义，完成第一次符号转化过程；然后，在一个“异己”的语言环境中把所理解到的意义进行编码，编成“异语”“异文化”受传者或受众可以接受、理解的符号并传给对方，从而完成第二次符号转化过程。相对于原初在自身语言环境中所接受过的编码，意义在“异己”的语言环境中所接受的编码其实是第二次编码。参见陈卞知．造桥者说：跨文化传播研究．北京：中国传媒大学出版社，2004：169。

② 在国际传播的实际流程中，语言符号的转换即翻译有时是以一种隐性的方式完成的，其表现形式为：一国的对外传播者直接用目标国受众所使用的语言采访、写作或广播、播报。但是，这并未改变国际传播“二次编码”的基本模式。譬如，英文《中国日报》的多数编辑、记者都直接用英文写稿；又如多语种的《北京周报》《今日中国》的部分工作人员直接用外文写稿，而无须先用中文写初稿，再译成外文。参见沈苏儒．对外传播学概要．北京：今日中国出版社，1999：63。

从这个意义上说，语言符号媒介的转换是国际传播的关键所在。

那么，由谁来完成这种语言符号的转换，从而克服国际传播中的语言障碍呢？这种努力要么由传播者做出，要么由受传者或受众做出。对传播者来说，语言符号的转换就是把自身的语言转换成受传者或受众的语言。而对受传者或受众来说，语言符号的转换就是把传播者的语言转换成自身的语言。其中，由传播者做出语言转换、以受传者或受众所使用的语言即受传者或受众的母语为媒介进行的跨文化传播形态被称为母语传播。[①] 在以受众为本位的国际传播实践中，这种母语传播形式是占主流的。传播国的传播者主动把自身的语言转换成目标国受众的语言，使传受双方跨越语言的障碍而同时置身于同一语言环境下，共享同一套意义生成的符号系统，从而使跨语言、跨文化的国际传播得以发生。相比于非母语传播，由传播国的传播者所主导的母语传播形式更有可能促成国际传播的发生，改善和增进国际传播的效果，因为传播主体先行完成了语言转换工作，为目标国受众顺利接收和有效理解所传出的信息提供了充分条件。这意味着在很大程度上传播主体自身就可以决定实现国际传播的可能性和增强国际传播的有效性。

从国际传播的历史上看，一个国家对外传播是否以母语传播的形式进行，取决于多方面的因素，包括该国的国际政治、经济和文化地位，自身语言的位势，还有对外传播战略目标的驱动力。一般来说，一个国际地位较低、自身语言位势较弱而对外传播战略目标较明确和精准的国家更倾向于选择母语传播。在信息传播日益全球化、受众竞争日益激烈的今天，越来越多的国家采用母语传播的形式展开对外传播活动。母语传播尽量从接近国际受众的角度，用受众所青睐和熟悉的语言对外传播，这无疑拉近了传播者同异文化受众的距离，使国际传播对受众的影响更为直接、有效。因此，各国的对外传播活动大多采用母语传播形式来开展。譬如，美国国际广播体系内所有对外广播机构以母语传播的形式播出的语种达60多种，共分90个语言单位，且同时进行播出。这60多种语言中有23种分布于欧洲，近15种分布于阿拉伯世界的国家，近20种语言分布于亚洲各个国家，另外，分布于非洲等国家的语言及其他语言约7种。当今世界各国的涉外媒体几乎无一例外地从事着母语传播的实践。譬如，“美国之音”、英国广播公司、德国之声、日本广播协会、法国国际广播电台和埃及国家广播电台每天分别用41种、32种、28种、21种、19种和33种对象国语言对外广播。欧洲新闻电视台（Euronews）在“多语覆盖、母语播报”的传播理念的支持下，采用“一套新闻、十一种语言”的做法，其采用的语言几乎涵盖了其所覆盖的所有地区的当地语言。中

① 关锐，李智．母语传播概论．北京：中国传媒大学出版社，2011：3.

国的母语传播事业的发展也很迅速。目前，新华社每天用英语、西班牙语、法语、俄语、葡萄牙语和阿拉伯语等 6 种外语向美洲、欧洲、亚太、非洲、拉美等地区 24 小时发稿。中国国际电视台（中国环球电视网）英语频道（CGTN）、西班牙语频道（CGTN-E）、法语频道（CGTN-F）、俄语频道（CGTN-R）、阿拉伯语频道（CGTN-A）及纪录频道（CGTN-Documentary）等 6 个频道在亚洲、欧洲、美洲、大洋洲和非洲等 160 多个国家和地区落地，对外广播。中国国际广播电台是中国实践对外母语传播的最大传播平台，其使用的外语语种最多，对象国受众的覆盖面最广，几乎覆盖了全球。它每天用 43 种外语向世界各地广播，同时还开通了在线广播——“国际在线”，将所有的外语节目传递给世界各地的网民听众。单就母语传播的规模和使用外语语种数而言，中国国际广播电台当之无愧是世界三大国际广播电台之一。

应该指出的是，国际传播的语言媒介转换过程中仍然存在一个语言不对等或不可译的问题。基于生活经验上的差异，国际传播的传受双方各自所属的语言体系或者说“语库”并不是完全对等的，存在着词汇、习语和观念等多个方面的不对等，这给语言转换即翻译带来很大的困难。也就是说，传播国传播者的源语言与目标国受众的目标语言并不完全对应，这就使得传播国传播者自身的语言很难完全“等义”地转换成目标国受众的语言。显然，母语传播难以也不可能完全克服跨语言上的障碍。但不管怎样，在国际传播的过程中，通过在语言媒介转换上做出努力，母语传播毕竟最大限度地实现了语境的同一化，从而缩小了因语言差异而带来的符号难解和符号误读的空间，扩大了国际传播顺利进行的机会。

二、语言媒介转换的文化对接实质

国际传播对语言的跨越并不意味着对文化差异的彻底克服。因为在语言转换给传受双方所带来的共享的语言符号系统内，双方各自却持有不同的意义生成机制。很难想象，同一个语言符号所表达的意义在两个不同文化背景下的人的理解中会一模一样（即便在同一文化背景下，同一语言符号的所指有时也会因具体的社会语境而产生社会文化意义上的偏离）。语言符号的含义是因人而异的——归根结底，是因文化而异的。因此，即便发生了语言的转换，传受双方往往仍然会以自己原来民族语言符号所具有的文化特征去概括被转换了的语言的文化特征，并自觉不自觉地用自己原来所从属的语言体系中的价值取向和社会规范去衡量和判断被转换了的语言所表征的社会内容的内在标准。可见，比语言转换更为重要的是文化转换。

在国际传播中，与语言媒介的转换密切相关的是文化的转换与对接。基于语言与文化的同一性，在很大程度上，跨语言传播就是跨文化传播。国际传播不仅仅是跨语言传播，同时也是跨文化传播。在国际传播中，无论是语际的一般意义上的跨语言传播形态（语言转换由目标国受众做出）还是特殊的跨语言传播形态——母语传播（语言转换由传播国传播者做出），归根结底都是一种跨文化传播——一种以文化为本的跨文化传播形态。在国际传播中存在的语言差异归根到底是文化差异。对人类生存和发展来说，相比于语言，文化要更为根本、更为深刻，因为每一套语言符号系统背后都蕴含着自身特定的民族文化内涵。从语言学的角度讲，转换一套语言，其实就是转换一种文化，就是转换一套价值观念和思维方式。[①] 基于此，国际传播的关键与其说是语言的转换，还不如说是文化的转换。对传播者来说，把自身的语言转换成目标国受众的语言，意味着投身于目标国受众所处的一个“异己”的意义世界之中；而对目标国受众来说，把传播国传播者的语言转换成自身的语言，则意味着反过来投身于传播国传播者所处的一个“异己”的意义世界之中。总之，对传受双方来说，语言的转换都意味着要投身于对方的语境之中，实现语境的同一化。语言的转换过程就是文化的对接过程，即文化的亲近、移情和融入的过程。

同时应该指出的是，由于语言与文化并不具有完全的同一性，语言的完全转换并不必然地带来文化的彻底转换，因此，文化的对接就难以实现。如果说，国际传播可以成功地跨越语言障碍，但无论如何是很难完全跨越文化障碍的。任何一套语言符号都负载着特定的文化，因此，对语言符号的编码（输入意义）和解码（输出意义）都要通过“文化过滤”来进行。譬如，国际传播中的常见情形是：双方都听明白了对方所说的话，却仍然感到不知所云。之所以如此，是因为作为一种文化载体，语言除了负载字面意思（明指意义），往往还包含更深层的含义（暗含意义）。[②] 或者说，作为负载文化信息的符号系统，语言的深层含义是超越语言本身的，它深入文化的底层。因此，要把握对方语言的深层含义，就必须深入了解对方的文化。在此，文化充当了一个“过滤器”，它对我们所传递或接受的某一特定的语言符号加以“筛选”、界定，从而决定其最终的诠释方式和表达方式。这同时表明，语言从来不是在真空状态下被使用的，语言的使用总是处于一定的语境下或者说处在一定的文化背景之下。相比于语言转换的浅表性和不彻底性，文化的深刻性

① 语言学研究中有一个著名的“萨丕尔-沃尔夫假说”(Sapir-Whorf Hypothesis)。该假说认定：语言的作用不仅仅是传递信息，它还在实际生活中塑造了人们对客观实在或现实的感知，即语言结构和形式能决定操持该语言者的思维方式，各种不同的语言导致使用这些语言的人以不同的方式去观照世界。这就是所谓的“语言决定论”或“语言相对论”。参见关世杰．跨文化交流学．北京：北京大学出版社，1995：223－224。

② 吴为善，严慧仙．跨文化交际概论．北京：商务印书馆，2009：102.

和根本性决定了语言转换的难度。在国际传播过程中，要成功地实现语言的转换，必须同时有效地实现文化的转换（文化对接），使语言的转换完全依对方国家（对象国，而非本国）文化码本和程序进行，从而使一国的语言符号与该国的文化深度契合。

文化对接的目的是实现异语语言之间的“对等关系”，即意义的同一性。然而，在语言转换的深层即文化对接的过程中存在意义的重构（而非意义的再现）或意义的再生产现象。由此，语言转换前的意义与转换后的意义并不完全是同一个意义。在国际传播活动中，特定的信息经由语言转换进入另一个社会历史时空，是经历原有意义丢失、异变，而新的意义在新的文化语境中得以重新赋予的意义重构过程。① 如果经历多种中间语言的“接力”、多重把关人的“文化过滤”，意义重构的成分就更多。在这个意义重构的过程中，国际传播活动尤其是语言转换所处的跨文化语境即现实国际社会权力关系起了决定性的规约作用。意义“重构”发生的原因，从表层看，主要源于异语语言之间在词义层面的差异导致的语言转换者即译者的（异语语言）符号选择；从深层看，则主要源于语言转换行为所处的跨文化社会历史环境。鉴于意义重构的发生，在语言转换和文化对接过程中，源语信息的损耗和流失不可避免，国际传播的文化折扣问题由此产生。譬如，在对外传播的媒介文本中，将汉语“龙”译为英语“dragon”或德语“Drache”。这种语言的转换并没有有效地实现文化间的对接，从而导致意义的异变，由褒义（祥瑞）变为贬义（邪恶）。

在国际传播实践中，越来越多的国家实施“走出去”的传播本土化战略，或是在对象国当地制作节目并在当地播放，或是将自己制作出来的节目提供给对象国令其在国内播放，以便缩短语言媒介转换的距离，从而尽可能有效地减少跨语言、跨文化传播中信息的损耗、流失及意义的流变、变异，降低国际传播的文化折扣率。譬如，中国国际广播电台在海外建立了 50 多家分台，在驻在国直接制作和播出节目。“美国之音”把制作的节目提供给 103 个国家的2 300 家广播电台。另外，有些国家把对象国的媒体和人员“请进来”以其母语的形式采写和对外报道，从而减少乃至消除了语言媒介转换的障碍。譬如，中国各大涉外媒体机构如《中国日报》、中国国际电视台、中国国际广播电台和外文局等直接雇用外国媒体记者用其母语制作节目和向其所在国报道中国。

① 朱一凡，秦洪武．Individualism：一个西方概念在中国的译介与重构：一项基于语料库的研究．中国翻译．2018，39 (3)：34－43.

第二节　技术媒介的融合

国际传播发展到当代，其传播活动的最显著的时代特征无疑表现在媒介技术的高度进化及媒介组织的深度变革上。伴随着信息传播技术的不断发展和传播渠道日益从传统大众媒体转移到社交媒体平台，国际传播的技术手段和组织形态呈现出日益融合的趋势。国际传播渠道的融合性主要就体现在技术媒介的融合性，以及伴随而来的媒介组织/产业的融合上。

互联网的产生，数字多媒体技术（如支持一边下载一边观看或收听的流媒体技术）、计算机网络技术（从 Web 1.0、Web 2.0 到 Web 3.0）和移动通信技术（将无线通信与国际互联网等多媒体通信相结合的新一代移动通信系统 3G/4G/5G，呼之欲出的 6G）等传播技术的发展，给信息传播活动和信息产业同时带来了一场根本性的变革，人类社会由此步入数字传播的平台化时代。伴随着全球媒介的平台化转型，媒介融合在人类传播全球化的进程中发挥了巨大的作用。

早在 1978 年，尼葛洛庞帝就用分别代表计算机、印刷和广播的三个重叠的圆圈初步勾画了“媒介融合”（media convergence）[①] 现象，并提出三个圆圈的交叉处将成为成长最快、创新最多的领域。

信息传播技术后来的发展似乎证实了尼葛洛庞帝的预测。在互联网诞生后，这一新的信息传播技术打破了过去传统印刷媒介（即纸质媒介，如报纸）、音频媒介（如广播）、视频媒介（如电视）之间不可逾越的界限，实现了相互融合，从而产生各种各样的新媒介。新媒介诞生后，又与（相对）传统媒介开始了新一轮的聚合和重组，进而涌现出更多优势互补的复合型媒介形态。这是一个不断进行着的“媒介融合”过程。

在这个“媒介融合”的过程中，一方面，伴随着信息传播技术的不断发展，不同媒介形态为了更广、更快、更大量、更安全也更为及时方便地传播信息，“报纸、广播、电视、互联网作为信息的几大载体，开始逐渐改变自己的媒体形态，从以前的割裂、分离状态，逐渐走向互动、整合甚至是融合”[②]。这就是媒介形态的融合。另一方面，经营单一媒介（如报纸、杂志、

---

① 在西方，“媒介融合”概念主要有如下两个典型的定义：其一是指“各种媒介呈现出多功能一体化趋势”；其二是指“印刷的、音频的、视频的、互动性数字媒体组织之间的战略的、操作的、文化的合作和联盟”。前者侧重于技术上的融合，后者侧重于产业上的融合。参见徐沁．媒介融合：新闻传播业的新趋势．东南传播，2008（6）：71－73。

② 许颖．互动、整合、大融合：媒体融合的三个层次．国际新闻界，2006（7）：32－36.

广播、电视、电影或互联网）的各大媒体为了在传播领域中生存和发展而相互竞争和合作（所谓“竞合”），它们通过联合、收购、兼并、合并、重组等方式组建拥有多家媒体的跨媒体集团。

由此可见，媒介融合既是一个技术融合的过程，又是一个产业组织融合的过程。从这一意义上讲，媒介融合具有两重含义：微观技术层面的融合与宏观产业层面的融合。①

一、传播媒介的技术融合

媒介融合首先——或者说在根本上表现为媒介的技术融合。媒介的技术融合牵引和推动媒介的产业融合。媒介技术融合的水平在很大程度上决定了产业融合的水平。

所谓“传播媒介的技术融合”，是就媒介的物质技术层面而言的。它是指各种媒介在信息采集、制作与发布、传送各个环节的技术越来越趋同进而统一为一体，呈现出多功能一体化的“多媒介性”②。（共享的）平台化成为媒介融合的最大特征。媒介的技术融合主要受传播技术本身的发展逻辑支配。

随着数字多媒体技术、网络技术和移动通信技术的快速发展，几乎所有的传统媒介的传播特性都被打破和重新聚合，并被接纳或嫁接到互联网或手机等新媒介上（网络与手机之间也相互嫁接）。由此，传统的新、旧媒介界限变得模糊，各类媒介形式之间相互打通而出现了相互融合的趋势。这种媒介的技术融合催生出各种各样即时传播而又高度互动的新媒介形态，包括网络广播（音视频网络广播或在线广播）、（交互式）网络电视（Internet protocol television，IPTV，又称有线电视）③、网络电影、网络动画、网络图书（电子图书）、网络报纸（电子报纸）、网络杂志（电子杂志）、博客、推客、播客、视客、维客、掘客、网络视频、手机广播、手机电视、手机电影、手机图书/报纸/杂志、手机游戏/动漫、3G 手机④、数字电视、楼宇电视、车载移动电视等。这些新媒介形态大多具有多媒介性、交互性、精细性、即时性、便捷性、超链接性、丰富性（大容量、高密度性）和开放性、广泛性等特点。

① 应该指出的是，不同于学术界定，就人们的日常表达而言，一般意义上的“媒介融合”更多是从宏观的媒介产业整合角度上讲的，而较少包含微观层面上的媒介技术融合。

② 所谓“多媒介性”，是指多种媒介形式相互嫁接从而接合成新媒介形式的媒介融合趋势。

③ IPTV 通过 IP 协议，利用宽带有线电视网来提供包括电视节目在内的多种数字媒体服务，用户可以通过电脑、网络机顶盒＋普通电视机或移动电话来接收服务。它是新一代家庭数字媒体终端的典型代表。

④ 3G 手机即第三代（3rd generation）手机。作为无线上网终端产品，它是将无线通信与互联网等多媒体通信相结合的新一代移动通信系统。它能够处理图像、音乐、视频等多种媒介形式，提供包括网页浏览、电话会议、流媒体播放、多媒体文件的发送与接收、手机游戏、手机电视、手机银行在内的多种信息服务。

作为媒介技术融合的产物，新媒介以其成本更低廉、使用更便捷、传播更即时、传播范围更广泛等方式，逐步从根本上改变了传统的媒介生态环境而构成了一种多维、立体、亲近的传播环境，为受众提供了全方位、多角度、精准地获取和传递信息的理想渠道。

依据传播媒介特性的不同，可以将媒介技术融合所造就的新媒介大致划分为以下两种类型：第一类是基于互联网的新媒介形态（网络媒介形态），包括网络出版、网络广播、网络电视、博客、播客、视客、维客、网络视频、群组、社交网站以及其他类型的网络社区等。借助与互联网的融合，这些新媒介冲破了传统的大众传播模式，使传播越来越窄播化、分众化、个体化和个性化。第二类是基于传统的或新的广播电视网络、卫星直播网络的新媒介形态，包括数字广播、数字电视、卫星广播、卫星数字直播电视、手机广播、手机电视、3G 手机、4G 手机、5G 手机等。借助数字多媒体、卫星直播和无线电信网等传播新技术，这些新媒介把传统媒介的有限传播扩大到不受时空限制的无限境界。

由于空间的阻隔和国界的限制，国际传播是对信息技术发展依赖程度最高的传播形态。在诸种媒体中，互联网是最具国际传播特质的媒体，因而代表了人类传播媒介发展的未来方向。新媒介形态诞生后，在世界各地发展迅猛。尤其是基于互联网的新媒介形态的发展更是日新月异。国际电信联盟（ITU）《2022 年全球连通性报告》的数据显示，全球 95%的人口处在移动宽带网络的覆盖范围内。① 《全球数字经济白皮书》显示，截至 2023 年，全球已有 95 个国家（地区）的 256 家网络运营商提供商用 5G 服务，全球 5G 网络人口覆盖率约 30.6%，全球 5G 用户达 11.5 亿，其中中国占 58%。② 随着互联网信息技术的进一步发展，网络广播、网络电视也呈现出新的发展趋势。网络广播方面，广电运营商借助 5G、智能汽车等技术，不断提高广播服务能力，在网络电视等视频业务的冲击下，寻求创新，重构业务范围，发展了如车载媒体娱乐、音乐点播、线上教育、直播、博客等业务。全球行业分析师公司（Global Industry Analysts Inc.）的报告显示，2022 年全球网络广播市场价值 89 亿美元，有望在 2030 年达到 319 亿美元。③ 网络电视方面，整体上 IPTV（电信运营商、广播电视服务商提供的电视类服务）增速放缓，OTT

---

① 国际电信联盟．2022 年全球连通性报告．（2022－06－06）［2023－08－23］．https：//www.itu.int/dms_pub/itu-d/opb/ind/D-IND-GLOBAL.01-2022-SUM-PDF-C.pdf.

② 徐佩玉．5G 迎来规模化发展关键期．（2023－07－10）［2023－08－23］．http：//finance.people.com.cn/n1/2023/0710/c1004－40031329.html.

③ Internet Radio.（2023－03－08）［2023－08－23］．https：//www.marketresearch.com/Global-Industry-Analysts-v1039/Internet-Radio-33700138/.

（互联网电视在线流媒体，如 Netflix、Hulu、Disney＋等）持续增长，发展出了交易视频点播（TVoD）、订阅视频点播（SVoD）、广告视频点播（AVoD）等商业模式。截至 2021 年，全球有约 1.2 亿网络电视订阅用户，以每年约 12%的速度增长。数字电视研究公司（Digital TV Research）的报告显示，2022 年全球网络电视市场价值 1 186 亿美元，有望在 2023 年增长到 1 388 亿美元，预测年复合增长率约 17%。其中亚太地区是 2022 年网络电视市场最大的地区，而中东地区有望成为市场增长最快的地区。[①] 需要指出的是，由于中国 IPTV 发展环境不同，中国用户目前对高清大屏、互动观影的需求仍较为旺盛，同时 OTT 商业模式尚处于探索阶段，因此中国的 IPTV 不会如总体趋势所呈现的那样马上进入衰落期，仍具有较大的发展空间。还有，从播客来看，播客自诞生以来，其发展速度超过以往任何一种媒体，越来越深入世界各地的网民生活中。[②] 当然，就个人用户的使用率而言，将传统手机和电脑融合而成的新一代手机——智能手机，以及其他移动智能终端，无疑是当前世界上最受欢迎的新媒介形式。智能手机通常都有一个超大、触摸式彩色显示屏，能处理图像、音乐、视频等多种媒体形式，提供包括网页浏览、电话会议、电子商务、视音频接收等多种信息服务，从而较为充分地满足了现代人的移动上网需求。

伴随着媒介技术融合的不断加深，由互联网、手机及其他各种新兴网络媒介形态所构成，集纳了包括在线音视频、移动音视频在内的诸多媒介形式的数字新媒体平台出现，媒介以一种集无限多功能于一体的“全媒介”平台形式和矩阵体系出现在世人面前。由此，国际传播逐渐呈现为一幅蕴含着无限多传播可能性的立体交叉网络图景。

二、传播媒介的产业融合

传播媒介的技术融合在一定程度上为其产业融合提供了物质基础和技术支持。媒介融合最终——或者说最突出地表现在媒介的产业融合上。而且，媒介的产业融合反过来为媒介进一步的技术融合提供了体制保障和强大的经济驱动力。可以说，媒介的产业融合在很大程度上推动了媒介的技术融合。

所谓“传播媒介的产业融合”，是就媒介的社会组织结构而言的。它主要是指传媒公司或集团通过行业、业务合作、整合而同时拥有报刊、广播、电

① 数据综合自数字电视研究公司网站（https：//digitaltvresearch.com/reports/）多份相关报告。

② 王庚年．国际传播：探索与构建．北京：中国国际广播出版社，2009：5－6.

视、互联网等多种媒介形式和媒体组织。这些媒介形式及其平台在统一的目标下协同运作，最大限度地实现信息资源的开发、整合与共享。同时，它也意味着各个跨媒体的传媒集团之间通过联合兼并、收购等方式进一步合作、整合甚至融合。① 传媒的产业融合主要受资本力量的驱动，即寻求“最小化风险和最大化利润”，遵循市场逻辑，体现了传媒所有权从分散到集中、所有权结构从一元到多元化、生产经营从多元化到垄断、消费从本土到全球化的发展趋势。

就目前而言，除了传统媒介之间的联合②，传播媒介的产业融合主要表现在以报纸、广播、电视为代表的传统媒介与以互联网、手机为代表的新媒介之间的融合上。一方面，新媒介具有快捷、广泛的信息传输渠道，但缺乏内容上的吸引力；另一方面，传统媒介拥有丰厚的内容资源、高度迎合受众接受习惯的节目形式及历史上形成的稳定的受众群，但同时受制于复杂的生产制作流程与接收方式。于是，将传统媒介的内容优势与新媒介的渠道优势相结合自然成为传播媒介发展的趋势。由于单一媒体所能接触到的受众毕竟是有限的，因此，为接触到尽可能多的受众，任何一种媒体都需要向其他媒体形式渗透，通过新旧媒体的合并展开媒介融合，打造“无缝链接”的产业链，最终形成“跨媒体”（乃至“全媒体”）的传媒集团。跨媒体的传媒集团可以利用不同媒体的特性，将稀缺的媒体内容资源进行优化配置，实现媒体间的优势互补和协同效应。

譬如，美国的新兴媒体企业——“新闻美国数字出版公司”（News America Digital Publishing）正在提供高速上网的途径，并传送福克斯新闻和体育节目，其 e-Direct 被用于开发用户信息数据库，并为书籍、电视方面的电子商务创造机遇。③ 被誉为“全球新媒介经济最大赢家”的贝塔斯曼集团则将图书、杂志、音频、视频等传统非网上产品转移到互联网上，搭建起广阔的多媒体平台，成功实现了跨媒体战略。在国际传播体系内，维亚康姆集团是充分发挥媒体间协同效应的跨媒体典范。在跨媒体战略思维的指导下，维亚康姆已经发展成为一条制造各种媒介产品的完整的流水线。比如，派拉蒙出品了某个电影，其下属的 35 个频道组成的电视网会配合进行前期的广告

① 媒体并购分为垂直并购、水平并购和混合并购三种形式。垂直并购是指处于生产和经营的上下游的企业之间的合并，比如报社合并上游的造纸厂或下游的快递公司；水平并购是指在同种商业活动中经营、在同一市场上提供产品的多家公司之间的合并，如某家中央报社合并其余两家地方报纸；混合并购是指通过跨行业的兼并而实现多元化经营，如某报社合并某电台、电视台或网站。

② 有关传统媒介之间的联合，有一个典型的案例：新闻集团的《电视指南》（美国销售情况最好的电视节目杂志之一）与联合视频卫星集团（提供电子和互动节目指南）的合作通过多平台运营开创了电视新闻和清单方面的领先服务。在将来，电视指南节目频道将成为像目前互联网搜索引擎一样的门户频道。

③ 屠苏．国际传播：延续与变革．北京：新华出版社，2004：298.

宣传。电影上映一周后，会通过百事达录像带出租店做DVD销售，并制作以电影为依据拍摄的派拉蒙电视节目，最后由西蒙-舒斯特出版以派拉蒙电影人物为根据的图书。在这一过程中，各个环节相互支撑，导致集团内部版权交易的成本大大降低，最后形成了传播实效乃至经济利益的最大化。[①] 同样在跨媒体战略的指导下，前身是澳大利亚新闻有限公司的新闻集团从20世纪60年代后期起开始了拓展海外市场的事业。它先后在英国收购了纸质媒体——著名的《泰晤士报》《星期日泰晤士报》以及哈珀·柯林斯出版社（世界上最大的英文图书出版公司之一）；接着，它进军美国电影电视市场和拉美电视市场，1985年收购了20世纪福克斯影业公司，1987年组建了全美第四大电视网——福克斯电视网；同时，同3家拉美电视台合作，共同制作并传送面向拉美地区的150套电视节目；继而，它进军亚洲的电视市场，控股面向中国的凤凰卫视和星空卫视、面向印度的娱乐频道Zee TV、面向印度尼西亚的体育频道Star Sport等。通过媒介融合，新闻集团成为当今世界上规模最大、全球化程度最高的综合性传媒公司之一。通过媒介融合实施跨媒体战略的另一个成功典型是美国最大的传媒公司之一——美国时代华纳公司的合并行为。1989年，作为印刷媒体的时代公司与作为电子媒体的华纳公司合并组成时代华纳公司，成为世界上最大的传统媒体内容生产商之一。2001年，时代华纳公司又以1 120亿美元的价格同全球最大的网络公司、互联网提供商之一——美国在线（AOL）展开超大规模结合，成立了美国在线-时代华纳公司[②]，这是传媒史上传统媒体与新媒体之间最大的一次媒介融合行动。由此，时代华纳获得了美国在线拥有的互联网技术和节目传输渠道，而美国在线获得了时代华纳丰富的娱乐内容。这是典型的内容加渠道的媒体融合。[③] 通过媒介的产业融合，美国在线-时代华纳发展成为一个集网络通信技术、新闻信息网站、报刊图书出版、全球电视网络和音像娱乐于一体的、几乎囊括了所有媒体形态的所谓“全媒体”集团。

自20世纪80年代以来，在以“三化”（市场化、私有化和贸易自由化）为内容的所谓“新自由主义”政策的指引下，世界各国先后放松了对传播部门的管制，解除了对媒介的国家控制和对公众利益的束缚，由此释放出巨大

---

① 王庚年．国际传播：探索与构建．北京：中国国际广播出版社，2009：25－26.

② 2003年9月，由于合并后两大媒体的商业理念和运营模式存在差异，业务整合和经营策略上出现了问题，董事会决定从公司名称中去掉“美国在线”字样，这意味着这宗合并案是不成功的。2009年12月，时代华纳剥离其互联网业务，与美国在线拆分，成立独立公司。2018年6月，美国第二大电信运营商AT & T并购时代华纳，后改名为“华纳媒体”（Warner Media）。2022年4月，AT & T将其旗下华纳媒体业务与探索传媒集团（Discovery）合并，组建新公司“华纳兄弟探索”（Warner Bros. Discovery），这标志着全球流媒体领域新巨头的诞生。

③ 王庚年．国际传播：探索与构建．北京：中国国际广播出版社，2009：33.

的资本力量，从而有力地推动了传播媒介的产业融合。在媒介产业融合的大趋势下，在国家和超国家力量的支持和配合下，世界范围内掀起了一股传媒之间跨国联合、收购、兼并、合并和重组的浪潮①，于是就形成了少数巨型跨国传媒集团，进而构筑起了一个以市场为导向的各国各类新旧媒介形态在全球层面相互介入、彼此交叉和纵横整合的全球媒介体系。可以预期，伴随着媒介的产业融合不断拓展，跨媒体、跨国界的传媒集团将成为未来“混业经济”的典型，成为信息传播国际化、全球化和形成全球信息网络的强力推动器。

值得警惕的是，媒介的产业融合一旦形成超级垄断，将导致全球范围内传媒市场竞争主体彼此独立和相互平等的关系失去平衡，进而抑制全球传媒市场经济运行效率与传媒技术和体制创新，并带来巨型传媒公司在承担企业社会责任上的伦理风险及一系列无法预估的溢出效应。

国际传播全球化时代的技术媒介融合趋势充分证明：从传播渠道的角度讲，国际传播发展的历程不仅是一个跨国符号（语言）竞争的过程，同时也是一个跨国媒介技术和产业优势竞争的过程。

深入阅读

- 陈卞知．造桥者说：跨文化传播研究．北京：中国传媒大学出版社，2004.
- 王庚年．国际传播发展战略研究．北京：中国国际广播出版社，2006.

思考题

第一节

1. 简述语言媒介转换的国际传播意义。
2. 简述语言媒介转换在国际传播中的文化对接实质。

第二节

1. 简述国际传播中媒介技术融合的现状及其发展趋势。
2. 简述国际传播中媒介产业融合的现状及其发展趋势。

① 譬如，2019年3月，英国拥有130余年报业历史的《金融时报》收购了总部位于阿姆斯特丹的欧洲科技新闻传媒公司——“科技博客”（The Next Web，TNW）。这一兼并活动开启了《金融时报》在欧洲大陆的跨国界、跨媒介的产业融合之路，从而提升了其全球影响力。

第七章

国际传播的内容

本章知识结构及要点

◇ 国际传播信息的种类
- 新闻类信息
- 广告类信息
- 娱乐类信息
- 知识类信息

◇ 国际传播信息的性质
- 各种信息形态的糅合
- 本土性内容与异域性内容的混杂

在很大程度上，国际传播的跨国界性与国际传播主体的多元性决定了国际传播内容的复合性。如果说传统国际传播的内容相对单一，那么现代国际传播的内容则呈现出各种信息多元并存和杂糅的复合态势。本章阐述了国际传播内容的复合性不仅体现为传播信息种类的多样性，而且还表现在传播信息性质的混合性上。

第一节　国际传播信息的种类

从传播内容上讲，国际传播具有信息多样性的特点。国际传播信息的种类多种多样，其传播内容几乎无所不包，涵盖了政治、经济、文化、科技、军事和私人情感等人类社会生产生活的方方面面：既有国家政府传播的政治内容（如国家法律法规、对外政策、国事活动、社会经济发展数据等），又有跨国公司传播的商业内容（如国际广告、公关、市场信息等）；既有国际组织传播的社会文化内容（如预防艾滋病知识、健康信息、人权状况报告、宗教教义等），又有个人传播的生活内容（如电子邮件、网络聊天、情感论坛中的日常信息）。这些跨国界传播的信息内容以广播影视音像制品、书报杂志和电子出版物等多种媒介形式为载体。如果从信息本身的特性来划分，国际传播的信息主要可归为新闻类信息、广告类信息、娱乐类信息和知识类信息等四类。

一、新闻类信息

在国际传播的跨国界信息中，新闻是一类大宗信息。跨国界的新闻信息或者说属于跨界信息的新闻可以简称为跨国（或跨界）新闻（transnational or transborder news），它通常被称为国际新闻（international news）。①

在传播全球化时代，国际新闻是全球性新闻机构为全球受众所生产的新闻，其传播活动构成了一张庞大的国际传播网络。在这张新闻国际传播网络中，新闻从作为“新闻产品的制造者和批发商”的通讯社（或新闻社）、传播组织和个人分发给世界各地的新闻传播机构即大众媒体，再通过各地的大众媒体扩散到全球受众当中。由此，新闻完成了从采集、加工、分发、传输和接收的全过程。

从内容上讲，迄今，国际新闻表现出以下四大特点：其一，在稿源上，国际新闻以西方为中心，因为新闻资源（包括消息源）甚至第三世界国家的新闻资源基本上都垄断在西方国家的通讯社手中。世界上头号跨国界新闻的制造者和“供应商”就是美国，它因此引领着全球新闻报道议程的设置。其二，在主题、题材或报道议程上，国际新闻大多涉及政治、经济主题，且多与西方发达国家和地区密切相关，其他非政治经济类主题和非西方主题也大多关涉西方利益（与西方利益无关的非西方主题再重要，再有新闻价值，也往往不被报道）。② 从全人类的角度看，“世界上绝大多数人口的视角在目前的全球新闻当中并没有得到充分的呈现；相形之下，少数精英的视角被过度呈现了”③。这些少数精英无疑都来自西方。其三，在体裁上，国际新闻以一般性通讯或简讯为主，新闻特写和评论偏少。其四，在报道倾向上，基于特定的报道议题和框架的设置，国际新闻对发达国家的报道相对中性，而对第三世界的新闻报道则相对负面和“消极”。总体说来，国际新闻的内容从根本

---

① 由于在传播全球化时代，新闻的制造者、流通渠道和传播对象不再局限于主权国家，因此，更准确地说，应该把全球传播时代跨国界的新闻称为“跨国新闻”或“全球新闻”（global news）。

② 譬如，对 1999 年西方国家决定要轰炸南联盟以停止所谓科索沃的“种族清洗”，西方主流媒体进而世界各地的媒体连篇累牍地加以报道；而对与此同时发生在斯里兰卡的种族冲突，包括西方主流媒体在内的全球媒体很少给予报道。

③ 伯顿．媒体与社会．北京：清华大学出版社，2007：315.

上是由西方大国的报道议程和框架设置所规定的。

在新闻国际传播网络中，国际新闻的流动遵循着一定的方向，呈现出一定的规律性。新闻流动的方向即流向主要表现为从中心向边缘的流动模式，也就是说，新闻从中心流向边缘，是全球范围内新闻流动的主流。具体地说，由于绝大多数全球性新闻机构都设在西方国家，跨国新闻主要是垂直地从中央的发达国家和地区流向边缘的发展中国家和地区。同时，发达国家和地区之间、发展中国家和地区之间也存在横向的、补充性的、交流量很小的跨国新闻交流。尽管有许多新闻是从边缘地区流向中心地区，但比起中心地区流向边缘地区的新闻要少得多。而且中心地区的记者从边缘地区采集到新闻后，把新闻发回中心地区加工编辑，然后又返销到边缘地区，从而在全球范围内形成了一种循环性的环状新闻交流网络，同时也形成了极不均衡、不对等的跨国新闻信息交换态势。

新闻信息的国际传播大大拓展了国际社会民众对国际局势和国际舆论的了解渠道，扩大了主权国家外交决策的信息源，增加了主权国家政治和经济形势的影响因素，同时也增进了人类文化价值观的碰撞和交流。当然，新闻并非事实本身，国际新闻不可能是对现实世界如其所是的客观描述，而是对世界现实（包括全球权力结构和关系）的话语建构和文本再现，是全球信息战的重要场域。伴随着新闻传播的全球化进程，国际新闻所构筑的“媒介世界”通过对人类的世界观的涵化作用而对未来世界格局和走势产生深刻影响。

二、广告类信息

在经济、政治全球化时代，资本、商品、服务及权力的全球流动刺激和搅动了信息在全球范围内的流动。在这类与经济、政治有关的跨国界信息中，广告信息最为突出。这种跨国广告信息通常被称为国际广告（international advertising）。

在一般意义上，广告分为产品（服务）广告和形象（信誉）广告两类。前者以产品促销为目的，广告符号的表征较为具体；后者以树立信誉为旨归，广告符号的表征较为抽象。国际广告同样包括这两类广告。从传播学的角度讲，信息传播的定位不外乎两类：一类是以事实、知识类信息为本位的一般意义上的传播（如科技传播、天气预报）；一类是以观点或意见类信息为本位的特殊的商业或政治传播（如宣传、游说、公关）。[1] 作为营利性组织（企业）或权力机构（政府）的劝导或宣传手段，广告属于特殊的商业或政治传

① 李智．国际政治传播：控制与效果．北京：北京大学出版社，2007：26.

播形式，属于意识形态，因为它具有明确的功利性，即劝服性。“广告——无论是为销售产品和服务而做的消费广告还是为宣扬某种思想或者争取组织支持而做的公关导向的‘信誉’（institutional）广告——都具有劝诱性质。”[①]不同于新闻类、知识类等其他类型的信息，基于其“劝诱”目的，广告类信息不仅应是普世性的，同时还应是本土化的，它“往往要迎合当地的而非全球性的口味和观念”，“注重当地情感”，能分辨出并契合于遍布全球范围内的受众和世界各地市场的细微差别。[②]

“在世界范围内，广告在战略战术的共通性和类似媒介的适用性上或许尚不具有‘全球性’，但毋庸置疑，它已在全世界得到了广泛应用。”[③] 迅猛发展的跨国媒体和全球通信系统及其所开拓的全球市场大大促进了广告的国际传播。进入 21 世纪，广告越来越“全球化”，正成为同国际新闻一样流行的跨国传播信息。在全球范围内，广告类信息主要是由跨国公司、主权国家和国际非政府组织发布的。跨国公司是最重要的国际广告传播主体。在把产品、服务和品牌推向全球的过程中，跨国公司根据企业产品和形象定位制定广告目标，然后根据海外目标受众（消费者）的接受心理，选择恰当的国内外广告媒体，把广告信息传播出去，从而“劝诱”受众接受和消费广告“标的”。在传播企业产品和形象信息的同时，跨国公司还力求把某种消费主义理念灌注在广告信息中。在全球范围内，国际广告不仅是传递商品和形象信息的载体，同时也成为散播消费文化和消费主义生活方式的使者。因而，从国际广告中，人们往往能接收到某种明显的文化价值取向或价值观。譬如，可以直接进入世界各地家庭的美国电视节目中的跨国广告就携带着鼓励以美国的水平进行消费的信息（而不论这种消费方式是否符合当地的收入水平）。[④] 从麦当劳、肯德基的全球广告中，世界各国的消费者都可以“读”出推崇“时间就是生命”“效率就是金钱”的“快餐文化”来。

主权国家是另一个重要的国际广告传播主体。不同于跨国公司做商业广告，主权国家做的是政治广告。主权国家的政府出于某种政治目的——或树立国家形象，或推广国家行为，或宣传对外贸易和招商引资等，借助国内外大众传媒把有关该国的积极信息传播到全世界。譬如，1995 年，为扭转亚洲地区对澳大利亚技术水平的不利认识，澳大利亚政府出资在东亚地区的主要出版物上刊登整版彩页广告，从科学技术、教育文化和社会生活等各个方面介绍“富于创造力的澳大利亚”，彰显其“创新精神”。为配合北京申请主办

---

① KAMALIPOUR Y R. Global communication. 2nd ed. Belmont：Thomson Wadsworth，2007：278.

② 同①275，276.

③ 同①275.

④ 陈卫星．国际关系与全球传播．北京：北京广播学院出版社，2003：155.

奥运会这一行动，中国政府制作了大量的广告宣传片并在世界各地展映，用浓缩的视觉符号语言展现中国这个文明古国的独特魅力。为配合以“走近中国”为主题的“2000年中华文化美国行”大型文化巡回展，中国政府在《纽约时报》上刊登了整版广告，并租用纽约时代广场的电视大屏幕，不间断发布本次文化活动的实况。2009年底，中国政府推出一系列以“中国制造，全球合作”为主题的全球广告，在CNN等国际主流媒体上投放，以提升国际社会对“中国制造”这一品牌的关注度和忠诚度。

国际非政府组织同样是国际广告的重要传播者。“众所周知，广告是花钱买来的时间和空间，只有公益广告（public service advertisement，PSA）除外，那是非营利机构免费登载或播发的。”① 公益广告是一种特殊的广告形式，不是一般广告的商业性或政治性传播形式，其劝导目的不具有利己的功利性，而完全是社会（公益）性的。公益广告所追求的传播回报是社会性回报，包括公众对广告者的目标宗旨及社会公益活动的理解、支持和积极参与。作为非营利机构，国际非政府组织做的国际广告就是公益广告，因为其非营利性的特点决定了其信息传播的非营利性。譬如，全球著名的环境保护组织——世界自然基金会（World Wide Fund for Nature，WWF）用中国的大熊猫做会标，在世界各地散发公益广告，大熊猫美兰还被选为“地球一小时”2010全球形象大使，其形象广告在全球散播。全球媒体抗击艾滋病组织（The Global Media AIDS Initiative，GMAI）动员跨国传媒公司利用其传播力在全球进行消除艾滋病歧视的公益广告宣传。

最后，除了国际非政府组织，政府间国际组织在某些场合也参与广告信息的国际传播。如同国际非政府组织，政府间国际组织主要从事公益广告的全球发布。譬如，联合国在确定的国际年、国际周、世界日等年份和日期如“世界环境日”“世界人口日”“世界艾滋病日”开展公益广告活动，在世界各地巡回播放符合宣传教育主题的公益广告片。

三、娱乐类信息

在国际传播全球化的时代，跨国信息中含有大量的娱乐性信息。跨国媒体和全球通信体系的迅猛发展带来了极其丰富的跨国娱乐信息。自20世纪80年代始，随着西方发达国家的文化工业向文化产业转型，随着改革开放浪潮席卷全球与“从禁欲走向纵欲”的“大众消费”（mass consumption）和消费社会的到来，世界各国纷纷效仿西方社会将文化当作产业来发展，于是文

① KAMALIPOUR Y R. Global communication. 2nd ed. Belmont：Thomson Wadsworth，2007：272.

化产业成为一种全球性产业。目前，世界上规模最大的跨国传媒公司如美国的时代华纳公司、迪士尼公司、维亚康姆集团，澳大利亚的新闻集团，法国的威望迪环球集团和德国的贝塔斯曼集团等几乎无一例外地涉足娱乐业。跨国传媒公司往往是全球娱乐业巨头，是提供全球娱乐产品的巨型生产机器，因此，跨国传媒集团又被称为“跨国传媒娱乐集团”。2000年1月，美国的国际互联网先驱——美国在线公司宣布收购传媒娱乐业巨头时代华纳公司，以实现有线电视、传统印刷、电视、电影、音乐和互联网集于一体。这一迄今为止全球最大的公司合并行为成就了世界上最大的传媒娱乐公司（当然，后来的实践证明，这宗并购案是不成功的）。

在文化产业化的情势下，大众文化（mass culture）或通俗文化（popular culture）的跨界生产、传播和消费成为一种最显著的文化全球化现象。从具体表现形式上看，大众文化信息中以娱乐类信息居多。跨国娱乐信息的主要表现形式有电影、电视剧、音乐、戏剧、动漫产品和电脑游戏等。据联合国教科文组织发布的关于国际电视节目流通的年度调查报告，国际电视节目以娱乐节目为主。20世纪90年代，澳大利亚、印度、菲律宾和韩国的新闻节目占电视台整体节目的7%～16%，而包括戏剧、电影、音乐、艺术等在内的娱乐节目所占比例则高达80%～90%，其中仅戏剧和电影的比重就达15%～40%。另据统计，中国中央电视台国际频道2003年12月每天的节目内容中，新闻类节目约占整个播出时间的1/3，而娱乐节目则占到整个播出时间的2/3左右。[①]

娱乐信息的国际传播基本上遵循了大众文化国际传播的模式——“示范-认同”模式（exemplary-identity model）[②]。该模式贯穿全球娱乐文化的生产、交换和消费三个环节的始终。作为大众文化的重要组成部分，娱乐信息基于一定的标准而被批量生产出来，形成示范性的“样本”（sample）。该样本在全球范围内被不断复制、翻新和推销，并被世界各地的受众所接受和消费（模仿），最终在受众与娱乐产品之间积极而活跃的互动过程中完成对受众身份的构建。凭借无可比拟的技术水准、资本优势及制作和市场运作方式，美国的大众娱乐文化代表了全球娱乐文化信息的“标准”（standard）和发展的“主流方向”。作为全球大众娱乐文化市场中的强大的“示范性力量”，美国大众娱乐文化顺应和引导了大众娱乐产品的“标准化”趋势。综观娱乐信息的国际传播景观，“《达拉斯》化”“迪士尼化”似乎支配了一切，大众娱乐产业发达的国家所生产的娱乐产品在全球不同国家、不同地区基本上通行无阻。

① 关世杰．国际传播学．北京：北京大学出版社，2004：195-196.

② 孙英春．大众文化：全球传播的范式．北京：中国传媒大学出版社，2005：306.

譬如，最突出的是，美国制造的娱乐信息在全球范围内广为传播。美国的电视剧《达拉斯》风靡全球，在世界各地拥有众多的仿制品。美国的迪士尼乐园在世界各地落户开放。《哈利·波特》系列、《阿凡达》、《泰坦尼克号》、《星球大战》、《复仇者联盟》等好莱坞电影创造了全球票房神话，同时也制造出主人公形象传布全球的全球娱乐景观。21 世纪初中国出品的《英雄》《天地英雄》《十面埋伏》等影片都接受并运用了好莱坞大片的制作和营销“标准化”规则。另外，美国的《美国偶像》、模仿秀、真人秀和脱口秀等诸多选秀类电视节目形式在世界各地被“克隆”而繁衍出众多的复制品，中国也都有其相应的版本，如湖南卫视的《超级女声》、中央电视台的《星光大道》。又如，英国的流行音乐组合、日本的卡通漫画、韩国的电视剧曾经在包括中国在内的东亚、东南亚地区盛极一时，其中韩国电视剧还形成了“哈韩”一族和“韩流”这样的跨国娱乐消费现象。

在经济全球化的商品逻辑的支配下，国际传播的娱乐信息制造出一种快乐、舒适的世界图像，并在世界范围不同的地域和语境内得到了共享——广泛的认同、崇拜甚或依赖。同一娱乐产品的每个娱乐者（消费者）似乎都被施了“魔法”，暂时丧失了自我的判断力和固有的生存方式——这就是娱乐信息国际传播的“示范-认同”模式所产生的“万众狂欢”的全球性神话现象。

四、知识类信息

在国际传播的越境信息中，还有一类知识类信息，这类知识信息就是通常所谓的“数据资料”。知识信息最大的特点是以事实为据的科学性，即价值中立（value-free）性。正因为知识信息不含价值偏向性，因而属于科学范畴。就理想状态而言，对知识信息的传播是一种无立场的传播或所谓的“零度传播”，它遵循真实性和客观性原则，这与广告传播正好相反。

从技术特征上看，作为全球知识信息的主体，跨境数据资料是通过跨国电信网传递的可以加工、存储和调用的计算机数字化信息。不同于传统的电话、电报传递的信息，作为计算机数字化信息的跨境数据资料在存在形态上是动态、互动的主动式信息。主动式信息可用于建立大型的便于利用的数据库，可以变换表现形式，并根据使用者的要求随时做出回应和调整。

伴随着经济、政治和文化的全球化进程，国际组织（包括政府间国际组织和国际非政府组织）、跨国公司迅猛发展，众多公共事业部门和大量信息密集型产业日益依赖卫星、电缆、光缆和互联网连接起来的全球通信网络来跨境传递数据资料信息，先后建立起包括经济、政治、教育、文化、科技和军事等各个方面的数据库和网站。当今，以数据资料为主体的知识信息的国际传播对人类生活和生产发挥着极为重要的作用。

从事跨境知识信息或数据资料传播的行为体主要有跨国公司和国际组织。跨国公司是跨境数据资料传播最重要的行为体。跨境数据资料流通对跨国公司的生存和发展至关重要。可以说，现代跨国公司的经营管理在很大程度上建立在跨境数据资料的流通之上，它需要在内部跨境传递生产计划、物资调配、人事安排、财务状况、资金流动、营销动态等信息，也需要通过跨境数据资料来掌握外部世界的技术、市场和制度等信息，以便合理配置资源。国际组织（无论是政府间国际组织还是国际非政府组织）也是重要的跨境数据资料流通的行为体。国际组织在组织内部进行跨境数据资料的传递，对外发布决议、规则和活动方案以及各类科技发明成果、实验报告、调查报告、评估结果和图书文献资料等方面的信息。某些国际组织本身如国际电信联盟、国际通信卫星组织就是规范国际数据资料技术标准的决策机构。另外，主权国家政府通过控制计算机通信网络也参与了跨境数据资料的传播。

不同内容和流动类型的跨国数据资料建立在不同的跨国计算机网络使用体系之上。根据埃里克·诺沃特尼（Eric Novotny）的分法，跨境数据资料可以分成四大类和四种流动类型。四大类是：金融类数据资料（financial transaction data）、科学研究类数据资料（scientific and technical data）、经营类数据资料（operational data）和个人身份类数据资料（personally identifiable data）。[①] 四种流动类型是：集中型（数据资料从他国各子公司向一国总部中心汇集）、发散型（数据资料从一国总部中心发散到他国各子公司）、跨国双向型（一国数据总库与他国各用户之间双向地进行数据资料传送）和多国网络型（分布在多国的数据资料使用者进行互动式信息传递）。[②]

从全球范围看，跨境数据资料流通是不均衡的。在总量上，跨国数据资料主要集中在北美、欧洲和日本之间。在流向上，发达国家在跨境数据资料流通上占据支配地位，发展中国家把原始数据输向发达国家，发达国家把加工后的数据输向发展中国家。

虽然就信息本性而言，作为知识类信息，跨境数据资料是中性的，但数据资料的使用者持有一定的文化价值观和利益诉求，受意识形态支配，对数据资料的使用必然产生有偏向的社会后果。更何况，数据资料本身有可能被一定文化传统中的生产者隐性地灌注了文化价值观；同时，数据资料的主导

---

① NOVOTNY E J. Transborder data flows and international law：a framework for policy-oriented inquiry. Stanford Journal of International Law，16（Summer 1980）：156；关世杰．国际传播学．北京：北京大学出版社，2004：296－298.

② NOVOTNY E J. Transborder data flows regulations：technical issues of legal concern. Computer/Law Journal，32（Winter 1981）：111；关世杰．国际传播学．北京：北京大学出版社，2004：298－299.

语言将对自动搜索系统和信息服务产生深刻的偏向性影响。基于此，跨国数据资料流通引发了一系列的经济、政治、法律、社会和文化问题，甚至危及国家（信息）主权。发达国家与发展中国家就数据资料跨境自由流通问题展开了激烈而持续的争论。相比而言，作为占主导地位的信息大国，发达国家倾向于数据资料在全球自由流通，它们一方面希望自己拥有的数据资料能在世界各国畅行无阻（科技信息、战略垄断性信息例外），另一方面希望他国有价值的数据资料大量输入和存入本国；而发展中国家则趋于反对数据资料跨国自由流通，它们一方面希望把发达国家带有价值观的大量数据资料阻挡在国门之外（科技信息例外），另一方面担心本国有价值的数据资料泄露出去，流向发达国家。

上述四类信息都是用于社会公共传播的公共信息。国际传播的内容除了上述四类公共信息（或大众信息），还有一类个人性的信息。跨国传播中的个人信息主要发生在跨越国界的人际传播中。在传播全球化时代，通过国际互联网，人与人之间生产出大量通信性内容（如电子邮件）、闲谈性内容（如网上聊天）和评论性内容（如网络论坛）的个人信息。

第二节 国际传播信息的性质

从内容的角度看，国际传播的信息不仅种类多样，而且在性质上是杂糅（hybridization）的。国际传播信息的杂糅性主要表现在两个方面：一是各种信息形态的糅合；二是本土性内容与异域性内容的混杂。

一、各种信息形态的糅合

在信息化社会，信息有一种一体化的整合趋势。作为国际传播内容的四类公共信息不是绝对独立和分离的，在某些场合，它们有相互趋近和趋同的趋势，甚至其中的两者有可能糅合在一起，形成一种新的特殊的信息形态。各种信息形态的糅合主要表现在以下方面：其一，在高度商业化社会的商业逻辑的主宰和僭越下，广告出现新闻化趋势，广告信息往往侵蚀新闻信息，以新闻形式宣传其内容。于是，以新闻形式出场的广告被贴上客观性的标签，形成新闻式广告或者说“广告新闻”（advertising news），即所谓的“有偿新闻”。在跨国公司的全球公关操控下，国际新闻媒体会暗中为世界知名品牌做“广告新闻”，制作和播放企业新闻专题片等。其二，在日益世俗化的大众消费社会，新闻信息与娱乐信息相互趋近，出现新闻娱乐化和娱乐新闻化的趋势。这表现为新闻越来越多地带有故事性、情节性，添加了人情味，兴起了“信息娱乐”（或资讯娱乐，infotainment），即作为娱乐的新闻（News as Entertainment）；同时，新闻越来越多地以娱乐为主题，二者的糅合则形成“软新闻”——“娱乐新闻”，其典型形态是所谓的“八卦”新闻（gossip news）。当前，娱乐新闻充斥着世界各地的新闻媒体，娱乐新闻版、娱乐新闻栏目几乎无一例外地成为最吸引眼球的媒介内容。其三，商业逻辑不仅侵袭新闻信息的生产过程，还渗透到娱乐制作当中，出现娱乐广告化倾向。娱乐制作的赞助商将商品或服务的广告信息隐秘地植入娱乐产品（戏剧、电影、电视剧、相声小品、电子游戏等）中。譬如，在《007》系列电影中，邦德驾驶的多是豪车，手腕上戴的总是花样百出的欧米茄手表。这里做的就是“植入式广告”（embedding advertisement，“嵌入式广告”）或“隐性广告”，而被植入广告信息的娱乐节目被称为“广告剧”。其四，在当今高度信息化时代，新闻信息与知识信息或数据资料信息之间的界限趋向模糊，最突出的是，新闻信息与财经类信息的糅合形成最大量的财经新闻，出现了大众传媒整版或整屏地报道财经新闻的现象。某些通讯社如路透社本身就是一个从事国际金融新闻报道、提供财经数据分析的大型国际电子数据公司，而非纯粹的新闻社。还有道琼斯金融通讯社（Dow Jones Newswires）、《金融时报》（*Financial Times*）和布隆伯格（Bloomberg）传媒集团等都是著名的国际金融新闻机构，是国际市场新闻传播的重要载体。2009年9月始，新华社同中国银行建立全面战略合作关系，双方共同打造面向全球的金融信息平台。这预示着新华社开始从单纯的新闻社向国际金融新闻机构转型，将有力地增强新华社在全球金融乃至经济领域的国际传播力和舆论引导力。

二、本土性内容与异域性内容的混杂

在传播全球化的情境下，世界各国和各个地区的文化传统彼此交织在一起，不同文化并存、碰撞、竞争的“增量空间”不断扩大，人类文化呈现出从未有过的密集“交流”状态。作为一个争斗、交锋场域，“全球文化不是表明同质性或共同文化，而是相反，它越来越多地表明，我们共享着一个很小的星球，每天都与他人保持着广泛的文化接触，这样，把我们带入不同世界定义之间的冲突的范围也扩大了。彼此竞争的国家文化汇合到一起……”① 于是，文化间的界限没有被强化反而被模糊了，文化关系变得复杂化了：“当代全球化意味着全球复杂性和密集性，包括地方复杂性和密集性有了相当大

① 费瑟斯通．消费文化与后现代主义．南京：译林出版社，2000：211-212.

的提高。”[①]

不同文化的“汇合”和“交织”带来的是“文化的混杂化”（hybridization）[②]，混杂成为“全球化的文化逻辑”[③]。所谓文化“混杂”（hybridity）[④]，是指本土文化（地方文化）与异域文化（外来文化）相互“越界”，杂糅交融，形成一种新的文化形态——混杂文化。在传播全球化的进程中，文化混杂现象日益普遍，在很大程度上，一切全球性的文化都是混杂的结果。在世界各地，几乎每一种文化都丧失了其原有的“纯洁性”“纯正性”“地道性”“本真性”，而或多或少地掺杂和包含着某种外来文化乃至多种其他文化的元素。

文化的“混杂”是国际传播内容复杂化的主要表现。出于“文化接近性”（cultural proximity）和“文化折扣”（cultural discount）原则[⑤]，在文化信息的国际传播过程中，存在着一种“全球本土化（地方化）”的运作机制，即：所有全球范围的思想和产品都必须适应当地的环境，把“全球性的东西”与“地方性的东西”相结合。[⑥] 这一运作机制体现的是全球公司为实现传播内容全球化而制定的“全球思维，本土制作”[⑦] 战略。传播内容的“全球本土化”及其结果——混杂文化的最典型现象是电视节目形式的跨国流动及其所生成的混杂的电视节目（媒介内容）。

---

① 罗伯森．全球化：社会理论和全球文化．上海：上海人民出版社，2000：269.

② 汪琪．全球化与文化产品的混杂化//郭镇之．全球化与文化间传播．北京：北京广播学院出版社，2004：251.

③ KRAIDY M M. Hybridity，or the cultural Logic of globalization. Philadelphia：Temple University Press，2005.

④ “混杂”原本是一个生物学概念，指生物杂交现象；后来在 20 世纪晚期被美籍印度裔学者、后殖民主义批评家霍米·巴巴（Homi Bhabha）引入文化研究之中，指代不同文化的杂糅交融现象。巴巴以印度人对《圣经》的挪用（misappropriate）、“误读”（misreading）、“改写”（re-writing）和歪曲为例，说明殖民者的主导性文化与被殖民者的边缘性文化在接触、碰撞下创生出一种完全不同于两者的混杂文化。巴巴是从殖民文学批评的角度发展出“混杂”概念的，他把“混杂”理解为被殖民者对抗和消解殖民者霸权文化的“戏拟”（兼具游戏性和模拟性）式话语、书写或叙事策略，是一种后现代解构策略。参见李智．全球化时代的国际思潮．北京：新华出版社，2003：137－138。

⑤ “文化接近性”原则是美国传播学者约瑟夫·斯托贝拉（Joseph Straubhaar）提出的受众对媒介内容的选择标准：受众趋向于偏爱那些与自己文化最接近、最相似的节目。该原则是从受众（接受）的角度来立论的。与之相应，“文化折扣”原则从传播内容本身来立论，它是加拿大传播学者科林·霍斯金斯（Colin Hoskins）和罗尔夫·米卢斯（Rolf Mirus）提出的媒介产品吸引力变化规律，即：节目越是接近于其所植根于其中的文化，吸引力就越强；越是远离其原初的文化环境，吸引力就越弱。由此，进口的媒介产品都会面临因语言、文化差异所带来的产品价值的降低。“一个节目植根于一种文化，因而在那种环境里具有吸引力；但在其他地方，其吸引力可能会减弱，因为观众很难认同其所论及的事物的风格、价值观、信仰、制度和行为方式。”参见 HOSKINS C，MIRUS R. Reasons for the US dominance of the international trade in television programs. Media，Culture and Society，1988，10（4）：499－515。

⑥ 同①249－250.

⑦ 麦卡纳尼．全球化与卫星电视：新技术与文化统治权//陈卫星．国际关系与全球传播．北京：北京广播学院出版社，2003：159.

所谓“电视节目形式”（television program format，“电视节目模板”“电视形式”“电视形态”“电视模式”），是指某个系列电视节目的制作框架，它包含若干不可变更的核心要素（如布景、舞台设计、灯光、道具、台词脚本、叙事风格、制作安排等）。每一集节目按这些要素被制作出来而有所变化，但这些变化因不变的节目形式而是可以控制和预测的。① 流行于世的电视节目形式主要有游戏节目、综艺节目、约会节目、情景喜剧、偶像剧和“肥皂剧”② 等。电视内容是不断变化的，而电视形式是相对稳定的，电视节目则是变化的电视内容和稳定的电视形式的统一体。电视节目的跨文化传播意味着电视内容的跨国调整、转换和电视形式的跨国流动、挪用。由于跨国前与跨国后的电视内容丧失了同一性，因此，从实质上说，电视节目的跨文化传播是电视节目形式的跨国流动。电视节目形式的跨国流动产生了混杂的电视节目。混杂的电视节目是指对国外电视节目做适当调整和收编，部分或全部保留电视节目形式，加入本土演员、背景、主题等，其目的是适应本土市场以获得本土受众认可。③ 混杂的电视节目意味着全球与本土、主导与从属、中心与边缘、现代与传统在电视节目中的相互混合。改编是电视节目形式跨国流动的最主要方式，电视节目形式的跨国流动正是通过改编这种方式造成电视节目的混杂。根据全球性或异域性内容与本土性内容在节目中所占的比例，改编分为封闭式（高度复制电视节目形式几乎所有的关键要素，接近于克隆）和开放式（选择性地部分复制电视节目形式的关键要素，接近于创造）两种改编方式。

在全球范围内，电视节目形式的跨国流动异常活跃。④ 改编盛行于电视节目形式的跨国交流之中。在全球电视节目形式市场中，作为进口国，发展中国家从发达国家引入某些收视率极高的电视节目形式后，为克服“水土不服”，主动或被迫地对节目进行改编。譬如，2007 年夏天，美国 NBC 电视台播出游戏节目《合唱小蜜蜂》（*The Singing Bee*）。当年国庆期间，中国浙江卫视推出了本土版的《我爱记歌词》。两档节目在舞台设计和基本情节方面非常相似，然而不同的是，后者去掉了前者中的某些环节，并增添了现场的热

---

① 陈阳．全球传播．北京：北京大学出版社，2009：194.

② 作为一种电视节目形式，“肥皂剧”最早源于 20 世纪 20 年代的美国，它在娱乐受众的同时，也推销商品。作为一种名称，“肥皂剧”一词源于 1933 年宝洁公司的商业广告。为了推销其“奥克多”牌肥皂（Oxydol Soap），宝洁公司出资赞助了广播连续剧《玛·珀金斯》（*Ma Perkins*），以在节目播出时插播其肥皂广告。从此以后，像《玛·珀金斯》这样讲述家长里短的长篇连续剧被称为“肥皂剧”（soap opera）。

③ MCMILLIN D C. International media studies. Malden，MA：Blackwell Publishing，2007：113；陈阳．全球传播．北京：北京大学出版社，2009：193.

④ 1999 年，蒙特卡洛电视节设立了第一个电视节目形式市场。2004 年全球电视节目形式交易额高达 24 亿欧元，美国最受欢迎的电视节目中有 3/5 是跨国流动的电视节目形式，欧洲的这一比例达 2/5。譬如，一些有影响力的跨国电视节目形式如《流行偶像》系列在 20 多个国家和地区制作并播出，在全球有 20 多个版本。

闹气氛，使节目更加平民化。歌词竞赛节目演变成卡拉 OK 歌会，两者之间似是而非。英国有奖竞猜节目《最弱的一环》（*The Weakest Link*）被中国香港和台湾地区引进，为了适合中国“和为贵”的文化传统，在保持原版节目形式基本要素的前提下，不得不改变原版充满火药味的紧张气氛、阴森的灯光设计和尖酸刻薄、恶毒的节目风格，代之以和谐的气氛和亲切的主持风格。出于文化接近性的考虑，中国中央电视台的益智综艺节目《幸运 52》《开心辞典》也分别对英国原创的大型博彩娱乐节目“*GoBingo*”和有奖问答游戏节目《百万富翁》（*Who Wants To Be A Millionaire*）进行了改编，调整了其中的游戏设置，取得了很好的收视效果。又如，中国台湾地区偶像剧《流星花园》翻拍自日本漫画《花样男子》，它与后者在情节结构、场景上基本保持一致，同时在情节设置和角色设计细节上进行了微调，大获成功。再如，2008 年，中国湖南卫视从墨西哥公司购买了偶像剧《丑女贝蒂》的版权，打造成《丑女无敌》，同时引入美剧的季播概念和多线条叙事结构，成功地缔造了一个中国版的“丑小鸭”神话。还比如，肥皂剧这种电视节目形式被进口到拉美地区后，拉美国家的电视制作人员对其内涵进行了成功的改造，目标受众从家庭妇女转向男性和女性，改变了叙事方式，并加入当地人喜爱的主题、场景、演员、幽默和背景音乐等本土元素。正是电视节目形式的上述跨国流动在世界各地催生了本土性内容和异域性内容兼容的混杂的电视节目。

除了电视节目形式的跨国流动，电影元素的跨国流动同样制造出混杂的媒介内容，它极大地促进了人类文化的混杂化。在国际传播全球化语境中，通过“去领域化”（“解域”，de-territorialization）和“再领域化”（re-territorialization）[①] 的双重运作——这是一个符号的模拟、拆解、移植和重组过程，电影元素实现了跨文化流通，从而制作出一部同时包含本土性内容和异域性内容的混杂的电影。这个内容混杂的电影制作过程就是一个文化漂移和文化流变的过程。例如，美国迪士尼动画大片《花木兰》（*Mulan*）移植并改编了中国古代女扮男装、代父从军的女英雄花木兰的故事，把一个忠君孝父、温婉贤淑的角色按迪士尼故事程式，改编为一个自我奋斗、自我实现而颇具女性主义品性的形象，从而契合了美国的个人主义、自由主义的文化基因。这部电影无疑是中国的文化素材与美国的文化价值观杂糅并在编舞上采用日

---

① 所谓“领域化”（territorialization）和“去领域化”（或“解域”），原本是法国哲学家吉尔·德勒兹（Gilles Deleuze）和精神分析学家菲利克斯·加塔利（Félix Guattari）在《反俄狄浦斯》一书中提出的关于不同社会体制驯服、控制欲望与疏导欲望、将欲望从社会限制力量之枷锁下解放出来的两个对立的过程。后来，这两个概念被借用于文化研究领域，表述文化同一性的断裂和修复的历史情境和抵抗策略：前者指一种文化被置入原生地而保守其本义；后者指文化同其原初身处的地方之间的联系被切断而丧失其本义。“再领域化”，即文化重新被植入一个新的地方使该地吸纳这种外来文化而重构和生产出新的本地文化。在文化全球传播或全球化的过程中，“去领域化”和“再领域化”同时发生，是一个过程的两个方面。

本艺术风格的文化混合物。另一部好莱坞“梦工厂”动画片《功夫熊猫》同样模拟、拆解和重组了世界知名而全球化了的中国文化元素——功夫、熊猫等，来阐释和张扬美国人自我奋斗的个人主义文化价值观。又如，美籍华人李安拍摄的电影《卧虎藏龙》，为了迎合全球观众的品位，淡化了社会的尊卑等级和孝道，突出了世俗的博爱；而当故事被改编成针对现代中国市场的电视剧的时候，儒教价值观和“礼教”的色彩又凸显出来，占据了主导地位。无论是美国版还是中国版，《卧虎藏龙》都是中西文化混杂的产物。

在国际传播的发展历程中，混杂、多样的信息内容既是国际传播的前提，又是国际传播的结果。一方面，传播的全球化在很大程度上是文化内容混杂多样的信息传播的全球化，另一方面，传播的全球化又进一步带来了信息内容在文化上的混杂化、多元化。从内容上看，国际传播的发展态势既不是文化趋同、统一、融合或同质化，也不是文化趋异、分离、分流或异质化，而是各种文化的不断糅合、混合和复合。从传播内容上讲，国际传播的发展历程就是跨国信息（主要是文化）博弈的过程。

深入阅读

- 罗伯森．全球化：社会理论和全球文化．上海：上海人民出版社，2000.
- 陈阳．全球传播．北京：北京大学出版社，2009.

思考题

第一节

1. 如何理解国际传播信息种类的多样性？
2. 简述传播全球化时代跨国新闻的特点。

第二节

1. 如何理解国际传播信息的杂糅性？
2. 如何理解文化信息全球传播中的全球本土化态势？

第八章

国际传播的受众

本章知识结构及要点

◇ 一般意义上的国际传播受众
- 国际传播受众的特点
- 国际传播受众的分类

◇ 新媒体时代国际传播的受众
- 国际受众地位的主体化
- 国际受众身份的多重化

在国际传播过程中，受众广泛分散在不同国家、地域和文化中，深受国际政治、经济和文化背景的影响，加之，国际传播主体的传播意图不同于国内传播主体，国际传播的受众是特殊意义上的信息接收者和反馈者，因此调查和研究国际传播受众尤为重要。本章解析了国际传播受众的特点和类型，并着重阐述了新媒体时代国际传播受众的发展趋势。

第一节　一般意义上的国际传播受众

国际传播的受众是指国际传播所面向的、位于国界以外的传播对象，主要是指对象国（或者说目标国）的民众和国际社会的一般性公众。[①] 此外，主权国家政府、国际组织和公司企业都可能成为国际传播的对象，因而也可纳入国际传播受众的范畴。鉴于这些组织机构是集体受众，非一般性的个体受众，本书予以连带论及。国际传播的受众有时简称为国际受众或跨国受众。

① 当然，从国际传播对象的角度来看，“国界”只是一个相对的区分标准，因为在全球化过程中，人员的跨国流动日益频繁：既有进入国界之内的外国人，他们属于国际传播的对象，是国际受众；又有走出国界的本国人，他们并不属于国际传播的对象，非国际受众。

一、国际传播受众的特点

国内传播的传播对象或受众局限在一定的区域范围即国境之内，国际传播则面向全球，其传播对象遍布世界各地，因此，国际受众要比国内受众广泛得多，也要复杂得多。不管单个、具体的国际传播行为或活动具有多么明显的针对性和指向性，比如针对某个国家或某个区域进行定向传播，但就国际传播行为本身的特性而言，或是从总体上看，国际传播的受众面是极其宽泛乃至无限的。国际受众的广泛性决定了国际受众的复杂多样性。复杂多样性是国际传播受众的主要特点。

国际受众并不是一个纯粹抽象的集体名词或概念，因为它不是指一个笼统、无差别的统一群体，而是指由广泛分布、分散于世界各个国家和区域，具有各自不同的语言文化和社会历史背景的个人和人群所组成的群体。这些跨国界、跨语言和跨文化的群体具有各自不同的信息接受心理和媒介接触（所谓“触媒”）习惯。

首先，国际受众的复杂多样性表现在语言上，它在很大程度上表现为世界语言的复杂多样性。据此，国际传播在大多数情况下也是跨语言或跨语际传播。据“世界语言”（Ethnologue：Languages of the World）2023 年第 26 版世界语言统计数据，目前世界上使用中的语言有 7 168 种，其中 3 045 种为濒危语言，使用人数最多的语言依次是英语、汉语、印地语、西班牙语、法语、标准阿拉伯语、孟加拉语、葡萄牙语、俄语、乌尔都语（见图 8－1）。接近 2/3 的语言分布在非洲和亚洲（分别占世界语言总数量的 30%和 32%，见图 8－2）。世界 84%的人口使用亚洲或者欧洲语言，太平洋地区、北美洲和南美洲的各类语言数量占世界语言总数的 1/3，但每种语言的平均使用人数只有大约 1 000 人。[①] 从国家的角度说，世界各国语言的使用情况也很复杂，差别很大：既有一个国家使用一种语言的情形，也有一个国家使用多种语言的情形，还有多个国家使用一种语言的情形。比如，仅巴布亚新几内亚这一个国家就使用了世界上 840 种语言，位列第二和第三的分别是印度尼西亚和尼日利亚，分别为 715 种和 527 种（见图 8－3）。为了使信息能够顺利送达使用不同语言的受众群体那里，必须进行语言符号的转换，即二次编码和解码。人们在国际传播活动中，面对多少个语言受众群，就要进行多少种语

① 84% of people use Asian or European languages.（2023－03－10）［2023－08－23］. https：//www. ethnologue. com/insights/continents-most-indigenous-languages/.

言转换。为此，各国对外传播机构做出了积极的母语传播努力，即以目标受众所使用的语言（受众母语）进行传播。作为国际传播第一大国，美国整个对外广播机构所使用的外语达60多种。"美国之音"、英国广播公司、德国之声、日本广播协会、法国国际广播电台和中国国际广播电台等世界各大媒体都使用数十种外语进行多语种对外广播，以跨越语言障碍，增强对外传播的效果。

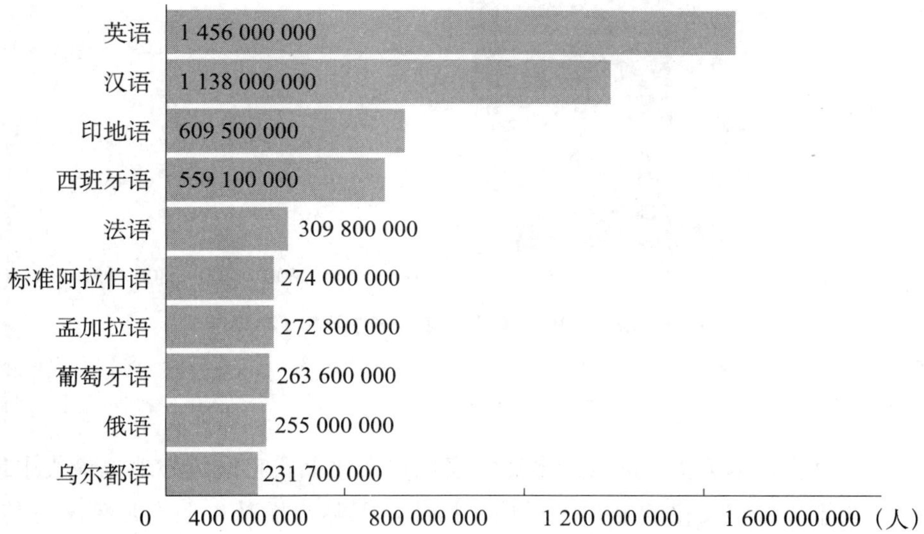

图 8－1　全球使用人数排名前十的语言（2023 年）

资料来源：What are the top 200 most spoken languages? . ［2023－08－23］. https：//www. ethnologue. com/insights/ethnologue200/.

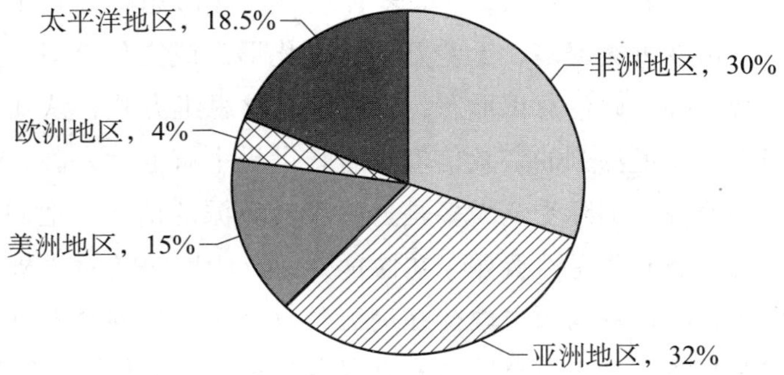

图 8－2　世界现存语言地区分布

资料来源：What continents have the most indigenous languages? . （2023－03－10）［2023－08－23］. https：//www. ethnologue. com/insights/continents-most-indigenous-languages/.

注：数据加总为 99.5%，原出处数据如此。

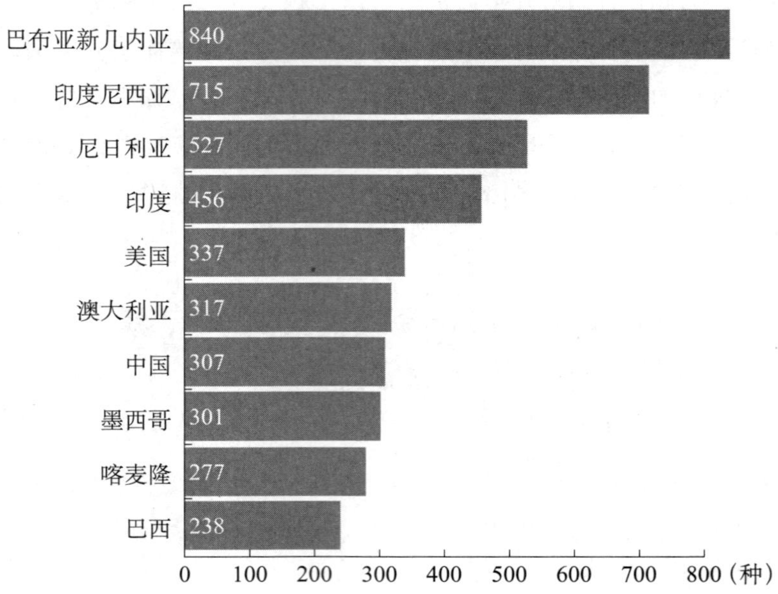

图8-3　语言使用种类排名前十位的国家（2022年）

资料来源：What countries have the most languages? .（2023-03-10）[2023-08-23]. https://www.ethnologue.com/insights/countries-most-languages/.

其次，国际受众的复杂多样性表现在文化上，它最核心地也最集中地表现为世界各国文化的复杂多样性。据此，国际传播基本上也是跨文化传播。一个民族的存在对应于一种民族文化的存在。世界上有多少个民族，就有多少种民族文化。一般来讲，不同国家的文化会有较大的差异。而对一个多民族国家来说，同一国家内部不同民族地区的文化也不尽相同，甚至迥异。据不完全统计，世界上大约有2 000多种民族文化形态。分布于世界各地的国际受众就生活在种类繁多、千差万别的文化形态或文化圈里，他们有着各自不同的宗教信仰、政治意识形态、价值观念、思维方式、认知和行为模式以及风俗习惯。从最深刻的宗教信仰上看，世界上有五大宗教，每一种宗教中又有不同的教派，国际受众大多是这些宗教教派的信徒，他们在饮食、婚丧嫁娶等方面各有其禁忌。譬如，在饮食方面，印度教徒对牛极为崇拜，不能宰杀牛作为食物；罗马天主教徒在周五禁食肉类；穆斯林不准饮酒；基督教的各支派有禁酒的，也有对饮酒采取宽容态度的。在丧葬习俗方面，印度教、佛教实行火葬而不用土葬……而且，每一种民族文化的内部结构都有表里之分，正如文化的“冰山理论”所揭示的那样，如果将一个民族的文化划分为“外部文化”与“内部文化”，那么显性、可见、易于模仿的建筑、服饰、习俗等“外部文化”仅仅是“冰山一角”（约占10%），而隐性、不可见、难以模仿的价值观念、信仰、思维方式等“内部文化”占到90%。由此可见，世界文化的复杂多样性甚至超乎传播者的想象。就国内传播而言，传播者与传播对象基本上生活在同一个文化圈，因而不存在跨文化传播的障碍；而国际传播往往是面向不同文化背景的目标国（对象国）受众的跨文化传播，必然会遇到价值观冲突、刻板印象、偏见和种族或民族中心主义等一系列跨文化交流问题。因此，需要准确把握目标受众的各种文化特征，避免在传播内容和方式上制造隔阂或遭遇忌讳。如果对各国受众各自不同的宗教信仰、价值偏好和禁忌及风俗习惯缺乏必要的同情、理解与足够的尊重，国际传播的效果就会大打折扣，乃至难以进行下去。

再次，国际受众的复杂多样性表现在媒介接触或使用上，它最直接地表现为各国受众的媒介接触环境、心理和行为习惯的复杂多样性。国际受众分散在世界各国，每一个国家都有着不同的政治体制和经济发展水平，因而，身处不同国家的受众生活在不同的媒介制度下，占有不同的媒介资源量，进而形成不同的媒介接触心理和行为习惯。世界各国政府对媒介的控制程度各不相同，在规定媒介所有权形式、对媒介的活动进行法制和行政管理、限制或禁止信息传播内容等方面存在较大的差异，有的国家严格一些，有的国家宽松一些。譬如，在言论审查制度方面，英国、法国、德国、爱尔兰等国都曾以国家安全的名义，通过法律法规管理或直接实行言论审查；而在美国，由于宪法第一修正案[①]的保护，任何名义的言论审查都是不被允许的（不过，在某些特殊的情况下，比如战争时期，政府对媒体言论的控制又确实存在）。[②] 另外，在各个国家，各种利益群体和经济势力即商业资本对传播媒介也会施加不同程度的控制。一般来说，越是经济发达的资本主义国家，对传播媒介和媒介受众消费的商业控制就越严重。还有，国家的经济发展水平制约着国民对信息传播资源的占有状况。全球媒介资源分布极不均衡，在富国与穷国之间存在着所谓的“数字鸿沟”。不同国家的国民人均媒介资源接触或拥有率差异很大。譬如，截至 2022 年，全球互联网覆盖率为 66%，网民人均国际宽带为 233kbit/s。其中，高收入国家的互联网覆盖率为 92%，网民人均国际宽带为 680kbit/s；而低收入国家的互联网覆盖率、网民人均国际宽带分别只为 26%、40kbit/s。由此可见，国际受众处在极为复杂多样的信息接收环境即媒介环境中。这必然导致他们的媒介素养水平参差不齐，进而形

① 美国宪法第一修正案规定：“国会不得制定关于下列事项的法律：确立国教或禁止信教自由，剥夺言论自由或出版自由，或剥夺人民和平集会和向政府请愿申冤的权利。”（Congress shall make no law respecting an establishment of religion, or prohibiting the free exercise thereof; or abridging the freedom of speech, or of the press; or the right of the people peaceably to assemble, and to petition the Government for a redress of grievances.）

② 程曼丽．国际传播学教程．北京：北京大学出版社，2006：178.

成各自不同的媒介接触心理和行为习惯。不同国家的受众对媒介内容、表达模式、展现形式、翻译方式等方面各有偏好。例如，一些国家受众在观看外国影视作品时倾向于配音的翻译方式，而有些国家受众则青睐于字幕的方式和原声效果。

二、国际传播受众的分类

国际传播受众极其广泛和复杂多样，各个受众、各个受众群体之间存在着很大的差异。可以从不同的角度出发，根据不同的标准，对国际传播的受众做出区分，把他们划分、归类为不同的类型。考察国际传播受众的角度有很多，标准各异，可以对其做出各种各样的分类。而从最基本的三个角度看，在每一重标准下都大致可以把国际传播的受众划分为三种类型。①

（一）宣传对象、消费者与普通个人

从传播者的传播意图所界定的受众角色来看，可以将国际传播的受众划分为宣传对象、消费者和普通个人三种类型。

1. 作为宣传对象的国际受众

在大量的国际传播活动中，传播者是为了说服、劝服对象而进行信息传播的。在此，受众被传播主体当作宣传对象来施加影响。按传播学者拉斯韦尔对宣传的定义，“宣传就是以重要符号——消息、谣言、报道、图片和其他种种社会传播方式来控制意见的做法”。“宣传是通过操纵表述以期影响人类行为的技巧，这些表述可以采用语言、文字、图画或音乐的形式进行。”“广告和消息发布均属于宣传的范围。”② 宣传的实质是说服。为了说服传播对象，即控制其意见并影响其行为，宣传者可以运用各种符号策略，包括使用谣言、流言等手段。以说服为目的的国际传播活动就是国际宣传。显然，在国际传播的发展历程中，这种以说服对象为目的的国际传播（宣传）活动古已有之，可以上溯到古希腊、罗马时期和中国的春秋战国时期。譬如，当时各国说客们的跨国游说活动。在很大程度上，一部国际传播史就是一部国际宣传史。

自开启大众传播时代的近现代以来，在大众媒介的支撑下，国际宣传进入了规模化、制度化的阶段。在一定的国际政治格局和国际关系下，作为传

① 由于国际受众始终处于动态，具有一定的变异性，受众类型之间的界限有时是模糊的，不同类型的受众相互交叉和重叠，因此，这种对国际受众的划分只具有相对的意义。

② 赛佛林，坦卡德．传播理论：起源、方法与应用．北京：华夏出版社，2000：107.

播主体的国家一般都把对象国（目标国）的民众当作宣传对象来看待。主权国家政府所主导的国际传播都是国际宣传。进入 20 世纪，两次世界大战期间及冷战期间，对抗国家之间分别采取了直接诉诸受众意识（意识形态观念）或无意识（从众、恐惧等潜意识）的直接宣传（“播种”）策略和为受众构筑成长和被说服的整体环境的间接宣传（“耕地”）或总体宣传（total propaganda，又称“预宣传”，pre-propaganda）策略。① 冷战结束后，又出现了通过信息自由贸易间接影响受众态度的新宣传方式，即所谓“没有宣传者的宣传”。基于此，整个 20 世纪被称为“（国际）宣传的世纪”。

在国际宣传的发展历程中，被宣传的国际受众，无论是先前被视为完全被动无知、中弹即倒的“靶子”，还是后来被当作具有一定自觉意识的信息接受者，由于政治意识形态冲突和信息垄断的原因，始终未能摆脱作为宣传对象的地位和角色。

2. 作为消费者的国际受众

伴随着经济全球化的进程，兴起于西方工业化社会的消费主义文化成为一种向全球蔓延的意识形态，并演化成全球消费主义。

在此过程中，跨国传媒公司扮演着极其重要的角色。在资本增殖和跨国扩张的需求刺激下，跨国公司把世界各国的民众尤其是殖民地国家和第三世界的民众作为产品倾销的对象。与此同时，包括报刊、电影、电视以及广播等新兴媒体在内的大众传媒越来越被跨国公司商业化利用，承担起广告和同化受众的功能。国际广告、全球公关、各种图书杂志、广播、影视及后来的网络等成为跨国公司谋求全球经济效益和输出消费主义意识形态的主要渠道。在文化工业的侵蚀和消费主义意识形态的熏陶下，作为广告和消费主义意识形态的接受者，国际受众的角色发生了根本性的改变，即从一般性的受众被转化（“驯化”“同化”）成全球性文化产品的被动消费者，“快乐的消费者”。显然，跨国传媒公司的广告运作契合了资本主义世界体系的资本运作逻辑，与之“合谋”制造了作为国际消费者的国际受众。

在建构国际消费者的过程中，跨国广告发挥了极为重要的作用，它对国际受众的影响主要表现为，通过提供“消费指南”而传播一种“世界性的言语”——消费主义象征符号。② 各种跨国媒体向世界各地刊播国际品牌广告，国际受众在认识商品品牌的同时，也认同了其中所蕴含的消费主义价值观及

① ELLUL J. Propaganda：the formation of men's attitudes. New Jersey：Alfred A. Knopf，1965：9－11，15.

② 依据后现代社会学家让·鲍德里亚（Jean Baudrillard）创立的商品“符号价值”理论，在消费主义社会，人们的消费是“符号消费”，消费的不是商品的使用价值，而是商品的“符号价值”。所谓“符号价值”，是指商品作为象征符号（symbol）所具有的非实用的、象征性的社会意义（比如某种名牌商品象征特定的社会身份和地位）。

其所指向、规范的生活方式。因此，国际受众在广告的国际传播过程中就不仅仅是商品的消费者，更是消费观念的“消费者”和协同生产者。

自近代以来，作为国际传播重要主体的跨国公司，借助各种媒体，将消费品连同消费主义文化输出、传播到世界各地。消费主义信息“登陆”、扩散和“植入”到哪里，作为消费者的受众就在哪里生成。迄今，在国际传播活动中，伴随着跨国公司和消费主义文化全球化的发展，越来越多的国际受众被国际传播主体当作商品推销的对象来看待进而沦为消费者。不过，国际受众即为消费者或市场（所谓“受众即市场”“受众市场”）的看法，随着时代变迁有一个变化的过程。20 世纪 80 年代以前，国际受众被看作一个未分化的，拥有一般、普遍性需求的“大众”消费者，而此后，基于国际大众市场的饱和，国际受众则被看作一个个拥有各自不同消费需求、心理和习惯的“小众”化乃至个体化消费者。

3. 作为普通个人的国际受众

在国际传播活动中，受众不仅仅是宣传对象或消费者，他们首先是普通个人，是国际社会中的基本成员。他们既是跨国信息的接收者和使用者，又是跨国信息传播的参与者。在各种受众类型中，作为普通个人的国际受众历史最为悠久，几乎与国际传播活动同时产生。

作为普通个人，这些国际受众被视为具有普遍人性的一般意义上的人。他们既不具有政治属性，也不具有商业属性，而是一个个纯粹的个人。他们被赋予多项作为人所应拥有的基本权利（即人权），其中最主要有三项：传播权（the right to communicate）、知情权（the right to know）和媒介近用权（the right of access to mass media）。这三项权利集中体现在 1948 年通过的《世界人权宣言》第十九条中：“人人有权享有主张和发表意见的自由；此项权利包括持有主张而不受干涉的自由，和通过任何媒介和不论国界寻求、接受和传递消息和思想的自由。”也就是说，无论来自世界的哪个角落，无论是哪一国的公民，每一个国际受众都有权跨越国界在世界范围内寻求、接受和传播信息与思想观念。

当然，作为普通个人的国际受众，他们始终处在一定的国家地域和语言文化环境中，其意见、态度和行为深受所处的社会环境尤其是所属社会群体的影响。因而，他们同时是作为群体成员、受特定社会关系制约的个人。尤为严重的是，伴随着现代工业化社会即大众社会的全球扩散，作为普通个人的国际受众极有可能沦落为完全丧失了主体性而无个体差别的国际性“大众”。

（二）重要受众、次重要受众与一般受众

依据受众对传播者的重要程度及其在传播过程中所发挥作用的大小，

可以将国际传播的受众划分为重要受众、次重要受众与一般受众。三者的重要程度呈现出层级递减的差异。对此，国际传播者在制定对外传播方案时要对不同重要度的受众采取主次、轻重、缓急有别的差异化传播策略。

1. 重要的国际受众

所谓重要的国际受众，是指与国际传播主体有着直接或特殊的利害关系，对其所要实现的传播效果发挥至关重要作用的国际受众。一般而论，国家领导人、重要官员、世界知名人士、重要的国际组织机构都可能扮演国际传播中的“意见领袖”角色，其立场和态度对传播效果的实现至关重要，因而，他（它）们都是国际传播的重要受众。具体来说，就作为国际传播主体的国家政府而言，重要受众或者是与传播主体国利害攸关的国家及其民众，或者是某项政治、外交活动或军事行动中的战略合作伙伴、盟友国或敌对国及其民众。就作为国际传播主体的国际组织而言，重要受众是其核心成员及其民众或核心组织成员。就作为国际传播主体的跨国公司来说，重要受众是营销对象国中的“有效受众”（又称“目标受众”，即接触媒介并拥有广告诉求对象特点的受众，主要集中在拥有强大购买力或消费力的中产阶级）。而就作为国际传播主体的普通个人来说，重要受众则应该是跨国交往中的直接对象。国际传播者在进行对外传播时，首先要确定自己的重要受众，调动一切传播资源和手段对其施加影响，以求传播正效应的最大化。

2. 次重要的国际受众

所谓次重要的国际受众，是指与国际传播主体存在一定的或间接的利害关系，对其所要实现的传播效果发挥一定作用的国际受众。与重要的国际受众相比，次重要的国际受众的重要性要低。一般而论，国际社会中较为知名的人士或有一定名气的国际组织机构都有可能扮演积极的信息“跟进者”角色，其立场和态度对于传播效果的实现有较大的影响，因而，他（它）们都是国际传播的次重要受众。具体来说，就作为国际传播主体的国家政府而言，次重要受众是与传播主体国的国家利益和安全没有太大关联但又在国际舞台上发挥重要作用的大国及其民众。就作为国际传播主体的国际组织而言，次重要受众是其主要成员及其民众或组织成员。就作为国际传播主体的跨国公司来说，次重要受众是营销对象国中的“可得受众”（有条件地接触营销媒介、拥有潜在购买力的中小产阶级）。而就作为国际传播主体的普通个人来说，次重要受众则应该是跨国交往中的特殊而紧密的关联对象。国际传播者在进行对外传播时，要确定自己的次重要受众，调动既有的传播资源和手段对其施加一定的影响，以促成传播正效应的产生。

3. 一般的国际受众

所谓一般的国际受众，是指与国际传播主体不存在直接的利害关系，对其所要实现的传播效果不具有决定性影响的国际受众。与重要或次重要的国际受众相比，一般的国际受众的重要性最低。一般而论，国际社会中的大众或一般性的国际组织机构都有可能扮演消极的信息“跟进者”或“滞后者”角色，其立场和态度对于传播效果的实现不起多大的作用，因而，他（它）们都是国际传播的一般受众。具体来说，就作为国际传播主体的国家政府而言，一般受众是与传播主体国的国家利益和安全没有直接关联、在国际舞台上也发挥不了重要作用的小国及其民众。就作为国际传播主体的国际组织而言，一般受众是外围成员及其民众或普通公众。就作为国际传播主体的跨国公司来说，一般受众是营销对象国中处在营销信息覆盖区域内但未接触营销媒介的“潜在受众”，即普通公众。而就作为国际传播主体的普通个人来说，一般受众则应该是跨国交往中的普通关联对象。国际传播者在进行对外传播时，要确定自己的一般受众，并加以兼顾，以避免传播负效应的产生。

（三）顺意受众、中性受众与逆意受众

从受众对传播者的立场、态度出发，可以将国际传播的受众划分为友好受众、中性受众与敌对受众。受众的立场和态度要落实和体现在信息接受的偏向上。从受众对传播者所传信息的接受取向上讲，可以将国际传播的受众划分为顺意受众、中性受众和逆意受众。三者的性质呈现出层级负面化的差异。对此，国际传播者在制定对外传播方案时要对不同信息接受取向的受众采取稳定并扩大顺意受众、争取中性受众和转化逆意受众的传播策略。

国际受众复杂多样，分布在不同国家、地区和文化圈之中，不同的国际受众（群）拥有不同的利益诉求、政治意识形态和价值取向。因此，它们在不同国家、不同文化之间，在物质利益、政治意识形态和宗教信仰、文化价值观方面的重合、共享或差异、分歧程度是不一样的。对传播者来说，国际受众的顺意、逆意或中性，取决于传受双方所处的国家和文化之间的远近亲疏关系，即取决于双边的国际关系和文化关系。一般来说，国际传播的传受双方的国家之间越有共同的利益和政治意识形态，即国家利益和意识形态共享度越大，双方文化（包括宗教信仰）之间的亲缘度越高，国际受众对传播者就越友好，就越可能是顺意受众；反之，国际传播的传受双方的国家之间

共享的利益越少甚至存在利益冲突，政治意识形态差异越大，双方文化之间亲缘越远甚至存在文化冲突，国际受众对传播者就越敌对，就越可能是逆意受众。而如果国际传播的传受双方其国家之间的共同利益和政治意识形态共享度与文化之间的亲缘度介于两者之间，那么，国际受众对传播者就是中立的，就是中性受众。

概而言之，国际受众的敌友立场和态度及其顺逆性的决定性因素或是物质利益上的，或是政治意识形态上的，或是宗教信仰和文化价值观上的。因此，划分国际受众顺逆性的依据是多重的，包括经济、政治和文化等多个维度。基于此，衡量国际受众性质的标准也是多样的。譬如从国际经济和政治关系的角度看，毫无疑问，对美国传播者来说，日本人是其顺意的国际受众，因为日本是美国的盟友和“战略伙伴”，它们之间有许多的共同利益，并共享一套政治意识形态。不过，从文化关系的角度看，对美国来说，日本人却成了逆意的国际受众，因为日本与美国分属于不同的文化圈，文化亲缘度低。不难理解，日本在面对美国文化进入时显示出强烈的抗争意识。譬如，在许多国家非常轰动的美国电视剧《达拉斯》，在日本却只播了 6 个月就停播了，平均收视率从来没有超过 5%。[①]

从历史上看，国际受众先后受到国界地域、政治意识形态和文化的制约。伴随着信息传播全球化的进程，国家之间地域、经济利益和政治意识形态的差异在不断弱化，宗教、文化之间的差异却在日益强化。国际关系学者塞缪尔·亨廷顿（Samuel Huntington）曾预言，经济利益和政治意识形态在国际关系中的角色越来越弱，文明的冲突将主宰未来世界。“在日益变小的世界里，不同文明的人们之间不断增加的互动，激起了人们的文明意识，增强了人们对不同文明之间差异和同一文明内部共性的觉悟，这又进一步助长了差异和敌视的延伸或退回到历史深处的思想。”[②] 国际传播活动中的确越来越明显地显示出不同文化之间的差异和博弈。当然，文化在国际传播中的重要性不仅仅体现在文化间的差异化上，同时也体现在文化间的同一化上，因为信息传播全球化所带来的不仅仅是趋异、异质化，同时也带来了文化趋同、同质化。因此，可以预期，对国际传播者来说，未来国际受众的敌友、顺逆类型会始终处在敌友、顺逆互化的双向调整之中。

针对国际受众的顺逆性，从传播对策上讲，国际传播主体要从战略和策略（战术）两个层面上来思考和指导对外传播活动。一般来说，国际传播传受双方之间的国家关系和文化关系尤其是文化关系有着深刻的历史渊源，根

① 伊滕阳一．国际传播与一国的文化一致性．现代传播，1991（2）：12－20.

② HUNTINGTON S P. The clash of civilizations? Foreign Affairs, Summer, 1993: 25.

深蒂固，很难在短期内加以改变，因而，国际受众的顺逆角色也一时难以改变。因此，要从长计议，从国际传播战略的高度来从事国际传播活动，坚持不懈地进行信息沟通，以增加顺意受众、减少逆意受众和转化中性受众。当然，有些时候，国际受众的顺逆性是由微观、具体的某个国际事件所造成的，完全可以在短时间内加以改变。因此，国际传播者可以采取快速灵活的应急反应传播策略，化解国际危机，同时使顺意的国际受众迅速增加，使中性的乃至逆意的国际受众转变为顺意的国际受众。

第二节　新媒体时代国际传播的受众

在国际传播全球化时代，在新媒体环境下，国际传播的方式发生了根本性的改变，从单向性走向双向性即互动性。这种传播方式上的革命给受众带来了深刻的影响，产生了国际传播的新受众。国际传播新受众不仅在规模和结构上发生了显著的变化，更为根本的是性质上的改变——从被动变为主动。受众的自主性（主动性）成为新媒体时代国际传播的一大基本特征。

一、国际受众地位的主体化

美国媒介学者马克·波斯特（Mark Poster）把当代最典型的媒介——互联网或者说网络媒介称为“第二媒介”。第二媒介最大的特征就是双向、互动，它最大限度地容纳对话，充分地体现了媒介的交流、沟通性和平等性、去中心性，因而是真正的“交流（沟通）媒介”。就“沟通”是传播的内在本性而言，作为第二媒介的网络媒介才是真正意义上的“传播媒介”。[①] 正是在这个意义上，我们可以称国际传播新时代为“第二媒介时代”。

在国际传播全球化时代，传播方式的互动性突出体现在传受双方的“对话”关系上。纵观人类传播的历程，不同传播方式规范下的人际关系经历了一个从亲近到疏远再回到亲近的辩证发展过程。从古代口语传播（“亲身接触”的对话），到中世纪、近现代书籍、报刊、广播、电视等传统媒介环境下的独白，再到今天的网络“共在”（虚拟空间中的对话，如视频聊天、在线交流），这既是一个从人际传播到大众传播，再到大众传播涵容下的“人际传播”的人类传播演进过程，又是一个源于对话、背离对话又回归对话的传播方式转

---

① 与之相对的是，电影、电台（广播）和电视等传统媒介只是具有单向性、“独白性”（“无回应的言语”）和霸权性的“播放媒介”。参见波斯特．第二媒介时代．南京：南京大学出版社，2001：19－22。

换过程。①

在传统媒介（以报刊、广播、电影和电视为代表的大众媒介）主导下的传播语境中，人类的交往活动基本上遵循的是单极本位即传者本位的传播模式。在该模式下，传播者与接受者的传受身份被严格区分，传播与接受的传受关系严重不对等。媒介或借助媒介进行传播的传播者向受众传递信息基本上是单向行为，即一方主动传递信息，另一方被动接受信息。在此，受众无法利用同样的渠道反馈信息。即便可以通过电话、信件等方式对传播者做出回应和反馈，但这类沟通迟缓且很难实现广泛的、真正的信息互动。基于在传统的大众传播语境下受众具有规模大、分布广、层次参差不齐、互不知晓（匿名）、无组织性（无根性）、无差异性（整体性或同质性）等“大众”（mass）特点，他们缺乏自我认同意识和为实现自身目的而行动的意愿和手段。从典型的大众社会论的观点看，“大众传播的受众无疑就是大众本身，受众具备着大众的一切特点……受众在本质上是一种被动的存在”②。因而，受众是消极被动的“大众受众”（mass audience）。与之相对，在传播全球化时代，新媒介主导下的网络传播遵循着一种新的传播模式——两极本位即传受本位传播模式。在该模式下，传播成为一种双向、即时的交互行为（譬如，网上聊天、在 BBS 上讨论、在线交流），传播主体与传播受众之间构成一种交互关系。受众在传播链条中拥有很强的主动性和自主选择能力。这从根本上改变了传统大众传播中传播者与受众之间倾斜而不对等的关系，既模糊了传受双方之间的身份界限，弥合了两者之间的“信息鸿沟”，又提升了受众的地位。至此，同时作为信息传播对象和信息传播者的受众不再是一般意义上的大众，而成为主体化、自主化、多元化、差异化的“公众”（public）或“群体”（group）成员。

在新媒体时代，国际传播受众的主体化及其自主性或主动性主要表现在以下三个方面：其一，受众身份的主体化。在新媒介环境下，受众不再扮演单一的“接受者”角色，不仅仅是简单的“被动接受信息的人”，更是“寻求并使用信息的人”，不仅主动寻求信息和选择信息，同时还参与制作和传播信息。由此，受众同时扮演了信息搜索者、生产者、传递者、消费者和反馈者等诸多角色，既充当传播客体，又充当传播主体。譬如，受众既可以在通过在线广播收听节目时用手机发布反馈意见，又可以直接通过论坛、聊天室、个人网站等形式即时回应媒体的言论，自由发表意见；既可以通过网络终端随时随地获取自己所需的信息，又可以通过移动终端直接转发信息或将自己

① 李智．论网络传播中的对话精神．人文杂志，2007（2）：188－191.

② 郭庆光．传播学教程．2 版．北京：中国人民大学出版社，2011：154.

编写的资讯发送出去。从实质上说，受众是传播者与接受者双重身份的融合，是主客体的统一。或者说，受众与传播主体互为主体或互为主客体而拥有“主体间性”（“主体际性”或“交互主体性”，inter-subjectivity）。正是在这个意义上，在新的网络传播下，带有“被动接受”之意的“受众”一词被中性的“用户”或“网民”所替代。其二，受众信息需求及其满足的个性化。在受众传播渠道选择日益多样化的新媒介环境下，网络传播超越了传统意义上的大众传播，越来越“小众化”，转化为“小众”传播，甚至演变成个人化的双向交流。相比于专业报纸、专业频道、“窄播”（narrowcast）之类的“小众化”（其实仍然拥有一定数量的受众，且这个受众群的数量仍然很庞大）传播，网络、手机等新媒介实现了真正意义上的、针对具体个人的个性化传播。小众化的网络传播极大地加速了受众的分化。新媒介所传递的信息更多地为个人制作，为个人传播，每个受众个性化的信息需求得到了最大限度的满足。譬如，网民可以根据自己的爱好，通过信息搜索等媒介技术选择自己需要的信息类型，可以通过电子邮件或手机短信等方式获得自己的个性化信息，并且可以对信息的形式重新进行个性化的制作和包装。正如尼葛洛庞帝所预言的，受众甚至可以跨媒介地将自己需要的内容再组合成一份报纸（或其他类型的媒介），形成个人的报刊（电台、电视台），成为真正意义上的小众化传播。目前，网上订阅、视频点播等技术正在使大众传播变得个人化。① 其三，受众信息解读的多样化。如果用社会文化性受众研究方法来分析新媒介环境下的受众，受众的自主性还突出表现在对信息内容的解读（或“解码”）过程中。② 在接触媒介时，受众能够按照自己的意愿自由地（往往对抗式地）解读媒介文本，建构意义。受众对于大众媒介（包括网络媒介）所提供的支配性、优先性和霸权性意义，具有抵抗和颠覆的力量。约翰·费斯克就是宣扬受众在文本意义生产中的“自主权”和“主动性受众”或“生产性受众”的代表人物。在新媒介传播环境中，受众见多识广，选择权利扩大，自主意识增强。相比于传统媒介环境下受众倾向于认同和顺从，在新媒介环境下他们对媒介内容本能地表现出逆反、反叛心理，并习惯性地去质疑、解构一切权威性的传播内容。诸如“俯卧撑”“躲猫猫”等网络流行语的另类“误解”“误用”及其特定的含义就折射出网民对信息解读的自由和狂欢。

二、国际受众身份的多重化

处于新媒介环境下的国际传播受众，其地位的主体性及其所具有的自主

① 姚争，等．新兴媒体的传播特性研究．北京：中国广播电视出版社，2008：19.

② 麦奎尔．受众分析．北京：中国人民大学出版社，2006：译者前言．

性、主动性突出体现在文化身份的多重性建构上。国际传播新受众的文化身份是多元开放的。

受众在信息所及的地方生成。在国际传播全球化的时代，信息在全球范围内流动，受众不断跨越国界而向全球扩散。或者说，越来越多的普通民众或个人被纳入受众范畴中。典型的如全球性的媒介文本（譬如CNN的新闻、《星球大战》系列影片、以辛迪加方式在各国发行的电视系列剧等）造就全球性的受众。正是基于受众的日益国际化和全球化，各个国际传播的主体倾向于采用多种传播媒介、利用受众使用的一切接收手段来尽可能地覆盖更多的受众，争取更多、更深刻的注意力、影响力和文化认同。由此，新媒介环境下的国际受众的文化身份正变得日益复杂和多重化。

（一）国际受众民族身份认同的危机

从历史上看，作为“想象的共同体”，民族国家部分地由历史记忆和神话所凝结的“社会黏合剂”所构建①，印刷媒介（出版物）和曾因其所编织的传播网络大大促进了民族国家及其国民身份的形成。而后，新兴的电子媒介把信息传播的范围延伸到国界以外，这转而又进一步弱化了各国、各民族人民的民族身份和国民身份。这是因为，“新型通信系统在创造接近其他民族和国家的途径、开辟政治合作与发展的新道路空间的同时，也引起了人们对差异的认识，即对生活方式和价值取向多样性的认识。这种认识尽管可能会增进理解，但也可能会导致人们对什么是差异津津乐道，从而导致文化生活进一步分崩离析”②。

进入新媒体时代，国际传播全球化的发展开启了人类新的身份认同机制。国际传播中各国受众接收信息的渠道变得多元化，受众被性质各异的层层信息所覆盖和包裹。不同的传播渠道传递不同的信息内容，对受众施加不同的影响。多样的文化信息内容“涵化”、塑造出受众多重的文化身份。在复杂多变的国际传播情境下，受众的文化身份“不再简单地是基于传统状况而被传承或继承的，而是不断地被发现、建构和动态维持的”③，它不再局限于一国的疆界之内，完全由民族文化所界定，而是由来自全球的各种各样的文化信息共同建构的。因而，其文化身份不再是单一的、封闭的，而是多重的、无限开放的。“在一个日益多元、信息充溢的环境中，

---

① ANDERSON. Imagined communities. London：Verso，1990.

② 赫尔德．民主与全球秩序：从现代国家到世界主义治理．上海：上海人民出版社，2003：131－132.

③ GIDDENS A. Beyond left and right：the future of radical politics. Stanford：Stanford University Press，1994：82.

公民被暴露和置身于难以计数的'认同诉求'中，对民族共同体的忠诚要同其他众多诉诸个体忠诚感的诉求展开优势竞争。"[①] 不难想象，在信息传播日益全球化的今天，人们共时性地生活在彼此重叠的共同体（overlapping community）或辖区内（无论是现实的还是虚拟的）。作为多种文化信息的接受者和多个群体的成员，人们持有多重的重叠共识（overlapping consensus）和忠诚感，拥有多重而复合的文化身份。由此，民族国家试图以一种民族文化形态来作为建构国民身份认同的意识形态的想法在文化实践中已经行不通了。

一位传播学者在对加拿大高中生的身份认同意识进行实证研究后得出结论：传播的全球化对身份认同产生了相当积极的影响，它"开启了其他的归属方式"，"超越了原来的那种被绝对化了的'民族身份认同'和'民族文化'的概念"[②]。毫无疑问，这个传播全球化的过程恰恰冲击和削弱了一国民众对自身原有的文化价值体系的认同，从而产生民族身份认同的危机。其最显著的表征是公民感的丧失。有鉴于此，联合国教科文组织的《世界文化报告(1998)》就提醒人们：全球范围的受众正在学着成为非本土化信息的听众，特别是生活在新文化实践中的年轻一代。不同社会都接收着性质相同的信息和风格，这些信息和风格与本土政治、宗教或民族环境相脱离。好莱坞的影星、流行音乐的歌星、著名画家、运动员和不同国家的政治家，构成了他们的符号库。[③]

全球信息传播所造成的最重要的文化后果之一是，在全球范围内形成一个个"消费的共同群体"，即：世界的不同地方都存在着对同样的产品有着同样的消费需求、消费欲望和消费爱好的群体。[④] 因为，消费已经成为自我表达的主要形式和身份认同的首要来源。[⑤] 在很大程度上，正是在国际广告下相同或相似的媒介角色的认同和模仿中，这些消费的共同体确立起自身的文化身份。无疑，在当代消费社会里，受众的文化身份不再受制于民族国家的文化认同，它不再以民族和国籍为参照，而是依其所享有的消费文化为转移。[⑥]

---

① CRACK A M. Global communication and transnational public spheres. Palgrave Macmillan，2008：127.

② 伯顿．媒体与社会．北京：清华大学出版社，2007：377－378.

③ 联合国教科文组织．世界文化报告（1998）．北京：北京大学出版社，2000：123－124.

④ 马特拉．传播全球化思想的由来．国际新闻界，2000（4）：13－16，24.

⑤ WATERS M. Globalization. London：Routledge，1995；伯顿．媒体与社会．北京：清华大学出版社，2007：377.

⑥ 为了阐明商品（消费）与身份认同之间的关系，举个典型的例子——2002—2003年在英国播放的"标致205型"汽车的电视广告。其场景设置在印度某个城市的街道上，一个印度小伙子对他的旧车敲敲打打，让它在外形上更接近"标致205型"。他之所以这样做，显然是为了让自己变得更"酷"。但是从本质上说，他想拥有的是一个文化符号。因为标致车是西方的产品，所以，他的文化意识和身份认同已经完全不同于他的祖父辈了。参见伯顿．媒体与社会．北京：清华大学出版社，2007：377。

或者说，作为全球文化消费者的受众其文化身份是多重的，不限于民族文化身份（如中国人、印度人等），同时也拥有作为某种世界品牌的消费者的消费文化身份（如“宝马族”“哈利·波特发烧友”等）。当然，同时应该承认，尽管全球消费主义文化日益盛行，传播信息的同质性已然在全球范围内出现，但是由于语言和地域原生文化的持续影响，国家民族身份（认同）依然隐现在对全球信息的接受与理解中。

（二）国际受众世界公民身份的形成

从信息传播的一般意义上讲，全球媒体的报道在生活于不同层面和不同角落的人们当中形成了知识和经验的“共同基础”。媒体尤其是网络媒体的公共性有助于人们对世界事件产生“通感”（sense of commonality）。更为重要的是，这种全球媒体的公共报道促成了人们对世界现实及自身身份在文化层面上的重新认定（认同），催生出叠加在原有国族身份（ethnic identity）认同之上的虚拟身份认同。

在新媒体时代，全球化的国际传播带来的一个直接的文化效果是，全球文化认同的形成和民族文化认同的衰弱。伴随着网络媒介所促成的自由、民主、人权等价值观念及全球性时尚消费和通俗文化的普及，超越民族国家、种族、地域等差异的全球（公共）文化价值正在形成。这突出表现为，发达国家和地区利用在国际传播中的强势地位向落后国家和地区输出大量的文化产品，使得这些国家和地区接受和认同其中的价值观念和信仰理念，从而产生全球性的文化（身份）认同。对此，美国文化批评家弗雷德里克·杰姆逊（Fredric Jameson）指出：在西方资本主义发展的第三个阶段（晚期资本主义）中，不仅形成了资本主义生产的全球化体系，而且也造成了新的全球文化认同。①

全球文化认同造就世界公民身份。世界公民身份是人类普遍理性和价值全球传播和内化为个体人格的必然结果。在信息传播全球化背景下，外来文化成为一个社会文化结构中亚文化的重要组成部分，并在内部削弱主流文化的权威，从而使主流文化与亚文化之间产生严重的紧张关系，使主流文化失去其赖以发挥作用的社会心理认同。② 相反，亚文化得到了发挥作用的更多的社会心理认同。世界各国的受众一旦被置于相同的外来文化即全球媒介文化之下，共同的社会心理认同就会培育出全球意识、人类共同体意识和世界

---

① 杰姆逊．后现代主义与文化理论．西安：陕西师范大学出版社，1987：5－6.

② 杨瑞明．传播全球化：西方资本大规模的跨国运动．国际新闻界，2001（2）：15－18.

主义（cosmopolitanism）[1] 精神，并促使受众形成一种超越民族国家（即不认同源于国籍的传统地理划界）的世界公民意识和全球性身份——全球公民身份（global citizenship）或世界公民身份（citizen of the world）。至此，国际传播的受众不仅是一国的国民或公民，同时也是全球公民或世界公民，其身份是一种国家公民身份与世界公民身份的复合体或连续体，即所谓"复合公民身份"。

事实上，自20世纪80年代以来，伴随着信息网络化时代的到来，以及全球范围内市场化改革浪潮和第三次民主化浪潮的兴起，世界范围内先后出现了众多由有组织的独立公众所组成的社会性组织和机构。借助国际互联网、手机等新媒介，这些社会组织能够把那些在国家层面上无法团结的个人聚集到一起，就气候变化、环保、反恐、反腐败、预防艾滋病等公共议题进行跨国对话和讨论，进而采取跨国舆论动员和监督等集体行动，特别是为弱势的和被边缘化的人群提供影响国内和国际政治、促进全球治理的机会。这些全球社会组织中的成员一般都具有高度的认知开放性、传播参与性、责任担当意识。特别是在涉及全人类的公共事务时，这些意识倾向和价值取向表现得尤为充分。比如，2003年席卷全球的抗击SARS斗争以及世界性的环保运动。正如联合国教科文组织的报告所描述和预言的，这些全球社会组织（包括志愿者协会、群众团体、宗教组织、行动小组、职业组织、利益团体和其他类似的组织机构）"遍布全世界，它们之间的联系超出了国界。尽管其成员对该组织的效忠被限定在一个相对狭窄的范围内，其兴趣偏重于某些专门问题，但这些组织及其成员为未来'世界公民'的形成奠定了基础"[2]。

深入阅读

- 伯顿．媒体与社会．北京：清华大学出版社，2007.
- 麦奎尔．受众分析．北京：中国人民大学出版社，2006.
- 刘燕南，史利，等．国际传播受众研究．北京：中国传媒大学出版社，2011.

① 所谓"全球意识"或"世界主义精神"，是指意识到全人类是一个休戚与共的整体，是一个命运共同体，因而产生对全球和全世界的忠诚和归属感。这种意识和精神的具体表征是：超越民族国家与文化的差异，遵循人类文明之共同价值而行事——不只关心自己的社区和国家，同时也关注世界上其他地方的事情，并愿意为克服和消除世界不平等和不公正接受挑战和承担责任。

② 联合国教科文组织，世界文化与发展委员会．文化多样性与人类全面发展．广州：广东人民出版社，2006：14.

思考题

第一节

1. 如何理解国际传播受众的复杂多样性？

2. 可以从哪些角度对国际传播受众进行分类？国际传播受众可以分为哪些类型？

第二节

1. 简述新媒体时代国际传播受众的发展趋势。

2. 如何理解作为世界公民的国际传播新受众？

第九章

国际传播的效果

本章知识结构及要点

◇ 一般意义上的国际传播效果

- 国际传播效果的影响因素
- 国际传播效果的测评方法

◇ 国际传播的宏观效果

- 传播态势不均衡化的表现
- 传播态势不均衡化的成因
- 传播态势不均衡化的前景

任何一种传播行为都会产生一定的传播效果。国际传播是一种意旨明显的传播行为，但其所追求的传播效果会受到多方面因素的制约，如何把握传播效果并对之加以测评成为国际传播者的重点关注所在。本章将对国际传播效果的影响因素和测评方法进行分析，进而提出一种国际传播的宏观效果观。

第一节　一般意义上的国际传播效果

任何传播活动都是以传播效果为本位的。国际传播的效果是国际传播者从事国际传播活动的出发点和归宿。各国政府、跨国公司、国际组织和个人等从事跨国传播活动，首要考虑的就是国际传播的效果。所谓国际传播效果，就是指由国际传播主体的跨国信息传播行为所产生的、一般体现在国际受众身上的有效结果。国际传播效果既狭义地指国际传播行为所产生的相对于传播者的传播意图或目的的实际结果，又广义地指国际传播行为对他人和周围社会实际产生的一切后果。可以从不同的角度来对国际传播效果进行分类。从与传播意图的关系上讲，或是预期（有意）的，或是非预期（无意）的；

从传播效果的显现上讲，或是直接、显在的，或是间接、潜在的；从传播效果的时效上讲，或是一次性的、短期的，或是阶段性的、长期的；从传播效果的范围上讲，或是局部的，或是整体的；从传播效果的层次上讲，或是微观、个别的，或是宏观、综合的；从传播效果的承载主体（载体）上讲，或是个体性（个人）的，或是组织机构或群体性（如政府、媒体及社会组织等）的，或是社会性（如国内社会或国际社会乃至全球社会）的；从传播效果的形成上讲，或是渐进、累积性的，或是激变、速成性的；从传播效果的表现维度上讲，或是认知上或情感上的，或是态度上或行为上的；从传播效果的性质上讲，或是积极、正面的，或是中性、中立的，或是消极、负面的；最后，从价值取向上讲，国际传播效果还有以效率为导向和以公正为导向之分。

一、国际传播效果的影响因素

任何一种有目的的国际传播行为都希望取得良好的传播效果，但效果的产生却不完全以国际传播者的主观意志为转移，并不必然会出现传播者所预期的、与传播者的意图相符合的效果。这是因为，国际传播效果的产生是一个跨国界、跨语言、跨文化而极其复杂的社会过程，每一个具体的国际传播过程都是由传播者、传播内容、传播渠道和传播对象等一系列要素或环节构成的。每一个要素（环节）都可能对国际传播效果产生影响，成为影响国际传播效果的显在或潜在因素。国际传播效果实际上是作为这些因素（或要素）相互作用的合力结果体现出来的。

对国际传播者来说，要想改进国际传播活动的效果，就必须完整地把握影响效果产生的各方面因素。下面从传播主体、传播内容、传播媒介和传播对象四个方面来探析国际传播效果的影响因素。

（一）传播主体

国际传播效果的形成受到多方面因素的影响，但在这一过程中居于最优越地位的无疑是作为传播主体的传播者（包括传播组织和传播个人）。传播者是整个国际传播过程的核心控制因素：一方面作为“把关人”负责搜集、整理、选择、加工、处理与传播信息，即决定着信息内容的取舍；另一方面掌握传播工具和手段，并规定传播对象（目标受众）的范围。

如同一般性信息传播行为，人们对不同的国际传播者所传播的信息的接受程度是不一样的。这是因为，传播者的品质是传播内容的品质的担保。人们首先根据国际传播者本身的“威信”（reputation）即威望（知名度或专业权威性，expertness）和信誉（可信度或可信性，credibility）对信息的真伪和价值做出判断。“来自崇高威望的来源的信息，一般都有较大的影响力。”①一般来说，尤其是在“与政府不合作”的社会传统中，民众看待传播源（信源或传播者）的公信力、可信度有一个递减规律：首推专家学者，其次为媒体机构，最后为政府。这就是传播学上所谓的“第三人（相对于政府的客观独立或中立方）认同法”。就国际传播媒体机构而言，这种“威信”就表现为媒体的公信力或品牌形象（包括其作为传播组织的机构形象、作为媒体内容的产品或服务形象及二者的延伸物）。作为国际传播的信源，国际传播者的威信所产生的说服效果要大于信息内容本身的说服力。国际传播的说服效果不仅取决于国际传播者的“威信”，同时也取决于国际传播者的传播动机（与传播者自身利益的相关性或保持距离的大小）。② 国际传播者的“威信”越高，传播动机越纯粹或是把真实而“自私”的动机隐藏得越深，说服受众的效果就越好。

在信息时代，至关重要的权力源泉是信誉，“信誉政治”（politics of credibility）是一条重要的国际传播策略。③ 对国际传播者而言，建立信誉意味着树立诚信，意味着信息所创制和传播的程序符合专业规范，是公开透明和公正无私的，哪怕此种信息有可能恶劣地反映了信息传播者自身的情况。比方说，英国BBC敢于自爆家丑，经常批评自己国家和政府的不正确的言论，因而赢得了较好的声誉，其所传播的信息往往令人信服，其传播效果自然会很理想；相反，某些媒体因为只会一味逢迎、配合政府的双重标准而丧失公信力，名誉扫地，其所传播的信息自然令人难以置信，其传播效果必然要大打折扣。由于所传信息的信服力的差异，诚信的国际传播个人（或组织）其国际传播行为的传播效果必然要优于不诚信的国际传播个人（或组织）。

（二）传播内容

传播内容是国际传播过程中的中心要素，同时也是影响国际传播效果的最重要的因素之一。正是从这个意义上说，国际传播是以“内容为王”的。那么，到底什么样的信息内容在跨国传播中更有说服效果呢？一般来说，这取决于传播或报道的主题的性质（nature of issue）。由于国际传播是一种跨国界、跨语言和跨文化的传播，时空和语言文化的距离要求国际传播的内容应具有一定的普适（普世）性，以减少乃至避免跨文化传播的障碍。这种传

① 纳奇拉什维里．宣传心理学．北京：新华出版社，1984：83.

② 传播学中有一种“循因理论”，即认为任何有目的的传播行为都存在说服的动机，而受众在接受信息时会探寻传播者的动机，并依据传播者的动机来决定对信息内容的接受态度。

③ KEOHANE R O，NYE J S. Power and interdependence in the information age. Foreign Affairs，Sep./Oct. 1998：89－90.

播内容的普适性首先就表现在主题的性质上，如有关人性、人权、人道主义、性、情、爱、死亡等主题。各个国家（地区）和各种文化中普遍存在全球性的问题和情况，如气候、环保、饥荒、健康等，它们也是具有普适性的主题。关于这些主题的报道和传播极易打动人心和引起共鸣，能较容易地对绝大多数公众造成心理震撼。比方说，作为普通人，“美国人最不愿意在电视上看别人忍饥挨饿，也不愿在电视上看别人受刑”①。如果国际传播者以这样的主题作为传播和报道的内容，无疑能产生理想的传播效果。事实上，无论国际公众所处的地理空间有多遥远，文化价值观有多大的差异，个体的认知心理有多复杂，其智力、心理和情感基本上是相等和相通的，所以，跨国界、跨语言、跨文化情境下也存在所谓“人同此心，心同此理”。这就意味着，只要国际传播者所传播的内容与目标受众基本的智力水平、心理取向和情感需求相契合，就会引起反应和共鸣，从而对国际受众的态度和行为施加影响。当然，国际传播内容的主题要是普世的、世界的，但题材和具体内容的含义可以是民族国家独有的、具有本土文化特色的，因为在跨文化的国际传播中，具体内容（含义）有差异的文化在对外传播中更能吸引异域或异质文化中的受众的关注，所谓“民族的就是世界的”。

在传播内容方面，除了主题性质，还有一个更能影响国际传播效果的重要因素，那就是信息内容的“可信性”或“可信度”。在信息爆炸的时代，存在一个关于信息的“充足的悖谬”（paradox of plenty）现象②，因此，最要紧的是信息的质量（品质），而非数量。也就是说，赢得注意力的关键不再是信息的数量，而是信息的品质，即所谓信息的“正确性”（correctness）。国际传播活动中所传播的信息一般要是“开诚布公的”“连贯的”“真实的”“准确的”“可信的”（credible）。在当今充满卫星电视、移动电话和互联网的开放的国际社会里，国际传播者（即便是主权国家政府）很难像过去那样控制信息的传播来源、渠道和范围，一旦所传的信息被揭露为虚假的，那么，信息发布量越大，受众的抵触性接受心理就越强烈，其传播效果就越差。譬如，在西方，散发内容不真实（telling anything but the truth）的虚假信息的行为被称为“黑色宣传”（black propaganda）。③ 一旦国际传播沦为黑色宣传，那么其传播效果也会变得苍白乏力。

---

① O'HEFFERNAN P. Mass media and American foreign policy：insider perspectives on global journalism and the foreign policy process. New Jersey：Ablex Publishing Corporation，1991：64.

② 所谓信息的“充足的悖谬”，是指信息的充足带来的却是注意力的匮乏，因为分散和分摊在每一条信息上的注意力会随着信息量的增加而减少，由此，注意力成为一种稀缺资源。详见 KEOHANE R O，NYE J S. Power and interdependence in the information age. Foreign Affairs，Sep. / Oct. 1998：89。

③ ELLUL J. Propaganda：the formation of men's attitudes. New Jersey：Alfred A. Knopf，1965：15.

（三）传播媒介

“媒介即信息”，揭示了传播媒介（包括符号媒介和技术媒介）本身在宏观、长期的人类社会发展过程中所发挥的、超过具体传播内容的“世界观”“框架”作用。而从微观上看，在影响受众、获取传播效果上，传输信息的媒介形态要比其所传递的信息内容更关键。作为传播的中介，传播媒介是传播过程之中的重要组成部分，也是传播行为得以实现的不可或缺的物质手段。作为一种跨国界、跨语言、跨文化的特殊传播活动，国际传播对传播媒介的要求和依赖程度更高，因此，传播媒介对国际传播效果的影响程度也更深。

传播媒介对传播效果的影响是通过建构环境（情境）或者说营造气氛来实现的。“语言是存在之家”，“媒介本身就是一种环境（或情境）”。符号媒介、技术媒介及其社会组织构建了人类生存于其中并受其影响的环境。比方说，“电子媒介将许多不同类型的人带到相同的‘地方’，于是许多从前不同的社会角色特点变得模糊了。由此可见，电子媒介最根本的不是通过内容来影响我们，而是通过改变社会生活的‘场景地理’来产生影响”[①]。所谓的“场景地理”就是电子媒介所营造的环境或情境，可称之为“媒介情境（环境）”。

在国际传播中，正是通过媒介情境化设计和场景化表述来实现精准化传播的。为了给跨国界、跨语言和跨文化的传播对象营造其所亲切、熟悉的媒介氛围（情境或场景），诉诸多（种）媒介传递信息，多感官、多层面、全方位地刺激国际受众显得尤为重要。早在 1945 年，美国负责文化事务的助理国务卿威廉·本顿（William Benton）就明确提出“两种媒介说”，他认为：在诸多媒介中，一种是以人员、图书、艺术等手段进行文化交流的“慢媒介”，如培养外国留学生，其主要作用是影响精英人物，着眼点是长期的文化转型；另一种是以无线电广播和电影等为宣传手段的“快媒介”，其主要作用是影响普通大众，立竿见影地“改变听众或观众的见解和政治态度”。[②] 可见，不同的媒介会以不同的方式作用于受众，营造出不同的媒介情境。

此外，冷、热两种不同的媒介作用于受众的方式也各不相同，引起受众的心理和行为的反应也各具特点。为了给国际受众营造合意的媒介情境，在国际传播的过程中，国际传播者可根据所要传播的具体内容和要求，交替或同时采用“冷”“热”两种媒介。比方说，一个国家向目标国民众或广大国际社会发表政府的政策和声明等“硬信息”时，不妨动用诸如广播、电视、电

① 梅罗维茨．消失的地域．北京：清华大学出版社，2002：6.

② 宁柯维奇．美国对外文化关系的历史轨迹．编译参考，1991（8）：58.

影这样的热媒介，以便提供清晰而充分的信息，这样就可以悄然剥夺国际受众过度诠释的机会，避免信息被曲解或误解；与之相对，一国如果要向国际公众灌输文化价值观方面的“软信息”，则可诉诸书籍、杂志等冷媒介，以便受众积极参与、深度卷入对信息的“解读”中，从而对受众的人格、身份产生“构成（生成）（constitutive）性”的影响。在实际的国际传播活动中，冷、热媒介往往是相互配合着使用的，这样才能把这两类媒介各自的优势都充分发挥出来。

在媒介融合的新媒介时代，印刷媒介与音频媒介及视频媒介之间的界线被彻底打破，从而涌现出各种复合型，全程、全息、全员、全效①的新媒介形态，如博客、播客、网络视频、社交媒体和移动终端、智能终端等网络媒介形态。这些新媒介在国际传播中的广泛应用极大地影响着国际传播效果的形成。

（四）传播对象

在传播过程中，即便同一个传播者使用同一种传播媒介传播同样内容的信息，在不同的传播对象那里也会引起不同的反应，从而产生不同的传播效果。这同样适用于国际传播过程。因此，国际传播对象成为影响国际传播效果的重要因素。正是从这个意义上讲，对国际传播来说，传播者所传播的并不是最重要的，最重要的是受众所接收、接受到的。

相比于国内传播的传播对象，国际传播的传播对象具有跨国界、跨语言、跨文化所规定的多方面的属性，因而更加复杂多样，有着很大的不确定性和模糊性。显然，不同对象国民众的利益诉求、宗教信仰、价值取向、政治态度、兴趣爱好、情感意志、审美趣味及媒介情境、信息接受能力各不相同，即便是同一对象国内的各受众群体乃至受众个人也各有其特点。正是这些差异化、多样化的“既有倾向”或“背景”决定了不同的国际传播对象对同样的信息会做出不同的接收、接受和认同反应。

一般来说，在国际传播中，传播者发出的信息能否为传播对象所关注和接受，与传播对象获取信息的意愿程度、利益和价值取向同信息含义的契合程度，以及他们的已有知识和经验同信息内容的重合程度密切相关。国际传播者所传信息同传播对象之间的关联度越高，信息在跨国流通中遇到的障碍就越少，国际传播对象所理解的意义就越接近于传播者所传递的意义，国际

---

① 2019年1月25日，中共中央政治局就全媒体时代和媒体融合发展举行第十二次集体学习，习近平总书记围绕“全媒体时代和媒体融合发展”指出，全媒体不断发展，出现了全程媒体、全息媒体、全员媒体、全效媒体，信息变得无处不在、无所不及、无人不用，导致舆论生态、媒体格局、传播方式发生深刻变化，新闻舆论工作面临新的挑战。

传播的效果就越好。

因此，面对众多不同个性和需求的国际传播对象，国际传播者要想提升和扩大国际传播效果，就必须积极主动地去贴近、了解、同情和容纳传播对象的“精神世界”“生活空间”“经验范围”，并对这些传播对象进行“分众化”和“小众化”的细分处理，进而展开因人而播、因群而播、因国而播的“窄播”和精准传播，从而实现传受双方之间充分而有效的沟通。

上述四个方面并未穷尽影响国际传播效果的所有因素，而且，上述作为国际传播效果影响因素的变量在有些场合是可控的，而在另一些场合却是不可控的；有些可变成供量化操作的可测指标，而有些却是不可测的。

二、国际传播效果的测评方法

基于传播效果在传播活动中的本体性地位，对传播效果的测评是传播者的重要工作之一。在人类传播日益国际化、全球化的今天，如何对国际传播活动进行效果评估，越来越成为国际传播者所关切的重要而现实的问题。

由于国际传播的特殊性，对国际传播效果的测评有着不同于国内传播的特点。首先，国际传播的效果一般体现在国际受众身上，而作为调查和测评对象的国际受众处于不同于传播主体（作为调查和测评者）的自然地理和人文社会环境里，其宗教信仰、价值观念、政治意识形态、思维方式、社会习俗以及信息接受心理等方面多有不同。因此，要远距离地了解和把握这些相对“陌生”的境外受众，操作难度要大，可控性一般也比较差。其次，国际传播的效果往往体现在境外媒体的报道上，而要远距离地获取境外媒体所报道的文本并对文本作跨文化的解读，繁复程度比较大，可测性一般也较低。总之，相比于国内传播，由于国际传播跨越一系列物理（物质，即地理国界）的或非物理（非物质，即语言文化）的障碍，因此对国际传播效果的测评更加复杂，要求也更高。

无论是通过调查国际受众接收的状态，还是通过分析境外媒体报道的内容，都可以对国际传播效果进行测评。大体说来，国际传播效果的测评方法主要有两种：一种是受众调查法，一种是内容分析法。

（一）受众调查法

受众调查法是一种运用定性或定量的科学手段，真实而准确地了解受众对某种信息的心理（包括认知、情感和态度）反应及其处于某种信息环境下的行为习惯的社会科学研究方法。它是一种典型的社会调查方法。

在人类信息传播领域内，现代意义上的受众调查起始于美国。早在 1936

年，美国的新闻机构就制作了一系列调查报告，调查美国人的生活和消费习惯。几乎与此同时，国际受众调查也开启了。1936 年英国 BBC 成立了听众调查部，之后听众调查部专门设立了一个覆盖海外的收听调查网和多个听众信箱，在境外进行听众调研，了解世界各地听众对 BBC 节目的反应。在第二次世界大战期间，出于了解和提高战时宣传效果的需要，各国政府及其宣传机构纷纷展开国际受众调研。在冷战期间，美苏两国媒体如"美国之音"和莫斯科广播电台相互展开了针对对方传播的听众调查。随后，其他国家的涉外媒体也先后加入国际听众调查。还有，跨国公司为开拓国际消费市场，也开启了针对国际受众市场的广告调研。再后来，随着卫星电视和互联网的出现，国际受众调查从听众调查转向观众调查，进而转向网民调查。调查的内容越来越丰富和深入，从受众的媒介接触行为扩大到受众所处的社会制度和文化环境因素。调查的形式越来越多元，从自主调研到委托或雇用专业调查机构调研。调查的方法也越来越多样化，既有直接对受众的调查，也有通过分析受众来信、举办征文比赛等方式了解受众的调查，既有线下的调查（现实调查），也有在线的调查（网络调查）。[①]

与国内传播受众调查的着眼点不同，国际传播的受众调查重在了解对象国或世界范围内的受众对国际传播者所传信息的接收、接受或满意程度，以及在此基础上形成的对传播者的态度。接收度（有多少人可以阅读、收听、收看、在网上浏览到跨国信息）是"量"的概念，反映的是国际传播者所传信息的传播范围，即传播力（或认知力）；满意度（接受度）[②] 则是"质"的概念，反映的是国际传播者及其信息被接受、被喜爱的程度，即影响力（或认同、认可力）。对于国际传播效果的测评来说，接收度的测定固然重要，它涉及人的认知层面，可以评估信息覆盖和触达目标受众的状况及信息渠道是否畅通和宽广；满意度的测定更加重要，因为它已经深入目标受众有情感取向的态度层面，可以进一步评估传播质量，即信息传播行为是否理想和有效，而这个方面才具有更为现实的意义。[③]

概括起来，受众调查法包括定量受众调查法和定性受众调查法两类。这两类受众调查法都适用于国际传播领域。

定量受众调查法是一种把被调查的对象（受众）置于与调查者完全分离、独立的位置，以供调查者得出客观中立的认识的方法。该方法有一个基本的认识论假设，即认定被调查者（受众）是相似的、基本同质的，可以概括和

---

① 刘燕南，史利，等．国际传播受众研究．北京：中国传媒大学出版社，2011：65－80.

② "受众满意度"指标在英国被称为"欣赏指数"，在美国被称为"吸引指数"，在日本被称为"品质评比"，在加拿大被称为"享受指数"，在法国被称为"兴趣指数"。

③ 程曼丽．国际传播学教程．北京：北京大学出版社，2006：220.

归类，因而可以通过对部分被调查者的分析来推断总体。因此，在对国际传播受众进行统计调查时，一般采用抽样调查方法，即在范围广泛、涉及人数众多的国际受众中抽取可以代表受众总体的样本进行测定，据此推断受众总体的情况。例如，国际传播者要想就某一主题（如传播对象国的目标受众对传播国的态度是否得到改善）在对象国进行受众调查，就需按照抽样设计要求选取一定数量的样本，在调查的基础上进行统计分析，得出宏观、总体性的结论。①

定性受众调查法是一种把被调查对象（受众）置于与调查者密切相关的位置上而使之进入同一调查过程，以供调查者在人际互动中了解常态下的调查对象的方法。该方法有一个基本的认识论假设，即认定被调查者（受众）是千差万别的个体，难以简单概括和归类，因而定性调查的结果一般不具有通过部分推断总体的推断性（只适用于特定环境下的特定个人或群体）。在国际传播领域，比较常用的定性受众调查法主要有深度访谈法（典型调查法）、焦点小组法（小组座谈法）和实地观察法（社会学或参与式观察法、局内观察法或居间体验法）②。

在国际传播受众调查中，由于要克服"跨界"的障碍，寻觅大规模目标样本不容易，严格意义上的随机抽样受众定量调查并不常见，相反，以小样本或个人为对象的受众定性调查，由于相对简便易行，而且能够获得更丰富和深层的信息，越来越受到国际传播研究者的重视。③

进入新媒体时代，各种定量和定性的受众调查法纷纷在互联网上得到了应用，受众调查法发展成网络受众调查法。如借助网络获取实时、准确、多维度、多层次、共时与历时关联的、客观发生着的人类传播活动，建立数据库，分析大数据，以了解受众行为；又如网络民族志（实地观察法在互联网上的运用）等。借助跨越国界、地域和时空的互联网平台，网络受众调查法在很大程度上改变了传统跨国受众调查的架构范围和操作模式，使得国际受众调查变得更加便捷高效。

（二）内容分析法

内容分析法是传播学研究的基本方法之一。内容分析通过对传播内容进行客观、系统的实证性分类、统计和解读，来分析某一时期传播媒介对特定

① 程曼丽．国际传播学教程．北京：北京大学出版社，2006：212.

② "实地观察法"又称"田野调查法"，源于文化人类学中考察异民族文化的"民族志"（ethnography）。该方法要求调查者亲身深入一个有确定地域边界、有独特文化特征的民族、群体中进行"田野工作"，以获得与调查对象相一致的认知、态度和行为方式，并加以记录。

③ 刘燕南，史利，等．国际传播受众研究．北京：中国传媒大学出版社，2011：175－176.

问题的立场和态度，得出对传播效果的评价。1952 年，美国传播学者伯纳德·贝雷尔森在其著作《传播研究中的内容分析》中曾经为此下过一个经典性的定义：“内容分析，是一种对明示的传播内容进行客观、系统和定量描述的调查方法。”1984 年出版的《国际社会学百科全书》对内容分析做了进一步的界定：“内容分析是文献研究的一种类型，是对印刷文字、影片、广播、电视等传播媒介中显性内容进行客观、系统和定量描述的一项研究技术。”自 20 世纪 80 年代以来，越来越多的学者提出，作为内容分析对象的传播内容既有“明示（显在）信息”或“显性内容”，也有“潜在（暗示）信息”或“隐性内容”，后者无法直接观察到，难以量化，但绝不可以忽视。而且，对传播内容的分析中本来就包含了诠释性的文本分析环节。① 因此，内容分析法其实是一种定量与定性相结合的方法。由此，狭义的内容分析法发展为广义的内容分析法。②

内容分析适用于一切传播的信息内容，涉及“说什么”和“怎么说”两个方面。不同于受众调查法，内容分析法是一项非实体接触性的研究方法，它的研究对象是媒介传播或报道的内容（表现为文本），而不是报道者（记者或媒介机构）和报道收听者或收看者本身，因此，只有那些跟媒介内容相关的问题才能够使用内容分析法。早期的内容分析法主要用于对印刷媒介内容的分析。到了 20 世纪 20 年代，传播学的奠基人拉斯韦尔在国际传播领域采用精确而系统的内容分析法，进行针对第一次世界大战时期宣传技巧的研究。继而在二战期间，拉斯韦尔又与其他学者共同对战时军事宣传品进行内容分析。③ 此后，内容分析法广泛应用于国际传播及其效果测评和研究中。

内容分析法包含以下程序：首先，选择研究的主题，提出研究假设，并根据这个假设确定研究范围。可以根据时期（时段）、媒介种类、传播的信息等指标确定分析的范围。由于绝大多数内容分析的对象都是数量庞大的媒介信息的集合体（如报纸文章、广播电视节目），因此，有必要采取系统科学的抽样手段，如随机抽样方法，选取其中一部分能够代表整体的“媒介样本”，并抽取特定的“日期样本”，作为内容分析的实际分析对象。其次，制定分类表，确定“分析单元”（包括贝雷尔森所说的关键词或专门术语、主题、特质、段落、篇目等五个基本的分析单元）和分类标准（常见的分类标准有消

---

① 文本分析是内容分析中的一个重要环节，对作为传播内容载体的文本尤其是媒介报道文本进行分析、解读，主要是解析其中的消息源、题材、报道议题、框架和倾向性等因素。当然，此种隶属于内容分析的文本分析不同于批判学派或文化研究学派的文本分析，后者是一种独立的定性研究方法，是对大众传播文本内容的诠释性分析，解读其中所蕴含的社会意义和人文含义。

② 郭庆光．传播学教程．2 版．北京：中国人民大学出版社，2011：268－269．

③ 胡正荣，段鹏，张磊．传播学总论．北京：清华大学出版社，2008：45．

息源、题材、体裁、主题、倾向性、时效、价值取向等），以保证整体分析的可靠性、有效性和合理性（如类别的个体间具有互斥性，类别的总体上具有穷尽性）。① 再次，将信息内容按分类表的分类方式编码归类，计算出各种类别所占的比例、各种分析单元出现的频数，做出统计分析。最后，验证先前的假设，得出结论（见图 9－1）。

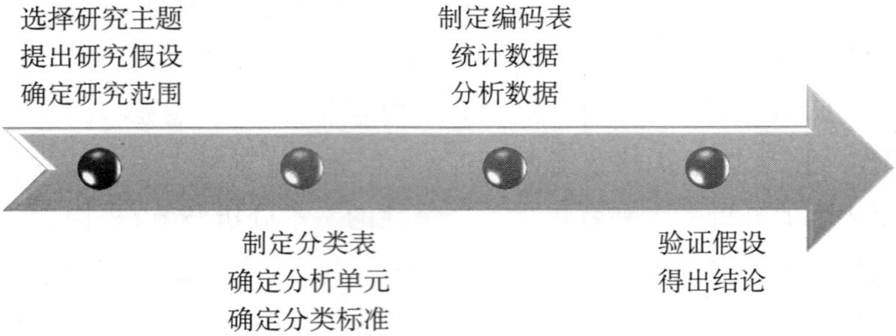

图 9－1　内容分析法的程序

在国际传播效果的测评中，内容分析法是经常采用的一种方法，常被用来分析境外传播对象国或目标国媒体报道的内容（文本）。测评者就同一问题对境外媒体报道内容进行持续的分析，并依据逐次分析结果的对比分析来评估国际传播活动的效果。

在国际传播效果的测评中，相对于受众调查法，内容分析法最大的优点是研究对象（媒介文本）容易获得，研究所需的费用也大大低于受众调查法。但内容分析法也有局限性，最突出的一点是无法单纯以内容分析为依据来得出某一媒介内容对国际受众接收和影响程度的结论，因为媒介报道内容的品质和数量并不能代表媒介受众的内容接收和接受状况。如果研究者要准确地评价国际传播的实际效果，就不能局限于分析来自境外的媒介信息内容，而应辅之以针对国际受众的受众调查。事实上，在实际的国际传播效果测评中，分析国际传播内容的内容分析法与调查国际传播受众的受众调查法往往是交叉并用的。

第二节　国际传播的宏观效果

从整个国际社会的宏观角度看，国际传播所产生的效果突出表现为传播态势的不均衡性，即信息在全球范围内的流向和流量在地区间不完全是双向

① 程曼丽．国际传播学教程．北京：北京大学出版社，2006：223.

性和等量性的，也就是说，全球信息的流动呈现出不平衡、不对称和不对等性。从宏观的社会效果的性质上讲，国际传播是不公正的。“当我们考察国际传播流的时候，我们很容易就能看到，这种流动是不成比例地从美国（中心地区）流向世界其他国家（边缘地区）。相反方向上的流动及边缘国家之间的横向流动很少。”①

一、传播态势不均衡化的表现

国际传播态势的不均衡性主要表现在：在世界各国、各地区、各大洲之间，全球传媒的流向包括传媒产业链和资金、技术的流向以及媒体所有权、传播内容和运营模式的流向几乎无一例外地从西方传媒大国流向发展中国家。归根结底，这是信息（包括新闻、广告、知识、娱乐等信息）在全球范围内即西方发达国家与广大发展中国家之间的创制、占有、处理和传播的不对等（不对称、不平等）。以美国为首的西方世界，凭借传统媒介的既得优势和新媒介的领先优势，在国际传播话语体系中占据中心地位，在引导世界舆论方面发挥着主导性的作用。被称为“媒体巨无霸”的西方世界六大传媒集团（美国的时代华纳、迪士尼和维亚康姆，澳大利亚的新闻集团，德国的贝塔斯曼，法国的威望迪环球集团）“以先进的媒介技术为助力，在资本力量驱动下，几乎垄断了全球信息产品的生产和消费”②。有资料表明，从总体上看，世界上 2/3 的消息来源于只占世界人口 1/7 的西方发达国家；以美国为代表的西方世界发布和流向世界其他国家和地区的信息量是世界其他国家和地区发布和流向西方世界的信息量的 100 倍。联合国教科文组织的市场调研表明：在全世界跨国流通的每 100 本书中，就有 85 本从发达国家流向发展中国家；在每 100 小时的音像制品中，就有 74 小时的制品从发达国家和新兴工业国家流向发展中国家。具体地以美国为例，美国是世界上媒介资本和媒介产品的最大输出国，其媒介产品在世界上几乎任何一个国家和地区都能看到和听到。目前，互联网上的信息有 80％以上是美国发布的，全球互联网访问量最大的 100 个网站中，绝大多数（80 多个）是美国的。美国控制了世界 60％的广播节目和 75％的电视节目的生产、制作，占据了许多发展中国家 60％～80％的广播波段和电视频道，使后者成为美国电视的转播站（而在美国自身的电视节目中，国外节目仅占 1％～2％）。美国的电影主宰了世界市场实际播映时间的一半以上，占据世界电影市场票房总价值的 2/3 左右（而其生产总量只

① KAMALIPOUR Y R. Global communication. 2nd ed. Belmont：Thomson Wadsworth，2007：47.
② 李良荣，等．当代西方新闻媒体．上海：复旦大学出版社，2003：12.

占世界总量的6%～7%)。美国报刊（如《纽约时报》《华盛顿邮报》《华尔街日报》《时代周刊》《新闻周刊》等）的发行量通常达到上千万份，在全球各大媒体上的引用率、转载率是最高的。这种不均衡的国际传播态势尤为突出地表现在国际新闻报道上。就总体而言，全球性的西方媒体垄断了世界上90%以上的新闻，它们极为容易而有效地设置全球舆论的主要议题，从而编织了一张覆盖全球的新闻传播网络。在新闻通讯社方面，所有的西方发达国家（除爱尔兰等小国外）几乎都有自己的通讯社，而2/3以上的发展中国家却根本没有自己的通讯社。西方四大主流通讯社即美联社、美国合众国际社、路透社、法新社——作为全球最大的新闻批发商和影响全球大众媒体的媒体——每日每时以批发的方式向世界各国发出的新闻量（包括新闻文字和图片）占据了全球新闻发稿量的80%（而发展中国家向发达国家发出的新闻量奇少，而且很难出现在发达国家的新闻媒介上），几乎覆盖和设定了包括报社、电台、电视台和互联网等在内的全球所有媒体的报道议程。具体就美国而言，美国的电视新闻几乎就等于全球新闻。美国有线电视新闻网（CNN）在国际新闻报道中独占鳌头，其国际频道覆盖全球，有140多个国家的2.2亿多用户在收看它的新闻节目，CNN成为世界各国民众乃至政府首脑获知突发重大国际新闻事件的主要渠道和各国政府确定外交决策议程的方向标［基于此，联合国前秘书长布特罗斯·布特罗斯-加利（Boutros Boutros-Ghali）曾说："美国有线电视新闻网是联合国安理会的第16个成员"］；其国际新闻报道的诸多样式和方式也成为那些渴望走向世界的外国电视新闻媒体纷纷效仿的范式（如全天候的电视新闻报道方法等）。[①] 同时，CNN的网络版CNN Interactive是世界上最忙的新闻网址之一，每天有350万的用户访问。

不均衡的国际传播态势主要表现为两种流动模式：其一是单向流动模式（又称"中心-边缘流动模式"或"南北流动模式"），即信息主要是垂直地从中心向边缘流动，而很少从边缘向中心逆向流动。尽管中心各地区之间或边缘各地区之间有些横向的、补充性的信息流动，但流量很少。这是一种绝对不均衡态势。譬如，信息主流是从北方发达国家和地区流向南方发展中国家和地区，而由发展中国家和地区流向发达国家和地区的很少，几乎可以忽略不计。其二是强弱不对等的双向流动模式（又称"东西流动模式"），即信息正向的流动要强，逆向的流动弱，信息从一方流向另一方的流量要大于从另一方流向第一方的流量。这是一种相对不均衡态势。譬如，在冷战期间，信息主要横向地从资本主义国家和地区流向社会主义国家和地区，而反向流动的信息要少得多。

---

① 这就是所谓的"CNN效应"。完整意义上的"CNN效应"其实包括两层含义：外交决策上的效应和新闻报道上的效应。

正是这种不均衡的国际传播态势造就了一超（美国）、多强（英国、法国、德国、中国、俄罗斯、巴西、南非、印度等）的国际传播格局。

二、传播态势不均衡化的成因

从表面上看，不均衡的国际传播态势是在信息的自由流动或市场的自由选择下自然形成的。不过，少数国家凭借对全球通信软件和硬件的控制以及许多国家对它们的依赖而占据信息跨国流动的主导地位。而历史的连续性使这少数国家具有先发优势。由此，传媒“先在”的或先天性的差异对传播态势的形成无疑起着决定性的作用。在这个意义上，国际传播态势的不均衡性在很大程度上是由国际传播资源分布的不均衡性决定的。在信息生产失衡→信息流通失衡→信息接受失衡的连锁反应下，媒介资源分布的不均衡决定了传播态势的不均衡。迄今，媒介信息资源在全球范围内的分布存在所谓“数字鸿沟”（digital divide，即“信息鸿沟”或“知沟”）① 现象，呈现出“信息有者（富国）”（haves）与“信息无者（穷国）”（have-nots）之间的两极分化，或者说，信息资源分布上的“马太效应”。这种全球“数字鸿沟”主要表现在公众的媒介接触量、语言的信息占有与媒介技术和产业规模三个方面。

首先，从公众的媒介接触量上看，南北分化严重。根据国际电信联盟2022年发布的调查报告，世界范围内的互联网普及率为66%。从经济发展状况看，高收入国家、中高收入国家、中低收入国家、低收入国家的互联网普及率分别为92%、79%、56%、26%；最不发达国家、内陆发展中国家、小岛屿发展中国家的互联网普及率分别为36%、36%、66%。按地域看，欧洲的互联网普及率最高，达到了89%，非洲的普及率最低，为40%（见图9-2）。就个人占有移动电话的情况而言，在世界10岁及以上人群中，73%的人拥有移动电话。从经济发展状况看，高收入国家和低收入国家的移动电话占有率相差46%。按地域看，移动电话占有率从高到低依次为欧洲（93%）、独联体国家（91%）、美洲（88%）、阿拉伯国家（81%）、亚太地区（67%）、非洲（61%）。最不发达国家、内陆发展中国家、小岛屿发展中国家的移动电话占有率分别为58%、61%、75%（见图9-3）。截至2022年，3G及更高版本的移动宽带服务覆盖了世界95%的人口，4G及更高版本的移动宽带服务覆盖了世界88%的人口。4G移动宽带服务覆盖率最高的是高收入国家

① 所谓“数字鸿沟”，是指处在不同的社会-经济层面上的主体（包括个人、家庭、商业组织、社会组织、地区和国家）在接触并获取信息与享用通信技术产品和服务的机会上的差距。“数字鸿沟”的主要表现形式有：国际鸿沟、语言鸿沟、种族鸿沟、阶层鸿沟、性别鸿沟、代际鸿沟等。

(99%)，欧洲的覆盖率高达99%，非洲为50%，低收入国家为34%（见图9-4）。2021年，5G网络覆盖了全球19%的人口。欧洲的5G推出率最高，为52%，其次是美洲（38%）和亚太地区（16%）。就网民人均国际带宽分布情况看，在世界范围内，网民人均国际带宽为233 kbit/s，带宽占有量最高的是高收入国家（680 kbit/s），欧洲的网民人均国际带宽为397 kbit/s，非洲为85 kbit/s，低收入国家为40 kbit/s，最不发达国家为38 kbit/s（见图9-5）。由此可见，近年来通信技术尤其是移动通信技术迅猛发展，广大发展中国家和地区、最不发达国家和地区在一定程度上凭借“后发优势”实现了“弯道赶超”，但总体而言与发达国家和地区仍然存在距离。实际上，差距不仅存在于国家和地区之间，在同一国家、同一地区的农村和城市之间也存在相当显著的差距。以2022年的移动网络覆盖情况为例，虽然世界上几乎所有的城市地区都被移动宽带网络覆盖，但农村地区距离全覆盖还有较长的路要走。譬如，在美洲，城市地区4G及以上版本的移动网络覆盖率为98%，但在农村地区，仍有22%的人口不能使用任何版本的移动网络，5%的人口只能接入2G网络。换言之，27%的美洲农村人口无法接入互联网。在非洲农村，不能使用任何版本的移动网络、只能接入2G网络的人口比例分别为15%、14%。换言之，29%的非洲农村人口无法接入互联网。①

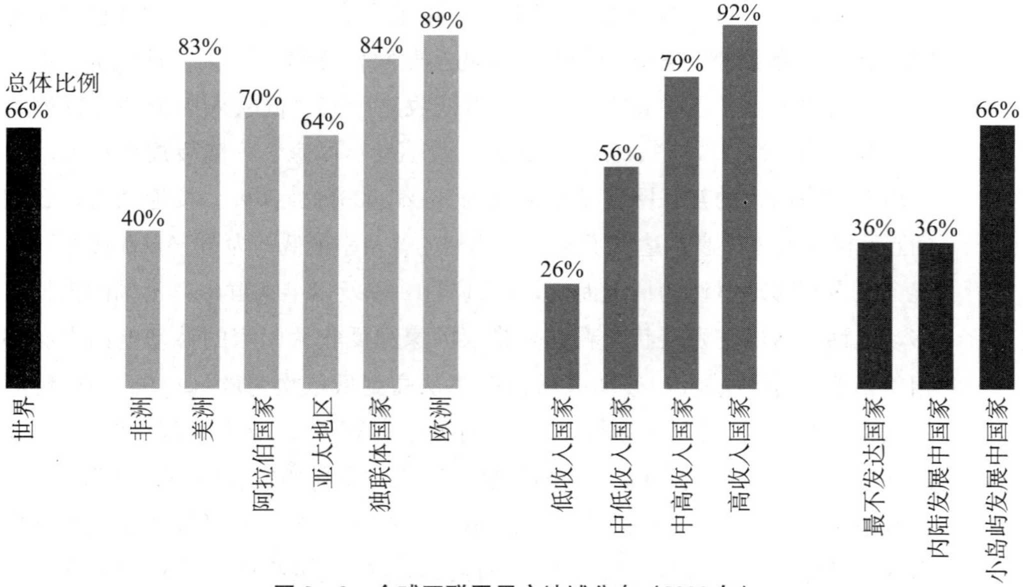

图9-2 全球互联网用户地域分布（2022年）

资料来源：Two-thirds of the world's population uses the Internet，but 2.7 billion people remain offline.（2022-11-24）[2023-01-12]. https：//www.itu.int/itu-d/reports/statistics/2022/11/24/ff22-internet-use/.

① The coverage gap persists at five per cent.（2022-11-24）[2023-01-12]. https：//www.itu.int/itu-d/reports/statistics/2022/11/24/ff22-mobile-network-coverage/.

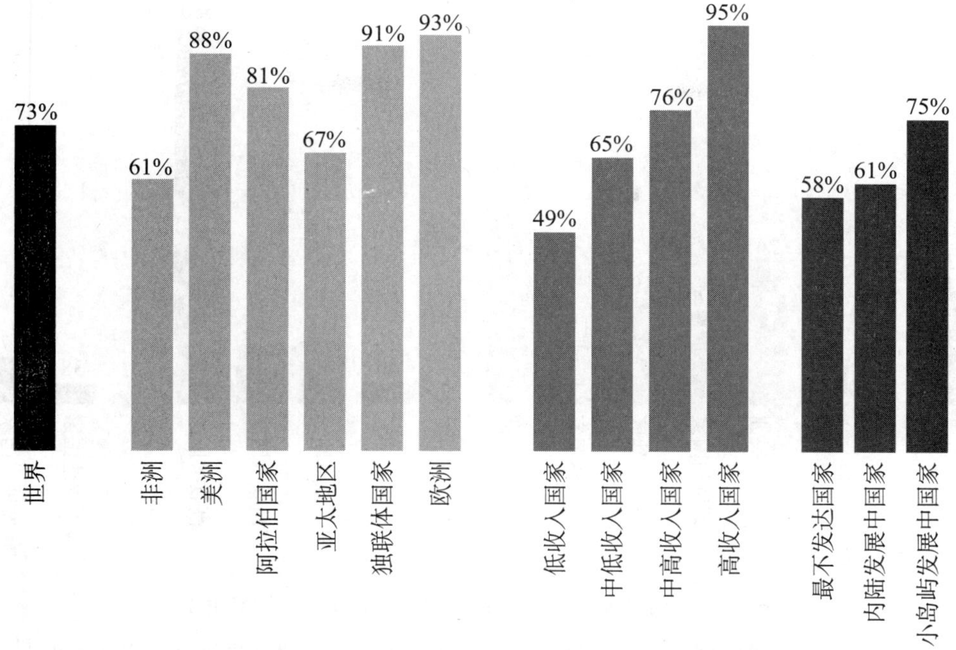

图 9-3　个人占有移动电话情况（2022 年）

资料来源：Three-quarters of the world's population own a mobile phone.（2022-11-24）[2023-01-12]. https://www.itu.int/itu-d/reports/statistics/2022/11/24/ff22-mobile-phone-ownership/.

注：移动电话占有者指 10 岁及以上人群。

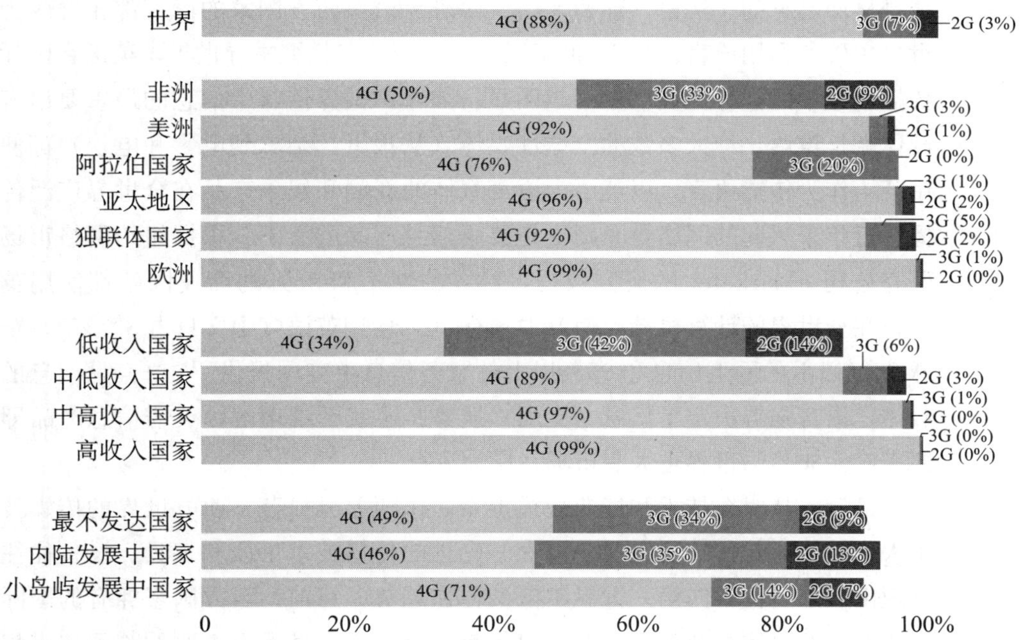

图 9-4　移动网络覆盖情况（按版本，2022 年）

资料来源：The coverage gap persists at five per cent.（2022-11-24）[2023-01-12]. https://www.itu.int/itu-d/reports/statistics/2022/11/24/ff22-mobile-network-coverage/.

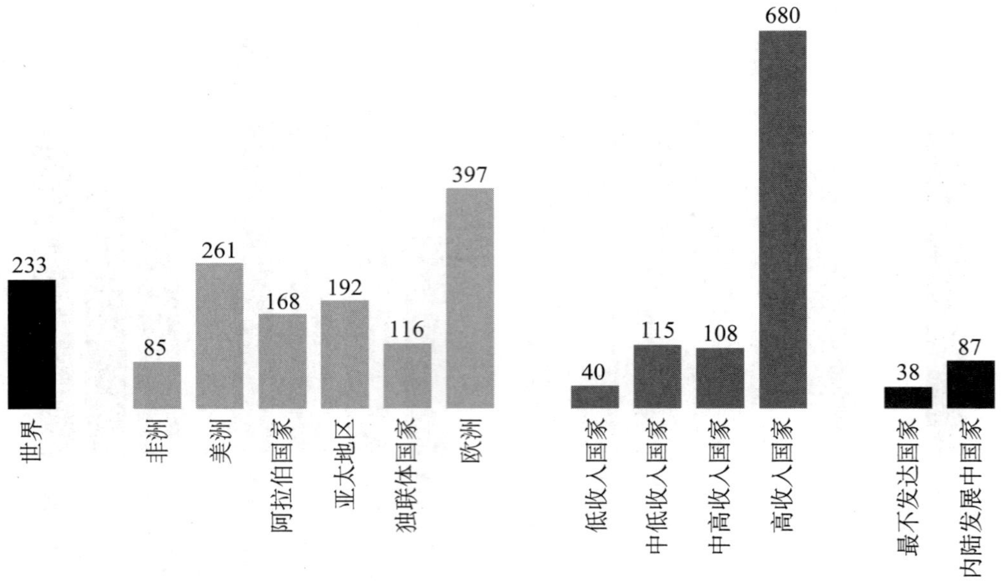

图 9－5　网民人均国际带宽分布情况（kbit/s，2022 年）

资料来源：Unrelenting global consumption of Internet data continues to drive demand for international bandwidth usage.（2022－11－24）［2023－08－23］. https：//www. itu. int/itu-d/reports/statistics/2022/11/24/ff22-international-bandwidth-usage/

其次，从语言的信息占有上看，西方世界在全球信息流中的语言强势地位是显而易见的。法语、葡萄牙语、西班牙语等西方国家的语言都相继成为世界主要的通用语言。自 19 世纪以来，随着英美相继主导世界，英语在国际传播过程中的强势地位已越来越明显。如今，世界传媒中信息的最重要语言载体就是英语，绝大多数的全球性媒体（从报纸、杂志到电影和电视）都使用英语作为传播语言，以英语为语言载体的新闻和娱乐产品在全世界广泛传播。近年来兴起的网络媒介则更是英语信息产品的天下。根据纽约网络市场研究公司 eMarketer 的研究数据，78％的网站和 96％的商业网站都使用英语；在全世界的计算机储存信息中，有 80％使用英语（中文只占 3.7％），全球 80％以上的网上信息和 95％以上的服务信息由美国提供。① 语言是信息的载体，语言强势决定了信息（支配）强势。这就不难理解，英语信息产品即便在广大非英语世界也大有市场，广为流行。

最后，从媒介技术和产业规模上看，东西差异显著。西方世界的传媒技术水平始终超前于广大发展中国家。先进的传播技术手段和工具、设备往往呈现出从第一世界向第三世界扩散的传递趋势。目前，西方国家拥有的国际性或全球性媒体在数量上占有绝对优势。可以说，世界上主要的跨国传媒集

① 郭可．国际传播学导论．上海：复旦大学出版社，2004：160.

团基本上都来自西方国家。而且，从质量上看，最具传播影响力的全球媒体也都来自西方国家，包括报纸（如《纽约时报》《华盛顿邮报》）、杂志（如《时代》）、电台（如BBC）、电视台（如CNN）、通讯社（如美联社、美国合众国际社、路透社、法新社）和网络媒体（如今日美国、美国在线）等几乎所有的媒体形态。譬如，在全球信息产业中，CPU的产量美国占92%，系统软件的产量美国占86%，世界性的大型数据库（全球近3 000个）70%设在美国。就产业规模而言，西方世界传媒产业已具有相当的规模，而众多发展中国家的传播事业尚未实现产业化和规模化经营，先进的媒体经营管理模式也往往从第一世界向第三世界传导。目前，西方50家跨国传媒公司（包括美国在线、时代华纳、迪士尼、威望迪、维亚康姆、贝塔斯曼、新闻集团、索尼等媒体巨头）占据了世界95%的传媒市场，几乎一统天下。其中，美国媒体几乎垄断了拉美地区当地的有线电视和卫星电视，维亚康姆集团和迪士尼集团分别拥有拉美有线网、巴西有线电视的大部分股份；时代华纳控制着德国的VIVA电视台和德国新闻电视台（N-TV）；迪士尼集团持有5家欧洲商业公司20%～30%的股份，拥有欧洲最大的体育网，并拥有德国的RTL2频道、有线TM3频道和西班牙的Tensauros及北欧的SA广播网的控制权。①

然而，从更为根本的角度上看，不均衡的国际传播态势要归根于不公正、不合理的国际传播规则和秩序。由于国际传播的“游戏规则”大多是由发达国家制定的，因而往往倾向于、有利于发达国家。一方面，发达国家通过倡导传媒产权跨国转让、严格知识版权保护、提高技术转让门槛等规定，阻碍发展中国家对媒体所有权的控制和对媒介资源的拥有；另一方面，则通过反倾销、定配额等方式限制发展中国家媒介产品的对外输出。现存的国际传播规则和秩序不断地强化和加剧着国际传播的不均衡态势。

三、传播态势不均衡化的前景

不均衡的态势是趋于强化还是趋于弱化，是在加剧固化还是在缓解虚化，这是国际传播态势的两种截然不同的前景。联合国教科文组织和国际电信联盟的历年统计数据显示，伴随着国际传播全球化的进程，在愈加猛烈的媒体融合兼并浪潮的冲击下，发达国家和地区与发展中国家和地区之间的“数字鸿沟”不但没有缩小和填平，反而在不断扩大，日益加深。这就决定了国际传播的不均衡态势会进一步强化而变得愈发显著。

当然，进入未来传播新时代，国际传播的不均衡发展态势也不是不可缓

① 李良荣，等．当代西方新闻媒体．上海：复旦大学出版社，2003：12-15.

解和扭转的，它始终存在逆转的可能。不断崛起的新兴发展中国家有可能成为持续循环放大国际传播格局不平衡的“失衡螺旋”中的一股制衡力量。国际传播不均衡态势得以改观在很大程度上将得益于发展中国家在传播全球化过程中的后发优势。[①] 这种后发优势主要表现在两个方面：首先是认知上的。发展中国家对传播现代化的认识要比先发的发达国家在开始现代化时对传播现代化的认识丰富得多，它们大多都受到了发展传播理念的影响。同时，由于先发国家的媒介发展水平已达到较高程度，这可使后发国对自己的传媒现代化前景有一定的预测。其次是操作上的。发展中国家可以大量借鉴和采用先发国成熟的传播发展规划（如传媒产业融合规划）、传播技术和设备（如手机、互联网等数字式新媒介技术）以及与其相适应的传播组织结构（如官民并举的传媒体制），从而跨越先发国的某些必经的发展阶段。同时，先发国可以（如果愿意）在媒介资本和技术上对后发国提供某些帮助。

从全球范围来看，自 20 世纪 90 年代以来，发展中国家确实显示出了传媒后发优势，从而引发了全球媒介内容的反向或逆向（contra）流动。这种后发优势主要是由社会经济、技术的发展（如数字化）和国家政策的开放（如放松管制）共同促成的。譬如，在互联网方面，发展中国家经济的迅速发展使网络终端产品在短时间内大范围普及；与此同时，发展中国家的开放政策让国家的网络即时接入国际端口，实现互联。传媒后发优势的一个明显例证是：根据国际电信联盟 2022 年公布的统计数据，2006 年，全球互联网覆盖率为 16％，中国的互联网覆盖率为 8.5％；而至 2021 年，全球互联网覆盖率为 63％，中国的互联网覆盖率则高达 73％。从国家和地区来看，印度和中国两个发展中的亚洲大国，通过传媒体制改革，广播电视媒体由以往单一的国营体制转为公私兼营或国有商业型，同时对外开放传媒，有限度地引入外国卫星电视频道和外国电影，从而大大促进了国家的广播电影电视事业的发展，进而开启了国产媒介产品的对外输出。印度本土私营的 Zee TV 发展成世界最大的亚洲电视网络，印度的“宝莱坞”（Bollywood）电影、中国的功夫片、韩国的媒介娱乐产品即“韩流”（Korean Wave）和土耳其的电视肥皂剧都已成功地打入了欧美等西方市场。拉美地区尤其是南美洲国家同样较为

---

① 后发优势论是 1962 年由美国经济史学家亚历山大·格申克龙（Alexander Gerschenkron）所创立的。在总结德国、意大利、苏联等较为落后国家的经济追赶成功经验的基础上，格申克龙认为，工业化前提条件的差异将影响发展的进程，相对落后程度越高，其后的增长速度就越快。之所以如此，是由于这些国家具有一种得益于先天落后状态的“后发优势”（advantage of backwardness，later-mover advantage，second-mover advantage，也常被称作“后发性优势”“落后优势”“落后的有利性”等）。后发国的后发优势主要表现在可以用本地适当的替代物（包括新的制度、模式和技术等）来填补先决条件的缺乏。后发优势论的继承者美国经济学家马里恩·列维（Marion Levy）进一步从现代化的角度对格申克龙的后发优势论加以具体化，从而归纳出后发式现代化的各种利与弊。参见郭熙保，胡汉昌．后发优势研究述评．山东社会科学，2002（3）：15－20。

充分地发挥了传媒后发优势，积极拓展广播电视事业。巴西的环球电视网（TV Globo）和墨西哥的特莱维萨电视公司（Televisa S. A.）分别垄断了西班牙语和葡萄牙语的跨国卫星电视市场，出口拉美和欧洲国家，并打入美国传媒市场，成为全球性的卫星电视媒介集团和这两种语言的电视娱乐节目的最大输出集团。拉美地区把从美国引进的肥皂剧加以本土化的改造（如调整目标受众和播出时间，改变叙事方式，延长情节结构，添加本土人喜爱的主题、演员和幽默等元素），从而在拉美本地的电视市场上获得了巨大成功。1972—1982 年间，拉美地区进口的电视节目小时数在减少，取而代之的是本地制作的电视剧，而且还出口到美国（主要是西班牙语文化区）、欧洲、东南亚等地区。譬如，墨西哥肥皂剧《坎坷》在苏联、《玛丽玛》（*Marimar*）在科特迪瓦和菲律宾等地风靡一时。非洲各国也程度不一地利用了传媒后发优势，大力发展新媒介传播形态。另外，自 20 世纪 90 年代以来，西非国家尼日利亚掀起了一股纯本土影片潮流，让非洲在国际传播格局中占有一席之地。它充分挖掘本土文化的特色，生产和输出了占领非洲市场进而打入美国市场的“瑙莱坞”（Nollywood）电影。据行业统计，尼日利亚的电影业正在席卷全球，截至 2022 年，尼日利亚的电影业年收入超过 64 亿美元，电影发行量超过 2 500 部，尼日利亚的电影业已成为全球范围内仅次于美国好莱坞的第二大电影产业。除了全球媒介娱乐信息的反向流动，全球电视新闻的反向流动现象也出现了。“今日俄罗斯”是国际新闻媒介反向流动的最佳例子。它旨在打破盎格鲁-撒克逊大众媒介在全球信息流中的垄断地位，已发展成为全球新闻领域最重要的另类声音之一。到 2022 年，“今日俄罗斯”就已以英语、西班牙语、阿拉伯语、德语、法语、塞尔维亚语、俄语等 7 种语言对外播送各类节目，每月有超过 2 亿网民访问“今日俄罗斯”网站，网站的总浏览量超过了 170 亿次，注册用户超过了 3 000 万。还有一个典型的例子是，处于阿拉伯世界的有线新闻台——卡塔尔半岛电视台，凭借与西方在语言文化方面的巨大差异，同时借鉴美国有线电视新闻网的火线报道、专家访谈等有效报道方式，从伊拉克战争的战场上发出了与美国主流媒体完全不同的声音画面，从而一跃成为有地区影响力、世界知名的全球性媒体。

不可否认，长久以来，跨国信息流通仍然依附于国际政治经济权力结构，不同民族国家之间信息资源不平等、传播能力不平衡，自由、平等、多元的跨国信息交流实则难以实现。鉴于历史的连续性，可以预期，在未来较长时期内，全球媒介信息的反向流动仍会处于相对于主流的补充性（complementary）流动状态。因此，最关键的是，国际传播态势的根本改观要诉诸现存国际传播规则和秩序的调整，从而挣脱国家之间信息依附与被依附的关系。早在 20 世纪 70 年代，面对单极化的国际传播格局，人们就失衡的全球信息流问题展开了大辩论。随着国际政治经济权力结构呈现多极化趋势，许多国家尤其是欠发达国家呼吁和倡导建立新的世界信息秩序，这一秩序将改变不对称的世界传播格局，使之相对均衡对等起来。然而，作为一种抽象的理念，虽然这一倡议很有吸引力，但真正实施起来会困难重重，因为从可操作性上看，即便对信息的调控是可接受的，但这种调控在技术上变得越来越难以控制（尤其是电子信息流动）。同时，实施的后果也可能令人担忧，因为从政治上看，它有可能助长各国政府对信息流动的过度调控（通常非民主地）。某些国家可能出于自身的国内政治目的而力图控制国家媒体。“世界信息新秩序”只会为它们对媒介的专制控制提供一个新的借口。①

面对国际传播的多变态势和未来可能的单极化与多极化双重变奏格局，我们所要追问的始终是同一个问题：国际传播全球化真会把民族之间的差异同化掉吗？对此，我们不妨用未来学家阿尔文·托夫勒（Alvin Toffler）的话来作答：“全球化不等于同一化，我们可能看到的不是已故加拿大传播学家麦克卢汉所预言的单个的地球村落，而是大量不同的地球村——它们都被纳入新的传播系统，同时又努力保持或加强各自的文化、种族、国家或政治个性。”②

深入阅读

- 刘燕南，史利，等．国际传播受众研究．北京：中国传媒大学出版社，2011.
- 李智．国际政治传播：控制与效果．北京：北京大学出版社，2007.

思考题

第一节

1. 简述国际传播效果的影响因素。
2. 简述国际传播效果的测评方法。

第二节

1. 试述国际传播态势不均衡化的表现及其成因。
2. 试论国际传播的未来发展态势。

---

① KAMALIPOUR Y R. Global communication. 2nd ed. Belmont：Thomson Wadsworth，2007：47.

② 托夫勒．权力的变移．成都：四川人民出版社，1991：318－319.

第十章

国际传播的效应[①]

本章知识结构及要点

◇ 民族国家主权的弱化

- 国际传播冲击国家主权的地缘逻辑
- 国际传播瓦解国家主权的合法性建构

◇ 全球社会的形成

- 全球社会组织的建构
- 全球治理和全球民主政治的实现

“我们不应该低估国际传播中所发生的转型的性质和程度（深度）。如同启蒙时代（1600—1800 年）对西方社会的思想转型所发挥的重大作用，今天，我们人类社会正经历着一场同样深刻的变革，这场变革就是由国际传播中的重大结构性变化所激发的。”[②]

伴随着跨国信息传播全球（一体）化趋势的不断增强，国际传播给国际社会和全球社会带来了广泛而深远的影响。其传播效应日益显现在国家、国际社会等各个方面和各个层面，引起了民族国家的主权弱化，并促进了全球社会的形成。本章将从主权国家和全球社会两个方面来阐发国际传播的传播效应。

第一节　民族国家主权的弱化

民族国家的地理边界和政治合法性并不是天然和静态的，而是在复杂的国际政治斗争、商业运作和跨国信息博弈中逐步形成和调整的。在技术、资

① “效应”（effection）是比“效果”（effect）更宏观、普遍，也更抽象和深刻的一个概念，它更多地指涉对他人、他物和周围广大社会环境的根本而持久的反应和影响。

② MCPHAIL T L. Global communication：theories，stakeholders and trends. Boston：Allyn and Bacon，2002：xii-xiii.

本和权力的双重、多重逻辑的推动下，信息在全球范围内高密度、不间断的跨国界流动使得国家之间的界限越来越模糊和虚化，在这个意义上，国家主权及其合法性日益淡化和弱化。民族国家主权的弱化成为国际传播所产生的最显著的效应。跨国界的国际传播导致民族国家不再是人们思考和关切的唯一主题、出发点和归宿，反而有时会成为人们反思和批判的对象。由民族国家所发起和主导的国际传播竟然成为削弱和埋葬民族国家的“杀手”，这无疑是国际传播的最大悖论。

如同一般性技术，处于进步过程中的信息传播技术具有双重属性：一方面，它不是自在自为的主体，而是为人类利益（通常直接表现为权力和资本）服务的工具性存在；另一方面，它具有一定的历史主动性，含有自身进步的内在逻辑。这就决定了压缩时空的传播技术必然会在某种程度上改变人类所有的社会关系，并意味着对各种社会主体的信息解放和对民族国家主权的挑战。由传播技术进步所引发、由资本和权力运作所主导的国际传播全球化对民族国家主权的挑战主要表现在以下两个方面。

一、国际传播冲击国家主权的地缘逻辑

传播技术是对时间和空间的双重压缩，传播技术的不断进步带来了信息传播时间向度上的无限缩小和空间向度上的无限放大。新的信息传播技术不断地打破原有的国家边界和一切地域限制，使得信息流动近乎无限自由。具体从不断更新、日新月异的媒介形态来看，传统的印刷媒介因为容易受制于地理约束而使得跨界传播或越境传播的难度较大（伴随着电子图书、报刊的普及，这一难度也在逐步降低），广播、电视等电子媒介及网络和手机新媒介则大大突破了地域限制，从而使跨界传播或越境传播越来越易于摆脱国界制约而实现信息在全球范围内的自由流通，使得各种信息管控方式都不可能完全堵塞住信息出入境传播的“漏洞”。或者说，国家的大门更容易被频繁、密集而强大的跨国界信息流所“洞开”。由此，拥有、掌握和控制本国民众信息交流权力的主权国家已经越来越难以控制国际传播的信息流，国家主权因为国际传播而受到了强烈的冲击。正如 1978 年 78 个国家的代表参加的政府间信息科学局的国际会议发布的报告所指出的，跨国界数据流通“将国家置于危险境地”。1979 年，加拿大政府的一个委员会也认为，跨界数据流通“对加拿大主权而言，可能是最大的危险”①。

① NORDENSTRENG K，SCHILLER H I. Beyond national sovereignty：international communication in the 1990s. Ablex Publishing Corporation，1993：259.

不断缩短信息传播时间和扩散信息传播空间的传播新技术带来的一个最深刻的社会后果无疑是空间与地域概念的改变，进而是国家范畴的危机。正如当代英国媒介研究学者戴维·莫利所言："人口、文化、货物、信息的迁移、流动方式表明，现在并不主要靠诸如地理位置间隔、海洋、山脉等自然分界来划分社会或国家的'自然边界'。我们越来越需要根据传播和运输网络及语言文化这样的象征性分界——由卫星轨道或无线电信号决定的'传输空间'——来划定在这个时代里具有决定性意义、呈现渗透性的边界。"① "边界已经变成信息和通信可传流、可渗透的'渗透性薄膜'。"② 也就是说，在信息传播媒介新技术所带来的传播全球化和全球性传播网络的观照下，划分国家的"自然边界"（即地理边界，geographical boundary）变得越来越不重要，取而代之的是"象征性边界"（即符号边界，symbol boundary）。而近现代形成的民族国家（nation-state）的主权——对内至高无上的统治权和对外的独立自主权恰恰建立在一定的领土疆界即国土（country）之内，其核心要素是地理空间。脱离地理空间概念，国家的"主权"及国家间关系（国际关系）便无从谈起。这就是民族国家主权的地缘逻辑。因为信息传播技术的发展是要消灭空间以实现信息的无界传递，而国家主权的地缘逻辑是要守护空间以实现信息的可操控性，于是，国际传播的全球覆盖性和开放性与国家主权的地缘有限性和封闭性之间形成了尖锐的冲突。

从本质上说，国际传播全球化并不承认民族国家之间的地理边界，它是"超国界"或"无国界"传播（而非仅仅是"跨国界"传播），它意味着信息资源的全球流动。正是从这个意义上说，超越了传统的空间或地域之分界即国界（包括历史文化传统、经济发展状态和社会制度形态等）的国际传播强烈地冲击了国家主权的地理控制。这种扬弃国家主权的"非领土化"冲击集中表现为：卫星在大陆和海洋上空传送差不多数百个电视频道，主权国家对信息越过它们的边界失去了控制力，思想、图像和文化不可阻挡地跨国界传播，侵犯了现代意义上的国家主权；信息传播技术的革命性突破尤其是移动通信和互联网在全球的兴起，使跨越一切地域界线和地理界线的信息传输成为可能，从而使得主权国家以国土这一物理空间为占有基础和控制范围的主权管辖原则遭遇到严重挑战。概而言之，现代信息传播技术构筑了一个庞大的几乎覆盖了全球所有国家和地区的信息网络系统。在其中，任何组织和个人都可以突破主权国家的边界限制，绕开主权国家设定的技术约束，接收或传递信息。尤其是，互联网所连通的传播空间更是一个容纳超级容量信息却

① 莫利，罗宾斯．认同的空间：全球媒介、电子世界景观与文化边界．南京：南京大学出版社，2001：1.

② 同①102.

没有领土和疆界概念的虚拟世界。网络空间突破了地域限制，人们既可以通过网络跨国界便捷地进行信息搜索，也可以通过网络跨国界自由地发布信息。巨量的信息交换超越了国家的有形边界，呈现出信息资源无边界流动并全球共享的景观（这恰好突显出信息本身的难以垄断性及其所有权或物权的脆弱性）。

在国际传播全球化的当代信息社会，主权国家不可能再排他性地、完全地占有并绝对地控制跨国界信息流和本国民众的跨国界信息交流，因而它对信息主权的主张日渐失去了意义，已变得越来越不适用了；相反，国家的主权要求要受制于信息自由流动和扩散的方向和地域。对此，新“帝国时代”的倡导者迈克尔·哈特（Michael Hardt）和安东尼奥·奈格里（Antonio Negri）激烈地指出：“当代通信并不从属于主权；相反，主权似乎从属于通信——或者更准确地说，主权通过通信系统表现出来。”① 也就是说，国家主权并不能框定和制约全球通信系统，相反，国家之间的关系要由全球通信关系来确定。这充分地显示出国际传播的全球网络化对国家主权原则下地缘规则及其运行逻辑的限制和削弱效应。

在此，人们甚至预期，日益加剧的传播全球化将使国界变得如此无关紧要，以至于不能再通过有形的“主权边界”（“物理边界”）来界定地球及地球上国家（尤其是相邻国家）之间的所有关系，取而代之的是，非实体的、象征性的“符号边界”“意义边界”“文化边界”将参与表述现实世界及其中的国际关系。

二、国际传播瓦解国家主权的合法性建构

国家主权的合法性②并不是自国家建立并被其他国家承认之后便宣告完

---

① 哈特，奈格里．帝国：全球化的政治秩序．南京：江苏人民出版社，2003：396.

② 所谓“合法性”（legitimacy），即“正当性”，按现代德国社会哲学家马克斯·韦伯（Max Weber）的理解，是指对一种现存统治秩序的信仰或信赖，以及在这种信仰或信赖指导下的对命令的自愿遵从或服从。它是“对统治权力的承认”。包括亚里士多德、卢梭、哈贝马斯和戴维·比瑟姆（David Beetham）在内的众多学者对统治权力的合法性做出了更为严格的规定。这些规定要求：合法性不仅需要人民愿意认同，而且要有被认同的价值——合法性本身必须具有“善”的内涵，即合乎道德或理性，包括统治是为公益服务的，权力应依照业已确立的规则（包括法规）去行使，权力运行规则是为统治者和被统治者（权力者和权力对象）所共享的，合法性应通过被统治者一方认同、一致同意的表达来显示等。（参见海伍德．政治理论教程．北京：中国人民大学出版社，2009：158－159）正如哈贝马斯所指出的，任何统治形式都试图唤醒和培养人们对其合法性的信念，因为一切权力都要求为自身辩护。（参见哈贝马斯．合法化危机．上海：上海人民出版社，2000：127）合法性的取得是任何形式的政治权力的生产、维持与再生产所必需的，而权力合法性本身的生产、再生产同样需要不断地建构和维持，因为绝大多数的统治合法性（除非是“纯粹强制”的统治形式）不是不证自明的或天然正当的，而都需要进行合法化的论证（包括理论上的和实践上的），否则，统治就会出现合法性危机（既定统治秩序的支持力在广泛性和持久性两个方面严重耗散）。

成，而是需要在国家发展进程中不断地进行建构。因为，产生的国家统治权力和权威需要不断地被维持和再生产。从信息传播的层面上看，国家管控信息传播的主权诉求的目标就在于借助信息传播来建构主权的合法性，也就是说，凭借更多关于国家发展和进步的正面信息的传播来充实自身的主权合法性。国家主权合法性建构的评判标准所依据的，并不是以主权的名义下的传播管控为基础的自我证明，而是能否实际地获得国际社会和国内社会的认同、认可、同意或承认。为此，主权国家需要与多元化的传播主体进行必要的信息博弈与信息合作：一方面，通过获得多元化的传播主体的认同、认可来建构国家主权合法性；另一方面，通过这些传播主体的信息扩散来获得受众更为广泛的认同、认可从而推进国家主权合法性的建构。①

然而，在国际传播全球化时代，伴随着包括超国家机构（政府间国际组织）、跨国公司、国际非政府组织和个人在内的众多传播主体的蓬勃兴起，信息自由流通原则在全球迅速扩展，这使得传统国际社会通行的某些原则逐渐失去其合法性。由此，国际传播下的国家主权合法性建构正面临着被解构的威胁，从而产生主权合法化危机。

（一）跨国信息传播领域中不干涉原则的确立与反对

自 1648 年威斯特伐利亚和会与和约确定了国家主权、国家领土与国家独立等现代国际关系基本准则之后，“主权在国”和“主权至上”的国际理念赋予了民族国家在主权独立的名义下，自主地行使管理国内事务和应对国际事务的完全权力。也就是说，国家同时享有内部和外部的双重主权，即：一方面，对内，在其领土内和国民当中享有最高权威；另一方面，对外，独立于其他国家（其他任何国家都不能凌驾于其上）。② 正是在国家主权至上的意义上，生发出不干涉内政原则，即不干涉原则。该原则成为国际法中较早适用的习惯法则，并最终演变为处理国际关系的公认的基本准则。

自 20 世纪 70 年代以来，不干涉原则开始了在信息传播领域的国际实践。它集中表现在联合国教科文组织关于世界信息传播新秩序的争论中。包括不结盟国家在内的不发达国家和包括苏联在内的社会主义国家，或出于传播技术上的差距和信息流动的失衡态势，或出于政治意识形态上的争夺，明确提出了反对“信息殖民化”和建立“信息传播国际新秩序”的主张。譬如，苏联坚持认为，跨国信息传播要符合不干涉内政原则，国家对信息流动具有绝

① 任孟山．国际传播与国家主权．上海：上海交通大学出版社，2011：112.

② 布尔．无政府社会：世界政治秩序研究．北京：世界知识出版社，2003：9.

对的控制权力。相反，放任信息跨国界自由流动是对民族国家主权的蔑视，是对国家内政的干涉。因此，主权国家对国外节目进行系统干扰是合法的。[①]不干涉原则在信息传播领域获得了广泛的认可。1972年的联合国大会根据和平利用外层空间委员会的建议，以绝对压倒性多数一致通过决议，规定："只有在得到接受国的准许之后，国家和私人机构才能向其他国家进行电视广播。"而后，该原则在联合国教科文组织1981年发表的《多种声音，一个世界》中得到了进一步确认。该报告确认了全球范围内信息传播不平衡的事实，包括跨国传媒集团对不发达国家的潜在威胁、媒介产品和信息从发达国家向世界其他地方的单向流动等，并希望国际社会采取切实行动改变这种发展及其方向。这份报告明确表示："新闻自由实际上并不是没有限度的，它像其他一切事务一样，是受到社会上可能发生的事情的限制的一种政治和专业理想，如果考虑到消息的内容，特别是考虑到有关亵渎、侮辱、造谣、诽谤、国家机密、国际条例等，这一点就更为明显了。"[②]联合国教科文组织更多的是从跨国界信息传播的视角来限定新闻自由的，它所倾向的其实是跨国信息传播领域中的不干涉原则。

跨国信息传播领域中的不干涉原则是民族国家控制跨国信息传播这一主权诉求的法律基础，它不断地建构着国家主权的合法性，并为主权国家控制信息跨国界流动提供强有力的法理依据。

不干涉原则虽然是国际法上的习惯法则和基本原则，但在国际关系和国际传播的理论和实践中一直遭到质疑和抵制。在冷战期间，跨国信息传播领域的不干涉原则的对立面是信息自由流动原则。该原则（以美国作为倡导者代表）以1948年联合国颁布的《世界人权宣言》和1966年通过并于1976年生效的《公民权利和政治权利国际公约》为依据，认为：诸多国家倡导的世界信息传播新秩序是对信息自由流动的阻碍与对人权即表达自由和传播权利的剥夺。冷战结束后，不干涉原则又受到了来自新干涉主义（主要指以所谓捍卫人权、民主等价值观为旗号的人道主义干涉）的挑战。在所谓新自由制度主义的护持下，新干涉主义主张"主权有限论""人权无国界""人权高于主权"等，由此为对他国事务的干涉提供合法性辩护。

信息自由流动原则和新干涉主义从法理上对抗不干涉原则，削弱了民族国家对跨国信息予以控制的主权诉求，并一定程度地瓦解和解构了民族国家对主权合法性的建构。

---

① 马特拉．传播的世界化．北京：中国传媒大学出版社，2007：71.

② 联合国教科文组织国际交流问题研究委员会．多种声音，一个世界．北京：中国对外翻译出版公司，1981：285.

（二）传播主体的多元化瓦解国家主权的合法性建构

在跨国信息传播领域，对民族国家主权合法性建构产生的冲击作用不仅来自国际法和国际组织的规定以及信息自由流动原则和新干涉主义的主张，更来自跨国信息传播的实践。

在国际传播全球化时代，新的信息传播技术尤其是互联网的出现使稠密的交流网络得以形成，使更多的组织和个人成为传播主体，从而带来了传播参与的民主化和个性化。伴随着国际组织、跨国公司和个人等非国家行为体纷纷参与到跨国传播活动中，民族国家不再是唯一的传播主体，主权国家单一地主导传播格局的局面从此终结，同时传统社会中一国的政治、经济、军事、文化活动是自己国家内部事务的历史也终结了。“新的技术或新的媒体系统，已经成指数地增加了国家在面对媒体、面对企业和面对整个社会时的弱点，用相对论的历史话语来说，今天的国家比被监视者受到的监视还多。”① 由此，国家从监控主体转变为被监控的对象，由施控者变为受控者。当前，互联网技术的监控难度使得国家对信息垄断和控制的成本无限放大，造成了不可能完全监控的局面；而且相反，在互联网深度介入的信息社会，国家已经越来越多地被置于国际社会的注视之下，受到整个世界的“监督与控制”。

众多参与国际传播活动的传播主体从各个方面挑战民族国家控制信息传播的主权诉求和主权合法性的建构。综合起来看，国家主权面临的合法性的挑战是双重的：一方面是来自国际社会如国际组织（尤其是国际非政府组织）和跨国公司（尤其是跨国传媒集团）对其对外合法性的挑战；另一方面是来自国内社会即国内公民个人及公民共同体（社会组织）对其对内合法性的挑战。正是主权国家之外与内、之上与下对国家主权的双重夹击引发了所谓“新中世纪”（new-medievalism）现象的危险。②

1. 瓦解国家主权对外合法性的建构

首先，从外部来看，在国际传播全球化的情境下，国家主权面临对外合法性的挑战。在国家主权的双重意义上讲，国家统治的对外合法性来源于外部即国际社会的承认。由于国际社会中的民族国家的国家身份都是社会性地即通过主体间性在国家间的相互认同中建构起来的，因此，国际社会其他行为体的承认即国际承认是主权国家赖以存在的先决条件。国家、国家主权与

---

① 卡斯特．认同的力量．北京：社会科学文献出版社，2006：335.

② 人们把当代民族国家主权弱化现象称为“新中世纪主义”。所谓“新中世纪主义”，是指当代国际关系在全球化条件下重现中世纪西欧国际关系的基本图景：西欧各国封建君主在上层跨国界的罗马教会自上而下与下层封建领主自下而上的双重夹击下，并不享有真正而充分的主权，主权被悬置和架空。

国家主权的合法性这三者是同一的。国家作为国际社会中的一个独立自主的政治共同体，其主权的对外合法性自 1648 年现代国际关系体系——威斯特伐利亚体系确立起来就已拥有，且从未缺少过这一“要件”。

从传播全球化时代的国际关系实践看，传统上只由国家这一行为体所构成的国际社会演变成当今由主权国家、国际组织（包括政府间国际组织和国际非政府组织）、跨国公司及公民个人等诸多主体构成的国际社会。基于此，当今民族国家主权的国际承认者变得广泛而多元化，它远远超出了民族国家的范畴，而扩散为任何国际组织、公司和个人；相应地，被承认者即被承认的对象则从国家转向统治国家的政府、领导人以及国家意识形态、政治制度。于是，国家主权的国际承认从传统的法理性承认和政治性承认扩大到道德性承认、价值性承认等一般意义上的社会性承认①，从而使其对外合法性变得日益复杂。国际社会的社会性承认的重要性程度逐渐上升，直追法理性承认和政治性承认，成为国际关系中的常态性问题。在传播全球化背景下，当今所有的民族国家及其政府需要获得这种国际社会性承认。

有鉴于国家主权对外合法性的来源的复杂多变性，为了获得众多非国家行为体如对象国或国际社会中普通公众的认同或认可，不论是发达国家还是发展中国家都开展了面向国际社会公众即以国际公众（而非政府）为目标受众的公共外交，从而促进国家主权对外合法性的建构。譬如，“9·11”恐怖袭击事件发生后，为修复在国际社会尤其是阿拉伯世界的公众心目中受损的形象，美国把公共外交归置于唯一超级大国“主权”对外合法性建构的战略地位，来追求国际社会性承认的回归。

然而，在传播日益全球化的情境下，多元化国际传播主体的存在不仅没有促进国家主权对外合法性的建构，相反，还在不断地瓦解这种对外合法性的建构。

在国际传播全球化的当代，对国家主权对外合法性的瓦解主要来自以下两种传播主体的国际传播活动。首先是国际非政府组织。对主权国家而言，虽然涉及政治领域跨国传播的限制行为——譬如只允许传播正面信息、限制或禁止传播负面信息——仍然存在，但在来自国际非政府组织的压力增大的情形下，尤其是国际人权组织和国际非政府传媒组织对国家信息传播的民主

---

① 所谓国家主权的“社会性承认”，是指非国家行为体（包括超国家行为体、次国家行为体、跨国公司和个人等）基于人类基本价值（比如自由、民主、人权等）对统治一个国家的政府（而非国家本身）及其领导人、意识形态、政治制度和政策的认可。不同于法理性或政治性承认，社会性承认一般不产生国际法上的法律后果，即不造成国家间干涉内政的国际法后果，不会生发出国家行为。譬如，跨国公司因不认同某个国家的政治意识形态而撤资、国际非政府组织因不认同某个国家的某项政策而对该国提出批评。所有这些不承认虽然不会诉诸制裁、封锁等国家行动，但会使得不被承认的国家政府及其领导人的形象和权威性遭到损害和削弱。

性、自由性和开放性要求越来越被国际社会所认同和主张，国家不得不放松对信息跨界传播活动的限制。“在当代，从事战争或卷入有争议的人权问题的政府仍然力图垄断信息获取渠道，但要获得完全控制是越发困难了。只要任何冲突中的各方都能接触到全球电信媒体渠道，以及只要持批评态度的评论更为广泛地以西方媒体及社会运动（如绿色和平运动）为中心，这种情况就会发生。”[①] 当前，一些国际非政府组织确实在以更小阻力展开对主权国家内部事务的调查和报告，加大对各国政治权力跨界监督的力度。国际非政府组织对主权国家的负面披露和报告（如贫富分化、官员腐败、恶劣的人权状况等）无疑会损毁其业已累积起来的国家信誉，减损该国的国际信任度，从而造成该国在国际社会中的权威性的动摇，使其国家主权很难获得国际社会性承认。例如，以西方为大本营的国际非政府组织不间断地向格鲁吉亚、乌克兰和吉尔吉斯斯坦等独联体和中亚国家传播美国式的民主、自由和人权等价值观念，促成了其国内亲美政权的出现，最终导致了政权被“和平”（非暴力）地颠覆。

除了国际非政府组织，影响主权国家的国际承认度的国际传播主体还有跨国公司，尤其是跨国传媒集团。以利润分享为条件，跨国传媒集团往往要求主权国家开放传播空间，允许它们的媒介产品能够让国内的受众无障碍地接触。在雄厚的传播技术力量的支持下，它们对一些国家内部事务的报道更加全面，也更为深入，这就造成这些国家试图掩盖和封锁的国内消息最终被传播到国际社会。在跨国传媒集团的跨界传播中，主权国家会因为种种违反国际社会共同遵守或倡导的价值观的做法被曝光而遭到国际谴责、抵制和抗议，从而流失掉国际声誉和权威，减损其主权的国际社会性承认。

2. 瓦解国家主权对内合法性的建构

在国际传播全球化的情境下，国家主权的合法性建构不仅面临来自外部的压力，从内部来看，同时也面临来自国内公民个人及其共同体（社会组织）的压力。独立自主的国内公民及公民组织对国家主权对内合法性提出了挑战。

国内公民的认同是主权国家具备对内统治合法性的根本。国家主权合法性的内部建构需要通过获得国内公民的认同或者说其成员的忠诚（感）来实现。而国家主权的对内合法性危机则意味着政府在民众心目中的权威危机和信任危机。具有合法性的政府统治能让公民顺从，遵守法律和遵从现存的秩序；相反，合法性缺失的政府统治会使公民不服从，最终招致反叛和内乱。

① 霍尔顿．全球化与民族国家．北京：世界知识出版社，2006：113.

在国际传播全球化时代，以互联网和手机等（智能）移动终端为代表的新的信息传播技术的出现使公民个人成为重要的国际传播主体之一。具有即时性、互动性、开放性、个人性和共享性等特点的网络媒体（包括博客、播客、维客、社交网络、电子公告板、即时通信和点对点文件共享与交换等互联网应用形式）把信息生产、传布和使用的工具交到了每个人手中，使难以计数的普通公民获取了比以往更为强大的传播力量。信息权力的不断分散和扩散大大增加了公民参与国际传播活动的机会和可能性。借助日益丰富的传播资源，公民在知情、参与、监督、表达意见和影响决策等方面的传播权利几乎达到了可以与政府权力公开博弈的水平。这个博弈过程是这样发生的：一方面，互联网在全世界范围内的普及造就了一个数字化的社会，使得个人间的信息交换和共享极为方便快捷，信息价值的实现成倍增长；另一方面，政府管理的数字化使得公共权力的行使不可避免地利用甚至高度依赖互联网，与公共权力过程相关的信息继续保持秘不可宣、不可见状态的难度越来越大，政治权力被迫处于可视状态……上述两方面合在一起，就是一个个人和民间组织的信息资源增值与政府公共权力信息资源贬值的过程，这使得个人和民间组织与政府公共权力之间的信息不对称现象得到缓解。也就是说，处于信息博弈中的公民与国家之间的信息位差缩小了。“公共权力过程的可视性增加了，个人和组织对于公共权力过程的监督得以加强。”①

在国际传播全球化的当代，个人的高度信息化和信息的高度个人化状态不仅显示出个人传播力自身的扩展，同时也动摇了政治权力的垄断性和至上性，对国家主权对内合法性的建构构成了威胁。早在20世纪90年代初，研究信息全球化的美国金融家沃尔特·里斯顿（Walter Wriston）就指出：“信息革命增加了个人权力，打破了等级组织结构，使得诞生于工业时代的世界秩序的三大支柱——国家主权、国家经济和军事力量面临严峻的挑战。”② 在网络时代，拥有诸如博客、论坛、网络视频等各种新媒介形式的公民个人不仅寻求到了信息传播的畅通出口，也找到了抵制官方信息垄断和质疑、消解官方信息绝对“正确性和权威性”的有效路径。更为重要的是，公民通过新式的传播手段散布信息，对政府的不作为或乱作为、对公权力的误用和滥用（主要表现为政策制定、制度安排的决策失误和官员腐败）等诸多方面进行无缝隙、无漏洞监督，并通过公共议题的设置有力地影响社会舆论。正是普通公民个人极度个性化和多样化的传播活动（所谓“众声喧哗”）戳穿了政府制

---

① 陈卫星．传播的观念．北京：人民出版社，2004：256.

② WRISTON W B. The twilight of sovereignty: how the information revolution is transforming our world. New York: Scribner, 1992.

造的种种“神话”，“祛魅”了附丽在政府领导人身上的层层包装，从而挑战了政府权威的公信力和公民个人对政府的信任度和承认度，对国家政权的对内合法性提出了挑战。正如英国文化研究学者约翰·汤普森所指出的：在信息时代，信息传播技术极大地增大了政治领袖们的“可视度”和“脆弱性”，限制了他们对信息接收条件和信息被接收者解读的方式的控制程度，因为他们面对的是分布空前广泛、拥有空前多的信息并被赋予空前大权力的受众。[①]

除了公民个人，以非政府组织或民间组织为代表的公民共同体即社会组织同样对国家主权合法性的内部建构形成新的信息压力。作为组织化的社会力量，国内社会组织不仅通过与国内媒体的协同互动来制造社会议题，而且在某些情况下通过自身的网站与关注领域重合的国际非政府组织合作，靠对本国政府的外部政治压力来促进国内议题的进展。“如果国内行为体与国家之间的交流渠道被堵塞，代表跨国倡议网络的特点的‘回飞镖影响模式’就会出现，即国内的非政府组织或个体绕过他们的政府，直接寻求国际盟友的帮助，力求从外部对其国家施加压力获得问题解决，这种情况在人权运动当中最为明显。”[②] 这种为本土行为寻求跨国支持的现象被称为“全球化本土行动”（globalised local action）。

借助国际非政府组织所拥有的丰富的跨国媒体资源而开展的国际传播活动，国内社会组织可以获得与政府间在国内议题设置博弈上的国际舆论支持。相比之下，面对信息跨界传播的速度和广度的扩大，面对国内社会与国际社会信息沟通渠道的畅通无阻，国家不仅对国内社会组织的干涉难度越来越大，而且也越来越难以获得国内社会组织无条件、无限度的认可和支持。

总之，面对全球信息传播主体的多元化以及如此巨大的信息流速、流量和传播范围，绝对的、不可分割的、专属主权的时代已经过去。“现在，‘维护主权’这一呼吁通常并不是（根据传统定义）主张绝对的、全面的、单边的国家权威，而是（更为温和地）指国家在某个特定的控制区保持其影响力。”[③] 不管怎样，日益全球化的国际信息传播正在冲击传统的国家主权合法性叙事，重构世界政治的心理秩序，因此可以说，民族国家主权政治的合法性正面临国际传播全球化语境下的反思性重建。

---

① THOMPSON J B. Ideology and modern culture: critical social theory in the era of mass communication. Stanford: Stanford University Press, 1990: 105.

② 凯克，辛金克．超越国界的活动家：国际政治中的倡议网络．北京：北京大学出版社，2005：15.

③ 赫尔德，罗西瑙．国将不国?：西方著名学者论全球化与国家主权．南昌：江西人民出版社，2004：165.

第二节　全球社会的形成

从全球层面上讲，国际传播的效应最终会聚集和落实到个人所组成的人类社会上，全球社会的形成无疑是国际传播给人类社会带来的最为深刻的效应。日益全球化、社会化的国际传播使人类关切的主题、焦点逐渐从民族国家所构成的“国际社会”转向“全球社会”或“世界社会”。国际传播的全球化不仅建构了全球社会，而且促进了全球治理和全球民主政治的实现。

一、全球社会组织的建构

当代社会理论认为，一个现代社会除了在政治领域（政治公共领域）行使公共权力以外，还必须有实行自治的（社会性）公共领域。社会性公共领域是社会组织形成的基础。没有自主的社会性公共领域，就无法形成社会组织。正是社会公共领域构造、成就了现代社会中的社会组织。社会组织是社会基于国家（政府）和市场（资本）在膨胀和扩张过程中必然对社会肌体产生的破坏性影响而自我创造出的一种自我保护形式。现代社会除了内含政治社会即国家外，还应当是一个兼容各级各类社会组织的社会。那么，推而广之，全球社会也应该是一个拥有全球社会组织的社会。

（一）全球社会组织的出现

所谓“全球社会组织”（global social organization，又称“跨国社会组织”），是指跨越国家边界的社会运动或团体的全球性联合组织与网络，是全球层面上和世界范围内的社会组织，是各国公民个人或团体聚合成的一张“跨国界的知识和行动网络”或社会关系网络，即一个通过对话、协商达成全球共识并采取跨国行动的公民共同体。从某种意义上说，全球社会组织是社会组织的全球化，是国内社会组织向全球延伸和拓展的产物。它就是由众多民族国家社会内的一般性社会组织聚合而成的。

自 20 世纪 80 年代以来，伴随着信息技术革命和信息网络化时代的到来，以及全球范围内市场化改革浪潮及第三次民主化浪潮的兴起，在世界各国先后发生了一种重要的社会结构性变革，即：在国家和市场以外生成了众多由有组织的公众所组成的、追求共同或特定价值目标的、被称为非政府组织的社会性组织和机构。这些社会性组织在国内乃至全球范围内发挥着越来越大的社会作用，它们能够把那些在国家政府层面上无法团结的公民聚集到一起，进行跨国对话、沟通、讨论及意见动员，进而采取集体行动，特别是为弱势的和被边缘化的人群提供影响国内和国际政治的平台、渠道和机会去解决国家层面无法解决的公共问题。这些社会组织（民间社会团体）包括宗教、政党、媒体、社会运动、利益集团、监督性群体，具体而言，就是成千上万的环保组织、消费团体、人权组织、反腐败组织、社区私人团体、医疗诊所、学校、日托中心、民间社团、发展组织、文化机构、职业协会等。① 这一向全球扩散的组建社会组织的世界性现象被称为“全球结社革命”。这场革命对20世纪后期世界的重要性丝毫不亚于民族国家的兴起对19世纪世界的重要性。②

各国社会组织自诞生之日起就不断拓展社会介入和参与的领域（包括社会发展与重建、消除贫困、教育、妇女权益、卫生保健、防治艾滋病等诸多领域），并把社会参与的范围从国内社会延伸到国际社会。由此，国内社会组织纷纷发展成为国际非政府组织或全球社会组织。譬如在欧洲，各国妇女非政府组织（NGO）发展成妇女跨国倡议网络（TAN）和妇女国际非政府组织（INGO）。在中国，青年应对气候变化行动网络（CYCAN）作为国内第一个专注于推动青年应对气候变化的非营利性环保组织，引领青年群体积极参与国际气候谈判，并借助新兴媒体发起一系列全球性的应对气候变化的联合行动。与此同时，在全球层面上，在主权国家（及超国家组织）和跨国公司之外还涌现出了众多原生性的全球社会组织，譬如绿色和平组织等国际非政府组织。③ 网络化的通信方式使跨国沟通和合作更加容易。借助大众媒介，尤其是互联网和移动通信等新媒介，这些社会组织在全球范围内掀起了声势浩大的跨国社会运动（全球公民行动）④。至此，一个世界范围内的非政治（民间）社会——全球社会得以形成。全球社会组织成为构建全球社会的主导力量。其具体表现为各种跨国社会运动：来自世界各国、各地区、各种族、各阶层的具有共同社会抱负的全球有识之士，以世界公民的身份积极投身于处理人类社会事务和促进人类社会进步的全球公共事业当中。

---

① 在这些社会组织中，也存在一些反民主、反文明的行动者组织，如恐怖组织、宗教极端组织、民族分裂组织等，它们不仅不是全球治理和全球民主的促进者，反而是全球治理和民主的破坏者。

② 萨拉蒙，等．全球公民社会．北京：社会科学文献出版社，2001：4.

③ 据国际协会联盟（UIA）2022年《国际组织年鉴》（第59版）统计，世界上现有全球社会组织（包含一般、其他及特殊形式的组织）75 277个。在现有的一般及其他形式的国际组织中，国际非政府组织或全球社会组织占93%以上。参见 Yearbook of International Organizations 2022 - 2023.（2022 - 09 - 09）[2023 - 08 - 23]．https：//uia. org/sites/uia. org/files/misc _ pdfs/pubs/yb _ 2022 _ vol5 _ lookinside. pdf.

④ 跨国社会运动（全球公民行动）是由国际非政府组织或非政府组织联盟发起或者由全球公民网络倡议的各种全球性集体行动，旨在影响各主权国家和政府间国际组织全球决策的制定和实施过程，如绿色和平运动、反核运动、女权运动等。参见李惠斌，薛晓源．全球化与公民社会．桂林：广西师范大学出版社，2003：124 - 125。

跨国社会运动是全球社会的主要标志、特征和组织管理方式。跨国社会运动更多地使用以平等、即时、多元和广泛联系为特征的新媒介技术而非传统媒介，它主要不是依靠正式或非正式的规章制度，而是建基于成员的共同价值认同之上。由此，不同于主权国家政府或政府间国际组织的等级建制和垂直、封闭管理，全球社会的组织管理方式是去中心化和网络化的。

正是从上述意义上，严格地说，全球社会不是一般意义上的社会，更准确地说是社会运动，是组织化了的跨国民间组织、媒体组织、商业团体、学术机构以及其他有机会并有责任成为全球领袖的群体发动并组织起来的各种参与性和监督性的社会运动。正是伴随着全球社会组织所倡导的跨国社会运动的蓬勃兴起和扩大，全球社会不断被培育并壮大起来。

（二）跨国公共领域的搭建

由全球社会组织所构成的全球社会，其基本要素是跨国公共领域。跨国公共领域是国际社会中介于私人自治领域与公共政治权力领域之间的中间地带，是全球社会与国家、超国家组织（国际政府间组织）和跨国公司之间博弈的场所。它是一个向全球所有公民开放、就全球公共问题展开理性讨论、辩论并形成全球性舆论的跨国信息交流平台和批判空间。作为全球公民共享的社会文化生态空间，跨国公共领域为全球层面上的批判性公共讨论提供了体制化的保障。对于正在形成于国际社会中的全球社会而言，搭建并保持一个活跃、强大和有高度开放性、参与性的跨国公共领域至关重要。

在信息传播全球化的背景下，跨国公共领域是如何形成和运作的呢?

根据哈贝马斯的公共领域理论，大众传媒是致力于形成公共领域的信息和思想交换的“公共传媒”，是公共领域构建中不可或缺的主导性力量。大众传媒因而是公共领域中的核心（虽然公共领域并非仅仅指大众传媒）。大众传媒既是公共领域的物质载体，又是公共领域的运作工具。离开了大众传媒，公共领域便无法运作，也无法存在。同时，大众媒体的功能发挥和影响力在很大程度上决定了公共领域的规模大小。正是从这个意义上说，公共领域首要地是由大众传媒所搭建的。大众传媒既影响着公共领域的结构，同时又统领着公共领域的发展态势。具体而言，大众传媒是现代社会公民行使自身权利、对公共事务进行理性审视和批判性讨论的一个平台。由此，大众传媒形成了良好的、通用的公共话语和“意见的自由市场”。“只有在大众传媒上面，大多数的人才有可能聚集在一起来交换意见。”① “在一个大型公共团体中，这种交流需要特殊的手段来传递信息并影响信息接收者。今天，报纸、杂志、

① MCKEE A. The public sphere：an introduction. Cambridge University Press，2005：5.

广播、电视和互联网就是公共领域的媒介。”[①] 正如瑞典公共领域学者彼得·达尔格伦（Peter Dahlgren）所言，“在当今社会中，公共领域这一概念指向了媒体，特别是就其报道新闻的角色而言，怎样以及在多大程度上可以帮助公民了解这个世界，讨论他们对事件的反应，还有达成应该采取何种行动的共识”[②]。

在全球社会中，国际大众传媒是跨国公共领域的物质载体和运作手段。作为超越国内社会而在全球范围内扩展的公共领域，跨国公共领域在很大程度上是由国际大众传媒建构起来的。譬如，迪士尼、维亚康姆等跨国传媒集团超出民族国家的可控范围和限度，经常充当“全球公共领域”代言人，发挥着构筑跨国公共领域的引擎作用。尤其是，掀起了媒体民主化第四波浪潮的互联网，自其诞生之日起，就一直在推动着致力于传播民主化和社会民主化的跨国公共领域（民间社会网络）的形成。以互联网为代表的国际大众传媒在全球范围内展开各种传播活动，通过议题设置的方式搭建起跨国公共领域。譬如，反全球化运动的领导人和成员就是利用互联网进行沟通联络的，他们共享信息资源，筹划行动方案，在各国家和地区之间调拨人力、物力和财力。这种由互联网所编织的反全球化运动公共领域大大扩张了它在全球范围内的声势和影响。由此可见，跨国公共领域就是公民个人（不分国籍、地域、性别、年龄、社会地位和背景）或集体即社会组织动用国际大众传媒而活动于其中的全球性公共空间。在跨国公共领域中，来自世界各地的公民借助各种媒介手段尤其是新媒体传递信息，讨论全球事务，在意见交换中培育和维护全球意识和价值认同，进而建构全球共识。“公民们通过举办国际会议、创办报刊或出版书籍、建立网站等多种形式，就他们共同关心的全球性问题或国际政策等展开自由的、理性的、批判性的对话、讨论和交流，形成全球性观念意识、文化价值和国际舆论等。”[③]

在新的信息传播技术支持下，跨国大众传媒使世界各地的公民更加便捷地获取全球范围内的信息，同时促发获取到信息的公民在跨国公共领域内就共同关注的全球性问题展开批判性讨论，形成全球舆论。这一过程最为突出的表现是：在互联网上建立起无国界性和高度流动性的全球网络公共领域（“在线公共领域”，即网络化公共领域，包括视频网站、博客、社交网站等）或所谓“世界电子社区”。众多发展中国家的各种妇女运动跨越国界相互联结成的妇女组织网络，就是这样一个全球网络公共领域。全球网络公共领域是

① 展江．哈贝马斯的“公共领域”理论与传媒．中国青年政治学院学报，2002（2）．

② DAHLGREN P，SPARKS C. Communication and citizenship：journalism and the public sphere. London and New York：Routledge，1991.

③ 李惠斌，薛晓源．全球化与公民社会．桂林：广西师范大学出版社，2003：125.

信息网络化时代跨国公共领域的最典型形态。在新媒介传播时代，视频网站等新型媒介传播形式对加速全球网络公共领域的形成起到了决定性的作用。通过视频网站这一交流平台，世界上所有利益攸关的个人和团体、组织都可以以视频的形式摆出事实，平等地对全球公共事务加以讨论，自由地发表对某一全球性问题的意见及建议，提出解决全球性问题的方案，直至达成某种可以促成跨国社会运动的共识。由此，众多的跨国社会运动编织成一张跨国社会运动的网络。譬如，世界自然基金会、绿色和平组织等365个有关气候和环境保护的组织的成员通过网络视频共同搭建起对话平台和机制——“气候行动网络”（Climate Action Network，CAN）。这是一个真正由独立的私人及非政府组织所组成的跨国公共空间，是所谓的“全球公民网络”。从这个意义上说，视频网站本身就是一个全球公共领域。又如，以社交网站为平台，通过专属在线网络的链接，世界经济论坛（World Economic Forum，WEF）上的各位政界、商界精英在达沃斯世界经济论坛年会闭会期间继续保持联络，形成跨国性协作工作组。无疑，全球范围内的社交网站就是一个跨国公共领域。对此，当代公共领域学者鲁道夫·斯蒂克文（Rudolf Stichwen）指出：“今天的全球公共领域，就像18世纪欧洲的公共领域一样，与独立的国家没有联系，而是由一个观察者的网络组成。在这个由国家组成的全球系统中，个体都是独立的，是可以互动的。”①

全球网络公共领域与传统的现实公共领域（“线下公共领域”）相互影响，彼此促进。它们交织、结合在一起，形成了规模巨大的跨国公共领域。正是在各种国际大众传媒充分发挥其沟通、联络作用而搭建起跨国公共领域的基础之上，全球社会得以形成。

在全球社会的形成过程中，国际大众传媒之所以能发挥建构跨国公共领域的重要作用，得益于国际非政府组织或全球社会组织的积极主导。作为重要的国际传播主体之一，国际非政府组织一出现在国际传播舞台上就采取有效的传播策略，成功地驾驭了世界媒体尤其是主流媒体，构筑起连通世界的公民传播网络——一种跨国公共领域的特殊形态。在国际非政府组织的主导下，传播网络把若干个分散的、游离的、互不相干、素未谋面的个体聚集、联系起来，从而结成兴趣和利益相对一致的群体或共同体（所谓“自由人的联合体”）；同时因彼此的信息沟通与互动而形成相对集中的议题与意向，进而形成对全球公共权力施加影响的国际舆论。这些作为“公共表达和抗议平台”的公民传播网络通过协调跨国行动，对全球事务进行全方位的干预，深

① STICHWEN R. The genesis of a global public sphere. http：//www.sagepublications.com. 2003，1011-6370（200303）46：1，26-29，031569.

刻地影响了全球社会的发展格局和态势。譬如，反全球化运动是一个来自不同国家和地区的松散的国际非政府组织，包括涉及工会、环保、人权、动物保护、宗教、同性恋等在内的数千个社会组织和团体。借助网络媒介发达的传播功能，反全球化运动在全球范围内掀起一波又一波反全球化的浪潮。国际非政府组织展示其卓有成效的公民传播网络建构作用的重要标志是，1995—1998年间，来自70个国家的600个以上的非政府组织通过互联网搭建全球舆论平台，对在世界经济合作与发展组织框架中进行的有关多边投资协定谈判的过程进行介入和干预，并对该协定的最终流产发挥了关键性的作用。这些蓬勃发展的跨国社会运动充分显示了作为全球社会组织的国际非政府组织在跨国公共领域搭建过程中的主导作用。

在传播主体多元化的全球传播时代，传播主体日益民间化和个人化。在全球社会，并不存在所谓“世界政府”这样的国际传播主体，国际非政府组织和公民个人成为越来越重要的传播主体。因此，相比于国内社会，全球社会更脱离政治权力控制、更为纯粹，是一个真正意义上的“社会”。至少，作为全球社会的“基本要素”，全球社会组织替代民族国家或主权国家而构成了全球社会的主体。从社会发展的意义上说，伴随着国家政府的消亡，未来的人类社会在很大程度上会越来越趋近于全球社会。

二、全球治理和全球民主政治的实现

在国际社会的基础上，全球社会的诞生根源于对全球公共事务的介入与对全球范围内公共权力和资本的监督。它是在与权力和资本博弈的基础上完成自身建构的。正如联合国教科文组织的报告所指出的，全球社会组织已经成为除国家和政府之外全球舞台上三种重要的力量——跨国公司、国际（政府间）组织和全球社会组织中最后但却最重要的一支力量。当前，各种各样的非政府组织（包括志愿者协会、群众团体、宗教组织、行动小组、职业组织、利益团体和类似的组织机构）“遍布全世界，它们之间的联系超出了国界。尽管其成员对该组织的效忠被限定在一个相对狭窄的范围内，其兴趣偏重于某些专门问题，但这些组织及其成员为未来‘世界公民’的形成奠定了基础。为了应对全球性的问题，它们可以动员全世界的舆论”[①]。

作为未来人类社会的主体，全球社会既是主权国家和跨国公司的合作者，更是与后两者展开博弈的竞争者。在全球化国际传播态势下，一方面，全球

① 联合国教科文组织，世界文化与发展委员会．文化多样性与人类全面发展．广州：广东人民出版社，2006：14.

社会同主权国家和跨国公司一道参与全球治理，构成“多利益攸关方”共治的全球网络治理格局；另一方面，全球社会对主权国家和跨国公司展开跨国民主监督，促进全球民主政治。全球社会的形成、存在和发展正是通过全球治理和全球民主政治的实现体现出来的。

（一）全球治理的实现

传播全球化不仅促进了全球问题的传播，而且推动了全球问题的解决即全球治理进程。传播全球化所构建的全球社会的主要职能就是参与全球治理。所谓“全球治理”（global governance），是指通过具有普遍约束力的全球规制（global regime）解决全球化过程中跨国军事冲突、生态保护、消除贫困、救助难民、保护人权、移民、跨国犯罪（如贩毒、赌球、走私和洗钱等）、流行病（如艾滋病、流感等）、灾后重建等全球性公共问题，以维持正常的全球秩序，达到全人类的“共生”“共荣”。“治理”（governance）不同于（政府）“统治”（government），治理是国家与非国家行为体即政府与民间、公共（权力）部门与私人部门、组织和个人之间的联合、合作与互动，是建立在信任和互利基础之上的新型的社会控制体系、社会协调网络或者说自组织网络。[①] 正是从这个意义上说，全球治理就是“全球共治”。

冷战结束后，随着世界政治从以民族国家为主体的国际政治走向以非国家行为体（包括超国家行为体和次国家行为体）为主体的多中心化的全球政治，国内外事务的分界变得越来越模糊。许多原本分属于各个主权国家在各自领土上独自管辖的事务，已经超越国界成为全球事务，从而需要多元化的国际行为主体在多样化的权威或权力领域（sphere of authority）之上的全球治理——不必考虑民族国家因素。换而言之，全球性公共事务和公共问题的兴起和涌现，客观上提出了全球治理的必要性和迫切性问题。其迫切性在于：在没有（世界）政府这一公共权威机构的国际社会中，如何实施和管理国际社会中出现的公共议题。

如果说，在国内社会，政府仍然是国内治理的最为重要也是不可替代的主体，政府要承担起提供包括国防、基础设施、法律秩序、社会安全等诸多公共物品的职责（当然，在今天，公司和第三部门即非政府组织也替政府分

---

① 全球治理理论的创始人詹姆斯·罗西瑙（James Rosenau）提出了“全球治理”区别于“民族国家政府统治”的四个方面：其一，管理主体是全球社会非政府的公共机构及行为者；其二，管理范围是超越国家领土界限的全球领域；其三，管理权威的基础是全球公众的自愿认同（价值认同和身份认同）而非强制力；其四，管理的方式是上下双向互动而非单向度的自上而下。参见 ROSENAU J N，CZEMPEIL E O. Governance without government：order and change in world politics. Cambridge University Press，1992；ROSENAU J N. Governance in the twenty-first century. Global Governance，Vol. 1，Winter 1995。

担部分的职责），那么，在全球社会，全球治理是包括主权国家、跨国公司和国际组织（包括政府间国际组织和国际非政府组织）在内的各种角色合作的全球共治或所谓全球复合治理（complex governance），而来自不同国家和地区的公民所组成的国际非政府组织在其中发挥着至关重要的作用。有鉴于全球范围内出现了国家和市场双双失灵和不到位的现象，这给国际非政府组织留下了更为广阔的活动空间。作为全球社会组织的国际非政府组织成为一种极为重要的全球治理主体，大大推动了多主体、多中心、多层次、横向、分散的全球治理结构和体系的形成。由此，传统的以主权国家政府和政府间国际组织为中心的独治型国际治理模式逐渐转向了以主权国家政府与非国家行为体（主要是国际非政府组织）为并立中心的共治型全球治理模式。

一般而言，国际非政府组织参与全球公共事务、分担社会公共管理职能是通过社会议题与政治议题之间的互动来实现的。一方面，国际非政府组织为世界各国公民参与各国政府政治议题的决策以及对全球问题展开跨国对话和讨论提供平台，从而形成全球社会普遍关注的社会议题；另一方面，在舆论的大面积动员下，已形成的社会议题上升和转换为相关国家政府和政府间国际组织的政治议题，进而形成实际的国家行动和跨国行动，从而实现对全球治理的现实参与。

全球治理的实质是在全球范围内通过平等、民主的商谈，有效地组织集体行动，保障所有公民共同参与全球事务的公共决策并予以执行。面对全球性公共问题，需要全世界人民共同觉悟并集体行动起来，化人类理念共同体为政策共同体和行动共同体。一方面，在国家和国际组织的法律起草、政策制定、机构改革等方面，通过一切渠道表达自己的或所代表的某些阶层的利益诉求，提供重要而被忽视的边缘性议题，力荐尽可能完善的政策和规则选择方案，或者通过游行示威、言论、出版等方式抗议规则制定者出台不合理的规则或政策执行者采取非人道的行动；另一方面，在环境保护、人权保障、普及基础教育、完善医疗服务、赈灾救灾等方面，依靠道义的力量和强大的号召力，动员社会人力资源，征集物质资源，展开大范围启蒙、普及和后勤保障工作，并评估工作的效果。

在全球社会的全球治理中扮演着重要角色的国际非政府组织，之所以能够搭建起全球性的公共领域并发动致力于全球治理的跨国社会运动，是因为全球性大众传媒尤其是国际互联网在其中发挥着至关重要的沟通、联络、动员和协调作用。全球大众传媒的跨国传播通过有效的议程设置编织出全球公民协调网络，从而承担起讨论、动员并实施国际社会运动的职责。

作为国际非政府组织之一的世界经济论坛每年在瑞士达沃斯召开年会，邀请各国政要、经济精英、专家学者以及各类非官方的社会组织团体共同探讨世界经济、政治、军事、安全和社会领域中存在的各种问题。尤为重要的是，通过全球网络传播，世界经济论坛实现了完全的透明化，所有人都可以参与到全球公民网络这一特殊形态的公共领域中展开讨论，达成某种共识，并由此制定出跨国社会行动的方案，共同完成不受任何政治、政党、国界、地区、商业和个人利益约束的全球治理使命。

2003年底在日内瓦和2005年11月在突尼斯召开的两次信息社会世界峰会上，全球社会网络发挥了重要的作用。来自世界许多国家的社会组织和力量前所未有地参加了峰会，并且第一次作为国家和资本之外的第三方力量在国际峰会上获得了正式参加者（而非旁观者或会议大厅外的抗议者）的地位，并发布了“建设人类所需要的信息社会”的宣言。由此，形成了主权国家、跨国公司和社会组织共同治理全球信息社会的全球共治格局。

2009年12月在哥本哈根召开的联合国气候变化大会，有万余名来自世界各地的环保组织和应对气候变化问题的民间组织成员在会场外集会，集体举行了环保倡议表演和游行示威活动（抗议发达国家在减排上的不作为）。在会议期间，“气候行动网络”等环保组织所发出的“拯救地球”的全球“公民之声”借助大众传媒传播到世界各地。

近年来，国际气候环保组织350.org针对性地使用社交媒体，以跨地域协作的方式组织活动、发起请愿和倡议，通过广泛的舆论动员和社会运动推动各国政府、企业和全球公民采取更积极的气候行动，以应对全球气候变化的挑战。

在全球治理行动中，还有一个更为显要的全球公民传播网络——世界社会论坛（World Social Forum，WSF）。该传播网络2001年在巴西召开首届论坛，此后每年举行一次会议，与世界经济论坛的年会同时进行。世界社会论坛以全球论坛的方式，绕过传统的代议机制，代表政治上的边缘或弱势群体，对旨在争取“另一种世界”的全球政治变革施加影响。

从根本上说，全球社会组织借助国际大众传媒所采取的跨国社会运动不仅是一种全球治理行动，同时也是一种重要的民主形态——协商民主（deliberative democracy）[①] 的表达，因而，它为全球实现和谐、健康、可持续发展提供了一种重要的机制（制度）保障性力量。

（二）全球民主政治的实现

除了全球治理，全球社会组织的另一个主要职能是跨国或全球舆论监督。

① 所谓“协商民主”，又称“程序民主”或“话语民主”。该民主形式强调从意见和意志的形成过程出发，从构建意见和意志的普选活动和议会决议过程出发，注重建立一种合理的言语交往条件，“合理”地实现一个非集权化的开放政治的构想。参见哈贝马斯．包容他者．上海：上海人民出版社，2002：279－292。

它所针对的是一些主权国家政府和跨国公司或两者“合谋”的“暴政”。因为“公共领域本身在原则上是反对一切统治的”①。公共领域借助公共意见和舆论形成批评和批判的力量，从而发挥其舆论监督职能。跨国公共领域舆论监督的实践有助于全球民主政治的实现。伴随着全球社会组织发展的是公民权利、公民参与和责任感的增强，全球社会组织成为构筑全球民主的一支重要力量。② 从这个意义上讲，全球社会组织或跨国公共领域是全球民主社会的重要标志和全球社会的民主运行不可或缺的条件。

全球社会组织对全球民主政治的促进，首先得益于当代信息传播技术的迅猛发展。信息传播技术是民主化的施动者，它可以增强透明度和责任感，重新平衡公民与决策者之间的权力关系。③ 信息传播技术的全球社会政治民主化效应主要是通过跨国舆论监督来实现的。

所谓“舆论监督”（watchdog journalism），是新闻舆论监督的简称，指新闻媒介代表公众（公民）对权力运作尤其是权力滥用导致的腐败进行的监督。④ 跨国舆论监督则是指全球范围内的舆论监督，或者说是舆论监督在全球范围内的展开。

民主政治应对公权力的运用予以监督和制约，从而保障公民的私人权利和自由。除了体制内的监督（譬如，三权分立的制度设计和纪检、监察的政策安排），这种监督首先和最重要的是人民监督，更为准确地说，是代表人民或公众的新闻媒介对政府决策和施政过程的全方位监督。而大众传媒本身就具有对政府施政行为提出公共质疑并进行公共监督的公共责任。由此可见，新闻舆论自由是保障公益（公共利益）的社会公器和保障政治民主的利器。

全球民主政治同样应限制、制约全球层面上的政治权力。全球民主要求对国家和超国家行为体（即国际政府间组织）的公共权力及其在全球性问题上的公共决策过程予以监督和约束。在国际社会，要实现全球民主，关键在于世界范围内的跨国舆论监督。

相比于国内民主，全球民主实现的难度更大，因为在全球公共问题的决策中，各国政府和政府间国际组织的权力太大，而来自民间组织的制约非常有限。与国内公共政策相比，政府在全球公共问题上的决策程序更为隐秘和封闭。当前尚不存在一个民主的全球治理体制来保障民间团体、弱势和边缘

---

① 哈贝马斯．公共领域的结构转型．上海：学林出版社，1999：97.

② FALK R. Global civil society and the democratic prospects//HOLDEN B. Global democracy：key debates. London：Routledge，2000：152－178.

③ CRACK A M. Global communication and transnational public spheres. Palgrave Macmillan，2008：36.

④ “舆论监督”是当下中国最流行的公共话语之一。其实，它并不是一个严谨的概念，其本义是新闻媒体监督，西方类似的相应表述是“媒体的看门狗（监察）作用”（watchdog role of the media）。参见展江，张金玺，等．新闻舆论监督与全球政治文明：一种公民社会的进路．北京：社会科学文献出版社，2007：21。

群体畅通而有效地参与和影响全球公共决策。比方说，关涉全球安全的核武器扩散、裁军等问题的谈判过程因强权垄断和军事力量的干涉而显得极为专制。此外，国内民主并不能保证全球民主的实现。国内民主体制相对成熟、完备的国家在对全球事务和国际法律制度的态度和做法上并不一定民主。譬如，作为所谓民主国家典范的美国，其对待许多国际多边公约的态度，特别是退出《反弹道导弹条约》和对待环保方面的《京都议定书》的态度，最典型地说明了所谓民主国家在全球治理中的专制。这就产生了全球治理中严重的所谓“民主赤字”（democratic deficit）问题。

以国际非政府组织为代表的全球社会组织的跨国舆论监督不仅反对主权国家政府的国家主义及其权力腐败，同时也对抗全球资本绝对自由流通的市场制度（即公司的资本主义化和全球化扩张），积极参与对跨国市场力量的有力规制。① 由于不存在类似于“世界政府”这样的公共权威机构，要克服全球治理中主权国家和政府间国际组织的政治权力运作和跨国公司的全球资本运作的专制，要对抗国家内部的暴政、种族清洗和生态破坏，以及国家之间的军事冲突、资源争夺等反人类、反历史（进步）、反社会现象，要消除直接或间接侵犯和剥夺人权（包括生存权、发展权、享受权等）的行径，要展开针对跨国公司社会责任缺失的人道主义干预和援助，不能仅仅寄希望于或诉诸主权国家、政府间国际组织和跨国公司自身的体制内监督。

全球社会组织的跨国舆论监督主要是通过全球性大众传媒的报道及网络覆盖和动员来实现的。“阳光是最好的防腐剂。”跨国舆论监督的使命在于：在全球民众的期待和支持下，将世界范围内主权国家和超国家组织的权力运作透明化，将腐败丑行曝光于公众面前，以形成反腐败的强大舆论压力。全球性大众传媒的跨国舆论监督的具体形式是：或在第一时间、第一现场以文字、图片、声音、影像等形式将世界各地所发生的全球公共事件及时客观地报道出来；或以特殊的调查性报道（investigative reporting）② 深入揭露全球范围内的重大腐败案例；或以新闻评论（包括文字和漫画）的形式对全球层面权力滥用导致的腐败予以抨击和谴责；或就调查和监督对象国的人权、环境和公共卫生等状况发布报告并提出批评建议；或向联合国等国际组织提供新闻材料并呼吁国际社会向对象国施加舆论压力；或是发动跨国社会组织或非组织化的个人上街游行表达对国家政府或公司企业的抗议，从而制造影响

① 广义的跨国舆论监督包括政治监督和商业监督，包含对权力和资本、政府和市场的双重监督，它不止包括对主权国家和超国家行为体（政府间国际组织）的政治权力的监督，还包括对跨国公司资本逻辑滥用及其与权力勾结的监督。譬如，全球社会组织建立了一些专门监督跨国公司的组织，如“公司观察”（Corporate Watch）。

② 调查性报道是一种发端于英国、兴盛于美国的主流新闻报道样式之一，其区别于日常性报道的特点是“更为详尽、更带分析性、更要花费时间”。参见密苏里新闻学院．新闻写作教程．北京：新华出版社，1986：384。

全球的新闻事件。全球社会组织就是运用上述跨国舆论监督形式，对主权国家、政府间国际组织（包括联合国、世界银行、国际货币基金组织等）和跨国公司损害公众利益的行为进行监督的。譬如，2020年8月7日，国际互联网协会（ISOC）针对美国当天推出的“净网”计划发布声明，谴责美国政府的做法违背了互联网全球互联、开放、去中心化、包容和安全的本意和本质，同时违背了技术架构的公平普适性。在俄乌冲突期间，该协会不屈服于政治压力，反对切断任何一方与全球互联网的连接。又如，全球社会组织对日本的捕杀鲸鱼（海豚）事件、“联合国石油换食品计划”中的丑闻、世界银行行长保罗·沃尔福威茨（Paul Wolfowitz）的“裙带门”丑闻及西门子公司（在华）的“贿赂门”丑闻等进行了舆论监督。

全球社会组织借助国际大众传媒所进行的跨国舆论监督（主要表现为媒体曝光），可以以引发全球公众表达义愤、督促相关国家的立法和司法机关采取法律行动、敦促民选政府对跨国公司进行管制以及协同压力集团对政府施压等方式实现全球范围内的社会动员。例如，全球性环境保护民间组织——国际绿色和平组织一直致力于运用大众传媒（包括互联网）揭露破坏环境的行为，对政府和企业涉及环境的政策或举动进行舆论监督。20世纪90年代末，在阿根廷南陲小城埃斯奎尔（Esquel），国际绿色和平组织在阿根廷的分支机构同当地市民联合起来，不断“挖掘”对本地民众参与民主决策发挥关键作用的信息，最终发起一场全民公决，投票抵制了一家加拿大和美国合资采矿企业的投资计划。2004年，该组织对亚洲浆纸业有限公司（Asia Pulp & Paper Co.，Ltd.，简称APP）在云南圈地毁林的行为进行了曝光，2005年又披露了湖北种植和出售转基因大米的行为。该组织在敦促国家政府或企业采取措施控制污染、保护环境方面做出了很大的贡献。

由于全球范围内社会组织和大众传媒的发达程度各不相同，舆论监督的力度与效果也存在巨大差异。譬如，尚处于政治转型期的国家，其国内舆论监督相对薄弱。对此，全球社会组织所发动的跨国舆论监督适时介入，以评估和声援的方式为各国国内的舆论监督提供全球舆论支持和保障，这样就可以弥补这些国家国内媒体消极乃至缺位所带来的空白和不足。关于全球社会组织跨国舆论监督的效果，可以用国际舆论监督对主权国家的影响来说明：“仅凭世界舆论无法阻止一个国家不公正地对待它内部的少数群体，但是来自国际社会的批评和制裁被证明是有效的。没有几个国家能毫不在乎国际社会的舆论压力，事实证明，许多国家都在国际舆论压力面前低下了头。”[①]

---

① 联合国教科文组织，世界文化与发展委员会．文化多样性与人类全面发展．广州：广东人民出版社，2006：22.

在国际传播日益全球化、社会化的今天，全球社会组织所发动的跨国舆论监督不再局限于一国或一个地区范围。被组织起来的全球公民同各国、各地区的媒体、新闻从业人员结成全球联盟，相互交流、沟通，形成一个全球舆论监督网络。值得关注的是，近年来互联网和手机等新媒介的迅猛发展为全球社会组织的跨国舆论监督提供了不可或缺的技术支持，并且改变了舆论监督的样态，甚至模糊了一般性全球社会组织与媒体之间的界限。[①] 例如，绿色和平组织（网址 http：//www.greenpeace.org）等影响力广泛的全球社会组织都有强大的官方网站及传播网络，其网站本身就是一个重要性日益彰显的"准媒体"，并为其他媒体提供消息源。这无疑大大扩展和放大了这些跨国社会组织的信息传播效果。

为了保障为全球社会组织所利用的国际大众媒体在世界范围内积极地展开跨国舆论监督，有效地推动全球的民主进程，国际社会中众多旨在保障新闻媒体权益的国际非政府传媒组织（国际媒介非政府组织）也积极地行动起来，支持和捍卫"新闻自由"，保障各国新闻记者的合法权益，确保国际大众传媒更好地发挥全球社会组织的跨国舆论监督职能。

应该指出的是，全球社会不仅是一个旨在达成人类社会自我治理的政治目标，同时也因为蕴含着某种政治规划而成为一个"实施政治策略的领域"——一个个体之间以及个体的共同体与政治、经济权威中心之间进行谈判、辩论、斗争以及取得一致同意的过程。[②] 从这个意义上说，全球社会早已在形成过程中。

完全可以预期，伴随着信息在全球范围内的自由流动、电子联络的不断拓展和电子民主政治的日益盛行，以高度发达的通信技术为支撑的全球连接的便捷性将带来个人主体性的大张扬和公民结社运动的大发展；同时，全球社会组织（国际非政府组织）的运作成本和风险会越来越低。人类社会必将开启公民参与全球公共事务、开展全球治理的新纪元——这就是人类命运共同体。

深入阅读

• 莫利，罗宾斯．认同的空间：全球媒介、电子世界景观与文化边界．南京：南京大学出版社，2001.

---

① 展江，张金玺，等．新闻舆论监督与全球政治文明：一种公民社会的进路．北京：社会科学文献出版社，2007：719.

② KALDOR M. The idea of global civil society//BAKER G，CHANDLER D. Global civil society：contested futures. Routledge，2005：104.

• 任孟山．国际传播与国家主权．上海：上海交通大学出版社，2011.

• CRACK A M. Global communication and transnational public spheres. Palgrave Macmillan，2008.

• KALDOR M. The idea of global civil society//BAKER G，CHANDLER D. Global civil society：contested futures. Routledge，2005.

思考题

第一节

1. 如何理解国际传播对国家主权的地缘逻辑的冲击?
2. 阐述国际传播对国家主权的合法性建构的瓦解。

第二节

1. 试述大众传媒是如何搭建跨国公共领域的。
2. 如何从传播全球化的角度理解全球治理和全球民主政治的实现?

参考文献

一、中文文献

陈卫星．国际关系与全球传播．北京：北京广播学院出版社，2003.

陈阳．全球传播．北京：北京大学出版社，2009.

程曼丽．国际传播学教程．北京：北京大学出版社，2006.

费瑟斯通．消费文化与后现代主义．南京：译林出版社，2000.

福特纳．国际传播："地球都市"的历史、冲突与控制．北京：华夏出版社，2000.

伽摩利珀．全球传播．北京：清华大学出版社，2003.

关世杰．国际传播学．北京：北京大学出版社，2004.

郭可．国际传播学导论．上海：复旦大学出版社，2004.

郭庆光．传播学教程．2 版．北京：中国人民大学出版，2011.

胡正荣，段鹏，张磊．传播学总论．北京：清华大学出版社，2008.

李金铨．"国际传播"国际化．北京：中国传媒大学出版社，2022.

李彬．全球新闻传播史：公元 1500—2000 年．北京：清华大学出版社，2005.

李希光，周庆安．软力量与全球传播．北京：清华大学出版社，2005.

李智．国际政治传播：控制与效果．北京：北京大学出版社，2007.

李智．全球传播学引论．北京：新华出版社，2010.

刘国强．媒介身份重建：全球传播与国家认同建构研究．成都：四川大学出版社，2009.

刘继南．国际传播：现代传播文集．北京：北京广播学院出版社，2000.

刘利群，张毓强．国际传播概论．北京：中国传媒大学出版社，2011.

刘笑盈，何兰．国际传播史．北京：中国传媒大学出版社，2011.

刘燕南，史利，等．国际传播受众研究．北京：中国传媒大学出版社，2011.

罗伯森．全球化：社会理论和全球文化．上海：上海人民出版社，2000.

马特拉．传播的世界化．北京：中国传媒大学出版社，2007.

马特拉．世界传播与文化霸权．北京：中央编译出版社，2001.

明安香．传播全球化和中国崛起．北京：社会科学文献出版社，2008.

莫利，罗宾斯．认同的空间：全球媒介、电子世界景观与文化边界．南京：南京大学出版社，2001.

任孟山．国际传播与国家主权．上海：上海交通大学出版社，2011.

赛佛林，坦卡德．传播理论：起源、方法与应用．北京：华夏出版社，2000.

史帝文森．认识媒介文化：社会理论与大众传播．北京：商务印书馆，2001.

孙英春．大众文化：全球传播的范式．北京：中国传媒大学出版社，2005.

汤林森．文化帝国主义．上海：上海人民出版社，1999.

屠苏．国际传播：延续与变革．北京：新华出版社，2004.

王庚年．国际传播：探索与构建．北京：中国国际广播出版社，2009.

王庚年．新媒体国际传播研究．北京：中国国际广播出版社，2012.

杨伯溆．因特网与社会：论网络对当代西方社会及国际传播的影响．武汉：华中科技大学出版社，2002.

袁军，胡正荣．面向 21 世纪的传播学研究．北京：北京广播学院出版社，2000.

二、英文文献

BRAMAN S，SREBERNY-MOHAMMADI A. Globalization，communication and transnational civil society. Hampton Press，Inc.，1996.

CHAKRAVARTTY P，YUEZHI ZHAO. Global communications：toward a transcultural political economy. Rowman & Littlefield Publishers，Inc.，2008.

CRACK A M. Global communication and trans-national public spheres. Palgrave Macmillan，2008.

FREDERICK H H. Global communications and international relations. Wadsworth Publishing Company，1993.

GALTUNG J，VINCENT R. Global glasnost：toward a new world information and communication order. Hampton Press，1992.

HAMELINK C J. Cultural autonomy in global communi-cations：planning national information policy. Longman Inc.，1983.

HAMELINK C J. Trends in world communication：on empowerment and self-empowerment. Southbound Press，1994.

HOFFMAN A S. International communication and the new diplomacy. Indiana University Press，1968.

KAMALIPOUR Y R. Global communication. 2nd ed. Belmont：Thomson Wadsworth，2007.

MATTELART A，EMANUEL S，COHEN J A. Mapping world communication：war，progress，culture. University of Minnesota Press，1994.

MCPHAIL T L. Global communication：theories，stakeholders and trends. 2nd ed. Boston：Allyn and Bacon，2006.

MOHAMMADI A. International communication and globalization. Sage Publication，1997.

MOWLANA H. Global information and world communication：new frontiers in International relations. 2nd ed. Sage Publications，Inc.，1997.

MOWLANA H. Global communication in transition：the end of diversity?. Sage Publications，Inc.，1996.

NEWSOM D A. Bridging the gap in global communication. Blackwell Publishing Ltd.，2007.

STEVENSON R L. Global communication in the twenty-first century. Longman Inc.，1994.

TAYLOR P M. Global communications，international affairs and the media since 1945. Routledge，1997.

TEHRANNIAN M. Global communication and world politics. Lynne Rienner Publishers，Inc.，1999.

THUSSU D. Electronic empires：global media and local resistance. Oxford University Press，1998.

VINCENT R C. Toward equity in global communication. Hampton Press Inc.，1999.

WILHELM D. Global communication and political power. Transaction Publishers，1990.

WILKIN P. The political economy of global communication. Pluto Press，2001.

图书在版编目（CIP）数据

国际传播/李智著. -- 3 版. -- 北京：中国人民大学出版社，2023.9
新编 21 世纪新闻传播学系列教材
ISBN 978-7-300-32050-2

Ⅰ.①国… Ⅱ.①李… Ⅲ.①传播学-高等学校-教材 Ⅳ.①G206

中国国家版本馆 CIP 数据核字（2023）第 151526 号

新编 21 世纪新闻传播学系列教材
国际传播（第 3 版）
李智 著
Guoji Chuanbo

出版发行	中国人民大学出版社		
社　　址	北京中关村大街 31 号	**邮政编码**	100080
电　　话	010－62511242（总编室）		010－62511770（质管部）
	010－82501766（邮购部）		010－62514148（门市部）
	010－62515195（发行公司）		010－62515275（盗版举报）
网　　址	http://www.crup.com.cn		
经　　销	新华书店		
印　　刷	运河（唐山）印务有限公司	**版　　次**	2013 年 9 月第 1 版
开　　本	787 mm×1092 mm　1/16		2023 年 9 月第 3 版
印　　张	18 插页 1	**印　　次**	2023 年 9 月第 1 次印刷
字　　数	323 000	**定　　价**	49.80 元

关联课程教材推荐

书号	书名	作者	定价	出书时间
978-7-300-17356-6	跨文化传播（第六版）翻译版	［美］拉里·A. 萨默瓦 理查德·E. 波特 埃德温·R. 麦克丹尼尔	69.80 元	2013－09
978-7-300-31478-5	全球传播导论	高金萍	49.80 元	2023－03

配套教学资源支持

尊敬的老师：

衷心感谢您选择使用人大版教材！

相关的配套教学资源，请到人大社网站（www.crup.com.cn）下载，或是随时与我们联系，我们将向您免费提供。

欢迎您随时反馈教材使用过程中的疑问、修订建议并提供您个人制作的课件。您的课件一经采用，我们将署名并付费。让我们与教材共成长！

联系人信息：

地址：北京海淀区中关村大街 31 号　　龚洪训 收　　邮编：100080

电子邮件：gonghx@crup.com.cn　　电话：010－62515637　　QQ：6130616

如有相关教材的选题计划，也欢迎您与我们联系，我们将竭诚为您服务！

选题联系人：翟江虹　　电子邮件：zhaijh@crup.com.cn　　电话：010－62515636

周　莹　　zhouying@crup.com.cn　　010－62511612

俯仰天地　心系人文

人大社网站　www.crup.com.cn

专业教师 QQ 群：

723715191（全国新闻教师群 2 群）

欢迎您登录人大社网站浏览，了解图书信息，共享教学资源

期待您加入专业教师 QQ 群，开展学术讨论，交流教学心得